Psicologia e práticas forenses

Psicologia e práticas forenses

3ª edição
atualizada e ampliada

Antonio de Pádua Serafim
Fabiana Saffi

Copyright © Editora Manole Ltda., 2019, por meio de contrato com os autores.

Editora gestora   Sônia Midori Fujiyoshi
Produção editorial   Juliana Waku

Capa: Rubens Lima
Imagem da capa: iStock.com
Projeto gráfico e editoração eletrônica: Departamento editorial da Editora Manole

CIP-BRASIL. CATALOGAÇÃO NA PUBLICAÇÃO
SINDICATO NACIONAL DOS EDITORES DE LIVROS, RJ

S487p
3. ed.

Serafim, Antonio de Pádua
 Psicologia e práticas forenses / Antonio de Pádua Serafim, Fabiana Saffi. - 3. ed. atual. e ampl. - Barueri [SP] : Manole, 2019.
 ; 22 cm.

Inclui bibliografia e índice
ISBN 9788520458907

1. Psicologia forense. I. Saffi, Fabiana. II. Título.

18-53852
CDU: 340.6

Vanessa Mafra Xavier Salgado - Bibliotecária - CRB-7/6644
14/11/2018 22/11/2018

Todos os direitos reservados.
Nenhuma parte deste livro poderá ser reproduzida,
por qualquer processo, sem a permissão expressa
dos editores. É proibida a reprodução por fotocópia.

A Editora Manole é filiada à ABDR – Associação Brasileira de Direitos Reprográficos

1ª edição – 2012; 2ª edição – 2014; 3ª edição – 2019;
reimpressão da 3ª edição – 2025

Editora Manole Ltda.
Alameda Rio Negro, 967, conj. 717
Alphaville Industrial – Barueri – SP - Brasil
CEP: 06454-000
Fone: (11) 4196-6000
www.manole.com.br I https://atendimento.manole.com.br/

Impresso no Brasil
Printed in Brazil

Dedicatória

A todos aqueles que, em função da grande desigualdade social de um país tão paradoxal, continuam a mercê do descaso quanto à educação, à saúde e aos direitos sociais básicos.

Epígrafe

MINHA HISTÓRIA
(Raimundo Evangelista e João do Vale)

Seu moço quer saber
Eu vou cantar num baião
Minha história pro senhor
Seu moço preste atenção
Eu vendia pirulito
Arroz doce, mungunzá
Enquanto eu ia vender doce
Meus colegas iam estudar
A minha mãe tão pobrezinha
Não podia me educar
E quando era noitinha
A meninada ia brincar
Vige, como eu tinha inveja
De ver Zezinho contar
– O professor ralhou comigo
Porque eu não quis estudar
Hoje todos são doutor

E eu continuo um João ninguém
Mas quem nasce pra pataca
Nunca pode ser vintém
Ver meus amigos doutor
Basta pra me sentir bem
Mas todos eles quando ouvem
Um baiãozinho que eu fiz
Ficam todos satisfeitos
Batem palma, pedem bis
E dizem: João foi meu colega
Como eu me sinto feliz
Mas o negócio não é bem eu
É Mané, Pedro e Romão
Que também foi meus colegas
E ficaram no sertão
Não puderam estudar
E nem sabem fazer baião

Sobre os autores

Antonio de Pádua Serafim

Psicólogo e Neuropsicólogo. Doutor pela Faculdade de Medicina da Universidade de São Paulo (FMUSP). Diretor do Serviço de Psicologia e Neuropsicologia e Coordenador do Programa de Psiquiatria e Psicologia Forense (NUFOR) do Instituto de Psiquiatria do Hospital das Clínicas da FMUSP (IPq-HCFMUSP). Coordenador do Curso de Especialização em Avaliação Neuropsicológica do IPq-HCFMUSP. Professor Colaborador do Departamento de Psiquiatria da FMUSP. Professor do Programa de Neurociências e Comportamento do Instituto de Psicologia da USP (IPUSP). Professor Titular do Programa de Pós-graduação em Psicologia da Saúde da Universidade Metodista de São Paulo (UMESP). Membro do GT ANPEPP Tecnologia Social e Inovação: Intervenções Psicológicas e Práticas Forenses contra Violência. Área de pesquisa: Saúde Mental e Violência, Personalidade, Psicologia e Neuropsicologia Clínica e Forense. Bolsista de Produtividade em Pesquisa do CNPq – Nível 2.

Fabiana Saffi

Psicóloga e Neuropsicóloga. Mestre pela Faculdade de Medicina da Universidade de São Paulo (FMUSP). Psicóloga Chefe do Serviço de Psicologia e Neuropsicologia. Psicóloga responsável pela Unidade de Internação por Transtornos do Humor e Ansiedade do Instituto de Psiquiatria do Hospital das Clínicas da FMUSP (IPq-HCFMUSP). Coordenadora do curso de aprimoramento em Psicologia Hospitalar no IPq-HCFMUSP. Doutoranda no Programa de Pós-graduação em Neurociências e Comportamento do Instituto de Psicologia da USP (IPUSP).

Sumário

Prefácio da 1ª edição XIII
Prefácio da 2ª edição XV
Prefácio à 3ª edição XVII
Apresentação XIX

1. Psicologia e direito 1
2. Psicopatologia e implicações forenses 18
3. A perícia psicológica 56
4. A perícia psicológica nos casos de suspeita de abuso sexual: da vítima e do agressor 80
5. O psicólogo assistente técnico 92
6. Documentos psicológicos no contexto forense 101
7. Perícia psicológica na vara cível 119
8. Perícia psicológica na vara criminal e de execuções 137
9. Perícia psicológica na vara de família 162
10. Perícia psicológica na vara da infância e juventude 177
11. Perícia psicológica na vara do trabalho 194
12. Prática da psicologia nos diferentes contextos da violência ... 218
13. Doença mental e comportamento de risco 238
14. Impulsividade, transtorno da personalidade e violência 253
15. Psicologia investigativa 279
16. Noções gerais de direito e formação humanística: psicologia judiciária de acordo com a Resolução n. 75 do Conselho Nacional de Justiça ... 302

Índice remissivo... 323

Prefácio da 1ª edição

A história da humanidade pode ser traçada a partir da história de suas leis – desde os mais primitivos acordos entre membros de uma comunidade pré-histórica até as complexas leis referentes à biotecnologia em âmbito global, a complexidade das relações humanas se reflete nas normas necessárias para regulá-las. Pode-se afirmar, portanto, que existe uma relação direta, embora nem sempre explícita ou automaticamente detectável, entre lei e consciência, na medida em que as leis emergem da sociedade, que por sua vez emerge da reunião de consciências individuais, e sobre a sociedade retorna, ao normatizar a vida das pessoas.

A psicologia jurídica, portanto, é uma ciência indispensável, já que se propõe a explicitar essas relações, quer seja onde são mais óbvias, quer onde são mais intrincadas. Embora entender a importância dos padrões de comportamento, crenças e sentimentos para a adequada elaboração e aplicação das leis não seja tarefa fácil, o trabalho contínuo dos psicólogos no contexto da justiça vem jogando luz sobre esse campo, ajudando-nos a compreendê-lo melhor.

Assim, é mais do que bem-vinda a obra *Psicologia e Práticas Forenses*, dos psicólogos Antonio de Pádua Serafim e Fabiana Saffi, profissionais que atuam já há tempos na área forense, com experiência prática e robustez acadêmica adquiridas em anos de trabalho e estudo no Instituto de Psiquiatria do Hospital das Clínicas da Faculdade de Medicina da Universidade de São Paulo. No livro, partindo das relações apontadas entre psicologia e direito, os autores avançam para esclarecer as consequências das alterações psicopatológicas no contexto judicial, notadamente para a delicada questão da avaliação do entendimento e da autodeterminação. Após explicar quais são os documentos psicológicos de interesse jurídico, passam à prática, discorrendo sobre a perícia psicológica em si, examinando-a em diferentes esferas: civil, criminal, infância e juventude, trabalhista, cada um com suas peculiaridades, embasando a prática que ensinam com o conhecimento teórico que vem sendo incessantemente produzido na literatura científica.

Nessas esferas até aqui abordadas busca-se esclarecer para a justiça qual o estado mental dos envolvidos num processo, bem como quais as suas implicações para o processo em questão. Isso não esgota a atuação do psicólogo na interface com a justiça, no entanto, e os autores deixam isso claro quando incluem capítulos como o "Psicologia investigativa" e mesmo o "Prática da psicologia nos diferentes contextos de violência" – aqui, não basta esclarecer o estado mental dos indivíduos, mas há que se fazer inferências retroativas; a partir de comportamentos específicos estabelecer quais os mecanismos psicológicos envolvidos, quer para auxiliar na descoberta de uma pessoa, quer para elucidar porque algumas pessoas agem como agem. Esse tema é aprofundado nos capítulos seguintes, sobre a periculosidade e sobre os traços de personalidade, emoção e impulsividade envolvidos no comportamento homicida.

O livro se encerra com um capítulo sobre noções gerais de direito e formação humanística, tópico recentemente introduzido em diversos concursos para carreiras de Estado, demonstrando que a sociedade tem notado que essa interface entre psicologia e justiça é tão importante quanto esquecida, e a vem resgatando em iniciativas como essa.

É por isso não só pertinente, mas também muito oportuna, a presente obra. Sua leitura sem dúvida alguma auxiliará os profissionais e estudantes que lidam tanto na área do direito como da psicologia a melhorar sua capacidade de comunicação e entendimento mútuos, o que é benéfico não somente para os envolvidos, mas também para a sociedade inteira.

Daniel Martins de Barros
Psiquiatra e filósofo.
Doutor pelo Departamento de Psiquiatria
da Faculdade de Medicina da Universidade de São Paulo (FMUSP).
Coordenador da Seção de Perícia Médica do Programa
de Psiquiatria Forense e Psicologia Jurídica (NUFOR)
do Instituto de Psiquiatria do Hospital das Clínicas da FMUSP.

Prefácio da 2ª edição

Prefaciar esta 2ª edição é mais que uma honra, pois se trata de um livro de estimado valor em uma área tão complexa e carente de material de qualidade e com embasamento teórico, prático e científico.

A psicologia forense, por sua especial ligação com o direito, é um campo muito amplo de atuação e pesquisa e os autores deste livro, os renomados psicólogos forenses Antonio de Pádua Serafim e Fabiana Saffi já há muitos anos atuam na especialidade e conduzem pesquisas no Programa de Psiquiatria e Psicologia Forense (NUFOR) do Instituto de Psiquiatria do Hospital das Clínicas da Faculdade de Medicina da Universidade de São Paulo.

Esta segunda edição foi amplamente revisada e traz, além dos assuntos já abordados na primeira edição, um novo tema. Trata-se do Capítulo "A perícia psicológica nos casos de suspeita de abuso sexual: da vítima e do agressor". Esse capítulo aborda um tema complexo e delicado. Como abordar e investigar a questão da suspeita de abuso sexual sem ampliar a ferida traumática? Somente com uma abordagem por profissionais gabaritados e situados em aspectos teóricos fundamentados e amplos. Esse capítulo cumpre seu dever, pois aborda o tema de forma cuidadosa, ampla e com base científica, oferecendo ao leitor e profissional da área um material rico e bem estruturado.

Além disso, o tema é muito atual, considerando o impacto da Lei de Alienação Parental (12.318/2010). Com essa lei, houve um aumento acentuado no número de ações de mudança de guarda de filhos. Muitas vezes um dos cônjuges alega que o outro abusa ou abusou sexualmente dos filhos. Geralmente, ocorrendo após uma separação litigiosa e conflituosa. Contudo, até que ponto o objetivo é apenas agredir e atingir o ex-cônjuge? Nesse caso, é fundamental um estudo detalhado do caso em todas suas vertentes, com especial atenção aos aspectos psicológicos dos pais, sempre na intenção de estabelecer a segurança e o bem-estar do menor. Acredito que esse capítulo veio suprir uma lacuna e na prática terá especial serventia.

Todos os capítulos foram revisados e/ou ampliados cuidadosamente, considerando as novas tendências diagnósticas e mudanças nas leis. A importância e os aspectos de cada capítulo já foram enriquecidos com os dizeres do ilustre psiquiatra forense, Prof. Dr. Daniel Barros, na 1ª edição.

Sendo assim, só tenho a dizer que esta nova edição vai enriquecer ainda mais os conhecimentos dos interessados e que servirá de norte para a aplicação adequada de uma psicologia forense de elevado nível e dentro das tendências da saúde mental de hoje em dia.

Com certeza continuará sendo uma referência bibliográfica obrigatória em nosso cenário acadêmico e campo de atuação. Parabéns aos autores e à psicologia forense!

Prof. Dr. Eduardo Henrique Teixeira
Psiquiatra Clínico e Forense.
Professor da Faculdade de Medicina da Pontifícia Universidade Católica (PUC-Campinas).

Prefácio à 3ª edição

A psicologia jurídica vem alcançando espaço significativo entre as ciências jurídicas e criminais e tem se destacado em um amplo aspecto de atuação. De fato, seu processo histórico evidencia uma complexidade teórica e prática desenvolvida por meio de diversos temas. Os primeiros sinais da psicologia jurídica surgem no século XVIII na relação entre o direito natural (ordem social) e o direito positivo (ordem intencional), sendo neste último estabelecida sua principal afeição, ou seja, a preocupação de entender o que há de intencional ou voluntário em um comportamento criminal.

No século XIX, os questionamentos sobre intencionalidade se intensificam, sendo a responsabilidade legal tema de grande interesse relacionado à necessidade dos juristas em conhecer o funcionamento psicológico. No entanto, esse casamento da psicologia com o direito, que estava indo muito bem, sofre um abalo no final do século em decorrência do desprendimento da ciência, como um todo, e das questões filosóficas em nome de uma necessidade baseada nas questões experimentais. Nessa época, a bola da vez era a psicologia experimental, a qual surge com força e, junto com outras ciências experimentais, ofusca o brilho das ciências humanas, como a psicologia e o direito. Porém, no século XX ressurgiu o interesse pela filosofia e foi estabelecido o entendimento de que as ciências experimentais e humanas são complementares, sendo a filosofia retomada como ciência mãe. Então, o casamento da psicologia com o direito recupera posição e força, intensificadas pelo aparecimento das concepções lombrosianas e o conhecimento do que foi chamado de psicologia criminal. Nesta época, um dos temas de interesse era, principalmente, os processos de memória e testemunho, daí tendo esse campo da psicologia estabelecido seu primeiro nome: psicologia do testemunho. Entretanto, visando acoplar outros temas, especificamente a relação entre personalidade e comportamento criminal, essa área da ligação entre psicologia e direito passa então, no final do século XX, a se chamar psicologia jurídica. Já no século XXI, a psicologia jurídica amplia seus estudos e interesse e se divide em quatro áreas principais, de acordo com seus respectivos temas, objetivos e espaços de atuação. Sendo as áreas da psicologia jurídica: psicologia forense, psicologia criminal, psicologia penitenciária e psicologia investigativa.

Esse passeio pelos primórdios da psicologia jurídica até seus dias atuais foi proposital para demonstrar o quanto o livro *Psicologia e Práticas Forenses* em sua 3ª edição, prefaciado aqui, é de uma completude e riqueza fundamentais, já que aborda diversos temas nas áreas da psicologia jurídica. Nos primeiros capítulos, posiciona a relação entre psicologia e direito e ainda estabelece as conexões entre psicopatologia e implicações forenses. Em outros capítulos aprofunda essas questões, discutindo sobre violência, impulsividade e personalidade, doença mental e periculosidade, homicídio. Em capítulos específicos, apresenta inclusive temas complexos, atuais e ainda de difícil acesso literário em nosso país, como o capítulo que mostra a área da psicologia investigativa, aquela que trabalha com a análise da cena do crime e do perfil comportamental dos criminosos para auxiliar na investigação criminal. Todavia, o primordial dessa obra é conseguir estabelecer, com clareza e compromisso científico, a relação entre a teoria e a práxis, quando destaca com maestria os instrumentos, métodos e aplicações da psicologia jurídica. Sendo a práxis e a aplicabilidade evidenciadas em capítulos que abordam o trabalho das perícias psicológicas em seus diversos contextos e relacionados às diversas varas criminais, como nos capítulos sobre perícia psicológica, adiciona um capítulo sobre o papel do psicólogo como assistente técnico ("Perícia psicológica na vara cível") e apresenta um capítulo à parte no que tange a perícia na área da família ("Perícia psicológica na vara de família").

De fato, prefaciar esta obra é uma honra e um compromisso com a psicologia jurídica, ao objetivar mostrar a importância deste livro no contexto científico, sendo o convite recebido com muita satisfação. Os autores, Antonio de Pádua Serafim e Fabiana Saffi, são profissionais competentes e preocupados com o rigor científico, atuantes e pesquisadores há muitos anos na área. Só me cabendo então a certeza de que esta obra só tem a contribuir com o conhecimento e principalmente com uma aplicação adequada, configurando-se este trabalho em uma referência de elevado nível dentro da psicologia jurídica. Parabéns aos autores, a psicologia jurídica agradece este presente glorioso.

Profa. Dra. Aline Lobato
Professora Titular dos Departamentos de Psicologia e Direito na Universidade Estadual da Paraíba (UEPB).
Ex-Presidente da Associação Brasileira de Psicologia Jurídica (ABPJ).
Atual Diretora do Diretório Nordeste da ABPJ.
Doutorado e Mestrado em Psicologia Investigativa pela Universidade de Liverpool – Inglaterra.

Apresentação

Quando idealizamos este livro, por volta de 2011, e publicamos sua primeira edição em 2012, isso foi feito pelas inquietações de outrora e pela escassez de textos que abordassem de fato a perícia psicológica. Decerto, já constavam obras de conteúdos da interface psicologia e direito, no entanto, não com enfoque descritivo do atuar em perícia psicológica. Minhas primeiras lições neste cenário foram obtidas dos colegas psiquiatras, visto que a prática da perícia nesta área já era, por tempo, consolidada. De posse dessas lições, aliadas à literatura internacional, em sua maioria, e a psicólogos, que também buscavam este fim, como a parceira Fabiana Saffi, fomos sedimentando nossos conhecimentos. O resultado deste processo foi uma qualificação que se iniciou pela prática e, daí, fomos multiplicando este conhecimento para outros colegas, mediante cursos.

Da elaboração das aulas para capacitarmos pessoas e das discussões nas supervisões derivou a maior parte do conteúdo deste livro, que foi fundamentado por uma profunda revisão da literatura. Daí o que, a princípio, serviria como obra para continuarmos nossa lida de capacitação em perícia psicológica no Núcleo de Psiquiatria e Psicologia Forense (NUFOR) do Instituto de Psiquiatria do Hospital das Clínicas da Faculdade de Medicina da Universidade de São Paulo, tomou uma dimensão maior do que esperávamos. Este livro passou a ser uma referência nas escolas de Psicologia e Direito do país. Realidade esta que, em 6 anos de sua primeira publicação, já se esgotou a segunda edição. Motivo este que nos deixa plenamente satisfeitos, pela disseminação de conhecimento lapidado na prática diária.

Com este entusiasmo, apresentamos a 3ª edição atualizada e ampliada do livro *Psicologia e Práticas Forenses*. Em um período muito curto tivemos mudanças de macro impacto na relação sociedade e direito e, acompanhando estes fatos, atualizamos a maioria dos capítulos: psicopatologia forense em adequação à nova versão da Classificação Internacional de Doenças (CID-11), dados sobre a violência, casos de transtornos do impulso e parafilias, perícia em associação com as mudanças no Código Penal e no Processo Civil. Atualizamos a área do trabalho de acordo com a reforma trabalhista. Adicionamos dois capítulos, um em relação ao psicólogo como assistente técnico e desmembramos a parte da família e cível, criando um novo capítulo.

Antonio de Pádua Serafim

1
Psicologia e direito

SUMÁRIO

Introdução, 1
A ciência psicologia, 4
O papel da psicologia, 6
Escolas de psicologia, 8
Interface psicologia e direito, 11
Práticas da psicologia no direito, 14
Considerações finais, 15
Referências bibliográficas, 16

INTRODUÇÃO

Desde a Antiguidade, compreender as relações entre cérebro, comportamento, cognição e emoção é uma questão que mobiliza o homem por meio das ciências. Dentre estas ciências se insere a psicologia, cujo escopo contempla o estudo da relação entre funcionamento mental (estruturas cerebrais e funções psicológicas) e comportamento. Os métodos de estudos psicológicos permitem o desenvolvimento de procedimentos para observar, descrever e analisar os fenômenos, por um lado. Por outro, explicar como uma pessoa percebe, sente, analisa e decide a ação. O eixo que fundamenta este estudo deriva do fato de que o psiquismo se constitui de dois importantes sistemas. O cognitivo, que envolve funções como atenção, memória, planejamento, percepção, compreensão, abstração, raciocínio, linguagem etc., e o emocional que irá modular a expressão e o manejo das emoções e dos sentimentos.

Dessa forma, em nosso entendimento, para atuar em psicologia cinco áreas de conhecimento são imprescindíveis: a) psicologia do desenvolvimento; b) psicologia cognitiva (processos psicológicos complexos); c) psicologia da personalidade; d) técnicas e processos de avaliação psicológica; e e) psicopatologia.

Visto isto, fenômenos como o aumento da violência urbana têm exigido cada vez mais a participação do psicólogo no esclarecer dos fatos. Responder as questões relacionadas à violência requer da psicologia uma compreensão multifatorial, bem como a sua intersecção com a justiça. Segundo Gierowski[1], o desenvolvimento da psiquiatria e da psicologia contribuiu de forma intensa para que os órgãos da Justiça, como o Ministério Público, Tribunais de Justiça, por exemplo, utilizem-se de conhecimentos especializados no tocante aos processos que regem a vida humana e a saúde psíquica.

Entretanto, Hilsenroth e Stricker[2] alertam que alguns aspectos para atuação do psicólogo no contexto da perícia devem ser considerados: 1) a qualificação e competência do perito; 2) o conhecimento das normas jurídicas; e 3) a adequada seleção e utilização de instrumentos psicológicos. Archer et al.[3] ressaltaram que mesmo com a Sociedade de Psicologia e Lei (Departamento da Associação Americana de Psicologia), responsável pela formação da psicologia forense, ainda há casos nos quais psicólogos clínicos são frequentemente chamados a depor em tribunais referentes a questões relativas à saúde mental, em casos civis ou criminais. Segundo Archer et al.[3], quando isso acontece o risco de contestações pelo uso inadequado de técnicas e testes psicológicos são frequentes. Ressalta-se que a perícia psicológica representa apenas uma das várias áreas de atuação da psicologia no contexto forense como ressaltam Otto e Heilbrun[4].

O advento das mudanças das várias civilizações, principalmente com as transições das várias revoluções culturais, sociais e políticas nas sociedades ocidentais, bem como a primazia do conhecimento biológico refletiram diretamente nos valores, princípios e padrões de comportamentos dos indivíduos, inclusive os comportamentos delituosos[5].

Nesse contexto, a concepção biológica estabelece parâmetros de referências e modelos para compreensão do comportamento humano. Galton, defensor da conceituação frenológica, destacava o princípio da compreensão da capacidade humana, isto é, o caráter e as funções intelectuais estavam relacionados ao tamanho do crânio. Crânios grandes, pequenos ou danificados, explicariam determinados comportamentos considerados socialmente inadequados. Outra teoria de influência biológica foi a antropologia criminal de Lombroso, que argumentava que a criminalidade era um fenômeno hereditário. A teoria de Lombroso enfatizava que era possível identificar um indivíduo criminoso pelas suas características físicas[6].

A tentativa da compreensão da causa determinante desses comportamentos (loucura, perversidade, maldade ou crueldade) produziu também a chamada concepção médico-moral, tendo como principal defensor Esquirol. Essas concepções correlacionaram a loucura individual a uma degeneração racial. Com essa degenerescência, o fator causalidade de determinados comportamentos era atribuído aos distúrbios morais ou loucos morais[7].

A essência do resgate histórico deste contexto se fundamenta pela evolutiva preocupação de filósofos, médicos, psicólogos e juristas em diferenciar as características funcionais e comportamentais do doente mental e da sua possível correlação com os comportamentos criminosos ou violentos.

As primeiras notificações da prática da avaliação médico-legal são atribuídas aos hebreus, os quais já utilizavam os serviços médicos para os casos de anulação de casamento, esterilidade, impotência e homicídio[8]. Todavia, foi segundo Castel[9], com o caso do francês Pierre Rivière (que degolou sua mãe, irmã e irmão), que ocasionou o primeiro embate médico-jurídico. Neste caso, a verdade jurídica foi obtida pelo exame criminológico, isto é, pela identificação das motivações e intenções do indivíduo autor do triplo homicídio.

Na Grécia Antiga recorria-se às parteiras como peritas ouvidas nas questões judiciárias. No direito romano – direito canônico – dizia que a inspeção deveria ser realizada tanto pelo juiz como por peritos. Em 1370, na França, foi realizada uma perícia gráfica para se apurar uma acusação de falsificação realizada por um camareiro do rei. Aqui se percebe que a prática pericial aos poucos passou a ser utilizada como prova para os julgadores sustentarem sua decisão e sentença.

Em 1532, no Código Criminal carolino, a medicina legal é inaugurada oficialmente, que obrigava, em certos casos, a consulta e audiência de médicos como peritos, fato este que associa a Alemanha ao berço da medicina legal. Nas leis romanas antigas era possível identificar a proteção aos alienados mentais, que os colocava sob a vigilância da autoridade pública e punia quem os abandonava ou os negligenciava. Entretanto não fazia referência ao doente mental criminoso. No *Digesto* de Justiniano I distinguia-se praticamente dois grandes grupos de doentes mentais: os furiosos que apresentavam ideias extravagantes, com excessos, violências e intervalos de lucidez; e os *mentecaptus* que apresentavam transtorno mental contínuo, sem períodos de calmaria ou lucidez[10].

Já na Idade Média, faziam uso dos juízos de Deus e os duelos como formas de se verificar a verdade. Na concepção do juízo de Deus tratava-se a doença mental como entidade de possessão demoníaca; dessa forma, os doentes mentais eram frutos de possessões de maus espíritos, tendo como "tratamento" a tortura. No período da Renascença institui-se o Tribunal de Rota, no qual rezava a obrigatoriedade de ser ouvida a opinião do médico em certos assuntos.

Paul Zacchia, considerado o pai da medicina legal e o fundador da psicopatologia forense, foi o primeiro médico que exerceu legalmente a função de opinar sobre as condições mentais de indivíduos envolvidos com a justiça. Em 1650 publicou *Questiones médico-legales*. Mesmo com a obra de Zacchia, a visão dos legisladores centrava-se apenas na defesa da sociedade contra o doente mental criminoso, que cumpria pena como criminoso comum.

De acordo com Rigonatti e Barros[10], só no século XIX Esquirol conseguiu sensibilizar o governo francês em relação à sorte dos doentes mentais criminosos, quando se abriu um inquérito para se apurar denúncias cometidas contra doentes mentais criminosos, mas por causa dos acontecimentos políticos o inquérito foi interrompido e retomado 28 anos depois por Ferrus, que concluiu que não seria permitido "confundir os alienados com vagabundos e criminosos". Em função disso, em 1838 foi promulgada a primeira Lei de Proteção aos Alienados, a qual não incluía os problemas relacionados com os alienados criminosos, que continuavam sem proteção legal.

Ainda segundo Rigonatti e Barros[10], no Brasil, na mesma época, o Código do Império declarava que os doentes mentais que cometessem crimes não seriam julgados, a não ser que estivessem lúcidos à época do crime, mas sabe-se que isso não foi colocado em prática. Consta que em 1876, pela primeira vez na história do encarceramento em São Paulo, dois médicos elaboraram um laudo para transferência de um sentenciado que apresentava problemas mentais, por solicitação de um juiz.

No Estado de São Paulo, Franco da Rocha, em 1897, assumiu o Serviço de Assistência aos Psicopatas do Estado. Já em 1898 foi inaugurado o maior e mais importante hospital psiquiátrico brasileiro e da América Latina, o Juquery, situado na cidade de Franco da Rocha.

Anos mais tarde (1903) foi aprovado o primeiro projeto de lei que abordava a questão dos então alienados mentais e alienados mentais criminosos, determinando que os alienados que cometessem algum crime deveriam ficar separados dos demais enfermos. Quanto ao espaço de fato voltado para o doente mental envolvido com questões jurídicas, só em 1921, no Rio de Janeiro foi inaugurado o primeiro manicômio judiciário, cujo objetivo era proteger o doente mental delinquente e não apenas a sociedade. Em São Paulo, o Manicômio Judiciário foi criado em 1927, recebendo os primeiros pacientes em 1934. Porém, só na década de 1920 que se deu o primeiro diagnóstico médico-legal de inimputabilidade no Brasil – Febrônio Índio do Brasil[10].

Com base nesse enquadre histórico, pode-se perceber que a interface psiquiatria e direito surgiu da necessidade de compreender o indivíduo quanto a sua autonomia, sua capacidade de se autogovernar e autodeterminar, capacidades estas que implicam considerações quanto à responsabilidade pelos seus atos.

O recorte da relação psiquiatria e direito nesta fundamentação teórica não se reveste de uma mera citação histórica, e sim, de um marco de referência, visto que a psiquiatria (dentro da própria medicina) surgiu muito antes da psicologia, como veremos a seguir.

A CIÊNCIA PSICOLOGIA

O que consolidou a psicologia como uma ciência separada da filosofia e biologia? Os primeiros filósofos se basearam em métodos como a observação e a lógica. Já os psicólogos de hoje utilizam metodologias científicas para estudar e tirar conclusões sobre o pensamento e o comportamento humano. A fisiologia também contribuiu para a eventual emergência da psicologia como uma disciplina científica. Estudos do cérebro e do comportamento tiveram um impacto essencial sobre a psicologia. A fisiologia contribuiu ainda para a aplicação de metodologias científicas para o estudo do pensamento e do comportamento humano.

Visto isto, tem-se que a psicologia se configura como a ciência que estuda a relação do funcionamento mental (funções e estruturas psicológicas) e sua expressão no comportamento. A complexidade da ação humana correlacionada ao mundo psíquico se reveste de um dos principais fatores que despertam o interesse por esta ciência. A possibilidade de observar, descrever, analisar e predizer como uma pessoa percebe, sente, analisa e decide a ação se reveste de equação complexa de multifatorialidade, representando assim a matéria da psicologia enquanto ciência[11].

A psicologia contemporânea está interessada em uma enorme gama de tópicos, tais como o comportamento humano, o processo mental, o nível neural e o nível cultural. Psicólogos estudam questões humanas que começam antes do nascimento e continuam até a morte.

Segundo Gazzaniga e Heatherton[12], estudar psicologia implica os seguintes questionamentos: "Como podemos estudar os processos mentais que não são diretamente observáveis? Que papel desempenha a genética na mente e no comportamento? Por que a evolução é importante para compreendermos a atividade mental? Como a mente e o comportamento podem ser estudados em diferentes níveis de análise? Como podemos compreender os mecanismos e processos envolvidos na natureza e no ambiente? Como podemos utilizar os conhecimentos obtidos pela ciência psicológica?".

A provável resposta a todos esses questionamentos está diretamente atrelada ao processo de pesquisa em psicologia, considerando os aspectos biológicos, psicológicos e sociais.

Com base nos procedimentos das práticas psicológicas, é possível, por um lado, em relação a pessoas e seus comportamentos:

- Observar.
- Descrever.
- Analisar.

Por outro lado, avaliar como uma pessoa:

- Percebe.
- Sente.
- Analisa.
- Decide a ação.

No escopo do comportamento humano, deve-se considerar o funcionamento psicológico sobre a regência de dois sistemas fundamentais, o cognitivo e o emocional.

Com base nesta premissa, ao se buscar compreender a conduta humana, é necessário entender como a pessoa pensa (processos cognitivos), a maneira como a pessoa sente (organização emocional e traços psicológicos) e o resultado deste processo no padrão de interação da pessoa com o meio.

Dessa forma, a interação social requer do indivíduo amplo controle da capacidade de perceber, sentir e interpretar os estímulos ou as situações com seu grau de desenvolvimento cognitivo e maturidade emocional. Por um lado, cabe à psicologia investigar e compreender as características individuais, as pontencialidades e limitações de pessoas enquadradas como saudáveis no contexto da saúde mental. Por outro, avaliar o impacto dos transtornos mentais e dos traços psicológicos sobre as funções psicológicas e o comportamento. Resultando dessa abragência de avaliação, verifica-se o quanto a pessoa expressa um comportamento socialmente adequado, socialmente inadequado ou mesmo antissocial e/ou antijurídico, matéria do direito.

O PAPEL DA PSICOLOGIA

A relevância do estudo do comportamento está na linha da investigação de sua ocorrência. De acordo com a Figura 1.1, um comportamento seja ele socialmente adequado ou inadequado, antissocial ou antijurídico pode ser expresso por pessoas entendidas como normais do ponto de vista de saúde mental e por portadoras de um transtorno mental.

Neste contexto sua atuação engloba:

- O estudo do comportamento humano, a conduta.
- O interesse pelo comportamento decorrente de um transtorno mental como qualquer outro comportamento.
- O tratamento de portadores de transtornos mentais e de pessoas em sofrimento psicológico
- Comportamento como resposta, ou seja, algo ou alguma situação o provocou.

Logo é papel da psicologia investigar, compreender e desenvolver processos de intervenções.

É por isto que se faz necessária a participação da psicologia para explicação da conduta humana, visto que a complexidade dos comportamentos se dá pela multiplicidade de fatores que o determinam como afirmou Popolo[13].

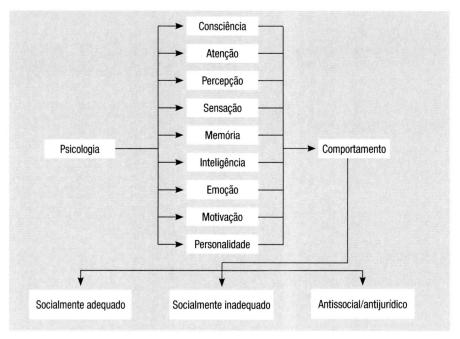

Figura 1.1   O papel da psicologia.

O papel da psicologia implica o estudo:

• Da organização psíquica particular de cada personalidade sobre a qual o indivíduo opera entre os mundos interno e externo, e entre a percepção de si próprio e do outro.
• Dos níveis de elaboração dos processos mentais – a força de ego, a maturação afetiva e relacional.
• Do desempenho conativo. As concepções ligadas ao *self* e à natureza dos mecanismos de defesa organizam-se, em cada indivíduo, dentro de um equilíbrio hierárquico e dinâmico cujo resultado é um funcionamento psíquico coerente, traduzidos na expressão do comportamento.

Visto isso, a psicologia, no entanto, surgiu no contexto das ciências humanas, situando-se entre a filosofia e a biologia. Com o primeiro laboratório de psicologia experimental (1879), Wundt em Leipzig iniciava a história oficial da psicologia enquanto ciência. Em seus estudos investigava os processos psicológicos (os elementos da mente)[5].

A fundamentação da psicologia enquanto trajetória científica se diferencia da psiquiatria no tocante ao foco loucura e suas implicações. A psicologia estabeleceu, além do espectro da loucura, também a análise dos processos comuns a todo ser humano. Seu objeto foi o de estabelecer também as condições "normais"[14].

Como enfatizaram Gondin et al.[15], o estudo da psicologia inclui uma multiplicidade teórico-metodológica que fundamenta desde a prática de pesquisa e a intervenção profissional.

ESCOLAS DE PSICOLOGIA

A evolução do conhecimento da psicologia permitiu a expansão da prática além do laboratório. A necessidade da compreensão das leis e dos fatores que regem a relação entre a vida mental e a expressão do comportamento ao longo do tempo foi explorada pelo desenvolvimento e pelas concepções das várias escolas da psicologia[16] (Quadro 1.1).

Quadro 1.1 Escolas da psicologia

Escola/representante	Fundamentos
Estruturalismo Wilhelm Wundt (1832-1920)	Escola que representou a mais lógica tentativa já feita para formular uma ciência da mente. Esta escola enfatizava que o psicólogo deveria investigar os processos elementares da consciência, as suas combinações e relações, como os físicos, biólogos e químicos estudam os elementos fundamentais da vida, matéria e outros. Desenvolvido o método da introspecção analítica, que consistia em estudar os fenômenos mentais por meio de uma minuciosa descrição analítica dos estados da consciência resultantes da estimulação pela energia física.
Funcionalismo William James (1842-1910)	Crítica ao estruturalismo e ênfase na mente consciente – a consciência. A consciência é "pessoal e única", está "continuamente em mudança", "evolui com o tempo" e é "seletiva" na escolha entre os estímulos que a bombardeiam, possuindo um importante papel para as pessoas se adaptarem aos seus ambientes. Para James o foco da psicologia era a função dos processos mentais conscientes. O termo psicologia funcionalista relaciona-se às funções e aos processos mentais, para a compreensão da adaptação ao meio ambiente. O objeto da psicologia, para os funcionalistas, tornou-se o estudo da interação contínua entre o organismo e o meio ambiente.
Behaviorismo John B. Watson (1878-1958)	Relaciona-se ao estudo do comportamento (em inglês, *behavior*) acompanhado pelo método da observação como forma de estudo/análise dos fenômenos. Watson criou o behaviorismo clássico, o qual enfatizava que o uso dos métodos objetivos para estudar o comportamento era essencial, opondo-se ao estruturalismo e ao funcionalismo.
Neobehaviorismo Burrhus F. Skinner (1904-1990)	Os neobehavioristas investiram nos estudos mais complexos como as emoções. Utilizaram, porém, da corrente clássica, o manejo na condução das pesquisas, isto é, o cuidado com o rigor científico das mesmas. Skinner desenvolveu a teoria do reforço com base nos conceitos do condicionamento clássico e operante.

(continua)

Quadro 1.1   Escolas da psicologia (*continuação*)

Escola/representante	Fundamentos
Psicologia cognitiva Uric Neisser (1928)	Considerava que os psicólogos deviam se concentrar em processos, estruturas e funções mentais, pois é a mente que determina o caráter humano do comportamento. O objetivo da psicologia deve ser a aquisição do conhecimento e sua aplicação prática na sociedade. Ainda que haja tendência para métodos objetivos, a introspecção e a auto-observação, bem como os autorrelatos, não são descartados.
Gestalt Max Wertheimer, Wolfgang Köhler e Kurt Kofk (séc. XX)	Ao contrário dos estruturalistas (que tentavam analisar percepções e ideias complexas e significativas em seus elementos mais simples, como sensação e imagem) e dos behavioristas (que buscavam analisar os atos do comportamento – estímulos – diário apenas de acordo com os reflexos obtidos), os gestaltistas acreditavam que deveriam focar mais no estudo da percepção dos objetos e dos outros, pelos seres humanos, e a importância para a descrição desta percepção por meio da experiência direta. "Este termo se refere à consciência cotidiana do mundo, do senso comum, percebida como cenas reais constituídas de objetos e pessoas". Fundamenta o termo *insight* como o processo de compreensão humana.
Psicanálise Joseph Breuer (1842-1925) Sigmund Freud (1842-1935)	A psicanálise surgiu com Joseph Breuer, um médico e fisiologista que utilizava a hipnose como método de tratamento de pacientes com distúrbios mentais. Breuer introduziu terapia da conversa, desenvolvendo um novo procedimento clínico que poderia substituir o hipnótico. Esse método ficou conhecido como catarse, no qual o paciente procurava aliviar suas emoções revivendo acontecimentos passados, os quais, de alguma forma, ocasionariam uma abreação, ou seja, um alívio da excitação anormal. Já Freud desenvolveu a psicanálise objetivando o tratamento dos transtornos mentais e das formas anormais de adaptação do ser humano. Desenvolveu uma teoria da conduta, da personalidade e uma terapêutica, por meio da associação livre de ideias trazendo o inconsciente para o consciente. Frente a esta concepção, Freud dimensionou três elementos da personalidade dando origem a um tipo de topografia mental: • Id: seria a reserva dos impulsos instintivos, ou seja, os processos inconscientes, que passam despercebidos e que muitas vezes são ignorados. Tem como objetivo buscar o prazer, satisfazer os impulsos sexuais, a libido. É a parte irracional, animal, biológica, hereditária do homem. • Ego: também chamado de "eu", é produto das deformações sofridas pelo id nas relações do homem com o meio social, isto é, há a modificação do id pelas influências do mundo externo. Representa a reflexão, a razão e a inteligência. • Superego: parte que se desenvolve fora do id. Domina o ego e representa as inibições dos instintos característicos do homem, causadas pelo conjunto de normas morais introduzidas pela sociedade ou pelo grupo social ao qual estamos vinculados.

Esse avanço aproximou, entre outros aspectos, a psicologia do direito, com ênfase no final do século XIX. Surge a partir desta interface a psicologia do testemunho, pela qual se investigava a fidedignidade do relato do sujeito em um processo jurídico[17].

No Brasil, não diferentemente da história mundial, a prática forense foi iniciada pela psiquiatria (melhor situando, pela medicina legal). Em 1835, durante o império, foi promulgada a lei de 4 de junho, na qual se tornavam inimputáveis (não responsáveis por seus atos) os menores de 14 anos e os alienados[10].

A prática forense pela psicologia no Brasil iniciou-se mais precisamente a partir dos anos 1960 com a Lei n. 4.119, de 27/08/1962, a qual regulamentava a psicologia como profissão. No Código de Ética de 1987, o capítulo referente "Das relações com a Justiça", art. 4º, n. 6, regulamentava: "cabe ao psicólogo realizar perícias e emitir pareceres sobre a matéria da Psicologia". Sendo elencado ainda nos artigos 17, 18 e 19 as seguintes atribuições[14].

> Art. 17. O psicólogo colocará o seu conhecimento à disposição da justiça, no sentido de promover uma maior compreensão entre a lei e o agir humano, entre a liberdade e as instituições judiciais.
> Art. 18. O psicólogo se escusará de funcionar em perícia que escape a sua competência profissional.
> Art. 19. Nas perícias, o psicólogo agirá com absoluta isenção, limitando-se à exposição do que tiver conhecimento através do seu trabalho.

A prática forense, mais precisamente a realização de perícia, ainda era restrita e predominantemente uma prática médica. Ao psicólogo cabia contribuir com dados objetivos, sobre o sujeito em perícia, principalmente, por meio da psicometria do quociente de inteligência (o QI), da idade mental e em algumas situações pelo exame da personalidade com o Teste Miocinético (PMK) de Myra y Lopez.

Na atualidade o papel forense do psicólogo na realidade brasileira ganha gradativamente um escopo com maior definição, quanto a sua importância, sua abrangência e reconhecimento[18]:

- Esclarecimentos das questões judiciais particulares que surgem nas fases de instrução ou processual.
- Realização do psicodiagnóstico pericial.
- Emissão de laudo ou parecer psicológico.
- Aconselhamento psicossocial, quando a demanda provém da vara de execução penal.
- Perícia em sentenciados – exame criminológico (atualmente apenas em alguns casos para livramento condicional, quando solicitada pelo juiz da vara de execução) – e nos casos de penas convertidas em medida de segurança (exame de cessação de periculosidade).
- Aconselhamento e reabilitação psicossocial dos sentenciados (tanto os comuns como os internos em casas de custódia e tratamento psiquiátrico).

- Realização de assessoria judiciária, mediação de casais em litígio e tratamento de vítimas de violência doméstica. O objetivo é a prevenção e o tratamento.
- Participação na implantação de recursos terapêuticos para as vítimas e agressores em diferentes contextos.

INTERFACE PSICOLOGIA E DIREITO

No que tange a interface psicologia e direito, segundo Assis e Serafim[16], esta surge com a psicologia criminal, que limitava a atuação dos psicólogos à realização de laudos periciais, realizando diagnósticos psicológicos a pedido dos juízes.

Ressalta-se que o estudo da psicologia no contexto do direito não se restringe exclusivamente ao comportamento decorrente de uma doença mental e com as causas da criminalidade, mas sim com o estudo das relações psicossociais enquanto fatores existentes e influentes na e da realidade social inerente a qualquer processo e espaço jurídico.

Para Silva[19],

> a psicologia jurídica surge nesse contexto, em que o psicólogo coloca seus conhecimentos à disposição do juiz (que irá exercer a função julgadora), assessorando-o em aspectos relevantes para determinadas ações judiciais, trazendo aos autos uma realidade psicológica dos agentes envolvidos que ultrapassa a literalidade da lei, e que de outra forma não chegaria ao conhecimento do julgador por se tratar de um trabalho que vai além da mera exposição dos fatos; trata-se de uma análise aprofundada do contexto em que essas pessoas que verbais e não verbais, autênticos e não autênticos, individualizados e grupais, que mobilizam os indivíduos às condutas humanas, acorreram ao judiciário (agentes) estão inseridas.

A intersecção entre diversas ciências e o direito ocorre em uma relação bidirecional, na qual a ciência afeta o direito e o direito afeta a ciência, uma vez que, nessa confluência de saberes, as áreas de estudo do psiquismo humano se configuram como arcabouços fundamentais no subsídio ao operador do direito tanto na elaboração das leis quanto em sua execução[20].

Esse processo derivou da multiplicação do conhecimento e, para a compreensão do comportamento humano, cria-se a necessidade do perito nas áreas da medicina legal, da psiquiatria forense e, por fim, da psicologia.

Há de se ressaltar que as disciplinas direito, medicina (psiquiatria) e psicologia analisam o comportamento, sob o prisma de seu referencial.

A Figura 1.2 expressa a interface saúde mental (psiquiatria e psicologia) e a justiça: esta interface permite ao operador do direito compreender o funcionamen-

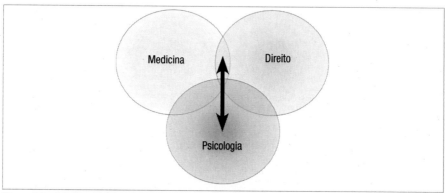

Figura 1.2 Interface saúde mental (psiquiatria e psicologia) e justiça.

to psicológico do indivíduo, inclusive suas possíveis alterações e como estas alterações podem afetar a responsabilidade penal e a capacidade civil.

Ao se pensar em direito, indubitavelmente, reportamo-nos às relações sociais e interpessoais. Autores como Abrahamsen[21], Costa[22] e Feldman[23] ressaltam que o desenvolvimento das relações sociais, bem como sua adequada efetivação, interliga-se por níveis dimensionais, como a dimensão moral (do grego *ethos* = costume, originada da consciência que regulamenta a conduta humana), social (costumes sociais e etiquetas), religiosa (convicção espiritual) ou jurídica. De uma forma sintética, mas não reducionista, podemos entender o direito como um conjunto de normas que visam a regular as relações entre as pessoas, em um determinado período.

O direito pressupõe o livre-arbítrio pautado na capacidade da racionalidade (Figura 1.3).

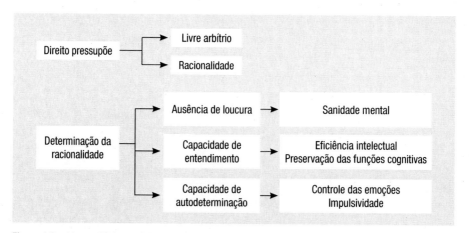

Figura 1.3 Livre-arbítrio pautado na capacidade da racionalidade.

Nesse contexto, as leis surgem com o objetivo de padronizar os comportamentos, uma vez que o comportamento humano é fruto de atuar pela razão.

De maneira geral, compreende-se a interface saúde mental e justiça pela relação entre leis e comportamento (Figura 1.4).

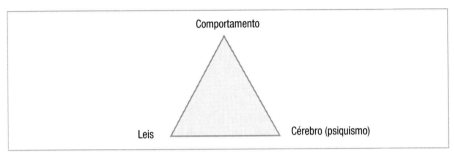

Figura 1.4 Relação leis e comportamento.

Deve-se ressaltar que o operador do direito analisa o fato (a ação, a conduta, o comportamento) pautado no domínio da razão e do autocontrole. Para a psicologia, o comportamento é resposta, não necessariamente é a causa, mas sim a consequência. Se o comportamento é resposta, algum fenômeno ou situação o provocou. Esse comportamento pode ser adequado, socialmente inadequado ou ilícito. Há de se investigar se há alguma alteração no psiquismo do indivíduo que alterou a expressão do comportamento.

Tanto a psiquiatria quanto a psicologia estão voltadas para a compreensão do comportamento humano. Cada uma dessas ciências tem conhecimentos e procedimentos específicos e conhecimentos e procedimentos em comum.

Sendo assim, configuram-se como ciências que se integram com o objetivo de avaliar e compreender os mecanismos que participam da manifestação do comportamento e, no contexto judicial, responder ao direito.

O objeto de estudo das três ciências é o comportamento humano, abordado sob prismas diferentes:

• Para os operadores do direito é o ato antijurídico = figura jurídica/abstrata.
• Para os profissionais da saúde é o comportamento alterado por intercorrências psíquicas/psicológicas, que gera conflito social = ser biopsicossocial.

A ação humana deriva de um complexo biológico, psicológico e social. Sendo assim, compreender os aspectos causais de comportamentos violentos ou não depende da identificação dos fatores de vulnerabilidade e do aprofundamento do conhecimento sobre o controle das emoções.

Pelo exposto, depreende-se que o papel da psicologia em sua interface com o direito percorre a análise e interpretação da complexidade emocional e da estrutura de personalidade, as relações familiares e a repercussão desses aspectos na interação indivíduo com o ambiente (Figura 1.5).

Figura 1.5   Práticas da psicologia no direito.

PRÁTICAS DA PSICOLOGIA NO DIREITO

O resultado final deste aprofundado estudo sobre a natureza psíquica humana é auxiliar o operador do direito com informações sobre a realidade da ação, seja ela delituosa ou não, do réu, da vítima, da testemunha, do interditado e do ato jurídico, referindo-se exclusivamente a responder as questões decorrentes das dúvidas provenientes do processo judicial (Quadro 1.2). Não cabe ao psicólogo o julgamento ou a formação de um juízo de valores.

Quadro 1.2   Práticas da psicologia no direito[24]

Área do direito e áreas afins	Prática da psicologia
Direito de família	Separação, disputa de guarda, regulamentação de visitas, destituição do poder familiar. Pode atuar, designado pelo juiz, como perito oficial ou assistente técnico, psicólogo perito contratado por uma das partes, cuja principal função é acompanhar o trabalho do perito oficial.
Direito civil	Casos de interdição, indenizações, entre outras ocorrências cíveis.
Direito do trabalho	Acidentes de trabalho, indenizações por dano psicológico em perícias acidentárias, perícias no âmbito cível.
Direito penal	Fase processual: exames de insanidade mental, entre outros procedimentos.
Testemunho	Estudo dos testemunhos nos processos criminais, de acidentes ou acontecimentos cotidianos.
Execução penal (sistema penitenciário)	Atuação junto a população nas penas restritivas de liberdade.
Segurança pública e militar	Atua na seleção e formação geral ou específica de pessoal das polícias civil, militar e do exército.
Vitimologia	Busca-se a atenção à vítima. Existem no Brasil programas de atendimentos a vítimas de violência doméstica. Busca-se o estudo, a intervenção no processo de vitimização, a criação de medidas preventivas e a atenção integral centrada nos âmbitos psicossócio-jurídicos.
Psicologia investigativa	Elaboração do perfil criminal. Estudo psicológico referente a efeitos da composição do júri, instruções dadas para o júri, investigação do impacto emocional nas testemunhas decorrentes das técnicas dos advogados e promotores durante os interrogatórios e influência de especialistas da saúde mental em decisões judiciais.

CONSIDERAÇÕES FINAIS

Percebe-se de fato um crescente na área de atuação na interface da psicologia com o direito. Por um lado, representa um marco o reconhecimento da relevância do saber psicológico aplicado de forma trans e interdisciplinar. Todavia endossamos os apontamentos de Caires[25], a qual postulou que os grandes teóricos do direito são unânimes em reconhecer a importância do olhar psicológico e da análise psicológica sobre e nesse universo, envolvendo o indivíduo, a sociedade e a justiça. Contudo, ela destaca a necessidade de uma maior qualificação desses profissionais objetivando um "melhor e mais criterioso desempenho nessa área profissional"[25].

Ressalta-se que a psicologia, conforme Abbad e Mourão[26], cada vez mais vem fundamentando um diálogo com diferentes áreas (como o direito) e abordagens, aspecto este que, além de definir sua identidade, contribui de maneira consistente e sólida para uma formação mais pluralista de seus profissionais, alcançando assim as necessidades do mercado de trabalho, além do crescimento no volume de pesquisas na realidade brasileira.

A relevância de abordar tratamentos, intervenções clínicas em questões judiciais, pacientes psiquiátricos que infringem a lei, condenados que adoecem, consequências de crimes (abuso sexual, assalto, sequestros etc.), tentativas de adoção, abandono do trabalho, violência patológica, agressividades física, verbal e psicológica, avaliação da capacidade de reger sua pessoa e administrar seus bens, ações de interdição de direitos, ações de anulações de atos jurídicos, anulações de casamentos e separações judiciais litigiosas, ações de modificação de guarda de filhos, avaliação da capacidade de receber citação judicial, avaliação de transtornos mentais em ações de indenização e ações securitárias, requer do psicólogo uma formação altamente complexa.

São aqui compartilhados os apontamentos de Leal[24] no tocante ao atuar do psicólogo no contexto jurídico. O psicólogo deve estar apto para atuar no âmbito da justiça, considerando a perspectiva psicológica dos fatos jurídicos; colaborar no planejamento e execução de políticas de cidadania, direitos humanos e prevenção da violência; e fornecer subsídios ao processo judicial. Ainda, é julgada discreta sua participação na formulação, revisão e interpretação das leis.

Toma-se como referência as colocações de Faigman[26], que ressaltou o crescimento da interface da psicologia com o direito. Todavia, Faigman alerta que os profissionais da psicologia devem estruturar suas ações em bases científicas sólidas e éticas, que devem ser relevantes para solucionar os problemas das demandas judiciárias.

REFERÊNCIAS BIBLIOGRÁFICAS

1. Gierowski JK. Complex expertise on the psychiatric health of a criminal. Psychiatry Pol. 2006; 40(1):5-17.
2. Hilsenroth MJ, Stricker G. A consideration of challenges to psychological assessment instruments used in forensic settings: Rorschach as exemplar. J Pers Assess. 2004; 83(2):141-52.
3. Archer RP, Buffington-Vollum JK, Stredny RV, Handel RW. A survey of psychological test use patterns among forensic psychologists. J Pers Assess. 2006; 87(1):84-94.
4. Otto RK, Heilbrun K. The practice of forensic psychology. A look toward the future in light of the past. Am Psychol. 2002; 57(1):5-18.
5. Jacó-Vilela A. Os primórdios da psicologia jurídica. In: Brito LMT (org.). Temas de psicologia jurídica. Rio de Janeiro: Relume Dumará; 2002.
6. Serafim AP. Investigação psicológica da personalidade na conduta criminosa. In: Rigonatti SP, Serafim AP, Barros EL. Temas em psiquiatria forense e psicologia jurídica. São Paulo: Vetor; 2003. p. 65-78.
7. Delgado RG. As razões da tutela – psiquiatria, justiça e cidadania do louco no Brasil. Rio de Janeiro: Te Cora; 1992.
8. Pacheco e Silva AC. Psiquiatria clínica e forense. São Paulo: Renascença; 1951.
9. Castel R. Os médicos e os juízes. In: Foucault M (coord.). Eu Pierre Reviére, que degolei minha mãe, minha irmã e meu irmão. 5.ed. Rio de Janeiro: Graal; 1977.

10. Rigonatti SP, Barros EL. Notas sobre a história da psiquiatria forense, da antiguidade ao começo do século XX. In: Rigonatti SP, Serafim AP, Barros EL. Temas em psiquiatria forense e psicologia jurídica. São Paulo: Vetor; 2003. p. 17-22.
11. Morgan CT. Introduction to psychology. New York: McGraw-Hill; 1956.
12. Gazzaniga MS, Heatherton TF. Ciência psicológica: mente, cérebro e comportamento. Porto Alegre: Artmed; 2005.
13. Popolo JH. Psicologia judicial. Mendonza: Ediciones Juridicas Cuyo; 1996.
14. Serafim AP. Uma psicologia aplicada a justiça. Psique Ciência e Vida. 2007; 5:8-14.
15. Gondim SMG, Bastos AVB, Peixoto LSA. Áreas de atuação, atividades e abordagens teóricas do psicólogo brasileiro. In: Bastos AVB, Gondim SMG (orgs.). O trabalho do psicólogo no Brasil. Porto Alegre: Artmed; 2000. p. 174-99.
16. Assis ESQ, Serafim AP. Fundamentos de psicologia jurídica e formação humanística. Apostila. São Paulo: Faculdade de Direito Damásio de Jesus; 2011.
17. Myra Y, Lopez E. Manual de psicologia jurídica. 2.ed. São Paulo: Mestre Jou; 1967.
18. Serafim AP. Fundamentos da perícia psicológica na área forense. Revista Jurídica Logos. 2009; 5:117-28.
19. Silva DMP. Psicologia jurídica, uma ciência em expansão. Psique Especial Ciência & Vida. 2007; 5:6-7.
20. Reale M. Lições preliminares de direito. São Paulo: Saraiva; 1998.
21. Abrahamsen D. The psychology of crime. New York: John Wiley & Sons; 1964.
22. Costa ACG. O conceito de risco pessoal. São Paulo: Columbus; 1989.
23. Feldman MP. Criminal behavior: a psychological analysis. London: John Wiley & Sons; 1977.
24. Leal LM. Psicologia jurídica: história, ramificações e áreas de atuação. Diversa; 2008. p. 171-85.
25. Caires MAF. Psicologia jurídica: implicações conceituais e aplicações práticas. São Paulo: Vetor; 2003.
26. Abbad GS, Mourão L. Competências profissionais e estratégicas de qualificação e requalificação. In: Bastos AVB, Gondim SMG (orgs.). O trabalho do psicólogo no Brasil. Porto Alegre: Artmed; 2010. p. 380-401.
27. Faigman DL. The limits of science in the courtroom. In: Borgida E, Fiske ST (eds.). Beyond Common Scene: Psychological Science in the Courtroom. London: Blackwell; 2008: p. 303-14.

2

Psicopatologia e implicações forenses

SUMÁRIO
Introdução, 18
Psicopatologia da consciência, 23
Psicopatologia da atenção, 25
Psicopatologia da orientação, 27
Psicopatologia da memória, 28
Psicopatologia da sensopercepção, 32
Psicopatologia do pensamento e juízo, 33
Delírios, 36
Psicopatologia da linguagem, 39
Psicopatologia do afeto e do humor, 40
Psicopatologia da vontade e impulso, 45
Transtornos decorrentes do uso de substâncias ou comportamentos aditivos, 49
Alterações da inteligência e implicações forenses, 51
Considerações finais, 54
Referências bibliográficas, 54

INTRODUÇÃO

Este capítulo foi atualizado de acordo com as modificações da Classificação Internacional de Doenças em sua 11ª versão (CID-11)[1].

Embora não tenha uma definição pela Organização Mundial da Saúde (OMS), o termo saúde mental se aplica ao estado completo de bem-estar físico, mental e social.

Os seguintes aspectos são associados a uma condição de saúde mental:
- Atitudes positivas em relação a si próprio.
- Crescimento, desenvolvimento e autorrealização.
- Integração e resposta emocional.
- Autonomia e autodeterminação.
- Percepção apurada da realidade.
- Domínio ambiental e competência social.

Visto isto, a saúde mental não deve ser associada à concepção simples de ausência de doença. No entanto, quando nos referimos a doença mental, ou transtorno mental como descrito na Classificação Internacional de Doenças[1], esta configura-se pela presença de alterações da saúde que afetam sentimentos, pensamentos e comportamentos. Os transtornos mentais, comportamentais e de desenvolvimento neurológico são síndromes caracterizadas por distúrbios clinicamente significativos na cognição, na regulação emocional e/ou no comportamento de um indivíduo, que refletem uma disfunção nos processos psicológicos, biológicos ou de desenvolvimento subjacentes ao funcionamento mental e comportamental[1]. Decorrem destes transtornos alterações na modulação da resposta emocional. Quanto às alterações cognitivas, destacam-se os prejuízos na qualidade da atenção, memória, tomada de decisão, linguagem, crítica, *insight* e planejamento.

Assim, estes transtornos geralmente estão associados a sofrimento ou prejuízo nas áreas pessoais, familiares, sociais, educacionais, ocupacionais ou outras áreas importantes de funcionamento. Os transtornos mentais também se associam a elevação da demanda em serviços de saúde, problemas no trabalho como abandono, faltas não justificadas, afastamento, diminuição da motivação, além de poderem levar ao isolamento, à improdutividade nas atividades da vida adulta e a questões com implicações jurídicas como responsabilidade penal ou capacidade civil.

Os problemas de saúde mental estão entre os que mais contribuem para o aumento de incapacidades em todo o mundo, com maior repercussão em países de baixa renda[2]. Cinco das dez principais causas de deficiência em todo o mundo são decorrentes de problemas de saúde mental[3] e três dos dez principais fatores de incapacidade em pessoas entre as idades de 15 e 44 anos estão associados à presença de transtornos mentais[4].

Estudos tanto prospectivos quanto retrospectivos enfatizam que de maneira geral os transtornos mentais começam na infância e adolescência e se estendem à idade adulta[5]. Este dado põe em evidência, por um lado, a importância de compreender a utilização de recursos, procedimentos e instrumental no processo de diagnóstico, identificação dos fatores de risco e progressão dos transtornos mentais em populações infanto-juvenis e, por outro, a necessidade de analisar real impacto na vida adulta.

Pessoas portadoras de transtornos neuropsiquiátricos apresentam problemas adaptativos decorrentes tanto de alterações cognitivas quanto comportamentais.

A maneira de investigar os transtornos mentais fundamenta-se pela psicopatologia, que deriva do grego *psychê* (alma, psiquismo), *pathos* (patológico, doença) e *logos* (estudo). Como postulou Jaspers, em seu *Tratado de psicopatologia geral*, estuda a vida psíquica anormal, sua realidade, suas formas de expressões, suas relações e suas múltiplas etiologias.

Engloba a natureza essencial dos transtornos mentais, considerando[9]:

- Suas causas.
- As mudanças estruturais e funcionais associadas a ela.
- Suas formas de manifestações.

Como pontua Cheniaux[11], o estudo da psicopatologia engloba ainda o comportamento, a cognição e as experiências subjetivas anormais que se configuram como as formas de manifestação e expressão das doenças mentais. Já Dalgalarrondo[12] a define como o conjunto de conhecimentos referentes ao adoecimento mental do ser humano.

O estudo da psicopatologia, como expressa a Figura 2.1, pode ser baseado no modelo explicativo, quando utilizadas, principalmente, as abordagens psicológicas[12]. Pelo modelo descritivo que se baseia nos processos de diagnósticos, são considerados os sinais e sintomas utilizados pela CID-11[1] e pelo DSM-5[14].

A essência do método de investigação da psicopatologia centra-se antes de tudo nos sinais e sintomas (semiologia) por meio do exame psíquico relativo às funções psicológicas e ao comportamento (aparência, nível de consciência, comportamento psicomotor, atenção, concentração, linguagem, pensamento, orientação, memória, afeto, humor, percepção, juízo, inteligência e funcionamento social).

Por semiologia, entende-se o estudo dos sintomas e sinais da doença, que per-permite ao profissional de saúde identificar alterações físicas e mentais, ordenar os fenômenos observados, formular diagnósticos e empreender terapêuticas.

Na psicopatologia, a semiologia refere-se a exames e avaliações para o correto diagnóstico de transtornos mentais que englobam os sinais e sintomas[15,16].

- Os sinais são observações e descobertas objetivas, como os afetos ou as alterações psicomotoras. Aquilo que é mais facilmente visível.
- Já os sintomas representam as experiências subjetivas descritas pela própria pessoa, expressas na maioria das vezes com a queixa principal, como por exemplo o humor depressivo ou a falta de energia.

Ainda sobre os sintomas, consideram-se dois aspectos básicos[12]:

- A forma dos sintomas é a estrutura básica, isto é, como se manifesta, seja por meio de alucinação, delírio, obsessões ou labilidade afetiva, por exemplo, relativamente semelhante nos diversos pacientes (alucinação, delírio etc.).
- O segundo aspecto refere-se ao conteúdo do sintoma, que geralmente é mais pessoal e depende da história de vida do paciente. De modo geral, os conteúdos dos sintomas estão relacionados aos temas centrais da existência humana, como sobrevivência, segurança e sexualidade. Constitui-se de indicadores de culpa, grandiosidade, perseguição, religiosidade, contaminação etc.

Neste capítulo, enfatizamos o modelo descritivo da psicopatologia, no qual realizamos a observação do comportamento durante o processo de avaliação do paciente por meio do exame psíquico ou exame das funções psicológicas. Utiliza-

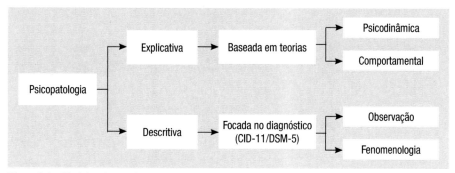

Figura 2.1 Modelos de estudo da psicopatologia.

mos um olhar mais fenomenológico, permitindo assim uma avaliação empática da experiência subjetiva e tornar o relato subjetivo do paciente compreensível. A psicopatologia descritiva é antes de tudo um modelo integrativo, uma vez que considera a participação dos fatores biológicos, psicológicos (emocionais e cognitivos), sociais e ambientais.

O que caracteriza a psicopatologia na prática é a possibilidade do conhecimento do funcionamento mental de uma determinada pessoa. Definimos funcionamento mental a maneira como a mente humana opera, sendo que este "funcionamento" se dá pela avaliação da consciência, sensação, percepção, orientação, pensamento, motivação, memória, atenção, consciência, raciocínio, inteligência, emoção e personalidade (traços psicológicos), traduzida pela expressão do comportamento.

Na interface saúde mental e questões jurídicas por intermédio de uma perícia, faz-se necessário o entendimento sobre psicopatologia descritiva, considerando-se a observação do comportamento durante o processo de avaliação do paciente por meio do exame psíquico ou exame das funções psicológicas e da compreensão fenomenológica por meio de uma avaliação empática da experiência subjetiva, a fim de tornar o relato subjetivo do paciente compreensível.

Seja no contexto clínico ou forense (pericial), o que vai caracterizar os conhecimentos de psicopatologia é a possibilidade de identificar o funcionamento psíquico (processos cognitivos e emocionais) de uma determinada pessoa. Para tanto, verificam-se alterações psicológicas e comportamentais tanto no âmbito quantitativo quanto qualitativo, porém, considerando sempre a regra da frequência e intensidade dessas alterações.

No que tange a psicopatologia forense, esta aborda as questões dos transtornos mentais e suas repercussões jurídicas. Para Garcia[17], a psicopatologia forense ocupa-se com os agentes que, em virtude de mórbida condição mental, têm modificada a juridicidade dos seus atos e de suas relações sociais, fazendo parte do cenário de investigação da psicologia, da psiquiatria e da medicina legal, além da criminologia.

No escopo da interface saúde mental e justiça, apresenta importante relevância visto que o conhecimento dos aspectos psicopatológicos corrobora uma estreita relação com a possibilidade de:

- Diferenciar imputáveis e inimputáveis (no direito penal).
- Diferenciar capazes e incapazes (direito civil).
- Limitações (direito do trabalho e previdenciário).
- Verdade *vs.* mentira, responsabilidade, risco.

De relevante têm-se os conhecimentos em psicopatologia, principalmente na sua interface com o Código Penal brasileiro no que tange a responsabilidade penal (imputabilidade, semi-imputabilidade e inimputabilidade) em seu art. 26:

> Art. 26. É isento de pena o agente que, por doença mental ou desenvolvimento mental incompleto ou retardado, era, ao tempo da ação ou omissão, inteiramente incapaz de entender o caráter ilícito do fato ou determinar-se de acordo com esse entendimento.
> Redução de pena
> Parágrafo único. A pena pode ser reduzida de um a dois terços se o agente, em virtude de perturbação de saúde mental ou por desenvolvimento mental incompleto ou retardado não era capaz de entender o caráter ilícito do fato ou determinar-se de acordo com esse entendimento.

Quanto ao Código Civil de 2002, modificado pela Lei n. 13.146/2015 – Lei Brasileira de Inclusão da Pessoa com Deficiência, no que tange ao conceito de capacidade legal, exclui a ideia de incapacidade absoluta e mantém apenas o conceito de incapacidade relativa conforme o art. 4º:

> Art. 4º São incapazes, relativamente a certos atos, ou à maneira de os exercer:
> I – Os maiores de dezesseis e menores de dezoito anos;
> II – Os ébrios habituais e os viciados em tóxico;
> III – Aqueles que, por causa transitória ou permanente, não puderem exprimir sua vontade;
> IV – Os pródigos.

A seguir, apresentamos as principais alterações psicopatológicas que seguem os critérios diagnósticos da Classificação Internacional de Doenças em sua versão atual (CID-11) e do *Manual Diagnóstico e Estatístico de Transtornos Mentais* (DSM-5)[14] como expressos no Quadro 2.1

Quadro 2.1   Lista de títulos dos transtornos mentais

CID-11[1]	DSM-5[14]
• Transtornos do neurodesenvolvimento • Esquizofrenia ou outros transtornos psicóticos primários • Catatonia • Transtornos do humor • Ansiedade ou distúrbios relacionados ao medo • Transtornos obsessivo-compulsivos ou relacionados • Transtornos especificamente associados ao estresse • Transtornos dissociativos • Transtornos alimentares • Transtornos de eliminação • Transtornos de sofrimento corporal ou experiência corporal • Transtornos decorrentes do uso de substâncias ou comportamentos aditivos • Transtornos do controle dos impulsos • Comportamento disruptivo ou dissociais • Transtornos da personalidade e traços relacionados • Transtornos parafílicos • Transtornos factícios • Transtornos neurocognitivos • Transtornos mentais ou comportamentais associados à gravidez, parto e puerpério • Síndromes mentais ou comportamentais secundárias associadas a distúrbios ou doenças classificadas em outra parte	• Transtornos do neurodesenvolvimento • Espectro da esquizofrenia e outros transtornos psicóticos • Transtorno bipolar e transtornos relacionados • Transtornos depressivos • Transtornos de ansiedade • Transtorno obsessivo-compulsivo e transtornos relacionados • Transtornos relacionados a trauma e a estressores • Transtornos dissociativos • Transtorno de sintomas somáticos e transtornos relacionados • Transtornos alimentares • Transtornos da eliminação • Transtornos do sono-vigília • Disfunções sexuais • Disforia de gênero • Transtornos disruptivos, do controle de impulsos e da conduta • Transtornos relacionados a substâncias e transtornos aditivos • Transtornos neurocognitivos • Transtornos da personalidade • Transtornos parafílicos • Outros transtornos mentais • Transtornos do movimento induzidos por medicamentos e outros efeitos adversos de medicamentos • Outras condições que podem ser foco da atenção

PSICOPATOLOGIA DA CONSCIÊNCIA

O termo consciência origina-se do latim *cum scientia*, correspondendo à noção de ser consciente. Para Jaspers[18], refere-se ao complexo processo mental para a distinção do "eu, do não eu e do ambiente", ou seja, atrela-se à dimensão subjetiva da atividade psíquica de cada pessoa.

Deriva da capacidade de o indivíduo entrar em contato com a realidade, perceber e conhecer seus objetos, de apresentar sentimento de unidade, isto é, eu sou uno no momento.

- Sentimento de atividade: consciência da própria ação.
- Consciência da identidade: sempre sou o mesmo ao longo do tempo.

• Cisão sujeito-objeto: consciência do eu em oposição ao exterior e aos outros.

Segundo Dalgalarrondo[12], para o termo consciência aplicam-se as seguintes definições sobre três prismas:

• Neuropsicológico – sentido de estar vigil, clareza do sensório, lucidez, estar acordado.
• Psicológico – soma das experiências conscientes de um indivíduo em dado momento, é seu contato com a realidade e sua interação.
• Ético-filosófico – capacidade de tomar ciência de seus deveres éticos, assumir suas responsabilidades, deveres e direitos. É atributo do homem desenvolvido e responsável, inserido em uma comunidade com suas regras e valores.

Independentemente das questões conceituais de maneira geral, a consciência refere-se ao nível de alerta do indivíduo no qual se insere a percepção de si e do seu entorno. Em termos de alterações engloba aspectos quantitativos e qualitativos que alteram diretamente todas as demais funções com imbricação direta na esfera jurídica.

Alterações quantitativas

Consiste da diminuição do nível da consciência de forma progressiva desde o estado normal, vígil, desperto, até o estado de coma profundo (sonolência, pré-coma ao coma), no qual não há qualquer resquício de atividade consciente. Divide-se em:

• Embotamento ou turvação da consciência: é o rebaixamento da consciência em um grau leve a moderado, com o paciente podendo estar desperto ou visivelmente sonolento; presença de lentidão da compreensão e dificuldade de concentração.
• Estreitamento da consciência: diminuição do campo da consciência. O grau máximo de redução é o foco, como ocorre no sonambulismo e na epilepsia do lobo temporal.
• Obnubilação: estreitamento do nível de consciência. Há presença de outras alterações mentais, como alucinações, ilusões e agitação psicomotora.

Alterações qualitativas

Relacionam-se as alterações parciais no nível de consciência, entre elas destacam-se:

- Estados crepusculares: ocorre um estreitamento transitório do campo da consciência com a conservação de uma atividade psicomotora global coordenada; surge e desaparece de forma abrupta, com duração variando entre horas e semanas; atos explosivos violentos e episódio de descontrole emocional podem ser frequentes.
- Dissociação da consciência: há uma divisão no campo da consciência, com perda da unidade psíquica do ser humano; as crises duram de minutos a horas.
- Estado hipnótico: caracteriza-se por um estado de consciência reduzido e estreitado e de atenção concentrada; pode ser induzido por outrem.
- Podem ocorrer ainda a turvação, comum nos quadros de *delirium*, e o alargamento, decorrente de alucinógenos.

Implicações forenses

As alterações da consciência integram a sintomatologia de uma gama de quadros neuropsiquiátricos com implicações seja de ordem penal, seja de ordem cível. Esta observação deve-se ao fato de que, para o Direito, o princípio da determinação da racionalidade, ou seja, a sanidade mental (lucidez, ausência de loucura), a capacidade de perceber, compreender, raciocinar, planejar e executar (capacidade de entendimento) e o controle sobre a emoção e os impulsos (capacidade de autodeterminação) deve ser comprovado. Nas alterações da consciência, mesmo de forma transitória, haverá prejuízos sobre o domínio da razão e do autocontrole, cabendo a inimputabilidade para as questões penais e a ausência ou capacidade diminuída para as questões cíveis.

PSICOPATOLOGIA DA ATENÇÃO

A atenção representa a direção da consciência, o estado da atividade mental sobre determinado objeto. Dentro da psicologia cognitiva, a atenção é o fenômeno pelo qual processamos ativamente uma quantidade limitada de informações disponíveis através dos nossos sentidos, de nossas memórias armazenadas e de outros processos cognitivos[19]. Para Lezak[20], refere-se a uma variedade de capacidades ou processos que estão relacionados a como o organismo recebe, processa e responde a este estímulo (interno ou externo)

A Figura 2.2 ilustra o complexo processo da atenção, que reque uma integração de ações para filtrar os estímulos relevantes dos competitivos e irrelevantes.

Quanto à natureza classifica-se em:

- Voluntária: atenção ativa, com gasto de energia intencional da consciência sobre um objeto.

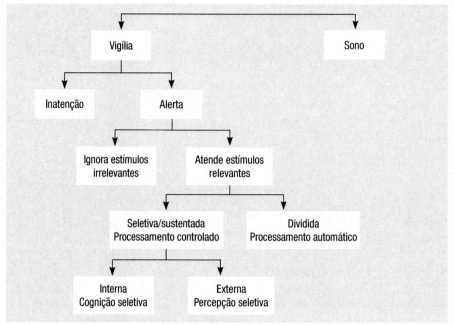

Figura 2.2   Processo da atenção. Fonte: Lima, 2005[32].

• Involuntária/espontânea: ativada pelo ambiente, no momento, incidental, sem investimento de energia que desperta este ou aquele objeto; aumenta em geral nos estados mentais nos quais o indivíduo tem pouco controle voluntário das atividades mentais.

Em relação à direção classifica-se em:

• Externa: direcionada para fora do mundo subjetivo do sujeito; voltada para o mundo exterior ou para o corpo, em geral de natureza mais sensorial.
• Interna: voltada para os processos mentais do próprio indivíduo, seus próprios problemas.

Quanto à qualidade engloba:

• Tenacidade: que é a capacidade de fixar ou manter sua atenção sobre dada área ou objeto; a atenção se prende a dado estímulo, fixando-se sobre ele.
• Vigilância: capacidade de manter e desviar a atenção para os objetos quando solicitam sua atenção; permite ao indivíduo mudar o foco de um objeto a outro.

Principais alterações da atenção:

- Hiperprossexia: estado exacerbado da atenção; tendência incoercível a fixar/manter a atenção indefinidamente sobre dado objeto (hipertenacidade), ao mesmo tempo em que desvia a atenção para outro objeto.
- Hipoprossexia: perda básica da capacidade de concentração, com cansaço excessivo, que dificulta a percepção dos estímulos do ambiente e a sua compreensão, tornando as lembranças mais difíceis e imprecisas. Configura-se ainda como diminuição global da atenção (hipotenacidade e hipovigilância).
- Aprossexia: total abolição da capacidade de atenção a quaisquer estímulos.
- Distrabilidade: quadro patológico da atenção caracterizado por uma instabilidade e mobilidade acentuadas da atenção voluntária, decorrendo em uma incapacidade para fixar ou se manter em qualquer condição que exija esforço produtivo.

Implicações forenses

No contexto geral dos códigos de lei do Brasil (penal e civil), não há referências diretas a condição de déficit de atenção. No entanto, comportamentos decorrentes de possíveis alterações da capacidade e qualidade da atenção podem ser analisados sob a perspectiva do contexto forense.

Como a desorganização na forma de viver dos pacientes com transtorno do déficit de atenção e hiperatividade (TDAH) é uma marca proeminente e essa condição geralmente pode levar essas pessoas a não cumprirem suas responsabilidades, normalmente esquecem de pagar contas, não cumprirem metas de trabalho por não conseguirem estabelecer prioridade, como também incapacidade para estabelecer e cumprir uma rotina, estas dificuldades podem ter implicações cíveis e trabalhistas.

No campo das relações do trabalho, a presença do TDAH pode se configurar em uma condição incapacitante para execução de determinada atividade. Operadores de guilhotina, máquinas de prensar e empilhadeiras, por exemplo, requerem alta capacidade de concentração, dado o risco de acidente de trabalho. Candidatos a piloto de helicóptero ou avião também terão problemas nos processos seletivos (exames psicológicos) para atestar a plena capacidade para desenvolver atividade tão complexa. Nos quadros de necessidade de aferição da qualidade atencional mediante avaliação neuropsicológica.

PSICOPATOLOGIA DA ORIENTAÇÃO

A orientação encontra-se diretamente relacionada às noções de tempo e espaço e se constitui de função psíquica básica que serve para aferir o estado de consciência com a atenção. É um elemento básico da atividade mental[16].

Nesse sentido, permite ao indivíduo situar-se em relação a si e ao mundo que o rodeia por meio da orientação autopsíquica, orientação do indivíduo em relação a si mesmo (identidade, individualidade, permanência, atividade) e da orientação alopsíquica, relativa à capacidade de orientar-se em relação ao mundo, ao tempo (temporal: dia, mês, ano, hora) e ao espaço (espacial: local, bairro, cidade, estado, país).

As principais alterações são:

- Estado confusional: ocorre por diminuição do nível de consciência, como a turvação da consciência; é a forma mais comum de desorientação.
- Estado apático ou abúlico: fruto de uma marcante alteração de humor e da volição, por desinteresse e desmotivação. O indivíduo tende a responder a qualquer pergunta com um "não sei". É comum em deprimidos graves, nos quais seu sofrimento emocional é tão importante a ponto de deixar o resto sem relevância.
- Estado delirante: secundário à atividade delirante, podendo ter até perda da identidade. É comum a dupla orientação, na qual a orientação falsa, delirante, coexiste com a correta, real.
- Quadro amnéstico: ocorre por déficit da memória de fixação, no qual o indivíduo não consegue fixar as informações ambientais básicas. Geralmente o indivíduo perde a noção do fluir do tempo e do deslocamento no espaço.

Tem-se ainda a orientação somatopsíquica. Suas alterações referem-se ao esquema corporal, como por exemplo os membros fantasmas dos amputados, negação de uma paralisia, a incapacidade de localizar o próprio nariz ou olhos etc.

Implicações forenses

Os déficits de orientação derivam de outras alterações como os quadros disfuncionais da atenção e da memória, integrando tanto quadros puramente psiquiátricos ou neuropsiquiátricos. No processo da perícia, cabe ao avaliador a investigação minuciosa destes déficits para a adequada compreensão da extensão das dificuldades. Sendo assim, o contexto forense terá repercussões tanto cível como penal, trabalhista, família.

PSICOPATOLOGIA DA MEMÓRIA

A memória se constitui pela aquisição, a formação, a conservação e a evocação de informações. A aquisição é também chamada de aprendizagem: só se "grava" aquilo que foi aprendido. A evocação é também chamada de recordação, lembrança, recuperação. Só se lembra daquilo que se grava, daquilo que foi aprendido. (Isquierdo, 2011).

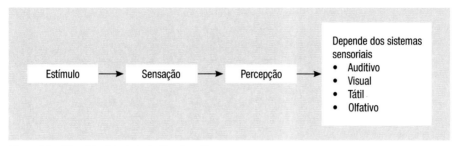

Figura 2.3 Memória. Adaptada de Sternberg[19].

Kandel et al.[21] enfatizam que a memória é o armazenamento de informações, pautadas nas nossas experiências perceptivas, motoras, afetivas experiências emocionais) e cognitivas pensamento). Já Dalgalarrondo[11] estabelece que a memória envolve a capacidade de registrar, manter e evocar fatos já ocorridos. A capacidade de memorizar relaciona-se com o nível de consciência, da atenção e do interesse afetivo. Os processos relacionados ao aprendizado dependem intimamente da capacidade de memorizar.

O processo da memória

O processo da memória envolve três fases:

- Aquisição: atenção e recepção da informação. Nessa fase os cinco sentidos são utilizados (audição, tato, paladar, visão e olfato), captando os detalhes daquilo que prestamos atenção e enviando a mensagem ao cérebro. O cérebro seleciona as informações, armazenando aquilo que é importante, descartando o restante. Dessa forma, a concentração é fundamental, pois o cérebro só consegue guardar aquilo que damos atenção.
- Consolidação: armazenamento da informação. É processada no hipocampo por meio de reações químicas específicas. Ocorrem mudanças que possibilitam a memorização.
- Evocação das informações: recuperação ou resgate. Essa fase acontece quando acessamos os dados armazenados na memória. É o que se chama de lembrança.

Sistemas de memória

De acordo com a função

- Memória de trabalho: capacidade de reter o material logo após ser percebido. Tem capacidade limitada e depende da concentração e da fatigabilidade.

- Memória recente ou de curto prazo: capacidade de reter a informação por um período curto de tempo (poucos minutos até meia hora). Tem capacidade limitada.
- Memória remota ou de longo prazo: é a capacidade de evocação de informações e acontecimentos ocorridos no passado, mesmo após meses ou anos. Tem capacidade bem mais ampla. Relacionada a áreas corticais (principalmente frontais e temporais).

De acordo com o conteúdo

- Declarativas: capacidade para registrar conhecimento, eventos e acontecimentos. As memórias declarativas podem ser:
- Episódicas ou autobiográficas: capacidade para registrar eventos que a pessoa assiste ou participa.
- Semântica: relaciona-se à capacidade de aquisição geral de conhecimentos.
- Memórias procedurais ou de procedimentos: relativo a memórias de capacidades motoras e sensoriais, como, por exemplo, nadar.

De acordo com a forma de aprendizagem

- Memória explícita: refere-se à consciência relativa a cada etapa na formação de determinada memória.
- Memória implícita: aquisição de memória sem a perceção clara do processo. São executadas de forma automática.

A Figura 2.4 sintetiza o processo da memória de acordo com o tipo.

Principais alterações da memória

As alterações de memória podem ser quantitativas e qualitativas. De ordem quantitativa tem-se:

- Hipermnésia: caracteriza-se pelo excesso de memória, ganhando-se em quantidade e perdendo em clareza e precisão; pode estar presente em pacientes com retardo mental.
- Hipomnésia: representa uma diminuição da memória, comum após traumas, infartos, infecções ou doenças degenerativas.
- Amnésia: perda da memória, seja por perda da capacidade de fixação ou de manter e evocar antigos conteúdos.
- Amnésia psicogênica: perda de elementos mnêmicos focais, com um valor psicológico específico (simbólico, afetivo). Pode-se esquecer devido ao forte conteúdo emocional e ser recuperado por meio de psicoterapia.

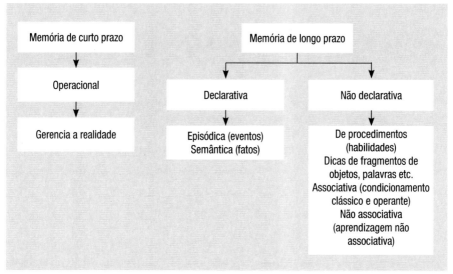

Figura 2.4 Tipos e processo da memória. Fonte: Adaptada de Sternberg[19].

- Amnésia orgânica: apresenta menos seletividade que a psicogênica; em geral ocorre primeiro a perda primária da capacidade de fixação e em estados avançados o indivíduo perde os conteúdos antigos.
- Amnésia anterógrada e retrógrada: na anterógrada, há perda de conteúdos que virão a partir do acidente e, na retrógrada, perde-se o que estava gravado até o acidente.
- Amnésia lacunar: perda da memória de eventos dentro de um espaço de tempo, uma lacuna. Lembra-se o antes e o depois. Comum nas convulsões e intoxicação alcoólica.
- Amnésia irreversível: quase total impossibilidade de recuperar informações, ocorre em algumas epilepsias e no mal de Alzheimer.

De ordem qualitativa tem-se:

- Alomnésia ou ilusão mnêmica: ocorre um acréscimo de conteúdos falsos a um núcleo verdadeiro de memória, a lembrança adquire um caráter fictício. O fato ocorreu, mas o indivíduo distorce a lembrança dele; isso é comum em situações de traumas emocionais, como nos casos de pessoas que sofreram violência sexual na infância.
- Paramnésia ou alucinações mnêmicas: nestes quadros o fato não ocorreu, mas a pessoa relata como se tivesse ocorrido. Não há distorção dos fatos, mas criação.

Implicações forenses

As questões jurídicas imbricadas pelas disfunções da memória conduzem duas linhas dividem e determinam a especificidade da aplicação da avaliação neuropsicológica forense. A primeira relativa à verificação quer quantitativa, quer qualitativa dos prejuízos da memória decorrente dos fatores orgânicos com estreita relação com a capacidade civil. A segunda linha compreende as alegações de déficits de memória, por vezes fulcro dos processos de simulação, que participara tanto na esfera do direito penal, como o acusado que declara "não lembrar de nada", quanto na esfera do direito do trabalho e previdenciário, nos quais a queixa do possível déficit tem a ver com interesses de aposentadoria ou afastamentos.

PSICOPATOLOGIA DA SENSOPERCEPÇÃO

Ao abordar o tema sensopercepção, reporta-se a um complexo sistema que liga o mundo físico e psicológico dos homens e dos animais. A sensação indica como os órgãos dos sentidos respondem aos estímulos externos e transmitem as respostas ao cérebro. A percepção representa o processamento, a organização e a interpretação dos sinais sensoriais que resultam em uma representação interna do estímulo[11].

O estudo da sensopercepção depende da capacidade de discriminação de cor, forma, peso, temperatura, consistência, textura, sabor, por exemplo, capacidades essas que dependem da sensação e da percepção que nos permite reconhecer e discriminar os objetos[16].

De maneira geral a sensopercepção se constitui de um conjunto de processos pelos quais se reconhece, organiza e entende as sensações recebidas, os estímulos ambientais o qual compreende as alterações descritas a seguir[15,16].

Principais alterações da sensopercepção

As alterações da sensopercepção podem ser quantitativas ou qualitativas.

Quantitativas

Hiperestesia – as percepções estão anormalmente aumentadas em qualquer órgão ou sentido. Ocorrem nas intoxicações exógenas, algumas epilepsias, hipertireoidismo, enxaqueca, quadros maníacos, esquizofrenias etc.

Hipoestesia – a pessoa percebe o mundo circundante como mais escuro, as cores se tornam mais pálidas, sem brilho, os alimentos com pouco sabor etc.; as sensações parecem apagadas. Alguns pacientes depressivos podem apresentar este quadro.

Qualitativas

A ilusão é a percepção deformada da realidade, de um objeto real e presente, uma interpretação errônea do que existe. É uma percepção deformada, alterada, de um objeto presente, existente, decorrente do rebaixamento da consciência, fadiga grave e alguns estados afetivos; as ilusões visuais e afetivas são as mais comuns.

A alucinação é uma falsa percepção, que consiste no que se poderia dizer uma "percepção sem objeto", aceita por quem faz a experiência como uma imagem de uma percepção normal, dadas as suas características de corporeidade, vivacidade, nitidez sensorial, objetividade e projeção no espaço externo. Ocorre quando a pessoa tende a vivenciar a percepção de um objeto sem a sua presença, sem um estímulo sensorial; existe a percepção perfeita de uma voz ou imagem, com todas as características normais, só que sem o objeto; as mais comuns são as auditivas e os conteúdos em geral são de vozes que ameaçam, insultam e dizem frases de conteúdo ameaçador ou depreciativo. Podem ainda dar ordens ou comentar os atos do paciente; ocorrem na esquizofrenia, nos quadros depressivos muito graves e nos quadros de manias.

As alucinações podem ser auditivas, auditivo-verbais (mais comuns), visuais, olfativas, gustativas, cenestésicas (corpórea, sensibilidade visceral), cinestésicas (movimento).

No caso de alucinações auditivas, deve-se basear nos sintomas de primeira ordem conforme Kurt Schneider:

- Vozes dialogando.
- Vozes comentando.
- Vozes imperativas.
- Sonorização do pensamento.

Implicações forenses

Estes quadros geralmente participam dos sintomas relativos a quadros psicóticos como as esquizofrenias, psicoses orgânicas, psicoses induzidas por abuso de álcool e substâncias psicoativas, além dos quadros demenciais. A necessidade da perícia dependerá do enquadre jurídico a que se aplica a ação. O que pode abarcar questões de responsabilidade penal, capacidade civil e capacidade laboral.

PSICOPATOLOGIA DO PENSAMENTO E JUÍZO

Dentro da complexidade do funcionamento psíquico humano, o pensamento representa uma das operações de maior relevância, uma vez que envolve de forma maciça as demais funções psíquicas e, no sentido mais leigo da palavra, tem uma representação cultural de lucidez (o juízo).

Nobre de Melo postulava que o pensamento representa a solidez do processo racional, uma vez que dele participam a compreensão intelectual (isto é, a apercepção), a ideação, a imaginação e a associação de representações e ideias.

Frente ao exposto, as possíveis alterações do pensamento mantêm uma ligação estreita com o direito relativo à determinação da racionalidade, isto é, a ausência de loucura.

O processo do pensar envolve o curso, a forma e o conteúdo do pensamento. O modo primário de expressão se dá pela linguagem. O curso é o modo como flui a velocidade e o ritmo ao longo do tempo. A forma é o básico; sua arquitetura, preenchida por diversos temas/conteúdos e interesses do indivíduo. O conteúdo é o que dá substância ao pensamento, é o assunto em si, a ideia do pensamento[15].

Dalgalarrondo[11] notifica ainda que, para a compreensão da real importância e repercussão das possíveis alterações do pensamento, faz-se necessária a compreensão dos elementos intelectivos de sua constituição (conceito, juízo e raciocínio).

Os conceitos se formam com base nas representações. Os juízos são os processos pelos quais se estabelecem relações significativas entre os conceitos. E por fim o raciocínio, que é o processo de relacionar juízos. O resultado final deste processo consiste na conclusão de um determinado fato, situação etc.

Alterações dos elementos constitutivos do pensamento: pode ser a desintegração ou a condensação dos conceitos[1,2]. A desintegração dos conceitos ocorre quando os conceitos sofrem um processo de perda de seu significado original. A ideia de determinado objeto e sua palavra passam a ter significados diferentes. Já a condensação dos conceitos (neologismo) se fundamenta pela fusão de conceitos, com condensação involuntária de ideias num único conceito que se expressa numa nova palavra, que pode ser uma palavra conhecida ou mesmo criada.

Na avaliação do pensamento que é verificado pela fala, consideram-se três aspectos:

- Curso: velocidade com que o pensamento é expresso e pode ir do acelerado ao retardado, passando por variações.
- Forma: como a pessoa pensa, a maneira como processa ideias e associações.
- Conteúdo: refere-se ao que a pessoa está pensando (ideias, crenças, preocupações)

Alterações do curso do pensamento

O pensamento com fluidez acelerada, numa sucessão rápida, com fala apressada, chama-se aceleração. Sua ocorrência de dá nos quadros de mania, ansiedade intensa, quadros esquizofrênicos e psicoses tóxicas.

- Prolixidade: é um discurso detalhista, cheio de rodeios e repetições, com uma certa circunstancialidade; há introdução de temas e comentários não pertinentes ao que se está falando
- Descarrilamento: há uma mudança súbita do que se está falando.
- Perseveração: há uma repetição dos mesmos conteúdos de pensamento (comum nas demências).
- Lentificação: processo lento do pensamento, demora para falar, com latência entre perguntas e respostas. Aparece nos quadros de depressão grave, nos casos de rebaixamento da consciência e intoxicação por substâncias sedativas.
- Bloqueio ou interceptação: interrupção brusca do pensamento, mesmo durante uma conversa, para de falar e não consegue retornar ao que estava falando. Essas alterações são mais comuns nos quadros de esquizofrenia.
- Roubo: o paciente tem a sensação de que seu pensamento foi roubado de sua mente por outrem. Frequentemente associado ao bloqueio do pensamento, também comum na esquizofrenia.

Alterações na forma do pensamento

A forma representa a maneira como o conteúdo do pensamento é expresso. É importante lembrar que a velocidade do pensamento (curso) pode ser normal, porém a forma pode estar alterada por conter ideias frouxas com o fluxo quebrado. P. ex.: "Paciente apresenta um discurso com curso regular, porém não mantém uma coerência entre as ideias, que se apresentam frouxas e desconexas".

As alterações da forma do pensamento podem ocorrer por:

- Fuga de ideias: alteração estrutural secundária a uma acentuada aceleração do pensamento. As associações de palavras deixam de seguir uma lógica ou finalidade e o paciente passa a fazer dois tipos de associações.
- Dissociação: os pensamentos passam a não seguir uma sequência lógica e bem organizada.
- Desagregação: o paciente não consegue completar uma frase, pois há uma forte perda dos enlaces associativos, com perda total da coerência do pensamento. Típico de formas avançadas de esquizofrenias e demências.
- Juízo deficiente ou prejudicado e alterações do juízo de realidade: caracteriza-se por um processo que leva à produção de um juízo falso decorrente de uma inadequação na elaboração dos juízos, seja pela deficiência intelectual ou pobreza cognitiva do indivíduo. Nesses casos, os conceitos são inconscientes e o raciocínio é pobre e defeituoso. Os juízos são simplistas, sujeitos à influência do meio social[2].

Alterações do conteúdo: engloba dificuldades na capacidade de crítica (*insight*), coerência entre pensamento e afetividade. Presença de um pensamento do tipo autista (dependente das necessidades afetivas próprias, seguindo regras individuais sem considerar a lógica, incorrigível), ideias supervalorizadas e conteúdos delirantes.

DELÍRIOS

As alterações de conteúdo do pensamento (os delírios) caracterizam-se como uma categoria de alteração grave do juízo. Configuram-se pela presença de julgamento falso da realidade, uma certeza subjetiva absoluta e não é influenciável por experiências e evidências em contrário. Para Jaspers[18], o delírio é um juízo patologicamente falseado e que apresenta três características:

• Ininfluenciabilidade (a vivência é muito intensa no sujeito, chegando a ser mais fácil o delirante influenciar a pessoa dita normal). Uma convicção subjetivamente irremovível e uma crença absolutamente inabalável.
• Impenetrabilidade e incompreensibilidade psicológica para o indivíduo normal. Não pode ser explicada logicamente.
• Incorrigibilidade. Não há como modificar a ideia delirante por meio de correções. Esta condição leva a pessoa a uma impossibilidade de sujeitar-se às influências de correções quaisquer, seja por meio da experiência ou da argumentação lógica.

Principais quadros delirantes

• Persecutório: neste quadro a pessoa acredita que está sendo perseguida por pessoas (conhecidas ou não) que querem matá-la, envenená-la, prejudicá-la etc. Costuma ser o delírio de maior ocorrência.
• Influência: a pessoa acredita que está sob controle, comando ou influenciada por forças, entidades ou seres.
• Referência: nessa condição o indivíduo tende a se colocar numa condição de referência no sentido de acreditar que todos falam dele, riem dele acusando-o de ser ladrão ou outra coisa, tudo se refere a ele. As alucinações auditivas associadas (escuta seu nome ou pessoas xingando-o, zombando-o) podem estar presentes. Em geral ocorre com o persecutório.
• Grandeza: acredita ser especial, dotado de poderes, de origem superior. Delírio dominado por ideias de grandeza, riqueza e poder; acha que pode tudo.
• Querelância (ou reivindicação): condição generalizada na qual a pessoa tem plena convicção de estar sendo vítima de terríveis injustiças e discriminações. Pessoas com estas características tendem a se envolver em intermináveis batalhas judiciais, querelas familiares etc. Considera-se o representante dos desvalidos e perseguidos.

- Religioso ou místico: afirma estar em comunhão permanente com um novo messias ou ser ele mesmo. Sente ter poderes místicos, que tem responsabilidades inferidas por ser superior.
- Ciúmes: acredita estar sendo traído por seu cônjuge, que teria centenas de amantes. Em geral esse paciente é fortemente ligado a esse cônjuge. Ocorre em qualquer psicose, mais no alcoolismo e no transtorno delirante crônico.
- Erótico: o paciente afirma que uma pessoa, em geral um artista, cantor famoso ou pessoa de grande importância para ele está totalmente apaixonada e a ponto de largar tudo por ele.
- Ruína: a pessoa nestas condições acredita viver num mundo cheio de desgraças, condenado à miséria, autodestruição, que seu futuro terá apenas derrotas e sofrimento.

Implicações forenses

Com base nas descrições discutidas, a compreensão dos substratos dos conteúdos delirantes se reveste de uma importante relevância da psicopatologia e de implicações forenses, uma vez que, quando abordamos o termo juízo, estamos lidando em sua essência com o processo de julgamento sobre a realidade de uma determinada pessoa, que poderá incidir em questões jurídicas, já que a capacidade para avaliação subjetiva e de *insight* do seu estado está abolida.

Delírios de perseguição, por exemplo, podem incidir em comportamento violento como o homicídio, o que reportaria o processo dentro do direito penal. Já um caso que se enquadre em uma condição de querelância, por exemplo, poderá impetrar uma indenizatória por danos morais num ambiente de trabalho, por interpretá-lo como discriminador e persecutório.

Apesar de outros quadros importantes, sem dúvidas, a esquizofrenia entre as doenças mentais apresenta importante implicação forense, por ser um quadro de psicose crônica que altera profundamente a personalidade e a capacidade de entendimento e autodeterminação.

Os transtornos psicóticos francos e bem estabelecidos justificam a interdição civil e a inimputabilidade. Mas as dúvidas surgem em relação aos períodos de início e de recuperação, quando a pessoa está perdendo ou recuperando o contato com a realidade. Interessa no laudo pericial a constatação ou não de que a pessoa tenha perdido a liberdade de pensar e atuar com lógica em decorrência de sua doença.

A incapacidade civil e a inimputabilidade penal se aplicam nos casos de psicoses, nas quais existe afastamento da realidade, associado a manifestações psicopatológicas produtivas e aberrantes que comprometem a percepção (alucinações), a memória, a orientação (do Eu, do tempo, do espaço, da situação), o pensamento (transtornos do juízo crítico, delírios), ao que podem agregar-se o estupor e a agitação.

As implicações forenses se inserem tanto na vara cível como penal. Visto que, como pontuam Andrade et al.[22], há grave prejuízo da capacidade funcional da mulher, resultando, frequentemente, na internação psiquiátrica, com importante impacto conjugal e familiar e efeito deletério na relação mãe-bebê, além do risco de infanticídio, geralmente associado a alucinações de comando para matar o bebê, que pode ocorrer em casos extremos.

A periculosidade criminal é um estado de desajustamento social da personalidade do indivíduo que torna provável que ele venha a delinquir.

O direito penal considera esta situação de probabilidade de crime como base para a aplicação de medidas preventivas, de reajustamento ou segregação do perigoso, as chamadas medidas de segurança decorrente da inimputabilidade, aspecto este que necessita da perícia para constatar a alteração do funcionamento psicológico do agente autor do delito.

O Quadro 2.2 expressa os principais transtornos com alterações da sensopercepção e do pensamento[1].

Quadro 2.2 Transtornos mentais com alterações da sensopercepção e do pensamento

Quadro	Sintomas
Esquizofrenia	Prejuízos múltiplos como delírios, alucinações, atenção, memória, cognição social
Transtorno esquizoafetivo	Episódio depressivo com mania, misto ou moderado ou grave, além de delírios, alucinações, desorganização na forma de pensamento, experiências de influência, passividade e controle
Transtorno esquizotípico	Excentricidades no comportamento, aparência e fala, acompanhado por distorções cognitivas e perceptivas, crenças incomuns e desconforto com capacidade reduzida para relações interpessoais. Ainda ideias paranoides e de referência ou outros sintomas psicóticos, incluindo alucinações
Transtorno psicótico agudo e transitório	Atingem sua gravidade máxima dentro de 2 semanas, podendo incluir delírios, alucinações, desorganização dos processos de pensamento, perplexidade ou confusão e distúrbios de afeto e humor
Transtorno delirante	Desenvolvimento de um delírio ou conjunto de delírios relacionados que persistem por pelo menos 3 meses, podendo ocorrer alucinações
Transtorno bipolar tipo I, episódio atual maníaco com sintomas psicóticos	O episódio atual é maníaco e há delírios ou alucinações
Transtorno psicótico induzido por múltiplas substâncias psicoativas	Delírios, alucinações, pensamento desorganizado, comportamento grosseiramente desorganizado que se desenvolvem durante ou logo após a intoxicação ou na retirada de múltiplas substâncias psicoativas
Transtornos mentais ou comportamentais associados a gravidez, parto ou puerpério, com sintomas psicóticos	Início dentro de 6 semanas após o parto; inclui delírios, alucinações ou outros sintomas psicóticos, além de sintomas do humor (depressivos e/ou maníacos)

PSICOPATOLOGIA DA LINGUAGEM

A linguagem representa um amplo processo de interação entre os seres. De acordo com Cheniaux[11], seu objetivo é a comunicação, expressão de vivências internas (traduzidas pela manifestação do pensamento e dos sentimentos), organização da experiência sensorial, dos processos mentais, tradução dos estímulos externos, indicação e descrição de fatos, transmissão de conhecimento e adequação social (conduta).

No contexto da psicopatologia enfatizaremos a linguagem verbal, dada a sua participação direta na elaboração e expressão do pensamento, visto que engloba ainda as seguintes funções[2]:

- Função comunicativa: centrada na socialização do indivíduo.
- Suporte do pensamento: nas condições de pensamento lógico e abstrato.
- Instrumento de expressão: dos estados emocionais, de vivências internas e subjetivas.
- Afirmação do "eu": caracterizando a posição do indivíduo em relação a si e aos outros.

Em termos dos aspectos psicopatológicos, como reflete o pensamento, apresenta estreita relação com as alterações da forma em termos de velocidade, fluxo, mussitação, verbigeração, ecolalia, mutismo, latência, logorreia e do conteúdo no tocante aos temas prevalentes.

No contexto estrito das alterações da linguagem têm-se as afasias, que representam um quadro caracterizado pela perda parcial ou total da faculdade de exprimir os pensamentos por sinais e de compreender esses sinais, podendo ser sensorial e motora.

O mutismo caracteriza-se pela ausência de linguagem oral. Nas doenças mentais, é observado nos estados de estupor da confusão mental, da depressão grave e da catatonia e nos estados demenciais avançados.

A esquizofasia é uma expressão criada por Kraepelin para designar uma profunda alteração da expressão verbal, observada em alguns esquizofrênicos paranoides, em resultado da qual a linguagem se torna confusa e incoerente, sem que existam alterações graves do pensamento[15].

Temos também os neologismos, que são palavras criadas ou palavras já existentes empregadas com significado desfigurado; comumente aparece na esquizofrenia.

Outro aspecto de relevância neste contexto são os quadros de mutismos que se configuram em uma incapacidade para emissão da linguagem verbal (fala) associada à memória, decorrentes de fortes traumas emocionais, que podem ter importantes repercussões nos casos de testemunho.

Implicações forenses

Considerando que tanto a linguagem quanto a cognição mantêm e sofrem influências de gênero, nível socioeconômico, idade e escolaridade, cultura e quadros neuropsiquiátricos, tem-se que algumas de suas disfunções terão importantes repercussões no âmbito forense de qualquer natureza (cível, penal, trabalhista etc.) dado a dificuldade manifesta de acordo com os quadros a seguir.

- Disgrafia: dificuldade na leitura oral das palavras, com comprometimento fonoaudiológico e lexical de ortografia e pronúncia.
- Discalculia: ausência da habilidade para efetuar cálculos iniciais aritméticos de adição e subtração e para solucionar operações matemáticas, a partir das deficiências sensoriais e motoras.
- Dislexia visual: troca de letras associada à disfunção do lóbulo occipital).
- Dislexia auditiva: dificuldade de memorização auditiva, atenção e comunicação verbal.

PSICOPATOLOGIA DO AFETO E DO HUMOR

A emoção é uma reação afetiva (entendendo afetividade como a manifestação de respostas dóceis, hostis, alegres, tristes etc.) de grande intensidade com participação de mecanismos biológicos e cognitivos, que normalmente é acompanhada de ativações de ordem vegetativa.

Bradley e Lang[23] definem a emoção como fenômenos biológicos que se desenvolvem a partir de comportamentos funcionais que facilitam a sobrevivência das espécies.

De acordo com essas definições, fica claro no tocante a emoção que seu principal papel engloba um funcionamento complexo para a sobrevivência de humanos e animais. A emoção se configura como o modulador do desenvolvimento da interação social, visto que a junção de mecanismos biológicos e cognitivos propicia, principalmente aos seres humanos, a capacidade de analisar, planejar e executar um padrão de ação diante dos estímulos agradáveis ou desagradáveis. Todavia, falhas ou inadequações dessa complexa estrutura põem em risco o próprio indivíduo em relação ao meio, como também em relação ao outro.

A resposta emocional compreende os aspectos cognitivos, emocionais e psicomotores. A emoção representa um estado de excitação do organismo que se expressa diferentemente em três dimensões:

- A experiência emocional que compreende vivência cognitiva e afetiva frente a uma situação.

- O comportamento emocional que se refere ao padrão de ações do indivíduo.
- As alterações fisiológicas relacionadas à ativação do sistema nervoso autônomo.

Ressaltamos ainda a integração das estruturas cerebrais (sistema límbico, lobo frontal etc.) com os aspectos da personalidade e os processos cognitivos de cada indivíduo.

Na prática, a vivência emocional engloba a intensidade do sentimento, o qual no indivíduo, em relação à raiva, por exemplo, poderá variar de uma leve irritação a uma fúria violenta. O nível de tensão refere-se ao grau de tensão despertado no indivíduo diante da situação geradora de resposta emocional, isto é, o impulso para a ação. Nesse caso, uma pessoa pode sentir-se obrigada a responder a uma situação ameaçadora com enfrentamento ou fuga. O que vai caracterizar essa resposta é o grau de excitação, fundamentado nas experiências anteriores e nas interpretações (memória, pensamento) de cada indivíduo. Além do caráter hedonista, as experiências emocionais variam quanto às sensações de prazer ou desprazer, interpretadas dentro do espectro de adequação. A mesma resposta emocional em diferentes contextos pode ser interpretada como socialmente adequada ou não.

Davison e Neale[24] ressaltaram que alterações do humor implicam perturbações incapacitantes nas emoções que englobam desde a tristeza patológica da depressão a euforia e irritabilidade, que podem se manifestar em reações agressivas, na fase da mania.

De acordo com a CID-11[1], os transtornos do humor referem-se a um agrupamento superordenado de transtornos bipolares e depressivos. Estes transtornos são definidos de acordo com o padrão de sua ocorrência ao longo do tempo. Os quadros englobam os episódios depressivos, episódios maníacos, episódio mistos e episódios hipomaníacos.

Alterações do humor

Entre as alterações de humor temos:

- Distimia: alteração básica do humor, tanto no sentido da inibição como no sentido da exaltação.
- Disforia: distimia de caráter desagradável, frequente o mau humor.
- Irritabilidade: hiperatividade desagradável, hostil, agressiva aos estímulos.
- Euforia ou alegria patológica: humor morbidamente exagerado com predomínio de um estado de alegria íntima, desproporcional ao momento.

- Elação: euforia + expansão do eu, uma sensação subjetiva de grandeza e poder.
- Êxtase: estado de euforia mais avançado, há uma experiência de beatitude, uma sensação de dissolução do eu no todo, de compartilhamento íntimo do estado afetivo interior com o mundo exterior. Tem relação, na maioria das vezes, com um contexto místico ou religioso, não sendo considerado algo patológico.
- Apatia: não tem alegria nem tristeza, é inerte.
- Puerilidade: alteração do humor caracterizada por seu aspecto infantil, ingênuo, simplório, regredido. A pessoa ri ou chora por motivos banais, tem a vida afetiva superficial (ausente de momentos profundos, introspectivos, consistentes ou duradouros).
- Moria: caracteriza-se como uma forma de alegria muito pueril, ingênua, que ocorre principalmente em pacientes com lesão extensa dos lobos frontais, em déficits mentais e em quadros demenciais acentuados.
- Ansioso: descreve um humor desconfortável, apreensão negativa em relação ao futuro, inquietação interna desagradável.

Alterações quantitativas da afetividade

Em relação às alterações quantitativas da afetividade pode-se descrever cinco quadros:

- Hipotimia: diminuição dos afetos em intensidade e duração, como na depressão. Observação: hipomodulação do afeto – incapacidade do paciente em formular a resposta afetiva de acordo com a situação existencial, indicando rigidez do indivíduo na sua relação com o mundo.
- Hipertimia: aumento na intensidade e duração da afetividade. É uma alegria vital, presente na fase maníaca do transtorno de humor bipolar, no uso de psicoestimulantes (cocaína, anfetaminas etc.).
- Incontinência emocional: perda do controle das emoções, tanto para mais quanto para menos; não há controle das reações emotivas, rindo em momentos inapropriados etc.
- Labilidade afetiva: alternações súbitas, abruptas e inesperadas de um estado afetivo a outro. O paciente conversa tranquilamente e de repente passa a chorar convulsivamente, passando depois a sorrir. É comum na adolescência, em casos de acidente vascular cerebral (AVC) e de quadros psico-orgânicos (encefalites, tumores cerebrais, síndromes frontais e pseudobulbar).
- Embotamento afetivo: é a perda profunda de todo o tipo de vivência afetiva. É observável pela mímica, postura e atitude do paciente. Típico dos sintomas negativos da esquizofrenia.

Alterações qualitativas da afetividade

As alterações qualitativas são três:

- Paratimias (inadequação do afeto): reação completamente incompatível com a situação vivencial ou a determinados conteúdos ideativos; contradição profunda entre a esfera ideativa e a afetiva. O que deveria despertar alegria, desperta tristeza. Pode ser normal dependendo do grau.
- Ambitimia (ambivalência afetiva): é a existência de dois sentimentos contrários ao mesmo tempo. São sentimentos opostos e, ao mesmo tempo, em relação a um mesmo objeto. A forma radical e intensa é característica da esquizofrenia.
- Neotimia: sentimentos e experiências inteiramente novos, vivenciados por pacientes psicóticos ou que fizeram uso de alucinógenos (patológica); ou ainda é vivenciada por gestantes (fisiológica).

Implicações forenses

Quanto às implicações forenses dos transtornos do humor, três quadros apresentam importantes repercussões: depressão grave, transtorno afetivo bipolar e depressão pós-parto.

Depressão grave

Quando o quadro engloba de forma robusta perda de prazer nas atividades diárias (anedonia), apatia, alterações cognitivas (diminuição da capacidade de raciocinar adequadamente, de se concentrar e/ou de tomar decisões). Leva a prejuízo funcional significativo (como faltar muito ao trabalho ou piorar o desempenho escolar), além do retraimento social e a ideação suicida.

As implicações jurídicas se inserem tanto no contexto da vara da família em termos de a pessoa não apresentar condições mínimas necessárias para os cuidados de filhos menores (principalmente a mulher). Como ressaltam Raposo et al.[25], a depressão parental aumenta a probabilidade de diminuição da qualidade da prestação de cuidados instrumentais e emocionais. Mães com sintomas depressivos exibem mais afeto negativo, mais comportamentos negligentes e hostis, menor consistência educativa e menor disponibilidade emocional, levando-a à perda de guarda, por exemplo. Discutido na esfera do direito do trabalho, tanto para os fins de afastamento, quanto para a possível aposentadoria.

Transtorno afetivo bipolar (CID-11)[1]

No tipo I, observa-se estado de humor extremo, duração de pelo menos 1 semana, caracterizado por euforia, irritabilidade ou expansividade, e por aumento da atividade ou uma experiência subjetiva de aumento de energia, acompanhada de outros sintomas como fala rápida ou pressionada, fuga de ideias, aumento da autoestima ou grandiosidade, diminuição da necessidade de sono, distração, impulsividade ou imprudência no comportamento, e mudanças rápidas entre estados de humor diferentes (isto é, instabilidade de humor). Pode ocorrer com ou sem sintoma psicótico.

No tipo II, ocorrem um ou mais episódios hipomaníacos e pelo menos um episódio depressivo. Caracteriza um estado de humor persistente por euforia, irritabilidade, ou expansividade, e ativação psicomotora excessiva ou aumento de energia, acompanhada de grandiosidade, diminuição da necessidade de sono, discurso pressionado, fuga de ideias, distração e impulsividade ou comportamento imprudente com duração de pelo menos vários dias. No episódio depressivo expressa diminuição do interesse em atividades em pelo menos 2 semanas, acompanhada de outros sintomas, como alterações do apetite ou sono, agitação ou retardo psicomotor, fadiga, sentimentos de inutilidade ou culpa excessiva ou inadequada, sentimentos ou desesperança, dificuldade de concentração e risco de suicídio. Pode vir com ou sem sintomas psicóticos.

Transtorno ciclotímico

Caracteriza-se por uma instabilidade persistente do humor durante um período de pelo menos 2 anos, envolvendo numerosos períodos de hipomania (p. ex., euforia, irritabilidade, ou expansividade, ativação psicomotora) e depressão com interesse diminuído em atividades e fadiga.

Transtornos mentais ou comportamentais associados à gravidez, parto e/ou puerpério, sem sintomas psicóticos

Síndrome associada à gravidez ou ao puerpério (com início em cerca de 6 semanas após o parto), que envolve problemas mentais e comportamentais e mais comumente os sintomas depressivos. A sintomatologia depressiva pode incluir, além do humor deprimido, irritabilidade, ansiedade, confusão e lapsos curtos de memória. Esses aspectos causam prejuízos no desempenho do papel materno e no desenvolvimento de laços afetivos entre a mãe e o bebê.

Nas questões forenses envolvendo direito penal, transtornos depressivos não são tão comuns, salvo nos casos em que ocorre ato agressivo da gestante em relação ao recém-nascido.

Destaca-se ainda que sintomas como irritabilidade podem precipitar a manifestação de comportamentos agressivos, ou a redução da qualidade das funções cognitivas, comum nos quadros de transtorno afetivo bipolar.

Ainda no contexto penal, a tomada de depoimento de testemunhas para fundamentar as provas é prática comum e, em casos de pessoas com depressão que podem expressar prejuízos de memória, pode ocasionar uma falsa identificação.

Já no direito civil, os efeitos da depressão sobre o pensamento e a cognição podem interferir na capacidade jurídica para testamento, adoção, venda, compra, capacidade para o desempenho de determinadas funções ou práticas profissionais, caracterizando-se como potenciais considerações de incapacidade, condições estas que devem ser verificadas por meio de uma perícia.

PSICOPATOLOGIA DA VONTADE E IMPULSO

Ao se abordar os termos vontade e impulso, indubitavelmente também o conceito de conação deve ser explicitado. Por conação entende-se o conjunto de atividades psíquicas direcionadas para a ação[11].

Já a vontade constitui-se de um processo cognitivo, pautada na possibilidade de escolha entre várias possibilidades. Na prática trata-se de ação intencional com uma meta objetiva e direcionada.

O indivíduo cujo comportamento é impulsivo, irrefletido ou impensado, geralmente faz coisas no calor do momento, porque está motivado para tal ou porque uma oportunidade se apresentou.

Este aspecto da impulsividade relaciona-se à vontade que se configura com uma dimensão complexa da vida mental, relacionada intimamente à esfera instintiva, afetiva e intelectiva e ao conjunto de valores, princípios, hábitos e normas socioculturais do indivíduo.

Já o ato volitivo é traduzido pelas expressões típicas do "eu quero" ou "eu não quero". O ato volitivo se dá, de forma geral, como um processo, composto de quatro fases ou momentos fundamentais.

- Fase de intenção ou propósito.
- Fase de deliberação.
- Fase de decisão propriamente dita.
- Fase de execução.

A ação voluntária é um ato de vontade pautado pelas quatro fases do processo volitivo, no qual a ponderação, a análise e a reflexão precedem a execução motora.

A impulsividade é definida como a falha em resistir a um impulso, instinto ou tentação que é prejudicial à própria pessoa ou a outros. Um impulso é impetuoso e sem ponderação. "Pode manifestar-se de início súbito e transitório, ou em um aumento gradual durante uma situação de tensão."[26] É mais comum nos casos de agressão reativa. Segundo Barratt et al.[27], o indivíduo agressivo reativo super-reage impulsivamente diante da menor provocação e costuma ser explosivo e instável. O comportamento é impulsivo, irrefletido ou impensado, geralmente faz coisas no calor do momento, porque está motivado para tal ou porque uma oportunidade se apresentou.

Todavia, é mister salientar que nem todo indivíduo impulsivo é agressivo. Porém, quando há presença de agressividade, geralmente é manifestada de maneira intensa e desproporcional aos estímulos eliciadores.

Alterações da vontade

As alterações da vontade incluem abulia (abolição da atividade volitiva), hipobulia (diminuição da atividade volitiva; o indivíduo faz apenas as atividades básicas, não tem vontade para nada, sente-se desanimado, sem forças, em geral associadas à apatia, fadiga fácil, dificuldade de decisão; é comum na depressão grave), hiperbulia (a pessoa executa todas as suas vontades, que estão aumentadas) e ataraxia (estado de indiferença volitiva e afetiva desejada e buscada ativamente pelo indivíduo).

Transtornos do impulso

Os transtornos do controle dos impulsos são caracterizados pela falha repetida de resistir a um impulso ou desejo de realizar um ato que seja gratificante para a pessoa, pelo menos a curto prazo, apesar das consequências como danos a longo prazo, quer para o indivíduo ou para os outros. Tendem a provocar acentuada angústia sobre o comportamento padrão, ou comprometimento significativo em aspectos pessoais, familiares, sociais, educacionais e ocupacionais e em outras áreas importantes de funcionamento.

O transtorno explosivo intermitente é caracterizado por episódios distintos de fracasso em resistir a impulsos agressivos, resultando em sérias agressões ou destruição de propriedades. Implicações forenses por lesão corporal, tentativa de homicídio (direito penal).

A cleptomania caracteriza-se por um fracasso recorrente em resistir a impulsos de roubar objetos desnecessários para o uso pessoal ou em termos de valor monetário. Confundida com furtos ou roubos, acaba por ter implicações no direito penal.

A piromania é caracterizada por um padrão de comportamento incendiário por prazer, gratificação ou alívio de tensão. Pode ser enquadrada como tentativa de homicídio, dano ao patrimônio; tem implicação no direito penal.

O transtorno de comportamento sexual compulsivo é caracterizado por um padrão persistente de incapacidade de controlar impulsos sexuais repetitivos e intensos, resultando em desvios do comportamento sexual. Os sintomas incluem atividades sexuais repetitivas como foco central da vida da pessoa a ponto de negligenciar a saúde e os cuidados pessoais ou outros interesses, atividades e responsabilidades. Sua expressão pode ter implicação no direito penal como crime contra a dignidade sexual.

O jogo patológico, na versão da CID-11, passou a integrar a seção dos transtornos decorrentes de comportamentos aditivos, que se caracterizam por um comportamento mal adaptativo, recorrente e persistente, relacionado a jogos de azar e apostas. As consequências vão desde furtos a desfalques para conseguir o dinheiro, levando a pessoa a responder por crimes (direito penal), sendo passível de interdição no direito civil.

Impulsos agressivos

Automutilação caracteriza-se pelo impulso ou compulsão seguido de ato de autolesão voluntária. Os pacientes costumam produzir escoriações na pele, arrancam cabelos, furam-se com pregos e vidros. Mutilações leves e moderadas são observadas em paciente com transtorno de personalidade *borderline* e indivíduos com transtorno obsessivo-compulsivo (TOC). As formas mais graves (autoenucleação e extirpação do pênis) são vistas em psicóticos.

Nos quadros de piromania, os indivíduos ateiam fogo a objetos e lugares. Acomete transtornos de personalidade, com possíveis implicações no direito penal.

Impulso e ato suicida envolvem o desejo e o ato de se matar. Quase sempre associado a outros quadros mentais e condições como humor deprimido, desesperança, ansiedade, transtorno de personalidade, dor ou disfunções orgânicas crônicas.

Transtornos parafílicos

Caracterizam-se por padrões persistentes e intensos de excitação sexual atípica, manifestada por pensamentos, fantasias, impulsos ou comportamentos sexuais, cujo foco envolve outros cuja idade ou *status* os torna pouco dispostos ou incapazes de consentir. Sua ocorrência deriva de fantasias que geralmente compreendem desejos sexuais ou comportamentos recorrentes, intensos e sexualmente excitantes, podendo envolver objetos não humanos, sofrimento ou humilhação próprios ou do parceiro, de crianças ou outras pessoas sem o seu consentimento[28].

Meyer[28] ressalta que o fato de uma pessoa apresentar preferências por determinadas partes do corpo, objetos e acessórios não representa necessariamente uma parafilia e, em muitos, não há riscos para condutas sexuais criminosas. Segundo esse autor, para que esse funcionamento preencha critérios para uma parafilia, deve-se considerar no seu portador os seguintes aspectos:

- Caráter opressor, com perda de liberdade de opções e alternativas. O parafílico não consegue deixar de atuar dessa maneira.
- Caráter rígido, significando que a excitação sexual só se consegue em determinadas situações e circunstâncias estabelecidas pelo padrão da conduta parafílica.
- Caráter impulsivo, que se reflete na necessidade imperiosa de repetição da experiência.

Principais quadros de parafilias

- Fetichismo: descreve o impulso e desejo sexual concentrado ou exclusivo em partes da vestimenta ou do corpo da pessoa desejada.
- Exibicionismo: refere-se ao ato de exibir os órgãos sexuais, em geral contra a vontade do observador, gerando prazer. Não busca o contato sexual, o prazer vem pela exibição.
- Voyerismo: representa o impulso em obter prazer pela observação apenas visual de uma pessoa nua despindo-se ou no ato sexual. Prazer apenas em olhar.
- Pedofilia: caracteriza-se pelo desejo sexual por crianças e/ou adolescentes independente do gênero da vítima.
- Gerontofilia: representa o desejo sexual por pessoas muito mais velhas que o indivíduo.
- Zoofilia ou bestialismo: o desejo sexual é dirigido a animais.
- Coprofilia: pessoas nestas condições buscam o prazer utilizando excrementos no ato sexual.
- Ninfomania: caracteriza o desejo sexual exageradamente elevado em mulheres.
- Satiríase: caracteriza desejo sexual em nível exageradamente elevado em homens.
- Compulsão à masturbação: caracteriza a pessoa que apresenta intensa necessidade de realizar atividades masturbatórias repetitivamente, mesmo sem ter prazer.
- Necrofilia ou vampirismo: nestes casos o desejo sexual é dirigido a cadáveres.

- Transtorno do sadismo sexual coercitivo: caracteriza-se por um padrão intenso de excitação sexual, manifestado por pensamentos sexuais persistentes, fantasias, impulsos ou comportamentos que envolvem a imposição de sofrimento psicológico a uma pessoa sem consentimento.

TRANSTORNOS DECORRENTES DO USO DE SUBSTÂNCIAS OU COMPORTAMENTOS ADITIVOS

Transtornos decorrentes do uso de substâncias

A dependência química também se relaciona com as questões relativas aos transtornos do impulso uma vez que:

- O uso recorrente de substâncias psicoativas resulta num fracasso em cumprir obrigações importantes relativas ao seu papel na escola, no trabalho ou em casa.
- O uso recorrente da substância em situações nas quais isso representa um perigo físico.
- Há problemas legais recorrentes relacionados ao uso dessas substâncias.

Os critérios para se considerar uma pessoa dependente de drogas englobam pelo menos três dos seguintes sinais e sintomas ao longo dos últimos 12 meses[1]:

- Forte desejo ou compulsão de consumir algum tipo de droga.
- Consistência subjetiva da dificuldade na capacidade de controlar a ingestão de drogas em termos de início, término ou nível de consumo.
- Uso de substâncias psicoativas para atenuar sintomas de abstinência, com plena consciência da efetividade de tal estratégia.
- Estado fisiológico de abstinência.
- Evidência de tolerância, necessitando doses crescentes de substância requerida para alcançar os efeitos originalmente produzidos.
- Estreitamento do repertório de consumo, quando o indivíduo passa a consumir drogas em ambientes não propícios, a qualquer hora, sem motivo especial etc.
- Negligência progressiva de prazeres e interesses outros em favor do uso de drogas.
- Persistência no uso de drogas, a despeito de apresentar clara evidência de manifestações danosas.
- Evidência de que o retorno ao uso da substância, após um período de abstinência, leva a uma reinstalação rápida do quadro anterior.

Quando falamos em dependência química utilizamos os seguintes conceitos:

• A adicção, que é a síndrome de comportamento neurocomportamental com influências genéticas, resulta em dependência psicológica no uso de substâncias para obter efeitos psíquicos caracterizados pelo uso compulsivo apesar do dano causado. É sinônimo de "dependência de drogas" ou de dependência psicológica.

• Abuso de substâncias: é o uso de qualquer substância para fins não terapêuticos ou uso de medicação com outras finalidades que não aquelas para as quais foi prescrito o medicamento.

• Já a tolerância é o estado fisiológico resultante do uso regular de uma droga, em que há necessidade de se aumentar a dose para produzir o mesmo efeito ou observa-se um efeito reduzido com a dose constante.

O uso de substâncias psicoativas interfere em processos cognitivos e emocionais, como: redução na capacidade do automonitoramento e inibição de respostas, elevando a impulsividade e os comportamentos de risco. Inibição de respostas pode acarretar alterações cognitivas e comportamentais. Em relação à atenção, à memória e à flexibilidade mental há uma grande variação de resultados, em geral relacionada à impulsividade. Geralmente, a formação da memória é direcionada preferencialmente para estímulos relacionados à substância do que para outras alternativas. A tomada de decisão fica prejudicada, uma vez que, a antecipação de situações relacionadas com a droga acaba por priorizar benefícios em curto prazo em detrimento de postergar a gratificação. Usuários de cocaína apresentam comprometimento de memória em provas que exigem mais tempo, maior elaboração e maior agressividade. Usuários de *crack* apresentam alteração em todas as funções, expressam ansiedade como traço peculiar da personalidade e elevados índices de agressividade[29].

Implicações forenses

Tanto para o usuário quanto para o dependente químico, pode se aplicar no direito penal a imputabilidade, inimputabilidade ou semi-imputabilidade. No direito civil, a interdição parcial para alguns atos da vida civil ou a interdição total para os atos da vida civil. O que vai caracterizar o enquadre jurídico serão as circunstâncias nas quais as ações da pessoa na condição de usuário ou dependente ocorrerem.

Ressalta-se que o contexto e as circunstâncias da ação do indivíduo vão determinar a condição jurídica que dependerá de avaliação toxicológica, avaliação psiquiátrica e avaliação psicológica e neuropsicológica.

ALTERAÇÕES DA INTELIGÊNCIA E IMPLICAÇÕES FORENSES

A CID-11[1] trata a questão dos prejuízos relativos à inteligência como transtornos do desenvolvimento, mantendo a mesma classificação como leve, moderado, severo e profundo, porém mudando a nomenclatura para transtorno do desenvolvimento intelectual.

A inteligência pode ser definida como a capacidade mental de raciocinar, planejar, resolver problemas, abstrair ideias, compreender ideias e linguagens e aprender. Embora pessoas leigas geralmente percebam o conceito de inteligência sob um escopo muito maior, na psicologia o estudo da inteligência geralmente entende que este conceito não compreende a criatividade, a personalidade e o caráter.

Existem dois "consensos" de definição de inteligência. O primeiro, "Intelligence: knowns and unknowns", um relatório de uma equipe congregada pela Associação Americana de Psicologia, em 1995:

> Os indivíduos diferem na habilidade de entender ideias complexas, de se adaptar com eficácia ao ambiente, de aprender com a experiência, de se engajar nas várias formas de raciocínio, de superar obstáculos mediante pensamento. Embora tais diferenças individuais possam ser substanciais, nunca são completamente consistentes: o desempenho intelectual de uma dada pessoa vai variar em ocasiões distintas, em domínios distintos, a se julgar por critérios distintos. Os conceitos de "inteligência" são tentativas de aclarar e organizar este conjunto complexo de fenômenos.

Uma segunda definição de inteligência vem da Mainstream science on intelligence, que foi assinada por 52 pesquisadores em inteligência, em 1994:

> Uma capacidade mental bastante geral que, entre outras coisas, envolve a habilidade de raciocinar, planejar, resolver problemas, pensar de forma abstrata, compreender ideias complexas e aprender rápido e com a experiência. Não é uma mera aprendizagem literária, uma habilidade estritamente acadêmica ou um talento para sair-se bem em provas. Ao contrário disso, o conceito refere-se a uma capacidade mais ampla e mais profunda de compreensão do mundo à sua volta – "pegar no ar", "pegar" o sentido das coisas ou "perceber".

A despeito das várias definições para a inteligência, a abordagem mais importante para o entendimento desse conceito (ou melhor, a que mais gerou estudos sistemáticos) é baseada em testes psicométricos, que vão determinar o quociente de inteligência (QI).

O quociente de inteligência é um índice calculado a partir da pontuação obtida em testes nos quais especialistas incluem as habilidades que julgam compreender as habilidades conhecidas pelo termo inteligência. É uma quantidade multidimensional, um amálgama de diferentes tipos de habilidades, sendo que a proporção de cada uma delas muda de acordo com o teste aplicado.

Todavia, para as questões forenses, a relevância do estudo da inteligência está na funcionabilidade que possa repercurtir seja na responsabilidade penal, seja na capacidade civil. Dentro desta linha de raciocínio, faz-se importante analisar a capacidade intelectiva.

Segundo Schelini[30], a capacidade intelectual se estrutura pela divisão em inteligência fluida e inteligência cristalizada.

Por inteligência fluida compreende-se a relação dos processos relativos aos componentes não verbais, que não estão diretamente dependentes de conhecimentos prévios. Nesse processo, estão as operações mentais que as pessoas utilizam frente a uma tarefa relativamente nova e que não podem ser executadas automaticamente. De acordo com Aiken e Groth-Marnat[31], a inteligência fluida é mais determinada pelos aspectos biológicos (genéticos), estando, consequentemente, pouco relacionada aos aspectos culturais.

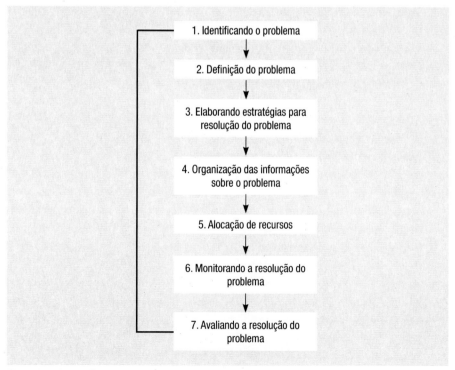

Figura 2.5   Resolução de problema. Fonte: Adaptada de Sternberg[19].

Já a inteligência cristalizada relaciona-se mais diretamente aos conhecimentos adquiridos de uma determinada cultura, o que favorece a aquisição do raciocínio.

Estando o indivíduo com a integridade de sua capacidade intelectual, esta condição permitirá à pessoa o processamento da informação, a resolução de problemas, a criatividade, o raciocínio e a tomada de decisão conforme o esquema da Figura 2.5.

No caso de transtorno do desenvolvimento intelectual há uma importante diminuição da capacidade intelectual, que irá determinar dificuldades para a pessoa representar em sua mente os modelos adequados da realidade, dos objetos e das pessoas.

Nessas pessoas, em quem frequentemente dominam os impulsos e as condutas mais elementares ou primárias, não há uma capacidade adequada de raciocínio e das funções intelectuais superiores, por exemplo a abstração, a generalização e a discriminação das coisas e dos valores, bem como não existe adequada elaboração de conceitos.

Sendo assim, o transtorno do desenvolvimento intelectual representa um grupo de condições de desenvolvimento caracterizadas por um comprometimento significativo das funções cognitivas, associadas a limitações de aprendizado, comportamento adaptativo e habilidades. Um dos importantes fatores nestes quadros é o prejuízo da capacidade do funcionamento adaptativo, que significa a capacidade do indivíduo de estabelecer relações com o ambiente que resultem em uma adaptação, gerando interação, adequação, desenvolvimento pessoal e autonomia, independentemente de sua condição ou qualificação pedagógica.

Em termos de classificação, temos os seguintes quadros:

- Leve: QI 50-55 até aproximadamente 69.
- Moderado: QI 35-40 a 50-55.
- Grave: QI 20-25 a 35-40.
- Profundo: QI abaixo de 20.

Implicações forenses

O principal nexo causal entre RM e as questões jurídicas está contido no contexto da vulnerabilidade do portador de RM, uma vez que lhe falta crítica, capacidade de entendimento, capacidade de se autodeterminar e, consequentemente, ocorre falha acentuada no controle dos impulsos.

Nesse sentido, a condição da pessoa com transtornos no desenvolvimento intelectual será inquestionavelmente inimputável do direito penal e incapaz pelo direito civil.

CONSIDERAÇÕES FINAIS

A compreensão dos mecanismos biológicos e psicológicos e sua expressão no comportamento se configuram na atualidade de notável importância para se fundamentar a real interface do direito com a psicologia.

O detalhamento do funcionamento psíquico, bem como de suas alterações (a psicopatologia), constitui-se de ferramenta ímpar, visto que permitirá ao psicólogo a aplicação da anamnese e das entrevistas clínicas no exame psíquico e na seleção e aplicação do rol de testes psicológicos, na coleta de informações, na formulação do diagnóstico e na conduta terapêutica, consolidando assim a interface da psicologia com o direito. Sendo assim, o conhecimento em psicopatologia se configura como uma ferramenta imprescindível para responder as questões relativas à capacidade civil ou de responsabilidade penal, respostas estas fundamentadas por evidências clínico-científicas e práticas, sempre ético-humanitárias, assegurando assim os direitos da pessoa.

REFERÊNCIAS BIBLIOGRÁFICAS

1. International classification of diseases for mortality and morbidity, 11th revision (ICD). I Chapter 06. Mental, behavioural or neurodevelopmental disorders. Geneva: World Health Organization; 2018.
2. Brundtland GH. Mental health in the 21st century. Bulletin of the World Health Organization. 2000;78(4):411.
3. Murray C, Lopez A. World Health Report 2002: reducing risks, promoting healthy life. Geneva: World Health Organization; 2002.
4. Merikangas KR, Nakamura EF, Kessler RC. Epidemiology of mental disorders in children and adolescents. Dialogues in Clinical Neuroscience. 2009;11(1):7-20.
5. Kessler RC, Amminger GP, Aguilar-Gaxiola S, Alonso J, Lee S, Ustun TB. Age of onset of mental disorders: a review of recent literature. Curr Opin Psychiatry. 2007;20:359-64.
6. Trivedi JK. Cognitive deficits in psychiatric disorders: current status. Indian J Psychiatry. 2006;48(1):10-20.
7. Millan MJ, Agid Y, Brüne M, Bullmore ET, Carter CS, Clayton NS, et al. Cognitive dysfunction in psychiatric disorders: characteristics, causes and the quest for improved therapy. Nature Reviews Drug Discovery. 2012;11:141-68.
8. Smirnova D, Clark M, Jablensky A, Badcock JC. Action (verb) fluency deficits in schizophrenia spectrum disorders: linking language, cognition and interpersonal functioning. Psychiatry Res. 2017;25(257):203-11.
9. Cotrena C, Damiani Branco L, Ponsoni A, Milman Shansis F, Paz Fonseca R. Neuropsychological clustering in bipolar and major depressive disorder. J Int Neuropsychol Soc. 2017;23(7):584-93.
10. Campbell RJ. Dicionário de psiquiatria, 8.ed. Porto Alegre: Artmed; 2008.
11. Cheniaux E. Manual de psicopatologia, 4.ed. Rio de Janeiro: Guanabara Koogan; 2011.
12. Dalgalarrondo P. Psicopatologia e semiologia dos transtornos mentais. Porto Alegre: Artmed; 2008.

13. Gleitman H, Fridlund AJ, Reisberg D. Psicologia, 10.ed. Lisboa: Fundação Calouste Gilbenkian; 2014.
14. American Psychiatric Association. Manual diagnóstico e estatístico de transtornos mentais. Porto Alegre: Artmed; 2013.
15. Sacock BJ, Sadock VA. Compêndio de psiquiatria: ciência do comportamento e psiquiatria clínica. Porto Alegre: Artmed; 2007.
16. Barlow DH, Drurand VM. Psicopatologia: uma abordagem integrada. São Paulo: Cengage Learning; 2015.
17. Garcia JA. Psicopatologia forense. Rio de Janeiro: Forense; 1979.
18. Jaspers K. Psicopatologia geral. Rio de Janeiro: Atheneu; 1987.
19. Sternberg RJ, Sternberg K. Psicologia cognitiva. São Paulo: Cengage Learning; 2016.
20. Lezak MD, Howieson DB, Bigler ED. Neuropsychological assessment. Oxford: New York; 2016.
21. Kandel ER, Schwartz JH, Jessell TM. Essentials of neural science and behaviour. New York: Appleton & Lange; 1997.
22. Andrade LHSG, Viana MC, Silveira CM. Epidemiologia dos transtornos psiquiátricos na mulher. Rev Psiq Clin. 2006;33(2):43-54.
23. Bradley MM, Lang PJ. Measuring emotion: behavior, feeling, and physiology. In: Lane RD, Nadel L (eds.). Cognitve neuroscienese of emotion. New York: Oxford University; 2000. p. 242-76.
24. Davison G, Neale JM. Abnormal psychology. New York: John Wiley & Sons; 2001.
25. Raposo HS, Figueiredo BFC, Lamela DJPV, Nunes-Costa RA, Castro MC, Prego J. Ajustamento da criança à separação ou divórcio dos pais. Rev Psiq Clin. 2011;38(1):29-33.
26. Hollander E, Posner N, Cherkasky S. Aspectos neuropsiquiátricos da agressão e de transtornos do controle dos impulsos. In: Yudofsky SC, Hales RE. Neuropsiquiatria e neurociências. Porto Alegre: Artmed; 2004. p. 491-504.
27. Barratt ES, Stanford MS. Impulsiveness. In: Costelo CG (ed.). Personality characteristics of personality disordered. Chichester: John Wiley & Sons; 1995. p. 91-119.
28. Meyer J. Parafilias. In: Kaplan H, Sadock B. Tratado de psiquiatria. Porto Alegre: Artmed; 1999.
29. Serafim AP, Saffi F, Marques NM, Acha MFF, Oliveira MC. Avaliação neuropsicológica forense, 1. ed. São Paulo: Pearson; 2017.
30. Schelini PW. Teoria das inteligências fluida e cristalizada: início e evolução. Estudos de Psicologia. 2006;11(3):323-32.
31. Aiken LR. Groth-Marnat D. Psychological testing and assessment. 12.ed. Boston: Allyn & Bacon; 2006.
32. Lima RF. Compreendendo os mecanismos atencionais. Ciênc Cogn. 2005;6(1):113-22.

3

A perícia psicológica

SUMÁRIO
Introdução, 56
A perícia em saúde mental, 59
Classificação das perícias, 62
As bases legais da perícia, 63
Etapas da perícia psicológica, 69
Áreas de aplicação da perícia psicológica de acordo com a vara judicial, 75
Considerações finais, 76
Referências bibliográficas, 78

INTRODUÇÃO

A utilização de instrumentos para diagnóstico pela psicologia teve seu início no fim do século XIX e meados do século XX, influenciada principalmente pelas contribuições das concepções psicanalíticas, comportamentais, cognitivas e, mais recentemente, das neurociências[1]. Essa nova etapa da prática psicológica contribuiu para o avanço e desenvolvimento da psicologia, com ênfase no espectro do diagnóstico dos fenômenos mentais. Entretanto, Groth-Marnat[2] ressaltou que o advento do desenvolvimento dos testes psicológicos provocou um viés na referência do profissional psicólogo, que, durante muito tempo, foi associado a um mero aplicador de testes, "um testólogo" por leigos e profissionais de outras áreas. Infelizmente, ressalta-se que muitos profissionais colaboraram para a manutenção dessa conceituação, visto que é imprescindível e essencial que o psicólogo, ao atuar na área de avaliação psicológica, tenha conhecimento teórico-prático suficiente sobre cada instrumento a ser utilizado e o que constituiu sua construção e padronização.

Segundo Cunha[3], o uso de testes psicológicos se caracteriza por estratégias de avaliação psicológica, estruturada por objetivos definidos. Isso significa que a testagem psicológica se configura num importante procedimento, convergindo para a realização de um psicodiagnóstico. Ressaltando que nada substitui a entrevista clínica diagnóstica, a qual se constitui da principal técnica a ser aprendida e desenvolvida pelo psicólogo durante o processo de uma avaliação psicológica.

A entrevista diagnóstica permite ao profissional observar uma série de sinalizadores que irão constituir a formulação da hipótese diagnóstica, a saber: expressão facial, semântica, comportamento motor, interação, empatia, entre outros[4]. Permite, ainda, obter informações sobre a pessoa que de outro modo não estariam disponíveis; estabelecer uma relação que facilite a avaliação e fornecer à pessoa e/ou familiar uma compreensão do seu funcionamento psicológico por meio de exame psíquico e do comportamento. Dessa forma, a entrevista permite a compreensão do caso em questão. Deriva dessa compreensão a estratégia da avaliação, considerando o que será avaliado e como será avaliado (recursos e instrumentos).

Considerando a relevância e abrangência do tema, o Conselho Federal de Psicologia (CFP)[5] por meio da Resolução n. 9 apresenta as diretrizes básicas para realização da avaliação psicológica, a saber:

> Art. 1º Avaliação Psicológica é definida como um processo estruturado de investigação de fenômenos psicológicos, composto de métodos, técnicas e instrumentos, com o objetivo de prover informações à tomada de decisão, no âmbito individual, grupal ou institucional, com base em demandas, condições e finalidades específicas.
>
> §1 – Os testes psicológicos abarcam também os seguintes instrumentos: escalas, inventários, questionários e métodos projetivos/expressivos, para fins de padronização desta Resolução e do SATEPSI.
>
> §2 – A psicóloga e o psicólogo têm a prerrogativa de decidir quais são os métodos, técnicas e instrumentos empregados na Avaliação Psicológica, desde que devidamente fundamentados na literatura científica psicológica e nas normativas vigentes do Conselho Federal de Psicologia (CFP).
>
> Art. 2º Na realização da Avaliação Psicológica, a psicóloga e o psicólogo devem basear sua decisão, obrigatoriamente, em métodos e/ou técnicas e/ou instrumentos psicológicos reconhecidos cientificamente para uso na prática profissional da psicóloga e do psicólogo (fontes fundamentais de informação), podendo, a depender do contexto, recorrer a procedimentos e recursos auxiliares (fontes complementares de informação).
>
> Consideram-se fontes de informação:
>
> I – Fontes fundamentais:
>
> *a)* Testes psicológicos aprovados pelo CFP para uso profissional da psicóloga e do psicólogo e/ou;
>
> *b)* Entrevistas psicológicas, anamnese e/ou;
>
> *c)* Protocolos ou registros de observação de comportamentos obtidos individualmente ou por meio de processo grupal e/ou técnicas de grupo.

II – Fontes complementares:

a) Técnicas e instrumentos não psicológicos que possuam respaldo da literatura científica da área e que respeitem o Código de Ética e as garantias da legislação da profissão;

b) Documentos técnicos, tais como protocolos ou relatórios de equipes multiprofissionais.

§1 – Será considerada falta ética, conforme disposto na alínea *c* do art. 1º e na alínea *f* do art. 2º do Código de Ética Profissional da psicóloga e do psicólogo, a utilização de testes psicológicos com parecer desfavorável ou que constem na lista de testes psicológicos não avaliados no site do SATEPSI, salvo para os casos de pesquisa na forma da legislação vigente e de ensino com objetivo formativo e histórico na psicologia. [...]

Desse modo, a realização de uma avaliação exige do psicólogo não só um profundo conhecimento e domínio acerca da fundamentação, objetivo e aplicação dos instrumentos psicológicos (como enfatizado anteriormente), mas também se torna imprescindível o conhecimento apurado acerca do funcionamento psicológico normal e patológico nos indivíduos[6], assim como domínio consistente de psicopatologia, psicologia do desenvolvimento, personalidade (traços e transtornos), psicologia cognitiva (processos psicológicos da atenção, memória, pensamento etc.) e técnicas de avaliação.

O domínio dessas áreas permitirá ao profissional da psicologia ser capaz de identificar a maneira como a pessoa pensa (que está associada a processos cognitivos), a maneira como a pessoa sente (que depende da organização emocional e dos traços psicológicos) e como estes modulam o padrão de interação com o ambiente.

Com isto, integram os objetivos da avaliação psicológica:

• Esclarecimentos: informar que não há transtorno, déficit ou qualquer outro problema.
• Auxílio diagnóstico: para caracterização nosológica/descritiva com base na Classificação Internacional de Doenças (CID) e no Manual Diagnóstico e Estatístico de Transtornos Mentais (DSM).
• Diagnóstico funcional: busca compreender o impacto dos transtornos mentais, das doenças orgânicas e/ou traços psicológicos sobre as funções psicológicas e o comportamento.
• Prognóstico: avalia as condições evolutivas do caso.
• Planejamento e tratamento: voltada para aferir as potencialidades e limitações com vistas a implementar intervenções.
• Pesquisa: desenvolvimento de protocolo de investigação.
• Clarificar quadro, quando achados são contraditórios.
• Mapear a extensão e o grau das disfunções.

- Identificar sinais patognomônicos no estabelecimento de síndromes.
- Prover auxílio para reabilitação.
- Para fins legais: realização de perícia, tema deste capítulo.

A PERÍCIA EM SAÚDE MENTAL

No contexto jurídico, a avaliação psicológica se configura como uma prática integrante da perícia psicológica. A palavra perícia advém do latim peritia, significando: destreza, habilidade e capacidade[7], mas também saber por experiência. Logo, neste cenário a perícia é o exame realizado por perito que detenha habilitação e capacitação técnica sobre determinada área de conhecimento. Ressalta-se que a capacitação técnica se adquire com a sua experiência prática e com estudo (para maiores detalhes acessar www.victormack.jusbrasil.com.br).

No direito, perícia é um meio de prova pela qual a pessoa qualificada tecnicamente (o perito), nomeada pelo juiz, analisa fatos juridicamente relevantes à causa examinada, elaborando laudo. É um exame que exige conhecimentos técnicos e científicos a fim de comprovar (provar) a veracidade de certo fato ou circunstância e assim, se configura-se como um exame realizado por especialistas a serviço da justiça.

Caracteriza-se como uma atividade concernente a exame realizado por profissional especialista, legalmente habilitado, destinada a verificar ou esclarecer determinado fato, apurar suas causas motivadoras, ou o estado, a alegação de direitos ou a estimação da coisa que é objeto de litígio ou processo.

Em termos de conceito geral, perícia é o meio de prova feito pela atuação de técnicos ou doutores promovida pela autoridade policial ou judiciária, com a finalidade de esclarecer à justiça o fato de natureza duradoura ou permanente.

Em saúde mental, a perícia consiste no processo de compreensão psicológica e psiquiátrica do caso e responde uma questão legal expressa pelo juiz ou por outro agente (jurídico ou participante do caso), fundamentada nos quesitos elaborados pelo agente solicitante, cabendo ao perito investigar uma ampla faixa do funcionamento mental do indivíduo submetido à perícia (o periciando).

Para Caires[8], "a função da perícia é subsidiar os julgadores, no estrito esclarecimento dos elementos adstritos às suas profissões, que são de interesse e relevância no procedimento judicial".

Rovinski[9] define que o objetivo da perícia é "através da compreensão psicológica do caso, responder a uma questão legal expressa pelo juiz ou por outro agente jurídico". O procedimento da perícia deve ser fundamentado nos quesitos elaborados pelo agente jurídico (juiz, promotor, procurador, delegado, advogado), cabendo ao perito investigar uma ampla faixa do funcionamento mental do indivíduo envolvido em ação judicial de qualquer natureza (civil, trabalhista, criminal etc.), por meio do exame de sua personalidade e das funções cognitivas.

A perícia psicológica fundamenta-se pela aplicação dos métodos e técnicas da investigação psicológica com a finalidade de subsidiar ação judicial, independentemente da natureza, toda vez que dúvidas relativas à "saúde" psíquica do periciando se instalarem[10].

Sua finalidade consiste em produzir e levar conhecimento técnico ao juiz, produzindo prova para auxiliá-lo em seu livre convencimento e levar ao processo a documentação técnica do fato, o qual é feito por meio de documentos legais[10].

Sua aplicação visa elencar as possíveis causas que levaram uma pessoa a manifestar uma conduta incompatível às normatizações vigentes de uma determinada sociedade ou que suscite dúvidas quanto à capacidade de atestar ou gerenciar suas ações. Para tal, investigam-se os seguintes sistemas: neuropsicológico, psicossensorial, expressivo, afetivo, cognitivo, vivencial e político[10].

Assim, a perícia psicológica:

• Compreende um conjunto de procedimentos especializados que pressupõe um conhecimento técnico/científico específico a contribuir no sentido de esclarecer algum ponto considerado imprescindível para andamento de um processo judicial.

• Caracteriza-se pela aplicação dos métodos e técnicas da investigação psicológica e neuropsicológica com a finalidade de subsidiar ação judicial, seja esta de que natureza for (área do Direito), toda vez que dúvidas relativas à "saúde" psicológica do periciando se instalarem.

• Realiza-se uma análise qualitativa e quantitativa dos aspectos psicológicos e comportamentais correlacionando-os com as queixas e/ou dúvidas jurídicas.

Além disso, três aspectos devem ser considerados

• Os componentes subjetivos e/ou psicológicos: cognitivos, intelectuais, recursos de controle dos impulsos, agressividade em grau e natureza, dinâmica e estrutura de personalidade.

• Os aspectos sociais: capacidade de introjeção e adesão às normas e limites sociais, capacidade de adaptação social, grupo étnico, grupo social, fatores de risco delinquencial ou de recidiva do ato antijurídico, cultura, princípios religiosos.

• O contexto jurídico: grau de periculosidade do "agente", grau de responsabilidade penal (imputabilidade) e grau de capacidade civil, capacidade laboral, medidas socioeducativas, medida de segurança.

Seu objetivo final visa levar conhecimento técnico ao juiz, produzindo prova para auxiliá-lo em seu livre convencimento e agregar ao processo a documentação técnica do fato, o que é feito por meio do laudo, considerando os elementos expressos na Figura 3.1.

Conforme a Figura 3.1, a realização da perícia psicológica deve verificar a capacidade de entendimento que engloba a investigação das funções cognitivas e da eficiência intelectual (quoeficiente de inteligência) e a autodeterminação, pelo estudo da organização emocional e dos traços da personalidade.

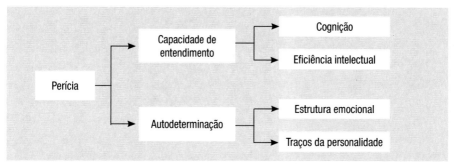

Figura 3.1   Elementos da perícia psicológica.

A Figura 3.2 apresenta a estrutura da perícia psicológica no contexto forense.

Como se pode observar na Figura 3.2, para avaliação das funções cognitivas, utilizamos avaliação neuropsicológica, a qual se configura pelo campo de atuação profissional que investiga as funções e alterações cognitivas e comportamentais associadas às lesões ou disfunções cerebrais

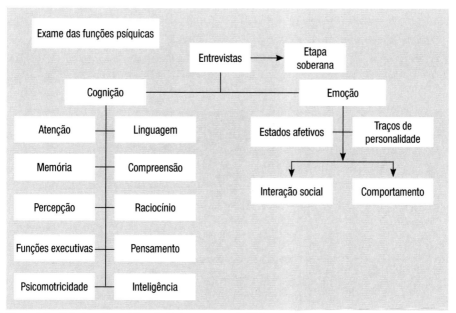

Figura 3.2   Estrutura da perícia psicológica e neuropsicológica.

Para Heilbrun et al.[11], a participação do neuropsicólogo no contexto forense na atualidade se torna imprescindível, uma vez que tal profissional tem base em evidências metodológicas e científicas quando uma disfunção cerebral constitui uma questão relevante para o seguimento de um processo judicial.

Sendo assim, de acordo com Heilbrun et al.[11], no contexto forense, a avaliação neuropsicológica se apresenta como:

> Imprescindível recurso para a perícia, uma vez que, como definiu Lezak, Howieson e Bigler[12], a avaliação neuropsicológica se constitui de um processo complexo, visto que impõe ao profissional, além de amplo conhecimento e domínio em psicologia clínica e em psicometria, uma formação estrita quanto ao sistema nervoso (central e autônomo), suas patologias e consequências.

A utilização da avaliação neuropsicológica é capaz de colaborar para a compreensão da conduta humana, seja ela delituosa ou não, no escopo da participação das instâncias biológica, psíquica, social e cultural como moduladores da expressão do comportamento[13].

CLASSIFICAÇÃO DAS PERÍCIAS

No Quadro 3.1 está expressa a classificação das perícias de acordo com a demanda judicial.

Quadro 3.1 Classificação das perícias

Tipo de perícia	Definição
Extrajudicial	A pedido das partes, particularmente
Necessária (ou obrigatória)	Imposta por lei ou natureza do fato, quando a materialidade do fato se prova pela perícia. Se não for feita, o processo é passível de nulidade
Oficial	Determinada pelo juiz
Requerida	Solicitada pelas partes envolvidas no litígio
Contemporânea ao processo	Realizada no decorrer do processo
Cautelar	Realizada na fase preparatória da ação, quando realizada antes do processo (*ad perpetuam rei memorian*)
Consensual	As partes escolhem o perito de comum acordo conforme o Código de Processo Civil (2015). Art. 471. As partes podem, de comum acordo, escolher o perito, indicando-o mediante requerimento, desde que: I - sejam plenamente capazes; II - a causa possa ser resolvida por autocomposição.

Algumas variáveis do processo de perícia em saúde mental requerem do perito uma ampla gama de conhecimentos para uma adequada investigação dos sintomas relatados pelo periciando, entre essas variáveis destacam-se:

- Simulação: o comportamento voltado para mostrar-se de uma forma que não é. Tentar demonstrar que é portador de uma doença/deficiência que não tem.
- Hipersimulação: nesse caso, o indivíduo é portador de uma doença/deficiência e exagera nos sintomas (geralmente entra aqui o distúrbio factício – o indivíduo tem, por exemplo, uma ferida na perna e não cuida direito para que ela nunca sare).
- Dissimulação: a pessoa tem uma doença/deficiência, mas não quer aparentar que tem.
- Hisperdissimulação: aqui o indivíduo doente quer exagerar que é normal.

AS BASES LEGAIS DA PERÍCIA

O novo Código de Processo Civil (CPC)[14] classifica o perito como auxiliar da Justiça (arts. 149 e 156 a 158).

> Art. 149. São auxiliares do juízo, além de outros, cujas atribuições são determinadas pelas normas de organização judiciária, o escrivão, o oficial de justiça, o perito, o depositário, o administrador e o intérprete.
> [...]
> Art. 156. O juiz será assistido por perito quando a prova do fato depender de conhecimento técnico ou científico.
> § 1º Os peritos serão nomeados entre os profissionais legalmente habilitados e os órgãos técnicos ou científicos devidamente inscritos em cadastro mantido pelo tribunal ao qual o juiz está vinculado.
> § 2º Para formação do cadastro, os tribunais devem realizar consulta pública, por meio de divulgação na rede mundial de computadores ou em jornais de grande circulação, além de consulta direta a universidades, a conselhos de classe, ao Ministério Público, à Defensoria Pública e à Ordem dos Advogados do Brasil, para a indicação de profissionais ou de órgãos técnicos interessados.
> § 3º Os tribunais realizarão avaliações e reavaliações periódicas para manutenção do cadastro, considerando a formação profissional, a atualização do conhecimento e a experiência dos peritos interessados.
> § 4º Para verificação de eventual impedimento ou motivo de suspeição, nos termos dos arts. 148 e 467, o órgão técnico ou científico nomeado para realização da perícia informará ao juiz os nomes e os dados de qualificação dos profissionais que participarão da atividade.

§ 5º Na localidade onde não houver inscrito no cadastro disponibilizado pelo tribunal, a nomeação do perito é de livre escolha pelo juiz e deverá recair sobre profissional ou órgão técnico ou científico comprovadamente detentor do conhecimento necessário à realização da perícia.

O art. 479 do CPC[14] trata da questão de que o juiz não fica adstrito ao resultado da perícia (laudo), ou seja, ele pode utilizar de outros meios para a formação de sua convicção e tomada de decisão.

Art. 479. O juiz apreciará a prova pericial de acordo com o disposto no art. 371, indicando na sentença os motivos que o levaram a considerar ou a deixar de considerar as conclusões do laudo, levando em conta o método utilizado pelo perito.

Perito

Os peritos, apesar de não serem servidores/funcionários públicos, serão auxiliares do juízo quando necessário o conhecimento técnico para esclarecer fatos relevantes ao julgamento da causa. Os peritos são profissionais devidamente habilitados, conforme disposto no art. 156 do CPC[14], e são nomeados pelo juiz e por isso de confiança deste, sendo que as regras e a finalidade da prova pericial estão devidamente dispostas nos arts. 464 a 480 do CPC.

Art. 157. O perito tem o dever de cumprir o ofício, no prazo que lhe assina a lei, empregando toda a sua diligência; pode, todavia, escusar-se do encargo alegando motivo legítimo.
§ 1º A escusa será apresentada no prazo de 15 (quinze) dias, contado da intimação, da suspeição ou do impedimento supervenientes, sob pena de renúncia ao direito a alegá-la.
§ 2º Será organizada lista de peritos na vara ou na secretaria, com disponibilização dos documentos exigidos para habilitação à consulta de interessados, para que a nomeação seja distribuída de modo equitativo, observadas a capacidade técnica e a área de conhecimento.

Consta ainda no CPC[14] a necessidade da comprovação de especialização do perito na área designada.

Art. 465. O juiz nomeará perito especializado no objeto da perícia e fixará de imediato o prazo para a entrega do laudo.
§ 1º Incumbe às partes, dentro de 15 (quinze) dias contados da intimação do despacho de nomeação do perito:

I – arguir o impedimento ou a suspeição do perito, se for o caso;
II – indicar assistente técnico;
III – apresentar quesitos.
§ 2º Ciente da nomeação, o perito apresentará em 5 (cinco) dias:
I – proposta de honorários;
II – currículo, com comprovação de especialização;
III – contatos profissionais, em especial o endereço eletrônico, para onde serão dirigidas as intimações pessoais.

Encargo

O perito poderá recusar o encargo que lhe foi designado, dentro do prazo disposto no parágrafo citado, sendo que os motivos poderão ser de inúmeras ordens, desde motivos de foro íntimo até profissionais.

O art. 1º do Código de Ética Profissional do Psicólogo sobre os deveres fundamentais do psicólogo, alínea *b*, afirma que o psicólogo deve "assumir responsabilidades profissionais somente por atividades para as quais esteja capacitado pessoal, teórica e tecnicamente". Assim, caso o profissional não se sinta capacitado quer por motivos pessoais (p. ex., se o caso em questão lhe toca/incomoda de modo que o profissional acredita que não conseguirá manter a neutralidade), quer por motivos teóricos (p. ex., a perícia solicita uma análise sistêmica da família e o profissional é da linha comportamental) ou técnicos (p. ex., solicita-se uma avaliação neuropsicológica e o profissional não é especialista em neuropsicologia) ele pode fazer um ofício e anexar ao processo recusando o encargo.

A seguir, um exemplo de ofício com a recusa:

São Paulo, 03 de julho de 2018.

Excelentíssimo Doutor, Juiz de Direito, da Xª Vara Cível Foro Central Cível Comarca de São Paulo.

Dr. José Garcia

Habilitação como Perita

Honrada com minha indicação para a realização de perícia nessa Vara Cível, segue esclarecimentos:

- Sou psicóloga, especialista em Psicologia Jurídica pelo Conselho Federal de Psicologia e atuo na área de psiquiatria, neurociências e psicologia.
- A partir dos autos do processo, verifiquei que o caso em tela necessita da avaliação inicial de um médico psiquiatra.

> - Assim, apesar de atuar na área de psiquiatria, atuo como psicóloga e não como médica psiquiatra, portanto não sendo minha área de atuação a presente perícia.
> - Esclareço ainda que após a leitura dos autos é possível que o colega perito psiquiatra solicite uma avaliação neuropsicológica para uma análise mais detalhada das funções cognitivas da Sra. Ana Soares. Esta avaliação engloba aspectos de atenção, planejamento, análise antecipatória, como a pericianda responde ao feedback do meio e tomada de decisão, ou seja, aspectos das funções executivas essenciais para gerir a própria vida e atuar de modo eficaz no ambiente, inclusive em relação ao trabalho.
>
> Assim, sendo a capacidade laborativa discutida na lide, após a avaliação médica, se for necessário, estou à disposição para realizar uma avaliação neuropsicológica (área de neurociências) para esclarecimento sobre as funções executivas da Sra. Ana Soares. No momento oportuno, estimarei meus honorários.
> Dessa forma, em função dos esclarecimentos acima, infelizmente não poderei aceitar a presente nomeação.
> Estou à disposição para demais esclarecimentos.
>
> Atenciosamente,
>
> RMiura
>
> Roberta Miura
> CRP: 06/000000

Uma vez aceito o encargo, deverá exercê-lo fielmente e dentro do prazo assinalado pelo juiz, sob pena de responder por atraso e prejuízos causados ao processo.

Responsabilidade

O perito responde pelos seus atos, tal qual o escrivão e o oficial de justiça (CPC, art. 158), se por dolo ou culpa prestar informações inverídicas que venham a causar prejuízos ao processo e às partes. Além das penalidades administrativas (ficar inabilitado por 2 a 5 anos), civis (reparação) e em seu órgão de classe, também poderá sofrer sanções penais.

> Art. 158. O perito que, por dolo ou culpa, prestar informações inverídicas responderá pelos prejuízos que causar à parte e ficará inabilitado para atuar em outras perícias no prazo de 2 (dois) a 5 (cinco) anos, independentemente das demais sanções previstas em lei, devendo o juiz comunicar o fato ao respectivo órgão de classe para adoção das medidas que entender cabíveis.

Prova pericial

A prova pericial, solicitada pelo juiz ou pelas partes consiste em avaliação, exame ou vistoria. Sendo solicitado pelas partes, a perícia pode ser indeferida pelo juiz caso ele julgue que a prova do fato não necessita de conhecimentos técnicos específicos ou ainda se a verificação não for viável (art. 464, § 1º, CPC). Caso o Juiz considere que a perícia não é necessária, por ser a questão da lide pouco complexa ele pode substituí-la por uma produção de prova técnica simplificada (art. 464, § 2º, CPC) que consiste em inquirição, pelo juiz, de especialista sobre um aspecto específico da causa (art. 464, § 3º, CPC). Esse especialista que deverá ter uma formação acadêmica específica na área que for arguido, poderá fazer uso de recursos tecnológicos de transmissão de sons e imagens para esclarecimentos (art. 464, § 4º, CPC).

No Código do Processo Penal (CPP) o Capítulo II trata entre outras coisas das perícias. Nele conta que a perícia será realizada por perito oficial, que tenha curso superior (art. 159, CPP). Caso não tenha perito oficial "o exame será realizado por 2 (duas) pessoas idôneas, portadoras de diploma de curso superior preferencialmente na área específica, dentre as que tiverem habilitação técnica relacionada com a natureza do exame." (art. 159, § 1º, CPP). Nota-se que a o CPP fala em portadores de diploma de curso superior preferencialmente na área específica, ou seja, o profissional nomeado como perito não necessita ser necessariamente formando na área que será periciada. Caso ocorra divergência entre esses peritos nomeados, um terceiro deverá ser nomeado (art. 180, CPP).

Os peritos poderão ser chamados para oitivas para esclarecimento de provas ou responderem a quesitos. Essa convocação e os quesitos devem ser entregues ao perito com prazo de 10 dias (art. 159, § 5º, CPP).

O perito, mesmo não sendo oficial está sujeito a disciplina judiciária (art. 275, CPP) e é obrigado a aceitar o encargo, a não ser que tenha uma justificativa (do mesmo modo que descrito no CPC) (art. 277, CPP).

No laudo apresentado, elaborado no prazo de 10 dias, o que foi examinado deverá ser descrito minuciosamente e os quesitos devem ser respondidos (art. 160, CPP). Importante ressaltar que "o juiz não ficará adstrito ao laudo, podendo aceitá-lo ou rejeitá-lo, no todo ou em parte" (art. 182, CPP).

No que tange especificamente sobre saúde mental, os arts. 149 a 154 tratam sobre o tema.

O art. 149 do CPP afirma que "quando houver dúvida sobre a integridade mental do acusado, o juiz ordenará de ofício ou a requerimento do Ministério Público, do defensor, do curador, do ascendente, descendente, irmão ou cônjuge do acusado, seja este submetido a exame médico-legal." Esse exame chama-se Exame de Sanidade Mental e até que ele seja concluído o processo fica suspenso. O prazo para sua conclusão é de 45 (quarenta e cinco) dias, salvo se os peritos demonstrarem a necessidade de maior prazo (art. 150, § 1º, CPP).

Quadro 3.2 Responsabilidade e deveres do perito
Comprovar sua habilitação para o exercício do encargo ao qual foi nomeado
Cumprir o ofício, respeitando o prazo assinalado pelo juiz
Prestar esclarecimentos em audiência sobre as respostas dadas aos quesitos
Lealdade, dando opinião técnica imparcial no interesse exclusivo da justiça
Respeitar e assegurar o sigilo do que apurar na execução do trabalho
Recusar sua nomeação, pelos motivos de impedimento ou suspeição

Penalidades

- Indenização pelos prejuízos causados, se por dolo ou culpa, prestar informações inverídicas.
- Multa pelo prejuízo causado, se deixar de cumprir o encargo no prazo indicado Suspensão do exercício da profissão, se demonstrar incapacidade técnica na função.

Frente ao exposto, faz-se necessário enfatizar os apontamentos de Hilsenroth e Stricker[15] quanto à atuação do psicólogo no contexto da perícia:

- A qualificação e competência do perito.
- O conhecimento das normas jurídicas.
- A adequada seleção e utilização de instrumentos psicológicos.

O psicólogo perito

Perito é o auxiliar da Justiça, uma pessoa hábil que tem conhecimento em determinada área técnica ou científica que, sendo nomeada por autoridade competente, deverá esclarecer um fato de natureza duradoura ou permanente.

Segundo o art. 1º da Resolução CFP[16] n. 17, que dispõe sobre a atuação do psicólogo como perito nos diversos contextos, "a atuação do psicólogo como perito consiste em uma avaliação direcionada a responder demandas específicas, originada no contexto pericial."

O perito psicólogo é a pessoa formada em Psicologia, que tem registro no Conselho Regional de Psicologia (CRP), está a serviço da Justiça, conforme o Decreto n. 53.464 de 21/01/64, que regulamentou a Lei n. 4.119, 27/08/61, a qual dispõe sobre a profissão de psicólogo. Em seu artigo art. 4º, descreve as funções do psicólogo:

- Utilizar métodos e técnicas psicológicas com o objetivo de:
  - diagnóstico psicológico;
  - orientação e seleção profissional;
  - orientação psicopedagógica;
  - solução de problemas de ajustamento.
- Dirigir serviços de psicologia em órgãos e estabelecimentos públicos, autárquicos, paraestatais, de economia mista e particulares.
- Ensinar as cadeiras ou disciplinas de psicologia nos vários níveis de ensino, observadas as demais exigências da legislação em vigor.
- Supervisionar profissionais e alunos em trabalhos teóricos e práticos de psicologia.
- Assessorar, tecnicamente, órgãos e estabelecimentos públicos, autárquicos, paraestatais, de economia mista e particulares.
- Realizar perícias e emitir pareceres sobre a matéria de psicologia.

ETAPAS DA PERÍCIA PSICOLÓGICA

O psicólogo que tem interesse em atuar como perito necessita inicialmente realizar um cadastro no site do Tribunal de Justiça (em São Paulo: www.tjsp.jus.br). No site, deve-se procurar pelo link Cadastro de Auxiliares da Justiça. Esse link encaminha para uma página, dentro do próprio site do Tribunal, que explica o que se trata o Portal de Auxiliares da Justiça, que tem como "atender aos princípios constitucionais de moralidade, transparência e publicidade dos atos judiciais relativos à nomeação dos auxiliares da justiça" (http://www.tjsp.jus.br/Auxiliaresda-Justica). Esse cadastro serve como um banco de dados que os magistrados têm acesso quando necessitam nomear um especialista.

A Resolução n. 233 do Conselho Nacional de Justiça de 13/07/2016, no art. 1º, define que os tribunais brasileiros devem instituir o cadastro eletrônico de peritos e órgãos técnicos ou científicos para gerenciamento e escolha de interessados para prestar serviços de perícia.

No Estado de São Paulo, para realizar o cadastro é necessário criar um login e senha, colocar dados pessoais, profissionais, formação acadêmica, anexar foto, certidões civil e criminal e colocar um breve currículo para formar um perfil. Em seguida define-se qual função de auxiliar da justiça está disponível para atuar (no caso em tela – perito), define-se sua especialidade e locais que gostaria de atuar. Com o cadastro finalizado, os magistrados, ao necessitarem de um profissional, irão pesquisar nesse cadastro e nomear o perito, que receberá a notificação por e-mail.

A partir da data da notificação, o perito deve manifestar em até 5 (cinco) dias a recusa (por impedimento ou suspeição) ou o aceite com proposta de honorários (art. 465, § 2º, CPC). A seguir será apresentado um modelo de como a proposta de honorários pode ser feita.

São Paulo, 20 de Maio de 2018

Meritíssimo Juiz de Direito da Xª VARA DA FAMÍLIA E SUCESSÕES

Processo Digital nº: 000000000000000
Classe – Assunto Procedimento Comum – Guarda
Requerente: José Silva
Requerido: Maria Silva

Eu, Ana Soares, psicóloga perita, CRP 00/00000, honrada com minha nomeação para realização de perícia psicológica relativa ao processo acima citado, respeitosamente sugiro que os honorários sejam estipulados em R$ 10.250,00 (dez mil duzentos e cinquenta reais), conforme discriminado na tabela abaixo:

Atividade desenvolvida Proc. n. 0000000000	Valor por hora (R$)	Quantidade de horas	Valor total da atividade (R$)
Estudo dos autos do processo	300,00	3	900,00
Consulta Psicológica – Maria Silva Consulta psicológica para esclarecimento e compreensão das condições do paciente	300,00	1	300,00
Anamnese – Maria Silva Um conjunto de informações obtidas pelo psicólogo junto ao paciente e/ou familiares para o levantamento do histórico de vida, de maneira a possibilitar uma conclusão acerca do seu estado psicológico	300,00	2	600,00
Avaliação de aspectos emocionais – Maria Silva Avaliação de aspectos emocionais e da personalidade	300,00	2	600,00
Consulta psicológica – José Silva Consulta psicológica para esclarecimento e compreensão das condições do paciente	300,00	1	300,00
Anamnese – José Silva Um conjunto de informações obtidas pelo psicólogo junto ao paciente e/ou familiares para o levantamento do histórico de vida, de maneira a possibilitar uma conclusão acerca do seu estado psicológico	300,00	2	600,00
Avaliação de aspectos emocionais – José Silva Avaliação de aspectos emocionais e da personalidade	300,00	2	600,00
Consulta psicológica – Pedro Silva Consulta psicológica para esclarecimento e compreensão das condições do paciente	300,00	1	300,00
Avaliação de aspectos emocionais – Pedro Silva Avaliação de aspectos emocionais e da personalidade	300,00	5	1.500,00
Consulta psicológica com demais pessoas envolvidas Consulta psicológica para esclarecimento e compreensão das condições do paciente	300,00	3	900,00
Discussão do caso com os assistentes técnicos	300,00	2	600,00

(continua)

Atividade desenvolvida Proc. n. 0000000000	Valor por hora (R$)	Quantidade de horas	Valor total da atividade (R$)
Discussão do caso com o perito médico	300,00	1	300,00
Correção dos testes aplicados	250,00	5	1.250,00
Elaboração de parecer pericial	250,00	6	1.500,00
TOTAL		36	10.250,00

Ana Soares

A partir da nomeação as partes também poderão se manifestar em relação ao perito sobre a existência ou não de impedimento ou suspeição (art. 465§ 1º CPC). Com a estimativa de honorários as partes terão até 5 (cinco) dias para se manifestar se aceitam ou não.

Durante a perícia o perito poderá ser substituído quando faltar-lhe conhecimento técnico ou científico, ou sem motivo legítimo, deixar de cumprir o encargo no prazo que lhe foi assinado (art. 468, CPC). Sendo substituído, o perito deverá devolver em 15 (quinze) dias, os valores recebidos pelo trabalho não realizado (art. 468, § 2º, CPC).

Pode ocorrer das partes concordarem em escolher um perito – pericia consensual. O juiz pode acatar essa decisão ou nomear um outro profissional (art. 471 CPC). Além disso, o juiz pode dispensar a prova pericial se na inicial ou contestação as partes apresentarem pareceres técnicos que o magistrado considere suficiente (art. 472, § 2º, CPC).

O juiz poderá aceitar ou não o laudo produzido pelo perito, indicando os motivos que o levaram a considerar ou a deixar de considerar as conclusões do laudo (Art. 479, CPC). Se achar necessário, quando a matéria não estiver suficientemente esclarecida, o magistrado poderá determinar nova perícia - esse requerimento pode ser feito por uma das partes – tendo como objeto o mesmo da primeira (Art. 480 CPC). Importante ressaltar que a segunda perícia não substitui a primeira, cabendo ao juiz apreciar o valor de uma e de outra (art. 480, § 3º CPC).

Importante: quem solicita a perícia não é quem está sendo avaliado, mas sim uma autoridade judicial. Dessa forma a entrevista devolutiva não ocorre, pois, o laudo deve ser enviado a autoridade requisitante.

Como realizar uma perícia?

1) Estudo das partes do processo

Ler detalhadamente os documentos relativos ao caso que será investigado – se for criminal, data do delito, data da ocorrência, versão do acusado, versão da vítima, versão das testemunhas; se for da cível, família ou trabalhista deve-se ler a inicial, a contestação e outros aspectos relevantes, com isso pode-se levantar hipóteses sobre a lide, entender qual é a tese das partes.

2) Contato com assistentes técnicos

Caso as partes envolvidas tenham contratado assistentes técnicos (que será discutido em um capítulo à parte) antes de iniciar os trabalhos periciais o perito realiza uma reunião técnica com eles para explicar quais procedimentos pretende realizar, quanto tempo levará a avaliação etc.

3) Entrevista psicológica

Geralmente o periciando não procura o profissional psicólogo, ele procura a justiça para resolver um problema. Ele não tem uma queixa, mas sim um fato jurídico em que está envolvido. Dessa forma, os periciandos chegam para a avaliação desconfiados, tentando provar a sua inocência ou a sua sanidade.

Neste escopo, é importante que ele saiba que as informações relevantes para o caso serão remetidas a quem pediu a avaliação (juiz/delegado/administração), assim terá a liberdade de omitir informações. Isso é um direito dele.

Outro aspecto marcante da entrevista psicológica jurídica é o fato de o periciando que é vítima ou é o requerente acreditar que o problema pelo qual está passando não é com ele, e sim com um outro que feriu seus direitos como cidadão. Então, quando chega para avaliação psicológica, é como se alguém estivesse suspeitando que o problema é dele, e não do outro.

Na prática, o periciando pode expressar e vivenciar medo, raiva, mágoa e impotência na situação de perícia, pois foi intimado a comparecer ao exame. Embora ele possa se negar a ser submetido a avaliação, há de certa forma uma imposição, pelas possíveis consequências jurídicas negativas, que responderá pela não realização.

Frente a essa situação, é comum o uso de mentiras, omissões, bem como baixa cooperação nas atividades propostas. Nessas situações, a habilidade do psicólogo em contornar a oposição/"resistência" – não no sentido psicanalítico – do periciando e acessar as informações pertinentes ao caso estudado é essencial. Deve ficar claro que o nosso papel é de investigação do universo psíquico, e não de um investigador com fins de levantamento de provas. Nosso papel é estabelecer uma linha de compreensão da conduta daquele indivíduo e não de condenações ou absolvições. A Resolução CFP n. 17/2012 no art. 2º expõe que "o psicólogo perito deve evitar qualquer tipo de interferência durante a avaliação que possa prejudicar o princípio da autonomia teórico-técnica e ético-profissional, e que possa constranger o municipiando durante o atendimento."

Para tanto, na entrevista psicológica, faz-se, primeiro, o contrato – por contrato entenda-se a explanação e o detalhamento por parte do perito em relação ao processo que envolverá a perícia. No qual deve ser apresentado os motivos, o seu papel e o esclarecimento de que todo e qualquer esclarecimento sobre o resultado da perícia será via juiz. Este é um ponto importante, visto que deve ficar claro que, na situação de perícia, não configura o procedimento de devolutiva, que é comum na prática clínica. Portanto, não será realizada entrevista devolutiva.

A Resolução CFP n. 17/2012, no art. 4º, afirma que "o municipiando deve ser informado acerca dos motivos, das técnicas utilizadas, datas e local da avaliação pericial psicológica." O que acontece na perícia é o envio do laudo para o juiz e este fará o despacho do documento no processo. O perito geralmente irá se manifestar em audiência.

Após o contrato, pede-se para que o municipiando conte, com suas próprias palavras e de modo minucioso, o motivo que suscitou o exame, o fato jurídico que está envolvido; e, por último, colhem-se dados de anamnese desde a gestação até a idade atual (desenvolvimento, escolaridade, sociabilidade, história médica).

No Quadro 3.3 apresentamos as principais diferenças entre a atuação do psicólogo na prática pericial e clínica

Quadro 3.3   Diferenças entre a atuação do psicólogo na prática pericial e clínica

Características	Psicólogo-paciente	Perito-municipiando
Relação	Confiança	Desconfiança
Sigilo	Regra	Exceção
Objetivo	Diagnóstico e tratamento	Esclarecimento a terceiros
Motivação	Bem-estar do paciente	Prova judicial
Devolutiva	Discussão do laudo clínico com o paciente	Envio do laudo ao operador

4) Avaliação das funções cognitivas

Essa avaliação realiza um intensivo estudo englobando a capacidade atencional, o controle mental, as funções motoras, as funções visuais, a linguagem, os processos de memória (visual e verbal), de aprendizagem (verbal e visual) e intelectuais.

Aqui novamente é fácil o periciando não cooperar, realizando a tarefa sem comprometimento. Novamente, o psicólogo deve estimulá-lo a realizar as tarefas da melhor forma e apontar discrepâncias no desempenho de tarefas semelhantes. Para isso, o psicólogo necessita estar muito bem familiarizado com as tarefas propostas e o que elas avaliam.

5) Avaliação de personalidade

De acordo com o periciando (criança, adolescente, adulto), utiliza-se uma série de recursos e técnicas psicológicas (entrevista, hora lúdica, testes de personalidade), para fins de compreensão da estrutura da personalidade (que compreende os aspectos mais estáveis e duradouros da personalidade, tais como os traços e os tipos). Traço compreende o padrão de respostas do indivíduo a uma série de situações, características específicas da personalidade. Por tipos entende-se um conjunto de traços que vai caracterizar o padrão de funcionamento da pessoa. É a dinâmica que relaciona a maneira como a pessoa interage com as outras pessoas e com o meio decorrente do conjunto de traços[21].

6) Análise dos dados apurados

Nessa análise, a tarefa é relacionar as informações colhidas na entrevista com as avaliações cognitiva e de personalidade, respondendo aos quesitos formulados.

7) Elaboração do documento

Concluída a avaliação, é elaborado o laudo ou parecer (quando se tratar de perícia médica onde o exame psicológico foi complementar).

A estrutura do laudo/parecer já foi apresentada no Capítulo "Documentos psicológicos no contexto forense". A seguir iremos expor o que o CPC cita que deve conter o laudo. O art. 473 diz que o laudo pericial deve conter a exposição do objeto da perícia, a análise técnica ou científica e a indicação do método do estudo. A linguagem deve ser simples e com coerência lógica, expondo como chegou a suas conclusões. Acrescenta-se ainda que é "vedado ao perito ultrapassar os limites de sua designação, bem como emitir opiniões pessoais que excedam o exame técnico ou científico do objeto da perícia".

O art. 8º da Resolução CFP n. 17/2012 fala sobre o parecer do psicólogo. A Resolução afirma que o perito deverá apresentar os resultados indicativos pertinentes à sua investigação que possam subsidiar a decisão referente à solicitação realizada, reconhecendo os limites legais de sua atuação profissional.

A Figura 3.3 expressa de forma esquemática o fluxo da perícia

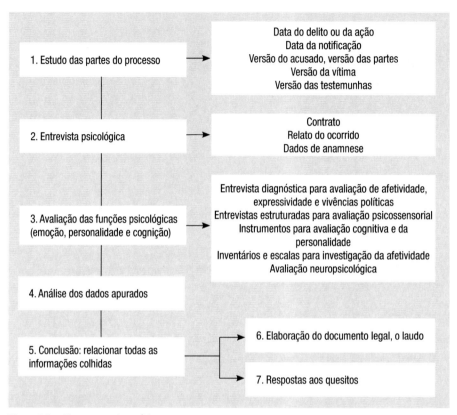

Figura 3.3   Fluxograma da perícia.

ÁREAS DE APLICAÇÃO DA PERÍCIA PSICOLÓGICA DE ACORDO COM A VARA JUDICIAL

O Quadro 3.4 expressa a aplicação da perícia psicológica de acordo com os propósitos de cada vara judicial.

Quadro 3.4 Áreas de aplicação da perícia psicológica de acordo com a vara judicial

	Casos	Questões
Vara criminal	Incidente de insanidade mental Incidente de farmacodependência Solicitação de progressão de pena Avaliação de vítimas Avaliação de testemunhas	Verificação da capacidade de imputação Verificação da eficácia do processo reeducando (reinserção social; probabilidade de reincidência)
Vara cível	Vara cível; família e sucessão; infância e juventude	
	Capacidade legal Anulação de casamento e separação litigiosa Capacidade de "testar" (testamento) Modificação da guarda dos filhos Regulamentação de visita Avaliação de transtornos mentais em ações de indenização Contestação de reprovação em concursos públicos Avaliação para mudanças de nomes	Ação de curatela (verificação da capacidade para atos da vida civil (danos psíquicos, neurofuncionais, psicológicos e simulação) Perícia esta cujo objetivo é subsidiar processo jurídico de ação para adequação de registro civil, cuja classe se aplica a "retificação ou suprimento ou restauração de registro civil – retificação de nome"
Vara trabalhista	Acidentários e doenças profissionais Doença decorrente das condições de trabalho Indenizações, doenças cranioencefálicas Erro ou negligência médica e hospitalar Intoxicações (chumbo, mercúrio, monóxido de carbono, outras)	Verificação da capacidade laborativa (médico-legal) Relação nexocausal (o dano físico ou psíquico tem a ver com o fato)

Ainda temos o direito administrativo – que focaliza a verificação das condições mentais, de acordo com a legislação vigente para fins de aposentadoria por doença mental – e o direito militar – que focaliza a verificação das condições mentais para fins de ingresso, reformas e reintegração de posse.

Apesar da legitimidade do psicólogo em atuar como perito, alguns impedimentos devem ser respeitados. O primeiro aspecto refere-se à condição de ser ou estar incapaz, pois não é apto para o exercício de seus direitos civis, além de não possuir conhecimento técnico específico.

CONSIDERAÇÕES FINAIS

É dever do psicólogo, na condição de perito, aceitar o encargo de executar a perícia, exercer a função, respeitar os prazos, comparecer às audiências, desde que intimado com antecedência de 5 dias (sob pena de condução coercitiva), e fornecer informações verídicas (dever de lealdade).

O psicólogo poderá escusar-se do encargo, pedir prorrogação de prazos, receber informações, ouvir testemunhas, verificar documentos de qualquer lugar, ser indenizado das despesas relativas ao serviço prestado, receber honorários. Além das restrições do CPC, a Resolução n. 10/2005 do CFP, que regulamenta o Código de Ética do Psicólogo, também determina as condições impeditivas para a prática pericial.

> Art. 1º [...] b) assumir responsabilidades profissionais somente por atividades para as quais esteja capacitado pessoal, teórica e tecnicamente. Esse tópico remete à condição do psicólogo de recusar a condição de perito pela notificação da não capacidade do profissional para o fim pericial.

Já no art. 2º, que trata das limitações da prática, consta:

> [...] k) ao psicólogo é vedado:
> Ser perito, avaliador ou parecerista em situações nas quais seus vínculos pessoais ou profissionais, atuais ou anteriores, possam afetar a qualidade do trabalho a ser realizado ou a fidelidade aos resultados da avaliação.

Theodoro Jr.[17] ressaltou que o perito é apenas um auxiliar da Justiça, e não um substituto do juiz na apreciação do evento probando. "Deve apenas apurar a existência de fatos cuja certificação dependa de conhecimento técnico." Seu parecer não é uma sentença, mas apenas fonte de informação para o juiz, que não fica adstrito ao laudo e pode formar sua convicção de modo contrário à base de outros elementos ou fatos provados no processo (art. 182, CPP)[18].

Ainda segundo Thedoro Jr.[17], realmente deve ser assim, uma vez que o laudo pericial deixaria de ser simples meio de prova para assumir o feitio de decisão arbitral e o perito se colocaria numa posição superior à do próprio juiz, tornando dispensável até mesmo o pronunciamento jurisdicional.

Esses apontamentos, anteriormente, já haviam sido pontuados por Popolo[23], o qual ressaltou a relevância do conhecimento dos limites da perícia por peritos. De acordo com Popolo[19], ser o perito detentor de conhecimentos relativos à confiabilidade e validade dos instrumentos, além do modelo teórico utilizado e a compreensão interdisciplinar do fenômeno, reduz a possibilidade de distorções dos resultados.

Destaca-se ainda que como a perícia é uma peça documental importante no processo jurídico, esta não pode ser pensada nem utilizada como única evidência dos fatos. Frente ao exposto, a própria legislação brasileira estabelece os limites para a ação pericial, nos artigos:

- Art. 182 do CPP: "o juiz não ficará adstrito ao laudo, podendo aceitá-lo ou rejeitá-lo, no todo ou em parte".
- Art. 479 do CPC: "o juiz apreciará a prova pericial de acordo com o disposto no art. 371, indicando na sentença os motivos que o levaram a considerar ou a deixar de considerar as conclusões do laudo, levando em conta o método utilizado pelo perito".
- Art. 480 do CPC: "o juiz poderá determinar, de ofício ou a requerimento da parte, a realização de nova perícia, quando a matéria não lhe parecer suficientemente esclarecida".

França[20] também destacou "que as perícias são importantes, contudo há a necessidade de repensá-las. Justifica-se tal postura porque realizar perícia é uma das possibilidades de atuação do psicólogo jurídico, mas não a única".

O procedimento de uma perícia psicológica busca dentro do seu alcance identificar a organização psíquica particular de cada personalidade, analisar os níveis de elaboração dos processos mentais, a força de ego, a maturação afetiva e relacional, o desempenho conativo, as concepções ligadas ao *self* e como a natureza dos mecanismos de defesa organizam-se, em cada indivíduo, dentro de um equilíbrio hierárquico e dinâmico cujo resultado é um funcionamento psíquico coerente.

A consolidação e o reconhecimento de técnicas e de seus profissionais se constroem num processo temporal contínuo fundamentado por meio de estudos, da pesquisa científica e de uma conduta humanitária e ética na busca do fator nexo causal de um determinado fenômeno. A prática da investigação científica nesta área necessita de uma maior amplitude que é pertinente à ciência psicológica, bem como a estruturação de centros formadores de psicólogos no contexto forense.

REFERÊNCIAS BIBLIOGRÁFICAS

1. Mahoney MJ. Desenvolvimentos recentes e futuras possibilidades em psicologia. Psicologia Reflexão e Crítica. 1993;35(2):2-15.
2. Groth-Marnat G. Handbook of psychological assessment. New York: John Wiley & Sons; 1999.
3. Cunha JA. Psicodiagnóstico V. Porto Alegre: Artes Médicas; 2003.
4. Goldstein G, Hersen M. Handbook of psychological assessment. New York: Perganon; 1990.
5. Conselho Federal de Psicologia. Resolução n. 9, de 25 de abril de 2018. Estabelece diretrizes para a realização de avaliação psicológica no exercício profissional da psicóloga e do psicólogo, regulamenta o Sistema de Avaliação de Testes Psicológicos – SATEPSI e revoga as Resoluções n. 002/2003, n. 006/2004 e n. 005/2012 e Notas Técnicas n. 01/2017 e 02/2017.
6. Archer RP, Buffington-Vollum JK, Stredny RV, Handel RW. A survey of psychological test use patterns among forensic psychologists. J Pers Assess. 2006;87(1):84-94.
7. Weiner IB, Hess AK. The handbook of forensic psychology. New York: John Wiley & Sons; 2005.

8. Caires MAF. Psicologia jurídica: implicações conceituais e aplicações práticas. São Paulo: Vetor; 2003.
9. Rovinski SLR. Fundamentos da perícia psicológica forense. São Paulo: Vetor; 2004.
10. Serafim AP, Saffi F. Práticas forenses. In: Malloy-Diniz LF, Fuentes D, Mattos P, Abreu N (orgs.). Avaliação neuropsicológica. 2ed. Porto Alegre: Artmed; 2018. v. 1, p. 288-92.
11. Heilbrun K, Marczyk GR, DeMatteo D, Zilmer EA, Harris J, Jennings T. Principles of forensic mental health assessment: implications for neuropsychological assessment in forensic contexts. Assessment. 2003;10(4):329-43.
12. Lezak MD, Howieson DB, Bigler ED.Neuropsychological assessment. Oxford: New York; 2016.
13. Serafim AP, Saffi F, Silva TGB, Almeida CV, Hokama E, Barros DM, et al. Forensic neuropsychological assessment: a review of its scope. Revista de Psiquiatria Clínica. 2015;42:63-7.
14. Brasil. Lei n. 13.105, de 16 de março de 2015. Código de Processo Civil.
15. Hilsenroth MJ, Stricker G. A consideration of challenges to psychological assessment instruments used in forensic settings: Rorschach as exemplar. J Pers Assess. 2004;83(2):141-52.
16. Conselho Federal de Psicologia. Resolução CFP n. 017/2012 Dispõe sobre a atuação do psicólogo como perito nos diversos contextos.
17. Theodoro Jr H. Curso de direito processual civil. Teoria geral do direito processual civil e processo de conhecimento. Rio de Janeiro: Forense; 2002.
18. Brasil Decreto-Lei n. 3.689, de 3 de outubro de 1941. Código de Processo Penal.
19. Popolo JH. Psicologia judicial. Mendonza: Ediciones Juridicas Cuyo; 1996.
20. França F. Reflexões sobre a psicologia jurídica e seu panorama no Brasil. Psicologia: teoria e prática. 2004;6(1):73-80.

4

A perícia psicológica nos casos de suspeita de abuso sexual: da vítima e do agressor

SUMÁRIO
Introdução, 80
Depoimento sem dano (DSD), 82
Perícia, 84
Falsas memórias, 85
Características de crianças vítimas de abuso sexual, 86
Características de agressores sexuais, 86
Como realizar a perícia, 88
Considerações finais, 90
Referências bibliográficas, 90

INTRODUÇÃO

O impacto decorrente de situações de violência, como o abuso sexual, tem sido discutido amplamente na literatura, uma vez que há uma significativa relação entre as consequências de vivências traumáticas na infância e alterações no desenvolvimento de disfunções cognitivas, emocionais e comportamentais, podendo se estender até a vida adulta[1-5].

Habizang, Koller e Azevedo[6] enfatizam que a experiência de abuso sexual infanto-juvenil caracteriza-se como um evento traumático e um fator de risco para o desenvolvimento das vítimas, traduzindo-se assim em um grave problema de saúde pública.

Já no que engloba os estudos dos efeitos em longo prazo do abuso sexual na infância, destacam-se dificuldades psicológicas, sociais e comportamentais em mulheres sobreviventes, que vão desde a baixa autoestima e depressão a distúrbios sexuais e transtorno de estresse pós-traumático (TEPT)[7,8].

Estudos brasileiros também têm sido desenvolvidos. Em São Paulo, ao estudarem 351 crianças e adolescentes em situação de rua, Oliveira et al.[9] observaram que 58,4% da amostra relatou ter sofrido abuso físico e sexual.

Já Serafim et al.[10] estudaram 205 crianças e adolescentes com idade entre 6 e 14 anos (130 meninas e 75 meninos) vítimas de abuso sexual que passaram por avaliação psicológica e psiquiátrica individual no período de 2005 a 2009. As variáveis estudadas foram: gênero, faixa etária, grau de relação da vítima com o perpetrador, aspectos psicológicos, dados psiquiátricos, aspectos comportamentais e afetivo-emocionais.

De acordo com a Organização Mundial da Saúde (OMS)[11], crianças e adolescentes estão sujeitos a gama significativa de exposição à violência, entre elas:

- Ligações telefônicas obscenas do abusador para a criança.
- Ofensa ao pudor da criança (p. ex., a exposição dos genitais à criança).
- Imagens pornográficas apresentadas à criança.
- Relações ou tentativas de relações sexuais.
- Incesto.
- Exibição dos genitais do abusador para a vítima.
- Indução de prostituição de menores.

Ainda segundo a OMS, que em 2006 passou a considerar o abuso sexual um dos maiores problemas de saúde pública, mais agravante é o fato de a maioria dos profissionais da saúde não prestar a atenção adequada. Nesse contexto, Marques et al.[12] chamam a atenção, enfatizando que são limitadas as possibilidades de encaminhamento para atendimento público e até mesmo de profissionais capacitados para trabalhar com essa população, identificando possíveis prejuízos para o desenvolvimento. Na realidade brasileira, apesar da continuidade de pesquisas que investigam as consequências do abuso sexual para o desenvolvimento da criança há, ainda, a necessidade de mais estudos sobre a avaliação, tanto dos aspectos emocionais quanto cognitivos, além das possibilidades de encaminhamento para tratamento. E no contexto forense, há uma importante necessidade de padronização dos procedimentos tanto para avaliar as vítimas como os agressores.

Outro importante aspecto no escopo da violência sexual associa-se aos agressores. Na realidade brasileira, poucos estudos abordam essa população. Por exemplo, há um estudo realizado por Moura[13] que investigou a relação e a visão de agressores sexuais condenados com as crianças violentadas. Os resultados demonstraram uma distorção na percepção dos agressores uma vez que, embora tenham uma visão positiva da criança, apresentaram reduzida empatia e depreciação sobre as vítimas, denotando o não reconhecimento referente às necessidades, liberdade e direitos das crianças violentadas.

Serafim et al.[14], em um estudo de revisão, pesquisaram possíveis perfis de abusadores sexuais. Os resultados, de maneira geral, demonstraram que o termo "perfil psicológico de abusadores sexuais infantis" não é consenso na literatura especializada, embora haja publicações. Outro aspecto importante desse artigo é o consenso de que os portadores de pedofilia podem manter seus desejos em segredo durante toda a vida sem nunca compartilhá-los ou torná-los atos reais; podem casar-se com mulheres que já tenham filhos ou atuar em profissões que os mantenham com fácil acesso a crianças, mas raramente causam algum mal, ou seja, nem todo abuso é necessariamente praticado por portadores de pedofilia.

Frente ao exposto, a elaboração deste capítulo visa a apresentar um panorama dos objetivos da perícia de vítimas e agressores nas ações de suspeita de abuso sexual, traçando um diferencial das práticas mais relacionadas à psicologia investigativa, como nos casos do depoimento sem dano.

DEPOIMENTO SEM DANO (DSD)

Na cidade de Porto Alegre (Rio Grande do Sul, Brasil), teve início uma proposta denominada Depoimento sem Dano, que constava da escuta de crianças e adolescentes que supostamente foram vítimas de violência sexual (Projeto de Lei n. 7.524, de 2006, arquivado).

Nessa proposta, a criança é ouvida por um psicólogo ou assistente social em uma sala específica, dentro do fórum. Nessa sala, existem câmeras para filmar o depoimento, que é transmitido para a sala de julgamento onde o juiz e demais participantes da audiência podem assistir. A mídia produzida é anexada no processo. O profissional responsável pela inquirição da suposta vítima usa um fone de ouvido, pelo qual pode ouvir os questionamentos do juiz e transmiti-lo para a criança, como se fosse um intérprete[15,16].

O objetivo dessa proposta é reduzir o dano causado a criança/adolescente que, além de ser uma possível vítima, é revitimizada quando relata o ocorrido várias e várias vezes, em diversas situações diferentes[16,17]. Além disso, com o Depoimento sem Dano a vítima é ouvida por um psicólogo ou assistente social, especializado em atendimento de crianças, sem induzi-la a respostas que o inquiridor deseja ouvir.

O Conselho Federal de Psicologia em Resolução CFP n. 10/2010[18] que "Institui a regulamentação da escuta psicológica de crianças e adolescentes envolvidos em situação de violência, na Rede de Proteção", no art. 9º está escrito: "É vedado ao psicólogo o papel de inquiridor no atendimento de Crianças e Adolescentes em situação de violência". Com esse artigo, o Conselho Federal de Psicologia proibiu que o psicólogo atuasse no projeto Depoimento sem Dano, por considerar que tal prática não cabe ao psicólogo. Segundo Brito[17], o entendimento do Conselho de Psicologia é que essa atuação acarreta confusão de papéis.

Abre-se um parêntese aqui para esclarecimentos importantes. Quando se fala do procedimento Depoimento sem Dano, aborda-se na verdade uma prática relativa à psicologia investigativa. Por psicologia investigativa entende-se uma sistemática desenvolvida a partir de contribuições iniciais para elaboração de perfis de criminosos por psicólogos. Essas ações se configuram como recursos de auxílio nos inquéritos policiais e processos judiciais. O psicólogo atua nessa área exclusivamente voltado à complementação do processo de investigação policial; à avaliação da validade de suspeitos ou testemunhas; à avaliação dos processos de tomada de decisão de detetives ou jurados e ao desenvolvimento de inferências de perfis sobre as características prováveis de um criminoso, como durante as audiências judiciais.

Visto isso, tem-se que a atuação nas situações de Depoimento sem Dano não se caracteriza como um processo pericial. Por vezes depara-se com psicólogos elaborando documentos resultantes do Depoimento sem Dano como resultado de perícia, o que não é condizente. Na perícia, no tocante à vítima, o objetivo é verificar quantas alterações psicológicas e comportamentais ela apresenta e que possam ser relacionadas à situação de violência sexual. O objetivo da perícia é responder a dúvida do operador do direito quanto ao funcionamento psicológico e comportamental da vítima. Não cabe na perícia identificação de autoria. Ressalta-se ainda que, por vezes, durante a perícia de crianças em processos de abuso sexual, dependendo do tipo de abuso é claro, não se observam quaisquer alterações de ordem psicológica e comportamental. Esse resultado apenas indica a não identificação do objetivo da perícia (o amplo estudo dos aspectos psicológicos e comportamentais da vítima), o que não exclui a ocorrência do fato.

Do mesmo modo, aplica-se a perícia do suspeito, a qual não deve ser realizada para consolidar autoria de crime e sim para apurar as condições psicológicas (presença de transtornos mentais que comprometam a capacidade de entendimento e autodeterminação).

No escopo da psicologia investigativa alguns instrumentos têm sido utilizados, como o *Child Sexuality Behavior Inventory* (CBSI)[19] (Inventário de Comportamentos Sexuais da Criança), um questionário com uma série de perguntas cujas respostas equivalem a pontos. Pontuações elevadas podem indicar que aquela criança é abusada sexualmente ou que é exposta a conteúdo inapropriado para sua idade.

Outro instrumento é a *Children's Attributions and Perceptions Scale* (CAPS), desenvolvida por Mannarino et al.[20] para verificar questões específicas do abuso em crianças.

Existe também o Protocolo de Entrevista Forense desenvolvido pelo National Institute of Child Health and Development (NICHD), cujo objetivo é conduzir a entrevista investigatória de forma eficaz. Ele é constituído por linhas de orientação e leva à consecução de informação detalhada e mais completa sobre o acontecimento em questão[21,22]. Sua estrutura de avaliação engloba as dimensões cognitivas, emocional e psicológica associadas ao abuso e à recordação dos fatos. De maneira geral, engloba os domínios como o desenvolvimento cognitivo, linguístico, mnéstico, sociomoral, emocional, relacional e indicadores de traumas psicológicos[23].

PERÍCIA

O trabalho pericial, como dito, difere do Depoimento sem Dano no que tange à atuação do psicólogo. A perícia com vítimas de abuso sexual tem o intuito de verificar se o periciando apresenta sinais psicológicos de ter passado por uma situação de violência e se essa violência está ligada à sexualidade. O trabalho pericial não tem como intuito indicar quem é o suposto agressor; o foco está no periciando e nas suas características psicológicas.

A perícia, sendo uma avaliação psicológica com fins jurídicos, é um processo, apesar de poder ser realizada em apenas um encontro. O psicólogo faz uso de diversas técnicas psicológicas, como entrevistas, observação lúdica, aplicação de testes (neuropsicológicos e de personalidade), observação clínica e análise de documentos referentes ao caso estudado. Essas técnicas estão delimitadas pelo Conselho Federal de Psicologia que, na Resolução n. 7/2003[24], entre outras resoluções, institui o Manual de Elaboração de Documentos Escritos produzidos pelo psicólogo. Decorrente de avaliação psicológica, está descrito que:

> Os psicólogos, ao produzirem documentos escritos, devem se basear exclusivamente nos instrumentais técnicos (entrevistas, testes, observações, dinâmicas de grupo, escuta, intervenções verbais) que se configuram como métodos e técnicas psicológicas para a coleta de dados, estudos e interpretações de informações a respeito da pessoa ou grupo atendidos, bem como sobre outros materiais e grupo atendidos e sobre outros materiais e documentos produzidos anteriormente e pertinentes à matéria em questão.

Sendo assim, após a finalização da perícia psicológica produz-se um laudo que é encaminhado à autoridade requisitante. Nesse laudo, descreve-se o modo como o periciando percebe o mundo que o rodeia, suas relações, possíveis déficits cognitivos, características de personalidade, possíveis transtornos psiquiátricos. Correlaciona-se dados de história com o funcionamento atual, tentando estabelecer um nexo causal entre a queixa e as características apresentadas pelo avaliando no momento da perícia.

Ressalta-se que o psicólogo perito tem autonomia para escolher os instrumentos que utilizará na avaliação, não podendo ser induzido nem coagido por nenhuma autoridade. Conforme Resolução do CFP n. 2/2003[25]:

Art. 11. As condições de uso dos instrumentos devem ser consideradas apenas para os contextos e propósitos para os quais os estudos empíricos indicaram resultados favoráveis.

Parágrafo único. A consideração da informação referida no *caput* deste artigo é parte fundamental do processo de avaliação psicológica, especialmente na escolha do teste mais adequado a cada propósito e será de responsabilidade do psicólogo que utilizar o instrumento.

FALSAS MEMÓRIAS

Falsas memórias são a lembrança de algo que não ocorreu ou a distorção de um fato real, incluindo ou excluindo informações. Elas podem ser formadas por junção de outras informações que provêm de indução (propositada ou não) de outras pessoas ou reportagens de jornais, televisão[26,27]. O tempo é uma variável importante quando se trata de falsas memórias. Segundo Gesu[26],

> Quanto maior o transcurso de tempo entre o fato e as primeiras declarações, maior a possibilidade de a testemunha ou vítima incorporar à sua percepção elementos externos, havendo uma verdadeira confusão entre aquilo que realmente ocorreu e as informações adquiridas posteriormente por intermédio dos jornais, da televisão, de uma conversa com um amigo, da inquirição por médicos, psicólogos e policiais.

A memória de modo geral é a aquisição de um conhecimento, armazenamento deste e sua evocação posterior. A interferência na memória pode ocorrer em qualquer uma dessas etapas. Quando se pensa em uma situação de violência e a recuperação de informações dessa situação, pode-se verificar que do ponto de vista cognitivo muitas distorções podem ocorrer.

Como dito, para se recuperar um conhecimento, primeiramente necessita-se adquiri-lo. Na aquisição de novas informações, a atenção e a motivação interferem[28]. Em situações de estresse extremas (nos casos abordados aqui isso ocorre), a percepção do fato fica alterada, pois interfere no que é focado e pode levar a distorções. A segunda etapa do processo de memória é o armazenamento da informação. Anatomicamente, isso ocorre no lobo temporal, envolvendo estruturas como o hipocampo e a amígdala. Esta última está relacionada principalmente às memórias afetivas, pois além do processamento da memória está envolvida no processamento das emoções e das respostas de luta-fuga. Desse modo, situações muito angustiantes, com forte componente emocional, podem sofrer alterações também no armazenamento das informações. Finalmente, quando a vítima ou testemunha recupera o fato, que já foi adquirido e armazenado, deve-se considerar que vários fatores estão interferindo nessa recuperação, podendo causar assim o efeito das falsas memórias.

Gesu[26] reforça que a memória é influenciada pelas emoções e que aquilo que foi lembrado não é exatamente o que ocorreu. Além disso, deve-se frisar que falsa memória não é mentira. Na falsa memória, a pessoa acredita realmente no que ela está contando, enquanto na mentira a pessoa sabe que está inventando histórias[27].

CARACTERÍSTICAS DE CRIANÇAS VÍTIMAS DE ABUSO SEXUAL

Em 2011, foi publicado um perfil demográfico, psicológico e comportamental de crianças e adolescentes, vítimas de abuso sexual atendidos no ambulatório do Núcleo Forense (NUFOR-IPq-HCFMUSP) entre 2005 e 2009[10].

Esses dados mostraram que a maioria das perícias realizadas foi em meninas (63,4%) entre 7 e 10 anos de idade (48,5%). Quando a vítima é menino (36,6%), a idade está entre 3 e 6 anos (54,6%). Normalmente o agressor é o pai (38%), seguido do padrasto (29%). Essas vítimas tendem a apresentar quadros depressivos (59,2% nas meninas e 38,6% nos meninos), seguidos de transtorno de estresse pós-traumático (36,1% das meninas e 29,3% dos meninos). Esses dados dos quadros psiquiátricos são condizentes com os apresentados na literatura[29].

Em relação aos aspectos comportamentais, há retraimento diante da figura masculina como o prevalente para os dois gêneros (33% para as meninas e 41% para os meninos), seguido de comportamento erotizado para os periciandos do sexo feminino (23%) e isolamento para os do sexo masculino (33%).

No que tange às características psicológicas, evidenciaram-se sentimento de culpa (77%), vergonha (64%), medo (61%) e insegurança (59%). A percepção que essas vítimas têm da figura feminina de autoridade é de uma pessoa protetora, mas frágil (69%), incapaz (19%) e que supre as necessidades básicas (13%). Já a figura masculina é percebida como tendo necessidade de fazer algo ruim (43%), forte, dominadora (33%) e agressiva, violenta (24%). O ambiente é percebido como hostil (34%), ameaçador (27%) e que não oferece amparo (22%).

As consequências do abuso sexual permeiam toda a vida do indivíduo, estando presente até na vida adulta. Segundo Froner e Ramires[30], crianças vítimas de abuso sexual podem perpetuar a violência tornando-se adultos abusivos ou vitimizados, além de apresentarem uma série de transtornos psiquiátricos.

CARACTERÍSTICAS DE AGRESSORES SEXUAIS

Em 2009, um levantamento bibliográfico[14] apresentou as principais classificações de criminosos sexuais contra crianças, identificando as tipologias mais utilizadas.

Primeiramente, é importante esclarecer que o fato de um adulto abusar sexualmente de crianças não se configura como pedofilia. Pedofilia é um diagnóstico médico, é uma parafilia (transtorno da preferência sexual), que é a "preferência sexual por crianças, quer se trate de meninos, meninas ou de crianças de um ou do outro sexo, geralmente pré-púberes ou no início da puberdade" (F65.4 Pedofilia – CID[31]). Como dito anteriormente, em geral as pessoas que apresentam o diagnóstico de pedofilia não colocam seus desejos em prática, sendo que aqueles indivíduos que abusam de crianças normalmente apresentam motivações que não estão ligadas a preferência sexual. A passagem do desejo para a ação em indivíduos que apresentam pedofilia geralmente ocorre quando eles estão submetidos a intenso estresse e pressão psíquica[14].

Quando os pedófilos propriamente ditos cometem o ato criminoso (manipulam sexualmente crianças), podem ser divididos entre abusadores e molestadores[14].

Abusadores

São os mais frequentes, apresentam como característica a imaturidade, a solidão e a falta de habilidade social. Suas ações são discretas, pouco invasivas – normalmente por meio de carícias – sem violência explícita. Em função disso, muitos não percebem o que fazem.

Molestadores

São mais agressivos, usam a violência e a intimidação para alcançar seus objetivos e são muito invasivos. Também subdividem-se em:

• Situacionais: muitas vezes não estão classificados como pedófilo, pois a preferência não é por crianças, mas sim por indivíduos que estão mais vulneráveis, frágeis (o que normalmente ocorre com as crianças), pois elas não oferecem risco. Frequentemente pertencem a classes mais baixas, não são tão inteligentes como o preferencial. Agem buscando a satisfação de necessidades (sexuais ou relacionadas a poder/raiva), são oportunistas – escolhem a vítima conforme a disponibilidade. Subdividem-se em: regredido (quando o agressor regride a estágios de desenvolvimento já superados e, por esta razão, escolhe a presa mais vulnerável, pois sente-se mais seguro; apresenta padrão de vida estável, mas pode apresentar abuso de álcool), inescrupuloso (abusa sexualmente de quem está disponível, tem como características ser uma pessoa que abusa de modo geral em diversas situações – mente, trapaceia; não tem vida conjugal estável, é muito sedutor) e inadequado (costuma apresentar rebaixamento intelectual que prejudica seu discernimento entre certo e errado; os atos sexuais não são agressivos – lambe, abraça, acaricia).

- Preferenciais: escolhem exclusivamente crianças, apresentam nível intelectual um pouco mais elevado e pertencem a classes sociais mais altas. É persistente, escolhem vítimas específicas, colocam em prática suas fantasias, fazem grande número de vítimas e são muito agressivos. Subdividem-se em sedutor (normalmente solteiro, mais de 30 anos e infantilizado; seduz as vítimas a ponto delas aceitarem manter relação sexual com um adulto), sádico (quase sempre são homens, com empregos temporários e mudam frequentemente; são violentos, planejam o crime e o ritualizam; não seduzem, usam a força e a violência para atingirem seu objetivo) e introvertido (age em locais onde as crianças estão, observa-as, realiza telefonemas obscenos e exibicionismo, relacionam-se com crianças por meio da prostituição infantil).

COMO REALIZAR A PERÍCIA

A perícia da vítima e do suposto agressor tem por finalidade descrever o funcionamento psicológico do periciando e não apontar se foi esse ou aquele quem cometeu determinado crime. Esse é um ponto muito importante que deve ser deixado claro tanto para o operador do direito quanto para o periciando.

O primeiro passo, como em qualquer perícia, é a leitura dos documentos relacionados ao caso estudado – boletins de ocorrência, termo de declarações, exame de corpo de delito e, caso haja, autos do processo. A seguir convoca-se o periciando; se for um menor de idade, solicita-se a presença de um responsável legal. Explica-se o objetivo do trabalho, esclarecendo que a finalidade é descrever o funcionamento psicológico e em seguida faz-se o contrato de trabalho – número de encontros, horários e para quem será enviado o laudo final. Este último ponto deve ficar bem claro, pois o laudo deve ser enviado à autoridade requisitante e essa pessoa não é o periciando. Se ele desejar ter acesso ao laudo que foi feito sobre ele, seu advogado deve solicitá-lo ao fórum ou à delegacia.

Quando o periciando for a vítima, provavelmente se apresentará muito retraído, não compreendendo o motivo de a autoridade judicial ter solicitado aquela avaliação e, em alguns casos, irritado, por ter de falar novamente do mesmo assunto, contar o que já contou diversas vezes. Se o periciando for o suposto agressor, ele chegará muito defendido, tentando provar sua inocência, podendo inclusive omitir detalhes/fatos deliberadamente com o intuito de confundir o avaliador. É importante ressaltar que esse comportamento também pode ser apresentado pela vítima. A habilidade do psicólogo irá transpor essas barreiras iniciais para atingir seu objetivo na avaliação.

Após o contrato, solicita-se que se conte detalhadamente o fato que suscitou a perícia. O perito deve compreender muito bem todos os aspectos do fato, seus pormenores e seus desdobramentos. A seguir, realiza-se uma entrevista de anamese. Essa parte da avaliação visa a coletar dados de história pregressa e atual a fim de comparar o funcionamento prévio com o atual e fazer possíveis correlações com o abuso sofrido ou praticado.

No caso da vítima, nesta etapa deve-se verificar juntos aos pais ou responsáveis[32]:

- Informações sobre a possível ocorrência do abuso (como números de episódios, autoria, local, período).
- Medida tomada frente à denúncia.
- Consequências observadas para a criança.
- Alterações comportamentais (agressividade, irritabilidade, isolamento, interesse acentuado por temas sexuais).
- Aspectos físicos (alterações no padrão de sono, enurese, dores).
- Alterações emocionais (abatimento, tristeza, medos exagerados que antes não apareciam).
- Alterações cognitivas como dificuldades de concentração, memória, atenção, desinteresse pelas atividades escolares.

A próxima etapa é a aplicação de testes. Costuma-se realizar tanto a avaliação dos aspectos neuropsicológicos como as características de personalidade. A avaliação neuropsicológica contempla as funções cognitivas (inteligência, funções executivas, atencionais, motoras, mnésticas, praxia), e a de personalidade avalia a estrutura e a dinâmica por meio de inventários e/ou testes projetivos. Este roteiro de avaliação foi elaborado de acordo com a literatura no que tange ao impacto da violência sexual (Quadro 4.1).

Para finalizar, elabora-se um laudo, responde-se aos quesitos e encaminha-o às autoridades requisitantes.

Quadro 4.1 Impacto da experiência do ASI em crianças e adolescentes

Emocional	Sentimentos de tristeza e desamparo, mudanças bruscas de estado de ânimo, irritabilidade, rebeldia, temores diversos, vergonha e culpa, ansiedade
Cognitivo	Baixa no rendimento escolar, dificuldade de atenção e concentração, desmotivação nas tarefas escolares, desmotivação geral
Comportamental	Condutas agressivas, rejeição a figuras adultas, marginalização, hostilidade diante do agressor, temor ao agressor, gravidez precoce, enfermidades de transmissão sexual

Fonte: Ossandón, 2002[33].

CONSIDERAÇÕES FINAIS

A prática da perícia no cenário da atuação do psicólogo no Brasil não é nova. A Lei n. 4.112, de 27 de agosto de 1962, que dispõe sobre a profissão de psicólogo, detalha que no exercício profissional, entre outras atribuições, cabe ao psicólogo: "realizar perícias e emitir pareceres sobre a matéria de psicologia" (art. 4º, n. 6). Reconhece-se que embora essa prática seja reconhecida há mais 50 anos, na atualidade percebe-se a necessidade de mais esclarecimentos quanto os seus alcances e limites. Como no caso deste capítulo, busca-se estabelecer descrições de práticas que distinguem a perícia e as técnicas atribuídas à psicologia investigativa.

REFERÊNCIAS BIBLIOGRÁFICAS

1. Barrera M, Calderón L, Bell V. The cognitive impact of sexual abuse and PTSD in children: a neuropsychological study. J Child Sex Abus. 2013;22(6):625-38.
2. Geoffroy MC, Pereira SP, Li L, Power C. Child neglect and maltreatment and childhood-to--adulthood cognition and mental health in a prospective birth co-hort. J Am Acad Child Adolesc Psychiatry. 2016;55(1):33-40.
3. Oliveira PA, Scivoletto S, Cunha PJ. Estudos neuropsicológicos e de neuroimagem associados ao estresse emocional na infância e adolescência. Rev Psiquiatr Clin. 2010;37(6):271-9.
4. Enlow MB, Egeland B, Blood E, Wright RO, Wright RJ. Interpersonal trauma exposure and cognitive development in children to age 8 years: a longitudinal study. J Epidemiol Community Health. 2012;66(11):1005-10.
5. De Bellis MD, Wolley DP, Hooper SR. Neuropsychological findings in pediatric maltreatment: relationship of PTSD, dissociative symptoms, and abuse/neglect indices to neurocognitive outcomes. Child Maltreat. 2013;18(3):171-83.
6. Habigzang LF, Koller SH, Azevedo GA, Machado PX. Abuso sexual infantil e dinâmica familiar: aspectos observados em processos jurídicos. Psic Teor Pesq. 2005;21(3):341-8.
7. Kim J, Talbot NL, Cicchetti D. Childhood abuse and current interpersonal conflict: the role of shame. Child Abuse Negl. 2009;33(6):362-71.
8. Lemieux SR, Byers ES. The sexual well-being of women who have experienced child sexual abuse. Psychol Women Q. 2008; 32(2):126-44.
9. Oliveira PA, Scivoletto S, Cunha PJ. Estudos neuropsicológicos e de imagem associados ao estresse emocional na infância e adolescência. Rev Psiquiatr Clin. 2010;37(6):271-9.
10. Serafim AP, Saffi F, Achá MF, Barros DM. Dados demográficos, psicológicos e comporta-mentais de crianças e adolescentes vítimas de abuso sexual. Rev Psiquiatr Clin. 2011;38(4):143-7.
11. Organização Mundial da Saúde (OMS). Preventing child maltreatment: a guide to taking action and generating evidence. World Health Organization and International Society for Prevention of Child Abuse and Neglect; 2006.
12. Marques MN, Foigel M, Facha MF. Correlatos psicológicos do perfil de crianças abusadas sexualmente. In: Serafim AP, Saffi F, Barros DM. Temas em psiquiatria forense e psicologia jurídica sobre violência sexual. São Paulo: Vetor, 2013.
13. Moura SA. A criança na perspectiva do abusador sexual. Dissertação de Mestrado, Universidade Federal do Rio Grande do Sul. Porto Alegre. 2007.

14. Serafim AP, Saffi F, Rigonatti SP, Casoy I, Barros DM. Perfil psicológico e comportamental de agressores sexuais de crianças. Rev Psiquiatr Clin. 2009;36(3):101-11.
15. Conte BS. Depoimento sem dano: a escuta da psicanálise ou a escuta do direito? Psico. 2008;39(2):219-23.
16. Depoimento Sem Dano. Estado do Rio Grande do Sul, Poder Judiciário, Tribunal de Justiça, Porto Alegre, 2009.
17. Brito LMT. Diga-me agora... O depoimento sem dano em análise. Psic Clin. 2008;20(2):113-25.
18. Conselho Federal de Psicologia. Resolução CFP n. 10/2010. Disponível em http://site.cfp.org.br/wp-content/uploads/2010/07/resolucao 2010.
19. Friedrich WN, Fisher JL, Dittner CA, Acton R, Berliner L, Butler J, et al. Child sexual behavior inventory: normative, psychiatric, and sexual abuse comparisons. Child Maltreat. 2001;6:37.
20. Mannarino AP, Cohen JA, Berman SR. The children's attributions and perceptions scale: a new measure of sexual abuse-related factors. J Clin Child Psychol 1994;23:204-11.
21. Orbach Y, Hershkowitz I, Lamb ME, Sternberg KJ, Esplin PW, Horowitz D. Assessing the value of structured protocols for forensic interviews of alleged child abuse victims. Child Abuse Negl. 2000;24(6):733-52.
22. Hershkowitz I, Fisher S, Lamb ME, Horowitz D. Improving credibility assessment in child sexual abuse allegations: the role of the NICHD investigative interview protocol. Child Abuse Negl. 2007;31:99-110.
23. Ribeiro C. A criança na Justiça: trajectórias e significados do processo judicial de crianças vítimas de abuso sexual intrafamiliar. Coimbra: Almedina; 2009.
24. Conselho Federal de Psicologia. Resolução CFP n. 7/2003. Disponível em http://site.cfp.org.br/wp-content/uploads/2003/06/resolucao2003_7.pdf.
25. Conselho Federal de Psicologia. Resolução CFP n. 2/2003. Disponível em http://www.pol.org.br/legislacao/pdf/resolucao 2003.
26. Di Gesu C. Prova penal e falsas memórias. Rio de Janeiro: Lumen Juris; 2010.
27. Alves CM, Lopes EJ. Falsas memórias: questões teórico-metodológicas. Paidéia. 2007;17(36):45-56.
28. Dalgalarrondo P. Psicopatologia e semiologia dos transtornos mentais. Porto Alegre: Art-med, 2008.
29. Zavaschi MLS, Satler F, Poester D, Vargas CF, Piazenski R, Rohde LAP. Association between childhood loss trauma and depression in adulthood. Rev Bras Psiquiatr. 2002;24(4):189-95.
30. Froner JP, Ramires VRR. Escuta de crianças vítimas de abuso sexual no âmbito jurídico: uma revisão crítica da literatura. Paidéia. 2008;18(40):267-78.
31. Classificação Internacional das Doenças (CID-10), 10.ed. (revisada). São Paulo: Edusp; 2007.
32. Marques NM. Fatores clínicos e de risco associados ao desempenho cognitivo em crianças vítimas de abuso sexual. Dissertação Mestrado. Universidade de São Paulo; 2015.
33. Ossandón VA. Guía básica de prevención del abuso sexual infantil. Valparaiso: ONG Paicabi; 2002.

5

O psicólogo assistente técnico

SUMÁRIO
Introdução, 92
Definição de assistente técnico e bases legais, 93
O psicólogo assistente técnico, 95
Etapas do trabalho do psicólogo como assistente técnico, 96
Considerações finais, 100
Referências bibliográficas, 100

INTRODUÇÃO

O psicólogo que atua na área forense tem algumas possibilidades de atuação – ele pode atuar como pesquisador, perito, mediador, parecerista, realizar aconselhamento e ser assistente técnico.

O Conselho de Psicologia[1], define da seguinte maneira a atuação do psicólogo jurídico:

> Atua no âmbito da justiça, colaborando no planejamento e execução de políticas de cidadania, direitos humanos e prevenção da violência, centrando sua atuação na orientação do dado psicológico [...], avalia as condições intelectuais e emocionais de crianças, adolescentes e adultos em conexão com processos jurídicos, seja por deficiência mental e insanidade, testamentos contestados, aceitação em lares adotivos, posse e guarda de crianças, aplicando métodos e técnicas psicológicas e/ou de psicometria, para determinar a responsabilidade legal por atos criminosos; atua como perito judicial nas varas cíveis, criminais, justiça do trabalho, da família, da criança e do adolescente, elaborando laudos, pareceres e perícias, para serem anexados aos proces-

sos, a fim de realizar atendimento e orientação a crianças, adolescentes, detentos e seus familiares; orienta a administração e os colegiados do sistema penitenciário sob o ponto de vista psicológico, [...]; realiza atendimento psicológico a indivíduos que buscam a vara de família, fazendo diagnósticos e usando terapêuticas próprias, para organizar e resolver questões levantadas; participa de audiência, prestando informações, para esclarecer aspectos técnicos em psicologia a leigos ou leitores do trabalho pericial psicológico; atua em pesquisas e programas socioeducativos e de prevenção à violência, construindo ou adaptando instrumentos de investigação psicológica, para atender às necessidades de crianças e adolescentes em situação de risco, abandonados ou infratores; [...] realiza avaliação das características das personalidade, através de triagem psicológica, avaliação de periculosidade e outros exames psicológicos no sistema penitenciário, [...]. Assessora a administração penal na formulação de políticas penais e no treinamento de pessoal [...]. Realiza pesquisa visando à construção e ampliação do conhecimento psicológico aplicado ao campo do direito. Realiza orientação psicológica a casais antes da entrada nupcial da petição, assim como das audiências de conciliação. Realiza atendimento a crianças envolvidas em situações que chegam às instituições de direito, visando à preservação de sua saúde mental. Auxilia juizados na avaliação e assistência psicológica de menores e seus familiares, bem como assessorá-los no encaminhamento a terapia psicológica quando necessário. Presta atendimento e orientação a detentos e seus familiares visando à preservação da saúde. Acompanha detentos em liberdade condicional, na internação em hospital penitenciário, bem como atua no apoio psicológico à sua família. Desenvolve estudos e pesquisas na área criminal, constituindo ou adaptando os instrumentos de investigação psicológica.

Fonte: http://www.crp09.org.br/portal/orientacao-e-fiscalizacao/orientacao-por-temas/areas-de-atuacao-do-a-psicologo-a.

Neste capítulo abordaremos especificamente o trabalho do psicólogo como assistente técnico. Para tal, inicialmente daremos uma definição do que é o assistente técnico e suas bases legais; a seguir apresentaremos o trabalho do psicólogo nessa função, para finalizar com as etapas de atuação.

DEFINIÇÃO DE ASSISTENTE TÉCNICO E BASES LEGAIS

O assistente técnico é o profissional, contratado pelas partes envolvidas em um processo judicial, que tem a função de prestar auxílio técnico, produção de quesitos, acompanhar o processo da perícia e garantir a imparcialidade do perito.

Do mesmo modo que o juiz requisita um perito para auxiliá-lo em uma questão que foge de sua área de conhecimento, os advogados das partes também podem requisitar a ajuda de outro profissional, com a mesma formação que o perito, que é o assistente técnico. Dessa forma, o assistente técnico, que é o profissional requisitado pela parte, é de sua confiança.

O art. 466 do Código de Processo Civil (CPC)[2], da Seção X, que trata da prova pericial, contextualiza a atuação desses profissionais no § 1º: "Os assistentes técnicos são de confiança da parte e não estão sujeitos a impedimento ou suspeição". Aqui deve ficar claro que o assistente técnico, segundo a lei, pode ser qualquer profissional da confiança da parte. Entretanto, logo mais, neste mesmo capítulo, veremos que o Conselho Federal de Psicologia elenca algumas particularidades para o psicólogo atuar nessa função.

Quando o juiz determina a perícia e indica o perito de sua confiança, as partes podem, no prazo de quinze dias, indicar assistente técnico (art. 465, CPC). O trabalho desenvolvido pelo profissional contratado pela parte será de elaborar quesitos, acompanhar a perícia e demais atividades do perito, elaborar parecer técnico e quesitos complementares, caso necessário. O assistente técnico deverá ser avisado da perícia, das diligências e dos exames que o perito realizará com antecedência mínima de cinco dias, comprovada nos autos (art. 466, § 2º, CPC). O parecer técnico deve ser apresentado no prazo de quinze dias após o laudo do perito (art. 477, § 1º, CPC). Se necessário, o assistente técnico também poderá ser ouvido em audiência (arts. 361 e 477, § 3º, CPC), necessitando ser intimado com dez dias de antecedência (art. 477, § 4º, CPC).

Segundo o CPC[2], no art. 473, § 3º, para desempenhar sua função, os assistentes técnicos, do mesmo modo que o perito, podem valer-se de todos os meios necessários, ouvindo testemunhas, obtendo informações, solicitando documentos que estejam em poder da parte, de terceiros ou em repartições públicas, bem como instruir o laudo com planilhas, mapas, plantas, desenhos, fotografias ou outros elementos necessários ao esclarecimento do objeto da perícia.

O Código de Processo Penal[3], no art. 159, que trata das funções de perito, no § 3º, incluído pela Lei n. 11.690, de 2008, refere que "Serão facultadas ao Ministério Público, ao assistente de acusação, ao ofendido, ao querelante e ao acusado a formulação de quesitos e indicação de assistente técnico". No parágrafo seguinte, também incluído em 2008, define o tipo de atuação do profissional que assume essa função, dizendo que ele inicia sua atuação a partir do momento em que o juiz aceita sua nomeação até a conclusão dos exames periciais e elaboração do laudo. Ainda nesse artigo, é descrito que o assistente técnico deverá apresentar pareceres dentro do prazo fixado pelo juiz e que os peritos poderão ser ouvidos em audiência (§ 5º). O assistente técnico, na área criminal, poderá analisar o material da perícia, desde que ocorra requerimento das partes (§ 6º). Essa análise será feita "no ambiente do órgão oficial [...] e na presença de perito oficial". Em uma mesma perícia poderá atuar mais de um assistente técnico se houver mais de um perito oficial (§ 7º). No art. 481, com redação dada pela Lei n. 11.689, de 2008[4], parágrafo único, é apontado que o assistente técnico poderá acompanhar diligências com o perito oficial.

Assim, temos o papel de assistente técnico em todas as áreas em que ocorrem a perícia, e como dito no CPC, ele não é sujeito a suspeição. Isso não significa que o assistente técnico defenda a parte que o contratou, pois ele não é advogado, ele não tem a função de defesa, mas sim de acompanhar e fornecer subsídios técnicos para a parte.

Do mesmo modo que o perito é considerado "os olhos do juiz" no assunto que trata a perícia, o assistente técnico também pode ser considerado "os olhos dos advogados" na perícia. Podemos comparar o trabalho desenvolvido pelo perito e pelo assistente técnico com o trabalho de tradutor: o profissional contratado traduzirá os termos técnicos de sua área de especialização para uma linguagem compreensível a leigos daquela área, ou seja, traduzir termos técnicos para que a parte e advogados entendam.

O PSICÓLOGO ASSISTENTE TÉCNICO

Na área da psicologia, o trabalho de assistente técnico tem algumas particularidades que o diferem da atuação dos assistentes técnicos de outras áreas. A Resolução CFP n. 8/2010[5] dispõe sobre a atuação do psicólogo assistente técnico no Poder Judiciário.

Inicialmente, é importante esclarecer que, apesar de uma das funções desse profissional ser de acompanhar a perícia, isso não quer dizer que ele tenha de estar presente, dentro da sala de atendimento, no momento em que a perícia é realizada. Diferentemente, por exemplo, da perícia psiquiátrica, em que o perito e os assistentes técnicos atendem o periciando em conjunto e discutem sobre suas impressões logo após o término do atendimento, na perícia psicológica o psicólogo assistente técnico não pode permanecer na sala enquanto a perícia está sendo realizada, conforme atesta o art. 2º da Resolução n. 8/2010[5]: "Art. 2º O psicólogo assistente técnico não deve estar presente durante a realização dos procedimentos metodológicos que norteiam o atendimento do psicólogo perito e vice-versa, para que não haja interferência na dinâmica e qualidade do serviço realizado".

No CPC[2], § 3º do art. 473, também há referências aos procedimentos pertinentes tanto ao perito como ao assistente técnico:

> Para o desempenho de sua função, o perito e os assistentes técnicos podem valer-se de todos os meios necessários, ouvindo testemunhas, obtendo informações, solicitando documentos que estejam em poder da parte, de terceiros ou em repartições públicas, bem como instruir o laudo com planilhas, mapas, plantas, desenhos, fotografias ou outros elementos necessários ao esclarecimento do objeto da perícia.

Assim, em função desses artigos, um procedimento comum nas perícias psicológicas é a realização de reuniões técnicas entre o perito e os assistentes técnicos das partes para discussão dos procedimentos metodológicos que nortearão a perícia e de suas percepções/conclusões. Essas reuniões podem ocorrer no início do trabalho pericial e/ou no fim.

Ressalta-se ainda que o psicólogo que atua como assistente técnico não pode ser psicoterapeuta das partes, conforme ressaltado no art. 10:

> Art. 10. Com intuito de preservar o direito à intimidade e equidade de condições, é vedado ao psicólogo que esteja atuando como psicoterapeuta das partes envolvidas em um litígio:
> I – atuar como perito ou assistente técnico de pessoas atendidas por ele e/ou de terceiros envolvidos na mesma situação litigiosa;

Assim, a partir dessas considerações da Resolução CFP n. 8/2010[5], vemos que, apesar de no CPC, no art. 466, estar definido que os "assistentes técnicos são de confiança da parte e não estão sujeitos a impedimento ou suspeição", o posicionamento do Conselho Federal de Psicologia é diferente, pois o psicólogo assistente técnico está sujeito a impedimento.

Como a função do assistente técnico é de consultor/auxiliar da parte, dando assistência em todas as investigações e operações que executa o perito judicial, muitos advogados acreditam que sem a figura do assistente técnico a defesa do cliente pode ficar prejudicada. A diferença de atuação entre perito e assistente técnico é que o perito terá uma visão mais ampla do caso e o assistente técnico terá uma visão parcial, pois ele dispõe de elementos fornecido apenas de uma das partes.

O CPC, como dito anteriormente, permite ao assistente técnico, para desempenhar sua função, do mesmo modo que o perito, valer-se de todos os meios necessários, ouvindo testemunhas, obtendo informações, solicitando documentos que estejam em poder da parte (art. 473, § 3º). Assim, teoricamente, o assistente técnico pode chamar a parte contrária para entrevistas, mas na prática isso acaba sendo não frutífero, pois a parte contrária não vai querer oferecer informações a um profissional que não é de sua confiança.

ETAPAS DO TRABALHO DO PSICÓLOGO COMO ASSISTENTE TÉCNICO

1. Entrevista com a parte que pretende contratar os serviços de assistência técnica

Realiza-se inicialmente uma entrevista com o possível cliente para entender a lide e verificar se o profissional aceitará ou não trabalhar como assistente técnico desse caso. É pedido que o cliente lhe envie uma cópia do processo e que seja feito um contato com o advogado, pois é com esse profissional que o assistente técnico trabalhará.

2. Estimativa de honorários e contrato de serviço

Após leitura dos autos e conversa com advogado, estima-se honorários. Estes podem ser discriminados por atividades a serem desenvolvidas (entrevista inicial, leitura do processo, elaboração de quesitos, atendimentos eventuais, discussão técnica com perito, elaboração de parecer técnico, elaboração de quesitos complementares – quando necessário – elaboração de parecer sobre os quesitos complementares).

É realizado o contrato de trabalho, no qual estão especificados quais serviços serão prestados, por quanto tempo e os honorários. A Resolução CFP n. 8/2010[5], no art. 9º, recomenda que esse contrato seja formalizado:

> [...] mediante Termo de Compromisso firmado em cartório onde está tramitando o processo, em que conste sua ciência e atividade a ser exercidas, com anuência da parte contratante.
> Parágrafo único. O Termo conterá nome das partes do processo, número do processo, data de início dos trabalhos e o objetivo do trabalho a ser realizado.

Outra forma de formalizar esse contrato é por e-mail, com o pedido de aceite do cliente.

3. Elaboração de quesitos

Após entrevista, ou entrevistas, para conhecer com detalhes a lide, após conversa com o advogado para entender qual a tese que ele está seguindo e a leitura do processo, elaboram-se quesitos para serem respondidos pelo perito. Os quesitos são perguntas que orientarão o perito em sua investigação. Esses quesitos devem ser entregues à parte que irá anexá-los ao processo juntamente com a nomeação do assistente técnico.

4. Atendimentos esporádicos

Esses atendimentos têm por finalidade orientar o cliente em relação aos procedimentos periciais, com o intuito de diminuir sua ansiedade ante o processo. De modo nenhum esses atendimentos terão o intuito de preparar o periciando para a perícia, treinar respostas, posturas e respostas aos testes.

Um procedimento que alguns profissionais utilizam, mas que não recomendamos, é a realização de uma avaliação paralela para basear o parecer e contrapor ao laudo técnico. Esse procedimento não é recomendado por dois motivos:

- A análise do parecer deve se ater ao laudo emitido e aos documentos constantes no processo.
- Uma avaliação psicológica não é inócua, ela mobiliza sentimentos, incômodos, ela é cansativa e uma mesma pessoa não deve ser submetida aos mesmos instrumentos em intervalos tão curtos. Assim, uma das avaliações poderá ficar comprometida, e os resultados, enviesados.

5. Apresentação ao perito

Antes da data marcada para a perícia, o assistente técnico deve entrar em contato com o perito e apresentar-se, explicar que trabalha para uma das partes. Em muitos casos, o perito costuma agendar uma entrevista com os assistentes técnicos antes de iniciar o processo pericial e após a finalização deste. Nesse encontro, os profissionais se conhecem, discute-se um pouco sobre o caso, como será conduzida a perícia e estipula-se uma previsão para o término dos trabalhos.

6. Perícia

Muitos profissionais, mesmo sem poder estar presente dentro da sala de atendimento durante a perícia, comparecem nas datas marcadas para os atendimentos periciais. Em nossa opinião, isso não é preciso, pois o contato com o perito já foi realizado, e, além disso, o art. 1º da Resolução CFP n. 8/2010 refere que: "o psicólogo perito e o psicólogo assistente técnico devem evitar qualquer tipo de interferência durante a avaliação que possa prejudicar o princípio da autonomia teórico-técnica e ético-profissional, e que possa constranger o periciando durante o atendimento". A presença do assistente técnico, na sala de espera, pode ser entendida como um constrangimento para o periciando.

7. Reunião técnica

Após o término do processo pericial, é realizada uma nova reunião entre perito e os assistentes técnicos com o intuito de discutir com o perito como foi realizada a perícia, quais os métodos e técnicas utilizadas e quais foram as conclusões do perito em relação ao caso. Em relação ao material produzido pelo periciando durante o processo pericial, apesar de essa resolução não especificar nada, existe o

Comunicado n. 1/2008 do Núcleo de Apoio Profissional de Serviço Social e Psicologia, publicado no Caderno Administrativo do Diário da Justiça Eletrônico, em 14 de outubro de 2008, do Conselho Regional de Psicologia, que recomenda que "o material coletado proveniente da avaliação social ou psicológica seja compartilhado com o outro assistente social ou psicólogo, mediante anuência das partes por escrito".

8. Elaboração do relatório técnico

O parecer fundamentado deve ser entregue no prazo de quinze dias após a apresentação do laudo, independentemente da intimação do assistente. Esse relatório pode ser feito concordando com o laudo do perito ou discordando do resultado da perícia. É importante sempre fundamentar os argumentos, utilizando, inclusive, dados de literatura. É possível também questionar o modo como a perícia foi realizada e elaborar novos quesitos para serem respondidos. Costumamos dividir o parecer em:

- "Análise dos aspectos formais" – na qual levanta-se como a avaliação foi realizada, os procedimentos utilizados pelo perito, se estão de acordo com o objetivo, idade, normatização do CFP etc.
- "Análise do conteúdo" – aqui ressalta-se os pontos importantes do laudo que estão relacionados ao objetivo do trabalho do assistente técnico, verifica-se se existem contradições no próprio laudo ou em relação aos demais elementos dos autos e aspectos que estão nos autos que não foram abordados.

O assistente técnico, em seu laudo, segundo o art. 8º da Resolução CFP n. 8/2010[5], deve "questionar tecnicamente a análise e as conclusões realizadas pelo psicólogo perito, restringirá sua análise ao estudo psicológico resultante da perícia". Ou seja, o assistente técnico não pode anexar um laudo de uma avaliação realizada por ele para contrapor o laudo do perito oficial. É preciso se ater às conclusões e à análise do perito. O juiz pode fundamentar sua decisão no parecer (relatório técnico) do assistente técnico ou designar que outra perícia seja feita em função desse parecer (Quadro 5.1).

Quadro 5.1 Itens que devem constar do parecer

Preâmbulo autor/relator	Identifica-se o autor/relator do laudo. Coloca-se o nome do psicólogo que realizou a assistência técnica, seu número de inscrição no Conselho Regional de Psicologia (CRP) e suas qualificações profissionais
Identificação	Identifica-se quem solicitou o laudo
Procedimentos	Quais procedimentos metodológicos o assistente técnico utilizou para realizar o parecer – estudos de documentos, reuniões técnicas, entrevistas etc.
Exposição de motivos	Descreve-se a história do caso estudado, a narração das informações referentes à problemática apresentada e dos motivos, razões e expectativas que produziram o pedido da perícia
Considerações a respeito do laudo pericial	Análise dos aspectos formais Análise do conteúdo
Conclusão	Destaca-se os principais pontos levantados no parecer
Bibliografia	Bibliografia citada no parecer

CONSIDERAÇÕES FINAIS

Sem sombra de dúvidas, hoje a psicologia se reveste de uma amplitude de atuação em todas as esferas da sociedade. De fato, temos a área clínica, escolar, das organizações, do esporte e, como discutido neste capítulo, a área forense, principalmente a assistência técnica.

A psicologia forense, como toda prática psicológica, requer uma fundamentação de assistência e investigação, moldada nos princípios que regem a metodologia científica e a postura ética. Sendo assim, algumas situações merecem maiores considerações enquanto atuação na área da perícia aqui ressaltada – quanto à importância do conhecimento e domínio dos procedimentos e instrumentos de avaliação psicológica. Sendo assim, temos que, para ser um bom assistente técnico, é necessário primeiro ser um bom perito, pois só podemos discutir e argumentar nos aspectos com os quais temos familiaridade.

REFERÊNCIAS BIBLIOGRÁFICAS

1. Conselho Regional de Psicologia. http://www.crp09.org.br/portal/orientacao-e-fiscalizacao/orientacao-por-temas/areas-de-atuacao-do-a-psicologo-a.
2. Brasil. Código do Processo Civil. Lei n. 13.105, de 16 de março de 2015. http://www.planalto.gov.br/CCIVil_03/_Ato2015-2018/2015/Lei/L13105.htm.
3. Brasil. Código do Processo Penal. Decreto-lei n. 3.689, de 3 de outubro de 1941. http://www.planalto.gov.br/CCIVIL_03/Decreto-Lei/Del3689.htm.
4. Lei n. 11.689, de 09.06.2008.
5. Conselho Federal de Psicologia, CFP – Resolução n. 08/2010 – Dispõe sobre a atuação do psicólogo como perito e assistente técnico no Poder Judiciário. https://site.cfp.org.br/wp-content/uploads/2010/07/resolucao2010_008.pdf.

6

Documentos psicológicos no contexto forense

SUMÁRIO
Introdução, 101
Documentos psicológicos, 104
Declaração, 105
Atestado psicológico, 106
Laudo psicológico, 107
Relatório – parecer, 115
O que deve ser evitado em um
  documento psicológico, 116
Erros comuns nos relatórios/laudos
  psicológicos, 117
Considerações finais, 117
Referências bibliográficas, 118

INTRODUÇÃO

Uma das grandes e importantes contribuições da psicologia se constitui pelo processo de investigação do psiquismo humano e sua repercussão no comportamento humano caracterizado pela avaliação psicológica[1].

Avaliação psicológica é uma ferramenta de valor inestimável para a compreensão da singularidade individual. Usando entrevistas e uma ampla bateria de testes padronizados e com alta confiabilidade, resulta em achados válidos e fidedignos no tocante ao psiquismo humano[2].

Uma avaliação abrangente ajuda a explicar a conexão entre o funcionamento psicológico e o comportamento. Para ser completa, uma avaliação precisa analisar uma série de fatores psicológicos. Entre estes se incluem tradicionalmente o funcionamento intelectual e de personalidade, que podem ser subdivididos em elementos específicos: emocional, cognitivo, intelectual, de desenvolvimento, executivo, educacional, social, orgânico, neuropsicológico e fisiológicos. A análise e a integração desses elementos fornecem um quadro psicológico complexo do indivíduo a partir do qual comportamentos específicos podem ser entendidos, diagnósticos oferecidos, condutas terapêuticas definidas e prognósticos previstos[3].

Autores como Hutz e Bandeira[4,5] destacam que os procedimentos psicológicos de investigação do funcionamento mental humano, pautados pelo conhecimento amplo nas técnicas de avaliação psicológica, revestem-se na possibilidade de gerar melhoras significativas, importantes e socialmente relevantes em todos os setores: agências governamentais, educação, serviços, atividades laborais, programas sociais, entre tantos outros.

A avaliação psicológica é um processo de investigação que usa uma combinação de técnicas para ajudar a construir hipóteses sobre o psiquismo de uma pessoa, considerando seu pensamento, a emoção, o comportamento, a personalidade e as suas capacidades[6].

Alchieri e Cruz[7] ressaltam que o conceito de avaliação psicológica é amplo, e que descreve o processo de se investigar e analisar os fenômenos e processos psicológicos por meio de procedimentos de diagnósticos e prognósticos.

A Resolução n. 9, de 25 de abril de 2018, do Conselho Federal de Psicologia (CFP) no art. 1º define avaliação psicológica como

> um processo estruturado de investigação de fenômenos psicológicos, composto de métodos, técnicas e instrumentos, com o objetivo de prover informações à tomada de decisão, no âmbito individual, grupal ou institucional, com base em demandas, condições e finalidades específicas.

Ressaltamos ainda que todo o processo da avaliação psicológica resultará em um documento descritivo e detalhado das condições psicológicas de determinada pessoa. Seja em qual área for (educacional, clínica, forense etc.), esse documento terá importante repercussão para a pessoa avaliada. Corrobora-se a argumentação de Hutz[4] no tocante ao risco da falta de treinamento, formação e qualidade do psicólogo, que pode ocasionar tanto a escolha das técnicas como o procedimento inadequados.

Para Hutz[4], esta ausência de formação adequada pode

> [...] levar o psicólogo a usar testes de forma mecânica, sem um entendimento claro do que está realmente sendo feito ou, o que é ainda mais grave, sem saber exatamente o que deve ser avaliado. Só é possível escolher instrumentos ou técnicas para fazer uma seleção quando se tem um perfil claro do cargo e das funções envolvidas, quando se sabe exatamente quais são as variáveis e processos psicológicos que devem ser avaliados e quando se estabeleceram com razoável precisão pontos de corte.

Esses aspectos são corroborados pelo Código de Ética do Psicólogo, que tem como um dos princípios fundamentais (item IV) atuar com responsabilidade, com contínuo aprimoramento profissional. Além disso, no art. 1º, alínea *b*, é descrito que o psicólogo deve assumir responsabilidade profissional apenas em atividades nas quais se sinta capacitado pessoal, teórica e tecnicamente.

Apontamentos também são enfatizados por Hilsenroth e Stricker[8] e Goldstein[9], no tocante à prática da avaliação psicológica na área forense. Para esses autores, alguns aspectos para atuação do psicólogo no contexto da perícia devem ser considerados:

- A qualificação e competência do perito.
- O conhecimento das normas jurídicas.
- A adequada seleção e utilização de instrumentos psicológicos.

A Resolução CFP n. 9, de 25 de abril de 2018, art. 1º, § 2º, enfatiza que o profissional psicólogo tem "a prerrogativa de decidir quais são os métodos, as técnicas e os instrumentos empregados na avaliação psicológica", assim, além de ser capaz de selecionar adequadamente os instrumentos que serão utilizados para a avaliação, o psicólogo não deve aceitar pressões, muito comuns no judiciário, para se usar um ou outro instrumento.

Ressaltamos ainda que nada substitui a entrevista diagnóstica, a qual se constitui da principal técnica a ser aprendida e desenvolvida pelo psicólogo durante o processo de uma avaliação psicológica. Como ressaltam Goldstein e Hersen[10], a entrevista diagnóstica permite ao profissional observar uma série de sinalizadores que irão constituir a formulação da hipótese diagnóstica, como expressão facial, semântica, comportamento motor, interação, empatia, entre outros associados aos instrumentos psicológicos e que produzirão um documento psicológico mais completo.

Além da entrevista psicológica, outros instrumentos podem ser usados na avaliação psicológica, que são os chamados testes psicológicos, que "têm por objetivo identificar, descrever, qualificar e mensurar características psicológicas, por meio de procedimentos sistemáticos de observação e descrição do comportamento humano, nas suas diversas formas de expressão, acordados pela comunidade científica" (Resolução CFP n. 9/2018, art. 4º).

Além dos testes propriamente ditos, os instrumentos abarcam escalas, inventários, questionários e métodos projetivos/expressivos (Resolução CFP n. 9/2018, art. 1º, § 1º).

O art. 2º dessa mesma resolução afirma que a decisão para escolha de instrumentos da avaliação psicológica deve ser baseada em fontes fundamentais e em fontes complementares de informação.

Como fontes fundamentais estão os métodos e/ou técnicas e/ou instrumentos psicológicos reconhecidos cientificamente para uso na prática profissional, como os testes psicológicos aprovados pelo CFP, entrevistas psicológicas, anamnese e protocolos ou registros de observação de comportamentos obtidos individualmente ou por meio de processo grupal e/ou técnicas de grupo.

As fontes complementares são técnicas e instrumentos não psicológicos que possuam respaldo da literatura científica da área e que respeitem o Código de Ética e as garantias da legislação da profissão, além de documentos técnicos, como protocolos ou relatórios de equipes multiprofissionais.

A Resolução do CFP n. 7/2003, que instituiu o Manual de elaboração de documentos psicológicos, afirma que:

> os psicólogos, ao produzirem documentos escritos, devem se basear exclusivamente nos instrumentais técnicos (entrevistas, testes, observações, dinâmicas de grupo, escuta, intervenções verbais) que se configuram como métodos e técnicas psicológicas para a coleta de dados, estudos e interpretações de informações a respeito da pessoa ou grupo atendidos, bem como sobre outros materiais e grupo atendidos e sobre outros materiais e documentos produzidos anteriormente e pertinentes à matéria em questão.

DOCUMENTOS PSICOLÓGICOS

A elaboração de documentos psicológicos é ainda um assunto pouco discutido entre os psicólogos. Todo profissional pode ser solicitado, em algum momento, a emitir um documento psicológico, mesmo que seu trabalho não esteja ligado à área forense. É relatada uma frequência alta de representações éticas que questionam a qualidade de documentos escritos (Resolução n. 7/2003 do CFP).

O Código de Ética Profissional do Psicólogo, com a última versão datada de agosto de 2005, no seu art. 1º lista os deveres fundamentais dos psicólogos. Neste artigo consta que é dever do psicólogo:

> [...]
> f) Fornecer, a quem de direito, na prestação de serviços psicológicos, informações concernentes ao trabalho a ser realizado e ao seu objetivo profissional;
> g) Informar, a quem de direito, os resultados decorrentes da prestação de serviços psicológicos, transmitindo somente o que for necessário para a tomada de decisões que afetem o usuário ou beneficiário;
> [...] (p. 8)

Dessa forma, qualquer profissional devidamente inscrito no Conselho Regional de Psicologia (CRP) tem o dever de emitir documentos psicológicos decorrentes de seu trabalho, sempre que lhe for solicitado.

É importante ressaltar que esses documentos devem ter uma fundamentação científica adequada sob pena de falta ético-disciplinar, conforme especifica o artigo segundo:

> Art. 2º Ao psicólogo é vedado:
> [...]
> g) Emitir documentos sem fundamentação e qualidade técnico-científica;
> h) Interferir na validade e fidedignidade de instrumentos e técnicas psicológicas, adulterar seus resultados ou fazer declarações falsas;
> [...] (p. 10)

Para orientar os psicólogos na elaboração de tais documentos, em 2003 entrou em vigor a Resolução CFP n. 7/2003, que institui o Manual de elaboração de documentos escritos produzidos pelo psicólogo. Dessa resolução constam orientações para elaborar:

- Declaração.
- Atestado psicológico.
- Relatório psicológico.
- Parecer.

DECLARAÇÃO

Tem o intuito de informar a ocorrência de fatos ou situações objetivas relacionadas ao atendimento psicológico. Não deve ser feito o registro de sintomas, situações ou estados psicológicos. A finalidade é apenas declarar:

- Comparecimentos do atendido e/ou do seu acompanhante, quando necessário.
- Acompanhamento psicológico do atendido.
- Informações sobre as condições do atendimento (tempo de acompanhamento, dias ou horários).

A declaração deve ser emitida em papel timbrado ou apresentar o carimbo, que tenha nome, sobrenome do psicólogo e sua inscrição. Em seu conteúdo deve constar nome e sobrenome do solicitante, finalidade do documento, registro de informações solicitadas em relação ao atendimento, registro do local e data da expedição da declaração, registro do nome completo do psicólogo, sua inscrição no CRP e/ou carimbo com as mesmas informações e assinatura do psicólogo acima de sua identificação ou do carimbo.

Quadro 6.1   Exemplo de declaração

"Declaro para fins trabalhistas que o Sr. João da Silva, RG: 99999999-9, compareceu para atendimento psicológico no dia 15/12/2005 no período da manhã.
São Paulo, 15 de janeiro de 2007.

RSouza
Rosa de Souza
CRP: 00/00000-0"

ATESTADO PSICOLÓGICO

O atestado certifica uma determinada situação ou estado psicológico. Tem como finalidade afirmar sobre as condições psicológicas de quem o solicita. A finalidade é:

- Justificar faltas e/ou impedimentos do solicitante.
- Justificar estar apto ou não para atividades específicas, após realização de um processo de avaliação psicológica.
- Solicitar afastamento e/ou dispensa do solicitante, subsidiado na afirmação atestada do fato, em acordo com o disposto na Resolução CFP n. 15/96.

A Resolução CFP n. 15/96 institui e regulamenta a concessão de atestado psicológico para tratamento de saúde por problemas psicológicos. Esta resolução estabelece que, pelo fato de o psicólogo atuar na área da saúde, é função dele diagnosticar condições mentais que incapacitem o paciente para o trabalho e/ou estudos e diagnosticar situações que ofereçam riscos para o paciente e para o próprio meio ambiente onde se insere e que, para o devido restabelecimento do equilíbrio mental do paciente, é muitas vezes necessário seu afastamento das atividades laborais ou de estudos. É também função do psicólogo atestar a incapacidade do paciente para realizar determinadas atividades, afastando-o de suas atribuições. É importante ressaltar que o psicólogo, segundo essa resolução, não é obrigado a usar o Código Internacional de Doenças para emitir seu atestado.

Do mesmo modo que a declaração, o atestado deve seguir uma estrutura específica. Também deve ser emitido em papel timbrado ou apresentar na subscrição do documento o carimbo, em que conste o nome e sobrenome do psicólogo, acrescido de sua inscrição profissional. No conteúdo deve ter registro o nome e o sobrenome do cliente, a finalidade do documento, o registro da informação do sintoma, a situação ou as condições psicológicas que justifiquem o atendimento, o afastamento ou a falta (podendo ser registrado sob o indicativo do código da Classificação Internacional de Doenças em vigor), o registro do local e a data da expedição do atestado, o registro do nome completo do psicólogo, sua inscrição no CRP e/ou carimbo com as mesmas informações e assinatura do psicólogo acima de sua identificação ou do carimbo.

A formulação do atestado deve restringir-se à informação solicitada pelo requerente, contendo expressamente o fato constatado. Os registros deverão estar transcritos de forma corrida, separados apenas pela pontuação e sem parágrafos, para evitar riscos de adulterações. Quando for necessária a utilização de parágrafos, o psicólogo deverá preencher esses espaços com traços.

Quando o documento for emitido com a finalidade de atestar se o paciente está ou não apto para atividades específicas, após realização de um processo de avaliação psicológica, o relatório psicológico referente a essa avaliação deverá ser guardado, pelo profissional, por no mínimo cinco anos.

Quadro 6.2   Exemplo de atestado

"Atesto para fins trabalhistas que Mário de Souza, RG: 00000000-0, necessita permanecer afastado por 7 dias de suas funções em decorrência de sintomas depressivos, conforme critérios da CID-10. São Paulo, 08 de janeiro de 2006.

AnaSoares
Ana Soares
CRP: 00/00000-0"

LAUDO PSICOLÓGICO

A Resolução n. 30/2001 do CFP define esse laudo como "um relato sucinto, sistemático, descritivo, interpretativo de um exame (ou diversos) que descreve ou interpreta dados".

O laudo é um texto escrito, decorrente da perícia psicológica que é a aplicação dos métodos e técnicas da investigação psicológica com a finalidade de subsidiar ação judicial, seja esta de que natureza for, toda vez que dúvidas relativas à "saúde" psicológica do periciando instalarem-se.

Segundo Alchieri e Cruz[7], o objetivo do laudo psicológico é apresentar a materialidade das características psicológicas da pessoa submetida à avaliação, o qual deve ser conclusivo e se restringir às informações estritamente necessárias à solicitação (objetivo da avaliação), com a intenção de preservar a privacidade do examinando. Isso é corroborado pelo art. 1º, alínea g, do Código de Ética do Psicólogo que diz que é dever fundamental do psicólogo "informar, a quem de direito, os resultados decorrentes da prestação de serviços psicológicos, transmitindo somente o que for necessário para a tomada de decisões que afetem o usuário ou beneficiário".

O relatório e o laudo psicológico são documentos, uma informação técnica, resultante de um trabalho sistemático de correlação dos dados investigados. É uma apresentação descritiva sobre situações ou condições psicológicas pesquisadas no processo de avaliação psicológica. Compartilha-se da posição de que na Resolução CFP n. 7/2003, o relatório viesse citado e apresentado distintamente do laudo psicológico, uma vez que o relatório está mais associado aos resultados de um psicodiagnóstico. Já o laudo é estritamente relacionado à perícia.

Como ressaltaram Ilbañes e Ávila[11] e Fulero e Wrightsman[12], a ação da psicologia em sua interface com a justiça está pautada na investigação de uma ampla faixa do funcionamento psicológico de uma determinada pessoa, cujo resultado deverá ser aplicado ao contexto jurídico. Sendo assim, toda a coleta de informações e o resultado dessa ampla investigação deverão ser direcionados a responder aos propósitos jurídicos traduzidos em quesitos.

O laudo é um documento que será lido por um profissional que não é da área da psicologia, portanto, seu conteúdo deve ser compreensível a qualquer pessoa. A linguagem técnica deve ser evitada, principalmente nas conclusões a que chegue o perito, pois o documento servirá ao esclarecimento da Justiça, devendo, portanto, ser acessível, no seu conteúdo, a técnicos e leigos. Quando o termo técnico for inevitável, é importante que haja um esclarecimento breve da expressão usada.

O laudo é circunscrito no tempo. Ele é um retrato do avaliando no momento da avaliação, portanto, é imprescindível datar o documento. Com base no relatório/laudo pericial é possível fazer uma "imagem" do sujeito avaliado.

A Resolução CFP n. 7/2003 ressalta que no laudo psicológico devem constar no mínimo cinco itens: identificação, descrição da demanda, procedimento, análise e conclusão. No trabalho que desenvolvemos, subdividimos o item identificação entre preâmbulo e identificação do periciando e acrescentamos outros três itens – antecedentes pessoais, discussão e resposta aos quesitos –, pois acreditamos que dessa forma o laudo fica mais compreensível para quem o lê. É também preciso seguir uma ordem na exposição técnica para que o documento não fique confuso.

- Preâmbulo.
- Identificação.
- Procedimentos.
- Descrição da demanda.
- Antecedentes pessoais.
- Análise dos dados.
- Discussão.
- Conclusão.
- Respostas aos quesitos.

De acordo com o Novo Código de Processo Civil (Lei n. 13.105, de 16 de março de 2015, em seu art. 473), o laudo pericial deverá conter:

I – A exposição do objeto da perícia;
II – A análise técnica ou científica realizada pelo perito;
III – A indicação do método utilizado, esclarecendo-o e demonstrando ser predominantemente aceito pelos especialistas da área do conhecimento da qual se originou;
IV – Resposta conclusiva a todos os quesitos apresentados pelo juiz, pelas partes e pelo órgão do Ministério Público.

§ 1º No laudo, o perito deve apresentar sua fundamentação em linguagem simples e com coerência lógica, indicando como alcançou suas conclusões.

§ 2º É vedado ao perito ultrapassar os limites de sua designação, bem como emitir opiniões pessoais que excedam o exame técnico ou científico do objeto da perícia.

§ 3º Para o desempenho de sua função, o perito e os assistentes técnicos podem valer-se de todos os meios necessários, ouvindo testemunhas, obtendo informações, solicitando documentos que estejam em poder da parte, de terceiros ou em repartições públicas, bem como instruir o laudo com planilhas, mapas, plantas, desenhos, fotografias ou outros elementos necessários ao esclarecimento do objeto da perícia.

Preâmbulo

Identificação do autor/relator do laudo. Coloca-se o nome do psicólogo que realizou a perícia, seu número de inscrição no CRP e suas qualificações profissionais (Quadro 6.3).

Quadro 6.3   Modelo de preâmbulo

"Antonieta Hemberg, psicóloga, CRP: 00/00000-0, Mestre em Ciências pela Universidade de São Paulo, Especialista em Psicologia Jurídica pelo Conselho Federal de Psicologia, psicóloga perita (...).″

Identificação

Identifica-se o periciando com nome completo, RG, idade, estado civil, escolaridade e filiação. Neste item também devem ser colocados o nome do autor do pedido de avaliação e o motivo do pedido (Quadro 6.4).

Quadro 6.4   Modelo de identificação

"A jovem Madalena da Silva, RG: 00.000.000-0, 17 anos, solteira, com ensino fundamental incompleto, filha de José da Silva e de Rebeca Souza Silva, foi avaliada a pedido do MM Juiz de Direito do Tribunal de Justiça do Estado de São Paulo com o intuito de apurar suas condições de funcionamento mental."

Procedimentos

É preciso relatar quais foram os métodos e as técnicas utilizadas na avaliação, quantos encontros ocorreram, quais pessoas foram ouvidas, quais testes foram utilizados (Quadro 6.5).

Quadro 6.5   Modelo de procedimentos

"O presente estudo foi realizado em cinco encontros, com a utilização dos seguintes instrumentos psicológicos: Entrevistas psicológicas, Escala de Inteligência Wechsler para Adultos – terceira edição – e Teste de Apercepção Temática. As informações foram colhidas com a pericianda e por documentos a nós enviados."

Descrição da demanda

Aqui descrevemos a história do caso estudado, a narração das informações referentes à problemática apresentada e dos motivos, razões e expectativas que produziram o pedido do documento. A história é do fato investigado e não da vida da pessoa (Quadro 6.6).

Quadro 6.6   Modelo de descrição da demanda

"A versão que o Sr. Pedro relata sobre os fatos é ligeiramente diferente ao que está relatado nos autos. A saber:
Relata que desde quando seu filho José nasceu quem era a responsável pelos cuidados com a criança era a companheira, Sra. Maria. Acompanhou muito pouco os primeiros meses de vida do filho, inclusive não sabia que ele já havia passado outras vezes por hospital.
Sobre o dia em que José caiu, relata que estava dormindo e Sra. Maria lhe acordou, 'muito brava, alterada' (*sic*), pois a criança estava chorando e lhe falou 'Acorda e fica um pouco com ele'. Ela foi lhe dar a criança, ele estava deitado, sonolento, só levantou o braço para segurar o filho e ela soltou. Neste momento a criança caiu e bateu a cabeça na rodinha do carrinho.
Imediatamente pegou o filho no colo, que aparentava estar desacordado, mas logo José começou a chorar um pouco. A Sra. Maria pegou o filho do colo do Sr. Pedro e disse-lhe que foi 'só susto' (*sic*) e que iria lhe dar chá. Nesta época José estava com três meses e quando o Sr. Pedro foi questionado se uma criança de três meses já tomava chá, responde que não sabe se uma criança tão nova costuma tomar chá, mas acredita que seu filho tomava, pois a Sra. Maria sempre lhe pedia para comprar.
Em seguida ao chá, percebeu que o filho 'estava estranho' (*sic*) e resolveu levá-lo para o hospital. No caminho foi discutindo com a companheira e nesse período ela 'deu a entender' (*sic*) que já o havia levado ao médico outras vezes. O Sr. Pedro diz que, como estava nervoso e sempre que tocava no assunto ela 'fazia cara de coitada' (*sic*), não questionou mais a companheira sobre o assunto.
O periciando relata que no hospital percebeu outras escoriações no filho, como arranhões de unhas nos braços, que não pareciam ter sido apenas do tombo. Durante a internação da criança, a assistente social do hospital os chamou para conversar. Diz que naquela época não falou nada, mas devia ter dito que antes do filho nascer a Sra. Maria era usuária de substâncias psicoativas (álcool, *Cannabis* e cocaína).
Após a morte do filho o Sr. Pedro e a Sra. Maria ficaram muito desorganizados, ele começou a jogar bingo, os dois começaram a se prostituir e a brigar muito. Em uma determinada ocasião a Sra. Maria lhe ameaçou com uma faca e ele lhe bateu. Logo em seguida ela saiu de casa e o Sr. Pedro foi preso, acusado de ser o responsável pela morte do filho."

Antecedentes pessoais

Neste item descreve-se a história de vida do periciando. Colocam-se as informações em ordem cronológica e apenas aquelas relevantes para o estudo. O item g do primeiro artigo do Código de Ética Profissional afirma que é dever do psicólogo: "Informar, a quem de direito, os resultados decorrentes da prestação de serviços psicológicos, transmitindo somente o que for necessário para a tomada de decisões que afetem o usuário ou beneficiário" (p. 8).

Dessa forma, somente o que for relevante para entender o caso em tela é que deve ser colocado no laudo. O art. 9º reforça essa posição ao dizer que: "É dever do psicólogo respeitar o sigilo profissional a fim de proteger, por meio da confidencialidade, a intimidade das pessoas, grupos ou organizações, a que tenha acesso no exercício profissional" (p. 13).

Quadro 6.7 Modelo de descrição dos antecedentes pessoais

"A Sra. Raquel era muito jovem quando engravidou e deu à luz Sérgio e, pouco tempo depois, o casal parental rompeu o relacionamento. Em 2005, já haviam retomado a relação e casaram-se. Atualmente, a genitora do periciando está grávida e dará a luz em breve a outro menino, também fruto do relacionamento com o Sr. João.
Sérgio nasceu de gestação não planejada, de parto normal a termo, sem intercorrências. Foi amamentado até os sete meses. Desenvolvimento neuropsicomotor dentro dos parâmetros da normalidade. No entanto, aos oito ou nove anos começou a apresentar enurese noturna, que coincide com a época em que supostamente iniciaram os atos libidinosos que relata ter sido vítima. O sintoma de descontrole do esfíncter se mantém ocasionalmente até os dias de hoje. Sérgio apresenta também terror noturno – acorda chorando e gritando no meio da noite.
Iniciou a vida escolar aos seis anos. Embora nunca tenha tido nenhuma repetência, apresenta algumas dificuldades escolares, principalmente em matemática. Atualmente cursa o oitavo ano do ensino fundamental. Segunda a genitora, faz-se necessário que ela 'fique em cima, para que ele estude e aprenda' (*sic*).
Sobre a socialização não são descritas dificuldades, Sérgio tem dois amigos de quem é mais próximo e apegado. No que tange ao relacionamento com o pai, a Sra. Raquel descreve que o filho nunca se mostrou muito afetuoso, pouco abraçava o pai, mas a mãe afirma nunca ter desconfiado da situação.
Nada foi relatado sobre antecedentes hereditários."

Análise dos resultados

Neste item relata-se o desempenho do periciando na avaliação realizada. Os resultados quantitativos são importantes, mas acima de tudo é necessário descrever como o avaliando realizou as tarefas. O psicólogo não pode fazer afirmações sem sustentação em fatos e/ou teorias, a linguagem tem de ser precisa, clara e exata, especialmente quando se referir aos dados de natureza subjetiva.

O primeiro parágrafo é a descrição do comportamento do periciando durante a avaliação. Em seguida descrevem-se as funções avaliadas. Descreve-se função por função seguindo a seguinte ordem: eficiência intelectual, atenção, funções motoras, funções visuais, funções visuomotoras, linguagem, praxia, memória, processo de aprendizagem, processos intelectuais e personalidade. Descrever apenas as funções avaliadas (nem sempre se avaliam todas as funções em uma só perícia).

Quadro 6.8   Modelo de análise de resultados

"Durante a avaliação Renato estava empenhado em realizar as atividades propostas; mostrou-se disposto a falar, mas preocupado que sua mãe pudesse escutar o que dizia. A genitora do paciente compareceu com ele em dias que a consulta não estava agendada, argumentando que havia agendamento. Nas provas cognitivas Renato se empenhava para livrar-se logo da tarefa e não por achá-la desafiante. Diante de pequenos obstáculos era necessário estimulá-lo. Nas dificuldades assumia atitudes sedutoras para conseguir sair da situação. Não suporta sentir-se frustrado agindo com impulsividade e impaciência.

Sob este pano de fundo evidenciou-se que:

a) Eficiência intelectual: no momento da avaliação o paciente apresentou desempenho intelectual na faixa média, sem discrepância significativa entre as esferas verbal e execução.

b) Atenção: o paciente apresentou boa amplitude atencional, mas quando mais de uma variável está envolvida na tarefa distrai-se e seu desempenho cai. Apresenta dificuldade em sustentar a atenção por um período mais longo, cometendo erros em função da impulsividade.

c) Linguagem: apresenta um vocabulário adequado para sua idade e nível sociocultural. Em alguns momentos, quando se sentia pressionado, fazia uso de gírias, provavelmente com o intuito de mostrar-se mais forte e intimidar o outro. Apresenta boa fluência verbal.

d) Praxia: Renato é hábil na análise e síntese de dados visuoespaciais, apresenta bom planejamento de suas ações. Entretanto, diante de um imprevisto ou de um erro se desorganiza, fica angustiado e não consegue retomar a tarefa de modo adequado. Apesar disso seu desempenho está dentro do esperado para sua faixa etária.

e) Processos mnésticos: tanto a memória verbal como a visual estão preservadas. Mesmo perdendo algumas informações com o passar do tempo, seu desempenho se mantém dentro do esperado.

f) Processos de aprendizagem: Renato beneficia-se muito da repetição de estímulos verbais, necessita de pouco incentivo para ter um desempenho acima do esperado. Seu aprendizado ocorre rapidamente e de forma consistente.

g) Processos intelectuais: o paciente apresenta adequada capacidade em abstração verbal e em guiar-se segundo normas sociais. Já a capacidade de raciocínio matemático está prejudicada, realiza apenas operações simples e mesmo assim não consegue realizá-las mentalmente, necessitado de papel e de seus dedos para tal.

h) Personalidade: na avaliação de personalidade mostrou-se um menino muito solitário e incerto sobre seu futuro. Tem sonhos grandiosos, quer se sentir importante e valorizado, mas não sabe se conseguirá. Diante de dificuldades fica desanimado, mas não desiste de enfrentá-las. Sabe que terá muitas dificuldades para alcançar seus anseios, que precisará esforçar-se muito, mas, mesmo assim, não sabe se conseguirá atingir seus objetivos.

(continua)

Quadro 6.8   Modelo de análise de resultados (*continuação*)

Apresenta dificuldades nas relações familiares, não as percebe como afetivas (não são positivas nem negativas). Em sua percepção a família é composta de pessoas que dividem o mesmo espaço, sem interação entre elas. Em alguns momentos essa família é percebida como um empecilho para a realização de seus objetivos. Sabe que tem que enfrentá-la para conseguir alcançá-los, mas isso o deixa entristecido, pois teme ser abandonado, ficar sozinho e sem apoio. A lição que tira dessas dificuldades é que não pode depender tanto das pessoas, para que não se sinta tão sozinho e abandonado.

A figura feminina é percebida como tendo preocupações diferentes da dele. Um tenta impor ao outro sua vontade, mas de modos diferentes. A figura feminina usa sua autoridade, enquanto Renato faz uso da mentira. O paciente não se sente confortável nessa situação, mas não consegue enxergar outra saída para se proteger. A disputa com a figura feminina é para encobrir o medo de ser abandonado. Já com a figura masculina não existe disputa, mas sim companheirismo. É uma relação na qual se sente acolhido e protegido."

Discussão

A discussão não é obrigatória, mas, em certos casos, é conveniente que ela faça parte do relatório. Ela pode ser feita de duas maneiras:

1) Discussão teórica sobre uma questão específica relacionada ao caso estudado.
2) Quando houver mais de um periciando faz-se a discussão geral do caso.

Quadro 6.9   Modelo de discussão

"Do ponto de vista psiquiátrico e psicológico, Amanda não apresenta ao exame sinais ou sintomas compatíveis com transtorno mental que a prive de entendimento ou autodeterminação. Apresenta história de convívio próximo com a marginalidade e vida infracional não desprezível.

Tais fatos, aliados ao exame neuropsicológico e resultado de ressonância nuclear magnética, realizada em 2010, em nossa opinião não são suficientes para fechar diagnóstico de transtorno orgânico de personalidade.

O transtorno orgânico de personalidade, segundo as diretrizes diagnósticas da Organização Mundial da Saúde na Classificação Internacional de Doenças (CID-10), pressupõe que o paciente apresente uma mudança de comportamento com relação ao seu padrão de comportamento prévio, particularmente no que se refere à expressão das emoções, necessidades e impulsos. Tal mudança deve obrigatoriamente ocorrer em função de doença, lesão ou disfunção cerebral. Além disso, requer que ao menos dois dos seguintes aspectos estejam presentes:

a) Capacidade de perseverar em atividade consistentemente reduzida.
b) Labilidade emocional, com alegria superficial imotivada e mudança fácil para irritabilidade ou explosões de raiva e agressão.
c) Comportamento inadequado quanto à expressão de necessidades e impulsos sem consideração das convenções sociais ou consequências (descaso pela higiene, atos antissociais irrefletidos, comer compulsivo etc.).
d) Perturbações cognitivas, como desconfiança e/ou preocupação excessiva com um tema único, geralmente abstrato (p. ex., religião, certo/errado).
e) Alteração marcante da velocidade e fluxo da produção de linguagem.
f) Alteração do comportamento sexual (hipossexualidade ou mudança de orientação sexual).

(*continua*)

Quadro 6.9 Modelo de discussão (*continuação*)

Quando analisamos o caso de Amanda, portanto, vemos que ela não apresenta os critérios mínimos para tal diagnóstico, pois:

1) Não tem história de mudança com relação a seu padrão anterior.
2) Não tem evidência de doença, lesão ou disfunção cerebral, conforme atestam a ressonância nuclear magnética e as provas psicológicas realizadas.
3) Não reúne alterações nos aspectos necessários para firmar-se o diagnóstico segundo a CID-10. Aqui, cabe um esclarecimento: Amanda evidentemente se engajou em atos antissociais, mas tal comportamento não se enquadra no item (c), pois sua atitude não foi motivada por ausência de crítica quanto às convenções sociais, já que ela apresenta sinais claros de entender a ilicitude de seus atos. "Seu comportamento, por reprovável e indesejável que possa parecer, não configura patologia do psiquismo no atual conhecimento médico-psicológico."

Conclusão

Na conclusão todas as informações para o entendimento do caso são relacionadas (dados da história, do exame e dos documentos consultados) e são levantadas hipóteses sobre o avaliando. A conclusão é sucinta.

Quadro 6.10 Modelo de conclusão

"Os dados de exame e história evidenciam que Bianca é uma criança insegura, que percebe o mundo que a rodeia permeado por situações agressivas. Percebe que essa agressividade provém da figura masculina e que a figura feminina tenta protegê-la. Entretanto, em alguns momentos, essa proteção não é efetiva, pois também a figura feminina está sujeita às agressões da figura masculina. A dependência da figura feminina ocorre, pois é a ela que Bianca recorre em momentos de dificuldade, então teme perdê-la.

O sentimento de insegurança provavelmente é decorrente da separação dos pais, pois a família, referência primordial de uma criança, foi desfeita. O medo apresentado é consequência dessa insegurança, da descoberta que as coisas têm fim e não são estáveis.

Em função do exposto – percepção da figura masculina como agressiva e do desejo de Bianca ter um contato mais próximo com essa figura, que não seja permeado pela agressividade – sugere-se que as visitas ao pai sejam monitoradas. 'Além disso, é também necessário que Bianca realize um acompanhamento psicoterápico para sentir-se mais forte e segura para lidar com as situações de seu cotidiano.'"

Resposta aos quesitos

Quando quesitos são formulados, devem ser transcritos e respondidos neste item. As respostas devem ser claras, sucintas e ater-se ao que foi questionado. Quando não for possível responder ao quesito, por não ter elementos para tal ou quando ele não for adequado ao objetivo da avaliação, coloca-se "Prejudicado".

Quadro 6.11 Resposta aos quesitos

Quesitos do requerente:

1) Qual o perfil da personalidade do Sr. Antônio Souza e Silva? Resposta: Sr. Antônio é uma pessoa solitária, que, para amenizar essa solidão, coloca-se em uma posição de fragilidade e/ou mostra-se útil para que o outro dependa dele e não o abandone. Não se sente compreendido em suas necessidades e submete-se à vontade de figuras de autoridade.

2) O Sr. Antônio apresenta controle adequado de seus impulsos agressivos? Resposta: Evidenciou-se sinais de impulsividade, que são imediatamente percebidos pelo periciando que tenta reparar a ação impulsiva. É importante relatar que essa impulsividade aparece em situações nas quais se sente agredido, portanto a resposta impulsiva é uma reação e não uma ação.

3) O Sr. Antônio tem bem internalizados limites relativos a autoridade? Resposta: Sim.
Em caso positivo, age de acordo com estes limites? Resposta: Sim.

4) O Sr. Antônio apresenta sintomas emocionais relativos ao fato de ser HIV+? Resposta: Prejudicado.
Em caso positivo, quais seriam? Resposta: Prejudicado.

Quesitos do requerido:

1) Queira a Sra. Perita informar se o réu apresenta qualquer tipo de ameaça a sua filha... Resposta: Não.
... e, em caso positivo que indique pormenorizadamente em que consistia a ameaça e por quê. Resposta: Prejudicado.

2) Queira a Sra. Perita informar se o réu não tem condições psicológicas de conviver com sua filha. Resposta: O Sr. Antônio tem condições psicológicas de conviver com sua filha.

Ao término do laudo, deve-se encerrar o documento com indicação do local, data de emissão, assinatura do psicólogo e o seu número de inscrição no CRP.

RELATÓRIO – PARECER

Tem como finalidade apresentar resposta, no campo do conhecimento psicológico, por meio de uma avaliação especializada, de uma questão, visando a sanar dúvidas que estão interferindo na decisão. É uma resposta a uma consulta e exige de quem responde competência no assunto. Emite-se o parecer de maneira clara, objetiva e atrelado à meta que é de apoio diagnóstico ao perito. Deve-se centrar na resposta às hipóteses diagnósticas levantadas pelo perito. O parecer é composto dos seguintes itens:

- Preâmbulo (idem ao laudo).
- Identificação (idem ao laudo).
- Exposição de motivos.
- Análise (idem ao laudo).
- Conclusão (idem ao laudo).
- Respostas aos quesitos (idem ao laudo).
- Local, data e assinatura.

Vamos descrever apenas o item exposição de motivos, pois é o único que difere do laudo psicológico. É realizada descrição do objetivo da consulta e dos quesitos/dúvidas levantadas pelo solicitante. Não é necessária a descrição detalhada dos procedimentos, como os dados colhidos ou o nome dos envolvidos (isso estará no laudo).

O Quadro 6.12 detalha o comparativo entre laudo e relatório.

Quadro 6.12 Comparação entre laudo e relatório

Laudo	Relatório
É objetivo	Mais abrangente
Contém informações pertinentes ao processo que motivou a perícia	Contém muitas informações
Não se dá sugestões	Contém sugestões
Não se dá orientações	Contém orientações
Resposta estritamente aos quesitos	Orienta possibilidades

O QUE DEVE SER EVITADO EM UM DOCUMENTO PSICOLÓGICO

Opinião pessoal

O documento elaborado foi solicitado a um profissional, portanto deve conter informações técnicas e não mera opinião de quem o elaborou. A conclusão tem de ser embasada em fatos e na análise do exame, correlacionado com a literatura e não em "achismo".

Uso de gírias

Como um documento a linguagem deve ser formal. Utiliza-se uma linguagem coloquial, ou mesmo gírias apenas quando forem reproduções de falas do avaliando ou do informante, sempre entre aspas, seguido de "*sic*" (segundo informações colhidas) – "ele era maconheiro" (*sic*); "passou a mão na perereca dela" (*sic*).

Termos técnicos

Ser formal nas colocações do relatório não significa usar expressões restritas ao linguajar psicológico. "(...) O casal demonstra manter uma relação de simbiose patológica (...)"; "(...) figura materna frágil com tendências depressivas (...)". Quando o termo técnico for inevitável, é importante que haja um esclarecimento breve da expressão usada: "(...) diante das dificuldades utiliza-se de soluções mágicas para resolver os problemas, isto é, não demonstra passar por um processo para resolução dos conflitos (...)". Não se deve esquecer que o laudo será lido por profissionais que não são da área da saúde, portanto, não familiarizados com o linguajar.

ERROS COMUNS NOS RELATÓRIOS/LAUDOS PSICOLÓGICOS

Provavelmente em função de sua formação, na qual necessita ser muito detalhista nas descrições de atendimentos e aplicações de instrumentos, o psicólogo e profissionais mais experientes, por supervisionarem os atendimentos e orientarem como agir, transpõem esse modelo ao emitir documentos psicológicos, principalmente laudos, relatórios e pareceres. O erro mais comum que verificamos em nossa atuação é a dificuldade em ser sucinto e preciso ao escrever.

Retomamos o art. 1º do Código de Ética do Psicólogo, alínea g, que diz que devemos informar apenas resultados e informações necessários à tomada de decisão. Ao nos depararmos com laudos extensos, percebemos que estes muitas vezes não preservam o sigilo, expondo o sujeito avaliado além do necessário.

Outro aspecto comum, provavelmente induzido pela sugestão contida na Resolução CFP n. 7/2003 de no mínimo 5 itens que comporiam o laudo/relatório psicológico, é uma dificuldade dos profissionais diferenciarem o que é fato da interpretação de resultados. Como a Resolução CFT n. 7/2003 não contempla o item "Antecedentes pessoais", muitos psicólogos acabam colocando no item "Análise dos resultados" dados/fatos coletados nas entrevistas e não uma análise psicológica desses fatos.

Ainda no item "Análise dos resultados", percebemos outra falha muito comum, provavelmente decorrente da formação acadêmica. Em vez de escrever o modo como o indivíduo avaliado funciona, o profissional que elabora o relatório descreve o teste/instrumento utilizado.

CONSIDERAÇÕES FINAIS

Os resultados quantitativos das provas e as produções gráficas realizadas pelo periciando não acompanham os documentos citados, por serem material clínico e confidencial. Eles devem ser arquivados e guardados pelo prazo mínimo de cinco anos. A responsabilidade por esta guarda é tanto do psicólogo como da instituição onde a avaliação foi realizada. Segundo a Resolução CFP n. 7/2003, o prazo pode ser ampliado "nos casos previstos em lei, por determinação judicial, ou ainda em casos específicos em que seja necessária a manutenção da guarda por maior tempo".

Os arquivos confidenciais do psicólogo são de sua responsabilidade segundo o art.15 do Código de Ética Profissional do Psicólogo:

> Art. 15. Em caso de interrupção do trabalho do psicólogo, por quaisquer motivos, ele deverá zelar pelo destino dos seus arquivos confidenciais.
>
> § 1º Em caso de demissão ou exoneração, o psicólogo deverá repassar todo o material ao psicólogo que vier a substituí-lo, ou lacrá-lo para posterior utilização pelo psicólogo substituto.
>
> § 2º Em caso de extinção do serviço de Psicologia, o psicólogo responsável informará ao Conselho Regional de Psicologia, que providenciará a destinação dos arquivos confidenciais.

REFERÊNCIAS BIBLIOGRÁFICAS

1. Hersen M. Comprehensive handbook of psychological assessment. New Jersey: John Wiley & Sons; 2004.
2. Heibrun K. The role of psychological testing in forensic assessment. Law and Hum Behav. 1992;16(3):257-72.
3. Dattilio FM, Drogin EY, Gutheil TG, Sadoff RL. Handbook of forensic assessment. New York: John Wiley & Sons; 2011.
4. Hutz C. Responsabilidade ética, social e política da avaliação psicológica (editorial). Aval Psicol. 2002;1(2).
5. Hutz CS, Bandeira DR. Avaliação psicológica no Brasil: situação e desafios para o futuro. In: Yamamoto OH, Gouveia VV (orgs.). Construindo a psicologia brasileira: desafios da ciência e prática psicológica. São Paulo: Casa do Psicólogo; 2003.
6. Meyer GJ, Finn SE, Eyde LD, Kay GG, Moreland KL, Dies RR, et al. Psychological testing and psychological assessment: a review of evidence and issues. Am Psychol. 2001;56:128-65.
7. Alchieri JC, Cruz RM. Avaliação psicológica: conceito, métodos e instrumentos. São Paulo: Casa do Psicólogo; 2003.
8. Hilsenroth MJ, Stricker G. A consideration of challenges to psychological assessment instruments used in forensic settings: Rorschach as exemplar. J Pers Assess. 2004; 83:141-52.
9. Goldstein AM. Forensic psychology: emerging topics and expanding roles. New Jersey: John Wiley & Sons; 2007.
10. Goldstein G, Hersen M. Handbook of psychological assessment. New York: Perganon; 1990.
11. Ilbañes E, Ávila A. Psicologia forense y responsabilidade legal. In: Garzon A. Psicologia y justiça. Valência: Promolivro; 1900: p. 287-326.
12. Fulero SM, Wrightsman LS. Forensic psychology. Belmont: Wadsworth; 2008.
13. Conselho Federal de Psicologia – Resolução CFP n. 15/96.
14. Conselho Federal de Psicologia – Resolução n. 7/2003.
15. Conselho Federal de Psicologia. Código de Ética Profissional do Psicólogo; 2005. Disponível em: http://www.pol.org.br/.
16. Conselho Federal de Psicologia – Resolução n. 9/2018.
17. Conselho Federal de Psicologia – Resolução n. 5/2010.

7
Perícia psicológica na vara cível

SUMÁRIO

Introdução, 119
Psicologia na vara cível: a capacidade civil, 120
Curatela – curador, 123
Modificadores da capacidade civil, 126
A prova pericial, 127
Principais quadros que alteram o funcionamento psicológico, 132
Considerações finais, 134
Referências bibliográficas, 136

INTRODUÇÃO

O direito civil é o segmento do direito privado relativo à regência das relações familiares patrimoniais e obrigacionais que se formam entre indivíduos encarados como tais, ou seja, enquanto membros da sociedade. Em termos de organograma, regula as relações jurídicas das pessoas; na parte geral, trata das pessoas, dos bens e dos atos e fatos jurídicos; como parte especial, versa sobre direito de família (disciplina as relações pessoais e patrimoniais da família), o direito das coisas (trata do vínculo que se estabelece entre as pessoas e os bens), o direito das obrigações (trata do vínculo pessoal entre credores e devedores, tendo por objeto uma prestação patrimonial) e o direito das sucessões (regula a transmissão dos bens da pessoa falecida). Trabalha com o conceito de personalidade, o qual se refere à ideia de que todo ser humano é sujeito de direito e obrigações[1].

Segundo Gonçalves[2], personalidade civil representa a capacidade de gozo de direitos, ou seja, a aptidão para ser titular e gozar de direitos e deveres que toda pessoa natural adquire no momento de seu nascimento com vida.

O Código de Processo Civil (CPC)[3], em seus arts. 70 e 71, também aborda as questões de capacidade:

Art. 70. Toda pessoa que se encontre no exercício de seus direitos tem capacidade para estar em juízo.

Art. 71. O incapaz será representado ou assistido por seus pais, por tutor ou por curador, na forma da lei.

Art. 72. O juiz nomeará curador especial ao:

I - incapaz, se não tiver representante legal ou se os interesses deste colidirem com os daquele, enquanto durar a incapacidade;

II - réu preso revel, bem como ao réu revel citado por edital ou com hora certa, enquanto não for constituído advogado. [...]

Nesse sentido, o direito civil considera:

- Autonomia da vontade: relativa à capacidade jurídica da pessoa que lhe confere o poder de praticar ou abster-se de certos atos, conforme sua vontade.
- Liberdade de estipulação negocial: refere-se à capacidade da pessoa decidir sobre a permissão de outorgar direitos e aceitar deveres, nos limites legais, dando origem a negócios jurídicos.
- Propriedade individual: relativa à concepção de que o homem, por meio do seu trabalho ou das formas admitidas em lei, pode exteriorizar a sua personalidade em bens imóveis ou móveis que passam a constituir o seu patrimônio.
- Intangibilidade familiar: concebe a família como uma expressão imediata de seu ser pessoal.
- Legitimidade da herança e do direito de testar: refere-se à aceitação de que, entre os poderes que as pessoas têm sobre seus bens, inclui-se o de poder transmiti-los, total ou parcialmente, a seus herdeiros.
- Solidariedade social: relativa à função social da propriedade e dos negócios jurídicos, a fim de conciliar as exigências da coletividade com os interesses particulares.

PSICOLOGIA NA VARA CÍVEL: A CAPACIDADE CIVIL

Tendo sido sancionada, no dia 6 de julho de 2015, a Lei n. 13.146/2015[4] em 6 de julho de 2015 que instituiu o Estatuto da Pessoa com Deficiência, e como esta lei trata da proteção da dignidade da pessoa com deficiência, implicou mudanças importantes no Código Civil de 2002.

Lei n. 13.146/2015 – Lei Brasileira de Inclusão da Pessoa com Deficiência (Estatuto da Pessoa com Deficiência)

Art. 1º É instituída a Lei Brasileira de Inclusão da Pessoa com Deficiência (Estatuto da Pessoa com Deficiência), destinada a assegurar e a promover, em condições de igualdade, o exercício dos direitos e das liberdades fundamentais por pessoa com deficiência, visando à sua inclusão social e cidadania. [...]

Art. 2º Considera-se pessoa com deficiência aquela que tem impedimento de longo prazo de natureza física, mental, intelectual ou sensorial, o qual, em interação com uma ou mais barreiras, pode obstruir sua participação plena e efetiva na sociedade em igualdade de condições com as demais pessoas.

§ 1º A avaliação da deficiência, quando necessária, será biopsicossocial, realizada por equipe multiprofissional e interdisciplinar e considerará:

I – os impedimentos nas funções e nas estruturas do corpo;

II – os fatores socioambientais, psicológicos e pessoais;

III – a limitação no desempenho de atividades; e

IV – a restrição de participação.

[...]

Art. 6º A deficiência não afeta a plena capacidade civil da pessoa, inclusive para:

I - casar-se e constituir união estável;

II – exercer direitos sexuais e reprodutivos;

III – exercer o direito de decidir sobre o número de filhos e de ter acesso a informações adequadas sobre reprodução e planejamento familiar;

IV – conservar sua fertilidade, sendo vedada a esterilização compulsória;

V – exercer o direito à família e à convivência familiar e comunitária; e

VI – exercer o direito à guarda, à tutela, à curatela e à adoção, como adotante ou adotando, em igualdade de oportunidades com as demais pessoas.

[...]

Art. 84. A pessoa com deficiência tem assegurado o direito ao exercício de sua capacidade legal em igualdade de condições com as demais pessoas.

§ 1º Quando necessário, a pessoa com deficiência será submetida à curatela, conforme a lei.

§ 2º É facultado à pessoa com deficiência a adoção de processo de tomada de decisão apoiada.

§ 3º A definição de curatela de pessoa com deficiência constitui medida protetiva extraordinária, proporcional às necessidades e às circunstâncias de cada caso, e durará o menor tempo possível.

§ 4º Os curadores são obrigados a prestar, anualmente, contas de sua administração ao juiz, apresentando o balanço do respectivo ano.

Art. 85. A curatela afetará tão somente os atos relacionados aos direitos de natureza patrimonial e negocial.

§ 1º A definição da curatela não alcança o direito ao próprio corpo, à sexualidade, ao matrimônio, à privacidade, à educação, à saúde, ao trabalho e ao voto.

§ 2º A curatela constitui medida extraordinária, devendo constar da sentença as razões e motivações de sua definição, preservados os interesses do curatelado. [...]

Com base na Lei n. 13.146[4] o conceito de capacidade civil, que compreende a capacidade de direito (aquisição ou gozo de direito), é a que todos possuem. Uma capacidade de fato (de exercício de direito) é a aptidão para exercer pessoalmente, por si só, os atos da vida civil e passa a ser analisada sob a ótica da capacidade legal.

Com esta ótica, depura-se que no direito civil brasileiro extingue-se o conceito de interdição absoluta em decorrência da ideia de incapacidade absoluta. Tomemos como referência as revogações dos incisos do art. 3º do Código Civil (Lei n. 10.406, de 10 de janeiro de 2002)[5] que passa a vigorar com as seguintes alterações:

> Art. 3º São absolutamente incapazes de exercer pessoalmente os atos da vida civil os menores de 16 (dezesseis) anos.

Mudanças também ocorreram em relação ao art. 4º do Código Civil[5].

> Art. 4º São incapazes, relativamente a certos atos ou à maneira de os exercer:
> I – os maiores de dezesseis e menores de dezoito anos;
> II – os ébrios habituais e os viciados em tóxico;
> III – aqueles que, por causa transitória ou permanente, não puderem exprimir sua vontade;
> IV – os pródigos.

Outro ponto referente ao art. 1.550 condiciona a anulação do casamento por consequência de transtorno mental de um dos cônjuges.

> Art. 1.550. É anulável o casamento: [...]
> § 2º A pessoa com deficiência mental ou intelectual em idade núbia poderá contrair matrimônio, expressando sua vontade diretamente ou por meio de seu responsável ou curador.

Entenda-se por idade núbia, a idade legal mínima para contrair núpcias.

Talvez, *a priori*, seja entendido que com a extinção da condição de "incapacidade absoluta", extingue-se também a necessidade de ações para comprovação de atos da vida civil, o que não extingue de fato. Este processo será norteado pelas ações de curatela ou podemos denominar de capacidade legal.

Em nosso entendimento, abordamos a capacidade legal em estreita relação com a saúde mental e, mais especificamente, com a perícia psicológica no tocante à avaliação neuropsicológica, dada a sua análise qualitativa da função cognitiva, da emoção e do comportamento associada com possíveis alterações no sistema nervoso central[6].

Para Barros[7], as causas cíveis se constituem, geralmente, de duas partes que estão em litígio por um determinado motivo. Neste cenário, questões relativas ao impacto de um transtorno mental sobre a funcionalidade das partes podem aventar a necessidade da perícia em saúde mental. Destaca-se que o papel da perícia também atrela-se à confirmação da preservação da capacidade. Nesses casos, a função do profissional de saúde mental como perito é, principalmente, auxiliar a justiça a dar o enquadre adequado à questão jurídica em trâmite[8].

CURATELA – CURADOR

Curatela é o encargo atribuído pelo juiz a um adulto capaz, para que proteja, zele, guarde, oriente, responsabilize-se e administre os bens de pessoas judicialmente declaradas incapazes, que, em virtude de má formação congênita, transtornos mentais, dependência química ou doenças neurológicas estejam incapacitadas para reger os atos da vida civil, ou seja, compreender a amplitude e as consequências de suas ações e decisões (impossibilitadas de assinar contratos, casar, vender e comprar, movimentar conta bancária etc.).

O art. 1.767 foi modificado pela Lei n. 13.146, de 2015, passando a vigorar a seguinte redação:

> Art. 1.767. Estão sujeitos a curatela:
> I – aqueles que, por causa transitória ou permanente, não puderem exprimir sua vontade;
> III – os ébrios habituais e os viciados em tóxico; [...]

De acordo com Stolze[9] a curatela fica restrita a atos relacionados aos direitos de natureza patrimonial e negocial, e passa a ser uma medida extraordinária conforme o art. 85 da Lei n. 13.146[4].

> Art. 85. A curatela afetará tão somente os atos relacionados aos direitos de natureza patrimonial e negocial.
> § 1º A definição da curatela não alcança o direito ao próprio corpo, à sexualidade, ao matrimônio, à privacidade, à educação, à saúde, ao trabalho e ao voto.
> § 2º A curatela constitui medida extraordinária, devendo constar da sentença as razões e motivações de sua definição, preservados os interesses do curatelado.
> § 3º No caso de pessoa em situação de institucionalização, ao nomear curador, o juiz deve dar preferência a pessoa que tenha vínculo de natureza familiar, afetiva ou comunitária com o curatelado.

Ações de curatela

Como visto anteriormente, o eixo central da área civil refere-se à capacidade da pessoa de reger sua pessoa e administrar seus bens. Para isso, necessita da preservação do discernimento, do autocontrole e da autonomia. Esta condição denomina-se "ação cível", que se enquadra no processo de verificação da "Capacidade Legal ou de Curatela", em que se permite a uma pessoa adquirir direitos e contrair obrigações por conta própria, por si mesma, sem a necessidade de um representante legal. No entanto, quando comprovada a incapacidade da pessoa para realização dos atos jurídicos como comprar, realizar testamento, assinar contratos, entre outros, esta será representada por um curador.

O artigos a seguir do CPC[3] explicitam as ações de interdição.

Art. 747. A interdição pode ser promovida:
I – pelo cônjuge ou companheiro;
II – pelos parentes ou tutores;
III – pelo representante da entidade em que se encontra abrigado o interditando;
IV – pelo Ministério Público.
Parágrafo único. A legitimidade deverá ser comprovada por documentação que acompanhe a petição inicial.

Art. 748. O Ministério Público só promoverá interdição em caso de doença mental grave:
I – se as pessoas designadas nos incisos I, II e III do art. 747 não existirem ou não promoverem a interdição;
II – se, existindo, forem incapazes as pessoas mencionadas nos incisos I e II do art. 747. [...]

Art. 753. Decorrido o prazo previsto no art. 752, o juiz determinará a produção de prova pericial para avaliação da capacidade do interditando para praticar atos da vida civil.
§ 1º A perícia pode ser realizada por equipe composta por expertos com formação multidisciplinar.
§ 2º O laudo pericial indicará especificadamente, se for o caso, os atos para os quais haverá necessidade de curatela.

Art. 754. Apresentado o laudo, produzidas as demais provas e ouvidos os interessados, o juiz proferirá sentença.

Art. 755. Na sentença que decretar a interdição, o juiz:
I – nomeará curador, que poderá ser o requerente da interdição, e fixará os limites da curatela, segundo o estado e o desenvolvimento mental do interdito;
II – considerará as características pessoais do interdito, observando suas potencialidades, habilidades, vontades e preferências.
§ 1º A curatela deve ser atribuída a quem melhor possa atender aos interesses do curatelado.
§ 2º Havendo, ao tempo da interdição, pessoa incapaz sob a guarda e a responsabilidade do interdito, o juiz atribuirá a curatela a quem melhor puder atender aos interesses do interdito e do incapaz.

A aplicação da curatela decorre da comprovada incapacidade civil por meio da perícia em saúde mental, a qual elenca um conjunto de características mentais alteradas de uma determinada pessoa, necessitando, assim, de uma interdição civil.

A curatela se caracteriza como uma instituição protetiva da pessoa e dos bens dos que detêm limitada capacidade de agir seja pela idade ou pela submissão a prévio processo de incapacitação, evitando os riscos que essa carência possa impor ao exercícios das situações jurídicas por parte de indivíduos juridicamente vulneráveis[10].

Alguns transtornos psiquiátricos dentro do contexto da psicopatologia forense são fenômenos que em sua maioria determinam a necessidade de uma ação cível, bem como a indicação da realização de uma perícia psicológica. O objetivo da perícia visa estabelecer o diagnóstico, estabelecer o estado mental no momento da ação, estabelecer o prognóstico social, isto é, indicar, do ponto de vista psíquico, o impacto do quadro de patologia sobre a cognição e a emoção.

Quadros a que mais se aplica:

- Demência de Alzheimer.
- Demência vascular.
- Demência frontotemporal.
- Demência de Pick.
- Demência pugilística.
- Parkinson.
- Transtorno do desenvolvimento intelectual (deficiência mental).
- Psicoses e transtornos mentais agudos.
- Acidente vascular cerebral.
- Traumatismos cranioencefálicos.
- Neoplasias cerebrais.
- Transtornos do humor graves.

A ação cível de curatela é aplicada quando uma determinada pessoa, em virtude de suas condições psicológicas comprovadamente alteradas, perde a capacidade de gerir seus bens e sua própria pessoa. Enquadra-se no processo da "capacidade legal" em que se permite a uma pessoa adquirir direitos e contrair obrigações por conta própria, por si mesma, sem a necessidade de um representante legal. Para a ocorrência de uma ação cível de interdição, faz-se necessário que a pessoa perca a capacidade de gerir seus bens e sua própria pessoa.

Mesmo que uma pessoa, seja considerada com limitações para atos da vida civil, o Código Civil, em seu art. 1.738-A, estabelece o conceito de "tomada de decisão apoiada" (modalidade de auxílio no exercício dos direitos por uma pessoa em situação de vulnerabilidade), uma vez que deriva do objetivo de reconhecer a autonomia do deficiente, reforçando o caráter residual da incapacidade.

> Art. 1.783-A. A tomada de decisão apoiada é o processo pelo qual a pessoa com deficiência elege pelo menos 2 (duas) pessoas idôneas, com as quais mantenha vínculos e que gozem de sua confiança, para prestar-lhe apoio na tomada de decisão sobre atos da vida civil, fornecendo-lhes os elementos e informações necessários para que possa exercer sua capacidade.
>
> § 1º Para formular pedido de tomada de decisão apoiada, a pessoa com deficiência e os apoiadores devem apresentar termo em que constem os limites do apoio a ser oferecido e os compromissos dos apoiadores, inclusive o prazo de vigência do acordo e o respeito à vontade, aos direitos e aos interesses da pessoa que devem apoiar.
>
> § 2º O pedido de tomada de decisão apoiada será requerido pela pessoa a ser apoiada, com indicação expressa das pessoas aptas a prestarem o apoio previsto no *caput* deste artigo.
>
> § 3º Antes de se pronunciar sobre o pedido de tomada de decisão apoiada, o juiz, assistido por equipe multidisciplinar, após oitiva do Ministério Público, ouvirá pessoalmente o requerente e as pessoas que lhe prestarão apoio. [...]
>
> § 9º A pessoa apoiada pode, a qualquer tempo, solicitar o término de acordo firmado em processo de tomada de decisão apoiada.

Considerando o texto do § 3º, é possível estabelecer uma linha de raciocínio de que a assistência ao juiz pode vir pela necessidade da realização da perícia dada a complexidade do caso.

MODIFICADORES DA CAPACIDADE CIVIL

Como já apontado anteriormente neste capítulo, a Lei n. 13.1464 define a pessoa portadora de uma deficiência:

> Art. 2º Considera-se pessoa com deficiência aquela que tem impedimento de longo prazo de natureza física, mental, intelectual ou sensorial, o qual, em interação com uma ou mais barreiras, pode obstruir sua participação plena e efetiva na sociedade em igualdade de condições com as demais pessoas.
>
> § 1º A avaliação da deficiência, quando necessária, será biopsicossocial, realizada por equipe multiprofissional e interdisciplinar. [...]

Consideramos os principais modificadores da capacidade legal: os biológicos, os sociais, os acidentais, a idade, a civilização e educação, a emoção e a embriaguez. Dentre os modificadores psicopatológicos, destacam-se: o retardo mental, as síndromes demenciais e psicóticas, os transtornos do humor graves, as dependências químicas e os transtornos do impulso.

A PROVA PERICIAL

Conforme exposto, o objetivo da perícia é verificar as condições de integridade das capacidades cognitivas, intelectuais e afetivoemocionais inerentes à queixa e presentes na ação civil.

Como prova, a perícia verificará:

- Capacidades mentais, capacidade para exercer determinadas funções.
- Incapacidade ou alterações psicopatológicas.
- Avaliação da condição funcional.
- Ações de interdição.
- Ações de anulações de atos jurídicos.
- Avaliação da capacidade de testar (fazer testamento).
- Anulações de casamentos e separações judiciais litigiosas.
- Avaliação de transtornos mentais em ações de indenização.
- Interdição, danos psíquicos, neurofuncionais, psicológicos e simulação.

Das condições do perito, segundo o CPC[3]:

> Art. 156. O juiz será assistido por perito quando a prova do fato depender de conhecimento técnico ou científico.
>
> § 1º Os peritos serão nomeados entre os profissionais legalmente habilitados e os órgãos técnicos ou científicos devidamente inscritos em cadastro mantido pelo tribunal ao qual o juiz está vinculado. [...]
>
> § 4º Para verificação de eventual impedimento ou motivo de suspeição, nos termos dos arts. 148 e 467, o órgão técnico ou científico nomeado para realização da perícia informará ao juiz os nomes e os dados de qualificação dos profissionais que participarão da atividade.
>
> § 5º Na localidade onde não houver inscrito no cadastro disponibilizado pelo tribunal, a nomeação do perito é de livre escolha pelo juiz e deverá recair sobre profissional ou órgão técnico ou científico comprovadamente detentor do conhecimento necessário à realização da perícia.
>
> Art. 157. O perito tem o dever de cumprir o ofício no prazo que lhe designar o juiz, empregando toda sua diligência, podendo escusar-se do encargo alegando motivo legítimo.
>
> § 1º A escusa será apresentada no prazo de 15 (quinze) dias, contado da intimação, da suspeição ou do impedimento supervenientes, sob pena de renúncia ao direito a alegá-la.
>
> § 2º Será organizada lista de peritos na vara ou na secretaria, com disponibilização dos documentos exigidos para habilitação à consulta de interessados, para que

a nomeação seja distribuída de modo equitativo, observadas a capacidade técnica e a área de conhecimento.

Art. 158. O perito que, por dolo ou culpa, prestar informações inverídicas responderá pelos prejuízos que causar à parte e ficará inabilitado para atuar em outras perícias no prazo de 2 (dois) a 5 (cinco) anos, independentemente das demais sanções previstas em lei, devendo o juiz comunicar o fato ao respectivo órgão de classe para adoção das medidas que entender cabíveis.

[...]

Art. 465. O juiz nomeará perito especializado no objeto da perícia e fixará de imediato o prazo para a entrega do laudo.

§ 1º Incumbe às partes, dentro de 15 (quinze) dias contados da intimação do despacho de nomeação do perito:

I – arguir o impedimento ou a suspeição do perito, se for o caso;

II – indicar assistente técnico;

III – apresentar quesitos.

§ 2º Ciente da nomeação, o perito apresentará em 5 (cinco) dias:

I – proposta de honorários;

II – currículo, com comprovação de especialização;

III – contatos profissionais, em especial o endereço eletrônico, para onde serão dirigidas as intimações pessoais.

[...]

Art. 466. O perito cumprirá escrupulosamente o encargo que lhe foi cometido, independentemente de termo de compromisso.

§ 1º Os assistentes técnicos são de confiança da parte e não estão sujeitos a impedimento ou suspeição.

§ 2º O perito deve assegurar aos assistentes das partes o acesso e o acompanhamento das diligências e dos exames que realizar, com prévia comunicação, comprovada nos autos, com antecedência mínima de 5 (cinco) dias.

Art. 467. O perito pode escusar-se ou ser recusado por impedimento ou suspeição.

Parágrafo único. O juiz, ao aceitar a escusa ou ao julgar procedente a impugnação, nomeará novo perito.

Art. 468. O perito pode ser substituído quando:

I – faltar-lhe conhecimento técnico ou científico;

II – sem motivo legítimo, deixar de cumprir o encargo no prazo que lhe foi assinado.

§ 1º No caso previsto no inciso II, o juiz comunicará a ocorrência à corporação profissional respectiva, podendo, ainda, impor multa ao perito, fixada tendo em vista o valor da causa e o possível prejuízo decorrente do atraso no processo.

§ 2º O perito substituído restituirá, no prazo de 15 (quinze) dias, os valores recebidos pelo trabalho não realizado, sob pena de ficar impedido de atuar como perito judicial pelo prazo de 5 (cinco) anos.

[...]

Art. 471. As partes podem, de comum acordo, escolher o perito, indicando-o mediante requerimento, desde que:

I – sejam plenamente capazes;

II – a causa possa ser resolvida por autocomposição.

§ 1º As partes, ao escolher o perito, já devem indicar os respectivos assistentes técnicos para acompanhar a realização da perícia, que se realizará em data e local previamente anunciados.

§ 2º O perito e os assistentes técnicos devem entregar, respectivamente, laudo e pareceres em prazo fixado pelo juiz.

§ 3º A perícia consensual substitui, para todos os efeitos, a que seria realizada por perito nomeado pelo juiz.

Art. 472. O juiz poderá dispensar prova pericial quando as partes, na inicial e na contestação, apresentarem, sobre as questões de fato, pareceres técnicos ou documentos elucidativos que considerar suficientes.

Art. 473. O laudo pericial deverá conter:

I – a exposição do objeto da perícia;

II – a análise técnica ou científica realizada pelo perito;

III – a indicação do método utilizado, esclarecendo-o e demonstrando ser predominantemente aceito pelos especialistas da área do conhecimento da qual se originou;

IV – resposta conclusiva a todos os quesitos apresentados pelo juiz, pelas partes e pelo órgão do Ministério Público.

§ 1º No laudo, o perito deve apresentar sua fundamentação em linguagem simples e com coerência lógica, indicando como alcançou suas conclusões.

§ 2º É vedado ao perito ultrapassar os limites de sua designação, bem como emitir opiniões pessoais que excedam o exame técnico ou científico do objeto da perícia.

§ 3º Para o desempenho de sua função, o perito e os assistentes técnicos podem valer-se de todos os meios necessários, ouvindo testemunhas, obtendo informações, solicitando documentos que estejam em poder da parte, de terceiros ou em repartições públicas, bem como instruir o laudo com planilhas, mapas, plantas, desenhos, fotografias ou outros elementos necessários ao esclarecimento do objeto da perícia.

Art. 474. As partes terão ciência da data e do local designados pelo juiz ou indicados pelo perito para ter início a produção da prova.

Art. 475. Tratando-se de perícia complexa que abranja mais de uma área de conhecimento especializado, o juiz poderá nomear mais de um perito, e a parte, indicar mais de um assistente técnico.

Art. 476. Se o perito, por motivo justificado, não puder apresentar o laudo dentro do prazo, o juiz poderá conceder-lhe, por uma vez, prorrogação pela metade do prazo originalmente fixado.

Art. 477. O perito protocolará o laudo em juízo, no prazo fixado pelo juiz, pelo menos 20 (vinte) dias antes da audiência de instrução e julgamento.

§ 1º As partes serão intimadas para, querendo, manifestar-se sobre o laudo do perito do juízo no prazo comum de 15 (quinze) dias, podendo o assistente técnico de cada uma das partes, em igual prazo, apresentar seu respectivo parecer.

§ 2º O perito do juízo tem o dever de, no prazo de 15 (quinze) dias, esclarecer ponto:

I – sobre o qual exista divergência ou dúvida de qualquer das partes, do juiz ou do órgão do Ministério Público;

II – divergente apresentado no parecer do assistente técnico da parte.

§ 3º Se ainda houver necessidade de esclarecimentos, a parte requererá ao juiz que mande intimar o perito ou o assistente técnico a comparecer à audiência de instrução e julgamento, formulando, desde logo, as perguntas, sob forma de quesitos.

§ 4º O perito ou o assistente técnico será intimado por meio eletrônico, com pelo menos 10 (dez) dias de antecedência da audiência.

[...]

Art. 479. O juiz apreciará a prova pericial de acordo com o disposto no art. 371, indicando na sentença os motivos que o levaram a considerar ou a deixar de considerar as conclusões do laudo, levando em conta o método utilizado pelo perito.

Art. 480. O juiz determinará, de ofício ou a requerimento da parte, a realização de nova perícia quando a matéria não estiver suficientemente esclarecida.

§ 1º A segunda perícia tem por objeto os mesmos fatos sobre os quais recaiu a primeira e destina-se a corrigir eventual omissão ou inexatidão dos resultados a que esta conduziu.

§ 2º A segunda perícia rege-se pelas disposições estabelecidas para a primeira.

§ 3º A segunda perícia não substitui a primeira, cabendo ao juiz apreciar o valor de uma e de outra.

Com o advento da promulgação da Lei n. 13.146, de 6 de julho de 2015 denominada Lei Brasileira de Inclusão da Pessoa com Deficiência (Estatuto da Pessoa com Deficiência), abre-se espaço também para a perícia psicológica.

Art. 2º Considera-se pessoa com deficiência aquela que tem impedimento de longo prazo de natureza física, mental, intelectual ou sensorial, o qual, em interação com uma ou mais barreiras, pode obstruir sua participação plena e efetiva na sociedade em igualdade de condições com as demais pessoas.

§ 1º A avaliação da deficiência, quando necessária, será biopsicossocial, realizada por equipe multiprofissional e interdisciplinar e considerará:
I – os impedimentos nas funções e nas estruturas do corpo;
II – os fatores socioambientais, psicológicos e pessoais;
III – a limitação no desempenho de atividades; e
IV – a restrição de participação. [...]

A Figura 7.1 sintetiza as principais demandas de perícia psicológica na área cível.

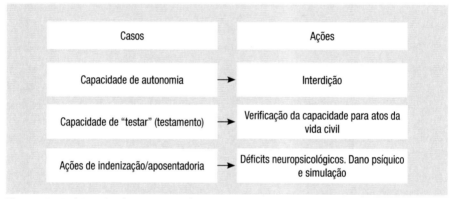

Figura 7.1 Perícias psicológicas na vara cível.

Temos recebido no Ambulatório de Psiquiatria e Psicologia (NUFOR) do Instituto de Psiquiatria do Hospital das Clínicas da Faculdade de Medicina da Universidade de São Paulo duas distintas modalidades de perícias. Uma envolve processos por contestação de reprovação em concursos públicos decorrentes do uso de instrumentos psicológicos. Nestes casos, têm sido avaliados tanto os aspectos cognitivos quanto emocionais e de personalidade e tem-se apresentado o laudo, associado aos quesitos.

Outra modalidade refere-se à perícia, que não necessariamente tem relação com a verificação da capacidade civil, mas tem se apresentado como demanda. São os casos que visam subsidiar ações judiciais de pessoas que se enquadram nas questões relativas à identidade de gênero e que entraram com ação para adequação de registro civil, cuja classe se aplica à retificação ou suprimento ou restauração de registro civil – retificação de nome. Aqui também realizamos um estudo das condições psicológicas com base nos aspectos cognitivos, emocionais e de personalidade, apresentando o laudo, associado aos quesitos.

PRINCIPAIS QUADROS QUE ALTERAM O FUNCIONAMENTO PSICOLÓGICO
Incapacidade aferida pela funcionalidade

Pessoas com lesão cerebral conhecida

- Doenças cerebrovasculares.
- Traumatismos cranioencefálicos.
- Hidrocefalia.
- Doença de Alzheimer.
- Doença de Parkinson.
- Esclerose múltipla.

No caso de demência de Alzheimer, por exemplo, observam-se na fase inicial do quadro alterações na memória recente e, nos estágios avançados, na memória imediata e remota[11]. Há dificuldades na capacidade de aprendizagem decorrente do prejuízo da memória operativa, de reconhecimento e memória para a vida diária (memória primária). O pensamento tende a se apresentar vago ou generalizado, confunde-se com memórias falsas ou verdadeiras e contexto inapropriado. Quanto à linguagem, há prejuízos na fluência, nomeação, vocabulário e compreensão verbal[8].

Destaca-se que o enquadre quanto a capacidade civil dependerá do impacto na funcionalidade do paciente a ponto de torná-lo limitado a uma série de atividades de vida diária. No Quadro 7.1 estão expressos os níveis e o impacto da demência de Alzheimer.

Quadro 7.1 Impacto da demência de Alzheimer na funcionalidade do paciente

	Estágios	
Leve	Moderado	Grave
Apresenta independência para: • Compra • Atividades domésticas • Cuidados pessoais	Já apresenta dependência parcial decorrente das dificuldades na memória episódica Compras sem listas Nomes de pessoas, objetivos e lugares	Dependência plena Com prejuízos Atividades de vida diária Cuidados pessoais

Adaptado de Razani et al., 2014.

Nos quadros de demências vasculares, os sintomas englobam praxia, apatia, desinibição e episódio depressivo nas lesões de lobo frontal. Lesões de hipocampo associam-se a prejuízos importantes da memória (com quadro consistente de amnésia). Já as demências frontotemporais apresentam quadro insidioso e progressivo principalmente por alterações da personalidade e comportamento do tipo apatia, isolamento, perda de crítica, desinibição, irritabilidade, impulsividade, agressividade, hiperoralidade, perseveração motora e exploração incontrolável de objetos. No escopo das funções cognitivas, observam-se alterações de funções executivas (planejamento, flexibilidade mental, controle inibitório, atenção dividida, fluência verbal) e na memória operacional.

Visto isto, pode-se observar que pessoas portadoras de quadros neurodegenerativos apresentam problemas adaptativos decorrentes tanto de alterações cognitivas quanto comportamentais. O produto destas alterações resulta em dificuldades da atenção, memória, linguagem, julgamento (crítica ou insight), planejamento e emoção com repercussão na tomada de decisão. Estes quadros ocasionam ainda um impacto na pessoa e podem levar ao isolamento, à improdutividade nas atividades da vida adulta e a questões com implicações jurídicas.

Pessoas com fator de risco para lesão ou disfunção cerebral

Nessa situação, as pessoas apresentam mudanças de comportamento que podem ser o resultado de determinada condição patológica, como nos casos de:

- Endocrinopatias.
- Alterações metabólicas.
- Doenças renais.
- Etc.

Suspeita de doença ou traumatismo cerebral

Os casos que se enquadram nessa descrição são baseados na observação de uma mudança de comportamento da pessoa que a priori não apresenta uma etiologia identificável, sendo assim:

- A pessoa não tem fatores de riscos conhecidos de lesão cerebral.
- O diagnóstico é considerado com base na exclusão de outros diagnósticos.
- São pessoas, em geral, sem história neurológica ou psiquiátrica.

Depressão

Pessoas acometidas por essa alteração do humor podem apresentar importantes alterações das funções cognitivas que podem provocar interdições transitórias em decorrência de:

- Alteração no desempenho cognitivo, principalmente da atenção e memória.
- Velocidade lenta de processamento cognitivo.

- Alteração da estruturação de estratégias de planejamento.
- Dificuldade para tomar decisões.
- Falha nos processos inibitórios.

Esquizofrenia

Pessoas acometidas por essa alteração podem apresentar importantes alterações das funções cognitivas que podem provocar interdições tanto definitivas quanto transitórias em decorrência de:

- Alteração da atenção (desatenção).
- Alteração na qualidade da memória.
- Alterações cognitivas quando comparadas ao desempenho anterior (pode ser verificado através da história).
- Falta de flexibilidade mental.
- Impulsividade.
- Alteração de julgamento e sensopercepção.

Dependência química

Pessoas acometidas por essa alteração podem apresentar importantes alterações das funções cognitivas que podem provocar interdições tanto definitivas quanto transitórias, em decorrência principalmente das alterações da atenção, da memória, da flexibilidade mental e do comprometimento (relacionado à impulsividade).

CONSIDERAÇÕES FINAIS

A interação entre psicologia e questões de direito civil depende de uma interação complexa de ações e interesses, uma vez que uma lesão no sistema nervoso central ou um quadro psiquiátrico produz dúvidas quanto a autonomia da pessoa acometida e impacte na tomada de decisão do juiz.

Embora vários quadros neuropsiquiátricos repercutam na capacidade funcional de seus portadores e inevitavelmente convergem para questões de incapacidade, colocamos em evidência a relação envelhecimento e incapacidade. Embora a condição dos idosos não represente por si só indicativo de incapacidade civil, é fato que um indivíduo idoso sofrerá necessariamente perdas, já que o envelhecimento ocorrerá por processos naturais (senescência) ou patológicos (senilidade)[13]. Na literatura relacionada às áreas de psicologia, neuropsicologia e psiquiatria, há predomínio de publicações sobre aspectos cognitivos (atenção, memória e funções executivas), reabilitação, violência, demência, distúrbios orgânicos, transtorno depressivo e qualidade de vida. No entanto, pouco se fala sobre envelhecimento e capacidade civil. Questões políticas, além de considerações de custo em relação a seguridade social e aos sistemas de saúde, exigem que as sociedades encontrem meios de organização social para melhorar o processo de envelhecimento. Deve-se enfatizar que o universo psicológico do idoso vai além do espectro biológico (natural ou patológico) para incluir capacidades individuais (como processamento de informação, memória, desempenho cognitivo, entre outros), bem como as influências do meio ambiente[14].

A este respeito, enfatiza-se que ao se avaliar um idoso deve-se considerar a análise das formas de compensação que cada um usa para lidar com as possíveis perdas e a necessidade de adaptações. Nesse cenário, o desenvolvimento de métodos sistemáticos para avaliação de danos cognitivos, como os desenvolvidos pela neuropsicologia, tem colaborado com órgãos de justiça para fornecer a possibilidade de verificar, por meio de avaliação neuropsicológica forense, a incapacidade para atos da vida civil entre os idosos com comprometimentos cognitivos8. Isso de certa forma corrobora as expectativas quanto a necessidade de investigações e desenvolvimento de ações no sentido de melhora e aumento de qualidade de vida, bem-estar, cuidados com a saúde física e psicológica e capacidade jurídica. Parte dessas intervenções derivam de treinos cognitivos voltados por um lado para a diminuição de prejuízos na população com déficits e também para potencializar as funções cognitivas[15,16].

O que nos diz a literatura? Tanto os programas de reabilitação cognitiva como as atividades para estimular as funções cognitivas se apresentam como promissoras para melhora cognitiva nesta população. Pesquisas crescentes evidenciam que o cérebro humano mantém a capacidade de mudar em resposta à experiência até o final da idade adulta[17]. Isso implica que o treinamento cognitivo pode possivelmente melhorar o declínio cognitivo associado à idade, induzindo mudanças plásticas neurais específicas do treinamento em ambos os níveis, neural.

Voltando nossa atenção para o universo dos portadores de deficiência, considera-se um avanço no que tange a concepção da Lei n. 13.1464 em relação à dignidade dessa população. No entanto, não podemos extirpar a realidade do impacto de vários quadros de transtornos mentais, que infelizmente tiram da pessoa condições importantes para tomada de decisão e autonomia, que necessitará ser verificada por meio de uma perícia.

Visto isto, também indagamos se antes de mover uma ação cível para verificação da capacidade legal não caberia a inserção da pessoa em um programa de reabilitação para verificar seu progresso e, só depois, considerar a avaliação. A resposta não é simples. Mas lançamos a ideia de que no contexto forense, precisamos melhorar os procedimentos, sempre considerando o objetivo para reduzir os efeitos prejudiciais e aumentar o bem-estar do indivíduo.

REFERÊNCIAS BIBLIOGRÁFICAS

1. Diniz MH. Código Civil anotado. 18a. São Paulo: Saraiva; 2017.
2. Gonçalves CR. Principais inovações no Código Civil de 2002. São Paulo: Saraiva; 2002.
3. Brasil. Código do Processo Civil. Lei n. 13.105 de 16 de março de 2015. www.planalto.gov.br/CCIVil_03/_Ato2015-2018/2015/Lei/L13105.htm.
4. Brasil. Lei n. 13.146/2015 – Lei Brasileira de Inclusão da Pessoa com Deficiência (Estatuto da Pessoa com Deficiência). http://www.planalto.gov.br/ccivil_03/_ato2015-2018/2015/lei/l13146.htm.
5. Brasil. Código Civil. Lei n. 10.406, de 10 de janeiro de 2002. http://www.planalto.gov.br/ccivil_03/leis/2002/l10406.htm.
6. Teixeira EH, Rigonatti SP, Serafim AP. Aspectos gerais da interdição em psiquiatria. Rev Bras Psiquiatr. 2003;25(3):192-3.
7. Barros DM. Psiquiatria forense: interfaces jurídicas, éticas e clínicas. Rio de Janeiro: Elsevier. 2015.
8. Serafim AP, Saffi F, Marques NM, Achá MFF, Oliveira MC. Avaliação neuropsicológica forense. São Paulo: Pearson; 2017.
9. Stolze P. É o fim da interdição? Revista Jus Navigandi. 2016;21:4605. www.jus.com.br/artigos/46409/e-o-fim-da-interdicao.
10. Farias CF, Rosenvald N. Curso de Direito Civil: famílias, 10a ed. revista, ampliada e atualizada. São Paulo: Juspodivm; 2018.
11. Forlenza OV, Radanovic M, Aprahamian I. Neuropsiquiatria geriátrica. 2a. ed. São Paulo: Atheneu; 2014.
12. Razani J, Corona R, Quilici J, Matevosyan AA, Funes C, Larco A, et al. The effects of declining functional abilities in dementia patients and increases psychological distress on caregiver burden over a one-year period. Clinical Gerontologist. 2014;37(3):235-52.
13. Schaie KW, Willis SL. Adult development and aging, 5ª ed. New Jersey: Prentice-Hall; 2002.
14. Serafim AP. Aging, cognitive impairment and autonomy. Is there a possible relationship? JEMHHR. 2015;17(2):569.
15. Assed MM, Carvalho MKHV, Rocca CCA, Serafim AP. Memory training and benefits for quality of life in the elderly: a case report. Dement Neuropsychol. 2016;10(2):152-5.
16. Giuli C, Papa R, Lattanzio F, Postacchini D. The effects of cognitive training for elderly: results from my mind project. Rejuvenation Research. 2016;19(6):485-94.
17. Leung NT, Tam HM, Chu LW, Kwok TC, Chan F, Lam LC, et al. Neural plastic effects of cognitive training on aging brain. Neural Plast. 2015:535618.

8
Perícia psicológica na vara criminal e de execuções

SUMÁRIO

Introdução ao direito penal, 137
Responsabilidade penal, 140
Temas de interface do Código Penal e saúde mental, 143
Medida de segurança, 145
Perícia na vara criminal, 147
Psicologia na vara da execução penal – direito penitenciário, 150
Hospital de custódia e tratamento psiquiátrico, 157
Considerações finais, 160
Referências bibliográficas, 160

INTRODUÇÃO AO DIREITO PENAL

Como já abordado anteriormente, a relação direito e sociedade é tangenciada pela necessidade de estabelecer os parâmetros normatizadores das condutas. Quando as condutas tipificam um ato antijurídico, insere-se aqui o contexto do direito penal/criminal, desde que haja a configuração legal de que "aquele" ato é definido como crime. Esta observação é fundamentada no direito penal como o princípio da legalidade que se manifesta pela locução nullum crimen nulla poena sine previa lege, prevista no art. 1º do Código Penal brasileiro: "Art 1º. Não há crime sem lei anterior que o defina, nem há pena sem prévia cominação legal".

Ao se abordar o direito nas relações com o crime, cabe um esclarecimento mais didático entre Código Penal (CP), Lei n. 2.848 de 1940, e Código do Processo Penal (CPP), Lei n. 3.689 de 1941.

O direito do processo penal trata de disciplinar o conjunto de procedimentos que devem ser tomados quando alguém comete um delito e é acionado penalmente. Parte daqueles princípios de que ninguém pode ser condenado sem o devido processo legal e a ampla defesa.

Na prática, o direito processual penal se configura como uma disciplina jurídica instrumental, cuja finalidade é fazer com que os preceitos do direito penal sejam cumpridos, visando a proteger os cidadãos de prisões arbitrárias, garantindo ampla defesa[1].

Já o direito penal, de acordo com Damásio de Jesus[2], trata do crime em seus aspectos gerais e específicos, disciplina a aplicação da pena, assim como informa sobre os elementos, o espaço e o momento de efetivação do delito. O direito penal dispõe da liberdade, da honra, do patrimônio, da saúde e da vida. Esse ramo do direito normatiza a vida em circunstâncias desde antes do nascimento (crime do aborto) até a pós-morte (nos casos de contravenção de exumação de cadáver, violação de sepultura e calúnia contra o morto).

O direito penal representa o conjunto de normas que o Estado emprega para prevenir ou reprimir os fatos que atentem contra a segurança e a ordem social, definindo as infrações, estabelecendo e limitando as responsabilidades e relacionando as sanções punitivas correspondentes (para mais detalhes consultar www.dji.com.br/dicionario/direito_penal.htm).

Em suma, direito penal é o conjunto de normas jurídicas que define as infrações penais, estabelecendo as penas e as medidas de segurança. Para o direito penal, a conduta definida como criminosa ou delituosa pode ocorrer por meio de duas maneiras, a saber:

• Pela ação: que consiste em fazer algo, numa ação positiva do agente. Os crimes praticados por ação são chamados de crimes comissivos. Ex.: homicídio (matar alguém).

• Pela omissão: que consiste em fazer algo, numa abstenção da ação devida. Tanto se omite quem nada faz como quem se ocupa com coisa diversa do que deveria ser feito. Tais condutas são também chamadas de crimes omissivos. Ex.: omissão de socorro – dever de prestar socorro a alguém em estado grave de saúde.

Em relação ao comportamento criminoso tem-se:

• Crime doloso: é aquele praticado com dolo. O dolo consiste no propósito, na vontade de praticar o ato descrito na lei penal. Crimes dolosos são os crimes intencionais, pois conta com a participação do agente. A lei penal diz que o crime é doloso quando o agente quis o resultado (dolo direto) ou assumiu o risco de produzi-lo (dolo eventual) – art. 18, I, do CP.

• Crime culposo: é aquele praticado com culpa, deriva do latim *mens rea*, que significa mente culpada, ou o entendimento do fato de alguém cometer um crime de forma intencional[3]. A culpa consiste na prática não intencional do fato descrito na lei penal, causada pela falta ao dever de atenção e cuidado. A essência da culpa está na previsibilidade. Se o agente devia, mas não podia prever as consequências de sua ação, não há culpa.

No escopo do direito penal, por vez, a prática de um determinado crime pode suscitar dúvidas sobre a condição psicológica do autor e consequentemente sobre a aplicação da responsabilidade penal. Dúvida estaque motiva a realização de perícia em saúde mental. Visto isto, de acordo com o CP, os crimes expressos no Quadro 8.1 são aqueles com maior possibilidade de suscitar a perícia em saúde mental.

Quadro 8.1 Principais crimes que podem motivar a perícia em saúde mental no direito penal

Crimes contra	Tipificação/artigo
A vida	Homicídio (art. 121) – conduta limitada a "matar alguém" Homicídio qualificado (art. 121, § 2º) – agravo na prática do crime, mediante paga ou promessa de recompensa, ou por outro motivo torpe; por motivo fútil, com emprego de veneno, fogo, explosivo, asfixia, tortura ou outro meio insidioso ou cruel, ou do qual possa resultar perigo comum; por traição, emboscada, ou mediante dissimulação ou outro recurso que dificulte ou torne impossível a defesa do ofendido; e para assegurar a execução, a ocultação, a impunidade ou a vantagem de outro crime Infanticídio (art. 123) – homicídio praticado pela mãe contra o filho, sob condições especiais (em estado puerperal, isto é, logo pós o parto) Feminicídio* (art. 121, VI) – contra a mulher por razões da condição de sexo feminino Parricídio e matricídio
A dignidade sexual	Estupro (art. 213) – constranger alguém, mediante violência ou grave ameaça, a ter conjunção carnal ou a praticar ou permitir que com ele se pratique outro ato libidinoso Violação sexual mediante fraude (art. 215) – ter conjunção carnal ou praticar outro ato libidinoso com alguém, mediante fraude ou outro meio que impeça ou dificulte a livre manifestação de vontade da vítima Assédio sexual (art. 216-A) – constranger alguém com o intuito de obter vantagem ou favorecimento sexual, prevalecendo-se o agente de sua condição de superior hierárquico ou ascendência inerentes ao exercício de emprego, cargo ou função Estupro de vulnerável (art. 217-A) – ter conjunção carnal ou praticar outro ato libidinoso com menor de 14 (quatorze) anos
Estelionato ou fraudes	Abuso de incapazes (art. 173) – abusar, em proveito próprio ou alheio, de necessidade, paixão ou inexperiência de menor, ou da alienação ou debilidade mental de outrem, induzindo qualquer deles à prática de ato suscetível de produzir efeito jurídico, em prejuízo próprio ou de terceiros

* A Lei n. 13.104, de 9 de março de 2015, altera o art. 121 do Decreto-Lei n. 2.848, de 7 de dezembro de 1940, Código Penal. Passa a prever o feminicídio como circunstância qualificadora do crime de homicídio, e o art. 1º da Lei n. 8.072, de 25 de julho de 1990, a incluir o feminicídio no rol dos crimes hediondos.

Ressalta-se que a ocorrência do feminicídio não é uma condição si ne qua non para a perícia, enfatiza-se sempre a derivação da dúvida quanto à sanidade mental do agressor.

Outro crime de grande comoção tanto social quanto jurídica e que não consta especificamente no Código Penal é o crime de assassinato dos pais. O parricídio é definido como o homicídio, ou a tentativa de homicídio, envolvendo pais, mães, padrastos e madrastas como vítimas[4]. Na realidade brasileira, este crime é enquadrado como homicídio qualificado de acordo com o art. 121, § 2º.

Embora não contemple o Código Penal, o art. 32 da Lei n. 9.605 de 1998, que versa sobre os crimes ambientais, estabelece pena de detenção de três meses a um ano, e multa para quem: "Praticar ato de abuso, maus-tratos, ferir ou mutilar animais silvestres, domésticos ou domesticados, nativos ou exóticos". Nestes casos, pode-se encontrar pessoa acometida de transtornos mentais que, decorrente do impacto de sua condição patológica, adote comportamentos de negligência ou maus-tratos.

RESPONSABILIDADE PENAL

Responsabilidade penal é o dever jurídico de responder pela ação delituosa que recai sobre o agente imputável. Aqui, vê-se o quão necessário se faz presente a avaliação pericial pela psicologia, visto que o operador do direito pode se depurar com casos que necessitem da verificação da condição psicológica de responder pelos seus atos, como postula ao art. 149 do CPP.

> Art. 149. Quando houver dúvida sobre a integridade mental do acusado, o juiz ordenará, de ofício ou a requerimento do Ministério Público, do defensor, do curador, do ascendente, descendente, irmão ou cônjuge do acusado, seja este submetido a exame médico-legal.

Destaca-se que como o texto original do CPC é de 1940, não faz distinção entre perícia médico-legal e perícia em saúde mental.

O CP brasileiro utiliza o critério biopsicológico para determinar se uma pessoa pode ou não ser responsabilizada por seus atos:

- Biológico: existência de um transtorno mental.
- Psicológico: comprometimento total ou parcial da capacidade de determinação.

Segundo Noronha[5],

> Responsabilidade penal refere-se à obrigação que alguém tem de arcar com as consequências jurídicas do crime. Tem a ver com o dever que tem a pessoa de prestar contas de seu ato. E, nesse contexto, depende da imputabilidade do indivíduo, pois não

pode sofrer as consequências do fato criminoso (ser responsabilizado) senão o que tem a consciência de sua antijuridicidade e quer executá-lo (ser imputável).

Para Barros[11], imputável é o homem que, ao tempo da conduta, apresenta maturidade mental para entender o caráter criminoso do fato e determinar-se de acordo com esse entendimento.

Já Damásio de Jesus[2] menciona que imputar é o ato de atribuir a alguém a responsabilidade de alguma coisa, e define imputabilidade penal como sendo o conjunto de condições pessoais que dão ao agente capacidade para lhe ser juridicamente imputada a prática de um fato punível.

Em termos gerais, pode-se entender que:

- Imputabilidade: é a capacidade de entender e de querer realizar determinado ato. Imputável é aquele que, à época do fato delituoso, tinha preservada, totalmente, a sua capacidade de entendimento e de autodeterminação.
- Inimputabilidade: quando o indivíduo, à época do fato delituoso (ação), era totalmente incapaz de entender o ato e determinar-se diante dele conforme os arts. 26 e 98 do CP brasileiro.

> Art. 26. É isento de pena o agente que, por doença mental ou desenvolvimento mental incompleto ou retardado, era, ao tempo da ação ou da omissão, inteiramente incapaz de entender o caráter ilícito do fato ou de determinar-se de acordo com esse entendimento.
> **Redução de pena**
> Parágrafo único. A pena pode ser reduzida de um a dois terços se o agente, em virtude de perturbação de saúde mental ou por desenvolvimento mental incompleto ou retardado, não era inteiramente capaz de entender o caráter ilícito do fato ou de determinar-se de acordo com esse entendimento. [...]
> Art. 98. Na hipótese do parágrafo único do art. 26 deste Código e necessitando o condenado de especial tratamento curativo, a pena privativa de liberdade pode ser substituída pela internação, ou tratamento ambulatorial, pelo prazo mínimo de 1 (um) a 3 (três) anos, nos termos do artigo anterior e respectivos §§ 1º a 4º.

Ainda neste contexto de responsabilidade penal consta que a emoção ou a paixão excluem a responsabilidade penal e fazem ressalvas quanto a embriaguez:

> Art. 28. Não excluem a imputabilidade penal:
> I – a emoção ou a paixão;
> II – a embriaguez, voluntária ou culposa, pelo álcool ou substância de efeitos análogos.

§ 1º É isento de pena o agente que, por embriaguez completa, proveniente de caso fortuito ou força maior, era, ao tempo da ação ou da omissão, inteiramente incapaz de entender o caráter ilícito do fato ou de determinar-se de acordo com esse entendimento.

§ 2º A pena pode ser reduzida de um a dois terços, se o agente, por embriaguez, proveniente de caso fortuito ou força maior, não possuía, ao tempo da ação ou da omissão, a plena capacidade de entender o caráter ilícito do fato ou de determinar-se de acordo com esse entendimento.

De acordo com Führer[6], no direito penal são três os critérios que caracterizam a inimputabilidade:

• Critério biológico: nesse critério se aplica a inimputabilidade com base na simples presença de causa mental deficiente (doença mental, desenvolvimento mental incompleto ou retardado e embriaguez completa, proveniente de caso fortuito ou força maior). Nesse caso, não se inclui a capacidade de autodeterminação do agente.

• Critério psicológico: nesse critério, a inimputabilidade só ocorre quando o agente, ao tempo do crime, encontra-se privado de entender o caráter ilícito do fato ou determinar-se de acordo com este entendimento. Neste sistema, não há necessidade de que a incapacidade de entender ou querer derive de uma causa mental preexistente.

• Critério biopsicológico ou misto: nesse critério, a inimputabilidade decorre da junção dos dois critérios anteriores. Nesse caso, a inimputabilidade se aplica ao sujeito que, ao tempo do crime, apresentava uma causa mental deficiente, não possuindo ainda capacidade de compreender o caráter ilícito do fato ou determinar-se de acordo com este entendimento.

Em nosso CP, ainda consta a condição da semi-imputabilidade: "quando o indivíduo, à época do fato delituoso (ação), for parcialmente incapaz de entender o caráter ilícito e/ou determinar-se diante dele".

Ressalta-se que, conforme o CP, a expressão "doença mental", utilizada no art. 26, *caput*, refere-se à incapacidade total, porém, quando se reporta à expressão "perturbação da saúde mental", prevista no parágrafo único do referido art. 26, significa apenas uma incapacidade parcial. Por incapacidade parcial no contexto da psicopatologia, o foco centra-se numa pessoa que apresenta a capacidade de entendimento preservada, porém lhe falta o controle necessário da vontade e dos impulsos, suficientes para evitar a expressão de sua conduta, como nos casos de indivíduos explosivos e impulsivos.

Em suma, preceitua-se semi-imputabilidade como impulsos mórbidos, ideias prevalentes e descontrole impulsivo somente quando os fatos criminais se devem, de modo inequívoco, ao comprometimento parcial do entendimento e da autodeterminação.

Em termos gerais, para caracterizar a inimputabilidade, o indivíduo se apresenta inteiramente privado da capacidade de autodeterminação; enquanto, na semi-imputabilidade, a capacidade de autodeterminação encontra-se diminuída.

TEMAS DE INTERFACE DO CÓDIGO PENAL E SAÚDE MENTAL

Doença mental

Os portadores de transtornos mentais caracterizados por prejuízos na capacidade de entendimento e autodeterminação (irresponsáveis criminalmente por doença mental ou desenvolvimento mental incompleto ou retardado) são isentos de pena. Ficam eles, porém, sujeitos a medida de segurança consistente em internação em hospital de custódia e tratamento psiquiátrico (HCTP), ou apenas a tratamento ambulatorial, se as condições do agente permitir e o fato for apenado com detenção.

Embriaguez

A embriaguez pode ser voluntária, culposa ou fortuita. A voluntária é provocada intencionalmente. A culposa resulta do exagero no uso de bebida alcoólica. A embriaguez fortuita ou de força maior resulta de causas alheias à vontade do sujeito, como na hipótese de quem foi drogado à força ou por meio de artifício.

Já a embriaguez voluntária, bem como a embriaguez culposa, não exclui a responsabilidade penal (art. 28, II, do CP). No caso da embriaguez fortuita, se for completa, o indivíduo fica isento de pena (art. 28, § 1º, do CP), ou tem a pena reduzida de um a dois terços, se for incompleta (art. 28, § 2º, do CP).

Estado puerperal

A abordagem da temática do estado puerperal indubitavelmente leva ao tema infanticídio, dada a sua estreita relação. Para o CP brasileiro, o infanticídio, em seu art. 123, significa "matar, sob a influência do estado puerperal, o próprio filho, durante o parto ou logo após. Pena: detenção de 2 (dois) a 6 (seis) anos".

O que há de concreto são as divergências quanto ao posicionamento dos juristas nos quadros puerperais e de infanticídio.

Spinelli[7] esclarece que o estado puerperal tem início no parto e pode causar alterações psíquicas na mãe, com duração e intensidades variáveis em decorrência de uma súbita queda nos níveis hormonais e de alterações bioquímicas no sistema nervoso central. Esse quadro é resultado de uma disfunção no eixo hipotálamo-hipófise-ovariano, provocando estímulos psíquicos com subsequente alteração emocional.

Do ponto de vista psicológico, no estado puerperal, a mulher pode apresentar uma resposta típica de transtorno dissociativo da personalidade, com desintegração temporária do ego. Os transtornos psiquiátricos puerperais são classificados como: disforia do pós-parto (*puerperal blues*), depressão pós-parto e psicose puerperal.

Juridicamente, o infanticídio se dá no período de puerpério imediato. O puerpério é o período de tempo entre a dequitação placentária e o retorno do organismo materno às condições pré-gravídicas, tendo duração média de seis semanas. Já o chamado estado puerperal seria uma alteração temporária na mulher previamente sã, com colapso do senso moral e diminuição da capacidade de entendimento seguida de liberação de instintos, culminando com a agressão ao próprio filho.

Para Maranhão[8], o chamado estado puerperal constitui uma situação *sui generis*, pois não se trata de uma alienação, nem de uma semialienação, mas também não se pode dizer que seja uma situação normal. Seria "um estado transitório, incompleto, caracterizado por defeituosa atenção, deficiente sensopercepção e que confunde o objetivo com o subjetivo". De acordo com Damásio de Jesus[9],

> a legislação vigente adotou como atenuante no crime de infanticídio o conceito biopsíquico do "estado puerperal", como configurado na Exposição de Motivos do Código Penal, que justifica o infanticídio como *delictum exceptum*, praticado pela parturiente sob influência daquele tal estado puerperal.

Dada a complexidade da temática em apreço, a aplicação da perícia médica e psicológica se apresenta como imprescindível nesse contexto, uma vez que, caso não se consiga alegar por laudos médicos e psicológicos que a mãe passava por um estado depressivo ou de alteração da consciência com repercussão na sua capacidade de entendimento e de autoderminação, ficará sujeita ao CP indo ao Tribunal do Júri de acordo com o art. 74, § 1º, do Código de Processo Penal (CPP), configurando-se, assim, em um crime doloso contra a vida.

Crimes passionais

Alguns homicídios são chamados passionais, o que na essência seria o crime praticado por paixão, no amplo sentido da palavra, mas, para o Direito, configura-se crime passional somente em uma relação sexual ou amorosa. Esse crime seria decorrente de um ciúme incontrolável, um desejo sexual que foi frustrado, aliado com a busca de vingança. Contudo, a paixão não pode ser usada para perdoar o assassinato (CP: "Art. 28. Não excluem a imputabilidade penal: I – a emoção ou a paixão [...]").

Somente será útil para uma explicação, no entanto, visar aos motivos que levaram o indivíduo a tal conduta, mas nem por isso pode ser isenta de pena, até porque sua atitude não é bem vista na sociedade de um modo geral, causa repúdio, e, ademais, essa atitude, muitas vezes, pode estar não só acabando com a vida da vítima, mas com a sua própria vida, pois seu estado físico e psicológico ficam muito abalados.

Ressalta-se, no entanto, que no caso da mulher como vítima, tendo sido criada a configuração do crime de feminicídio sobre o qual a Lei n. 13.104 de 9 de março de 2015 alterou o art. 121 do Decreto-Lei n. 2.848 de 1940, questiona-se se de fato o homicídio da mulher pode ser enquadrado como crime passional:

> § 2º-A. Considera-se que há razões de condição de sexo feminino quando o crime envolve:
> I – violência doméstica e familiar;
> II – menosprezo ou discriminação à condição de mulher. [...]

MEDIDA DE SEGURANÇA

As medidas de segurança têm por finalidade dar ao inimputável ou ao semi-imputável o devido tratamento de que necessita e, além disso, também proteger a sociedade dos perigos que decorrem da presença desse indivíduo[10].

Ainda segundo Zaffaroni e Pierangeli[10], a medida de segurança tem por finalidade fazer cessar a temibilidade do agente, de tal forma que ele não volte a delinquir.

Para que sejam aplicadas as medidas de seguranças, faz-se necessário a observância da periculosidade criminal do agente, que se exterioriza a partir do delito praticado. A periculosidade é, nesse sentido, o simples perigo para os outros ou para a própria pessoa, e não o conceito de periculosidade penal, limitado à probabilidade da prática de crimes[10].

As medidas de segurança previstas em nosso Código preveem duas classificações: detentivas e restritivas. As detentivas destinam-se, primeiramente, aos inimputáveis e em alguns casos aos semi-imputáveis, na qual esse tipo de medida visa à internação do sujeito em hospitais de custódia e hospitais de tratamento psiquiátrico, isso por um dado período mínimo de 1 a 3 anos.

Já as medidas restritivas, em geral, são aplicadas aos semi-imputáveis, ou seja, às pessoas condenadas à pena de detenção que, dependendo de seu grau de doença e, principalmente, de periculosidade, serão submetidas a tratamento ambulatorial ou internação se causarem periculosidade à sociedade. Para essa medida também há um prazo mínimo, baseado nos mesmo critérios das medidas detentivas. Isso está claro nos arts. 96 e 97 do CP.

Espécies de medida de segurança
Art. 96. As medidas de segurança são:
I – internação em hospital de custódia e tratamento psiquiátrico ou, à falta, em outro estabelecimento adequado;
II – sujeição a tratamento ambulatorial.
Imposição da medida de segurança para inimputável
Art. 97. Se o agente for inimputável, o juiz determinará sua internação (art. 26). Se, todavia, o fato previsto como crime for punível com detenção, poderá o juiz submetê-lo a tratamento ambulatorial.
§ 1º A internação, ou tratamento ambulatorial, será por tempo indeterminado, perdurando enquanto não for averiguada, mediante perícia médica, a cessação de periculosidade. O prazo mínimo deverá ser de 1 (um) a 3 (três) anos.

Extinta a punibilidade, não se impõe medida de segurança nem subsiste a que tenha sido imposta (art. 98, parágrafo único, do CP). A punibilidade pode se extinguir de várias formas, morte do agente, graça, anistia, lei que não considera mais o fato como crime, entre outras.

Pode também haver a substituição da pena por medida de segurança, baseada no art. 108 da Lei n. 7.210, de 11 de julho de 1984 (Lei de Execução Penal – LEP): "Art. 108. O condenado a quem sobrevier doença mental será internado em Hospital de Custódia e Tratamento Psiquiátrico".

Há a possibilidade da internação provisória também. Diante de uma situação, poderá o diretor do estabelecimento prisional requerer ao juiz um mandado de internação provisória, no qual se computará o tempo para o cumprimento definitivo da medida de segurança, que está previsto no art. 682, § 1º, do CPP. Em caso de urgência, o diretor do estabelecimento penal poderá determinar a remoção do sentenciado, comunicando imediatamente providência ao juiz, que, em face de perícia médica, retificará ou ratificará a medida.

Quando é imposta a medida de segurança, fica suspensa a execução da pena de multa, pois se sobrevém a doença mental do indivíduo. Na hipótese de vários crimes e supostamente vários mandados de medida de segurança, como não é possível o cumprimento de mais de uma medida por vez e nem a soma delas, ele, então, fica sujeito a apenas uma dessas medidas.

PERÍCIA NA VARA CRIMINAL

Fase de investigação policial

Nesta fase, podem ocorrer dúvidas sobre a sanidade mental do acusado, sobre a veracidade das informações colhidas (testemunhas, p. ex.), bem como sobre o estado psicológico da vítima. Nestes casos, a autoridade policial poderá fazer a solicitação de perícia.

Quadro 8.2 Objetivos da perícia na fase da investigação policial

Periciando	Objetivo da avaliação
Acusado	Detectar a presença de um transtorno mental que interfira na capacidade de entendimento e/ou autodeterminação
	Detectar deficiência mental que interfira na capacidade de entendimento e/ou autodeterminação
	Detectar déficits cognitivos que interfiram na capacidade de entendimento e/ou autodeterminação
	Detectar transtorno de personalidade que estabeleça nexo causal com o ato cometido
Vítima	Detectar sinais cognitivos e emocionais de que tenha passado por situação de violência
	Detectar presença de retardo mental que interfira na sua capacidade de automonitoramento
	Detectar, em caso de violência sexual, a alegação de que não foi violência, pois havia o consentimento, por exemplo, se a suposta vítima tinha ou não entendimento do fato e se era capaz de consentir com o ato
Testemunha	Verificar a capacidade de testemunhar em decorrência de dúvidas quanto à capacidade cognitiva e aos aspectos da personalidade

Adaptado de Serafim et al., 2017[12].

Fase processual

Se durante o processo criminal existirem dúvidas em relação à sanidade mental do acusado, o juiz suspeita ou acata dúvida de que no momento em que o crime foi cometido, o agente da ação era inteiramente ou parcialmente incapaz de entender o que estava fazendo ou de ter a escolha se queria ou não continuar a ação. Sendo assim, instaura-se um incidente de sanidade mental (com base no art. 26 do CP):

> Art. 26. É isento de pena o agente que, por doença mental ou desenvolvimento mental incompleto ou retardado, era, ao tempo da ação ou da omissão, inteiramente incapaz de entender o caráter ilícito do fato ou de determinar-se de acordo com esse entendimento.

Neste caso, o processo fica suspenso até que a perícia seja concluída. A perícia deve ser conclusiva para estabelecer se o acusado era, ao tempo da ação ou omis-

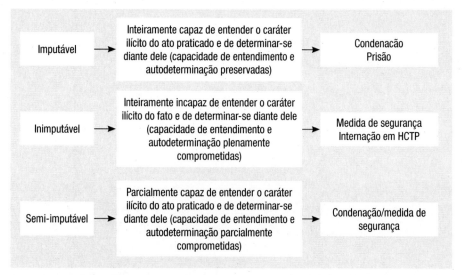

Figura 8.1 Desfechos da perícia psicológica na fase do processo penal. HCTP: hospital de custódia e tratamento psiquiátrico.

são, imputável, semi-imputável ou inimputável de acordo com a esquematização da Figura 8.1.

Um aspecto que merece esclarecimento é que, quando uma pessoa autora de crime é considerada imputável, não significa ausência de doença mental, mas sim que no momento do fato a possível doença mental não interferiu na sua ação. De certa forma, podemos entender que para o direito não basta a presença do diagnóstico, mas sim o quanto aquela patologia participou ou modulou sua ação criminosa.

Este apontamento só reforça a importância da avaliação psicológica com perícia, visto que, além de se poder estabelecer um diagnóstico, nossos procedimentos também permitem compreender, identificar e descrever o impacto de transtornos mentais, doenças orgânicas e/ou traços psicológicos sobre as funções psicológicas e o comportamento.

Fase de execução penal

Nesta fase, a demanda de perícia ocorre nos casos de pessoas que foram sentenciadas (imputáveis) ou nos casos de penas convertidas em medida de segurança (inimputáveis ou até semi-imputáveis).

Lembrando que a medida de segurança é aplicada àqueles criminosos que foram considerados inimputáveis. De certa forma, não tem uma duração determinada. Tende a se encerrar no momento em que uma informação subsidie o juiz para sua convicção de que houve a constatatação da cessação de periculosidade, conforme art. 97 do Código Penal:

> Se o agente for inimputável, o juiz determinará sua internação" (art. 26). Se, todavia, o fato previsto como crime for punível com detenção, poderá o juiz submetê-lo a tratamento ambulatorial.
>
> § 1º A internação, ou tratamento ambulatorial, será por tempo indeterminado, perdurando enquanto não for averiguada, mediante perícia médica, a cessação de periculosidade. O prazo mínimo deverá ser de 1 (um) a 3 (três) anos.
>
> § 2º A perícia médica realizar-se-á ao termo do prazo mínimo fixado e deverá ser repetida de ano em ano, ou a qualquer tempo, se o determinar o juiz da execução.

Embora o juiz da vara de execução possa formar sua convicção nos pareceres realizados pela equipe (psicólogo, psiquiatra e assistente social) dos hospitais de custódia e tratamento psiquiátrico (HCTP) que acompanham o interno, o juiz, mesmo assim, pode determinar de fato a realização de uma perícia por profissionais externos ao acompanhamento.

Já nos casos de sentenciados que solicitam a progressão da pena, por exemplo para mudar de um regime fechado para um semi-aberto, a perícia poderá ser solicitada pelo juiz da vara de execução geralmente nos casos de crimes graves contra a vida (homicídio, parricídio, crimes sexuais por repetição, por exemplo).

Sendo assim, o objetivo da atuação da psicologia na interface com o direito penal se fundamenta em:

- Avaliação da imputabilidade.
- Cessação da periculosidade (medida de segurança).
- Avaliação das vítimas.
- Avaliação das testemunhas.

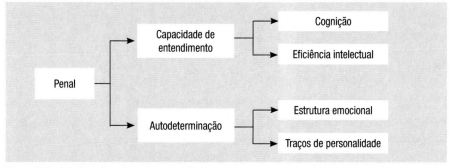

Figura 8.2   Interface da psicologia com o direito penal.

A relação do direito penal com a psicologia se fundamenta principalmente pela necessidade da verificação da responsabilidade penal, cujo processo requer um estudo aprofundado do funcionamento psicológico do sujeito acusado da prática delituosa por meio da perícia em saúde mental. A perícia criminal é determinada sempre que há dúvida sobre a integridade mental do acusado, de acordo com o art. 149 do CPP:

> Art. 149. Quando houver dúvida sobre a integridade mental do acusado, o juiz ordenará, de ofício ou a requerimento do Ministério Público, do defensor, do curador, do ascendente, descendente, irmão ou cônjuge do acusado, que seja este submetido a exame médico-legal.

PSICOLOGIA NA VARA DA EXECUÇÃO PENAL – DIREITO PENITENCIÁRIO (COLABORAÇÃO DE LOTUFO NETO, F.)

De acordo com Leal[13] e França[14], a psicologia penitenciária ou carcerária concebe em seu segmento os estudos sobre o reeducando, focado na intervenção junto ao recluso. Ao psicólogo, é designado também o trabalho com agentes de segurança, a respeito do estresse em agentes de segurança penitenciária, além do trabalho diretamente relacionado com egressos, participação nos programas de penas alternativas (penas de prestação de serviço à comunidade), ações estas relativas ao direito penitenciário.

O art. 24 da Constituição Federal (CF) brasileira optou pela denominação "direito penitenciário", eliminando outras denominações como "direito da execução penal" ou "direito penal executivo".

Desse modo, de acordo com Magnabosco[13], o direito penitenciário refere-se ao conjunto de normas jurídicas que disciplinam o tratamento dos sentenciados, isto é, à disciplina normativa. A construção sistemática do direito penitenciário deriva da unificação de normas do direito penal, direito processual penal, direito administrativo, direito do trabalho e da contribuição das ciências criminológicas, sob os princípios de proteção do direito do preso, humanidade, legalidade, jurisdicionalidade da execução penal.

Dados do Conselho Nacional de Justiça (CNJ)[15] apontam que o Brasil tem a terceira maior população carcerária do mundo, com 726.712 presos. O país está atrás apenas dos Estados Unidos e da China.

A população carcerária do Brasil está distribuída em vários estabelecimentos de diferentes categorias: penitenciárias, presídios, cadeias públicas, cadeiões, centros de detenção provisória, casas de detenção e distritos ou delegacias policiais.

Segundo o Ministério da Justiça[16], o perfil da maioria dos presos indica jovens entre 18 e 25 anos (55%) e homens (95,%). Destes, tem-se uma inversão dos dados quanto a cor da pele. Em 2014, brancos representavam 40,25%, pardos 38,89% e negros 16,72%. No senso penitenciário de 2016, observou-se que a cor negra ocupava um percentual de 64% (Tabela 8.1). Em termos educacionais, 75% de todos os presos do país detêm apenas o ensino fundamental.

Tabela 8.1 Dados demográficos da população prisional brasileira – Departamento Penitenciário Nacional (Depen), do Ministério da Justiça[16]

Crimes	%
Tráfico de drogas	37
Roubos e furtos	28
Homicídios	11
Estupro	1,5
Estupro de vulnerável	0,3
Sequestro e cárcere privado	0,2
Violência doméstica	0,7
Perfil dos presos	**%**
Jovens (18-29 anos)	55
Negros	64
Homens	95
Mulheres	5,0
Com ensino fundamental	75

População prisional total: 726.712,000

De acordo com Assis[17], esse crescimento da população prisional se traduz em superlotação das celas, que, em razão da precariedade e insalubridade, torna as prisões um ambiente propício à proliferação de epidemias e ao contágio de doenças.

Todos esses fatores estruturais, como também a má alimentação dos presos, seu sedentarismo, o uso de drogas, a falta de higiene e toda a lugubridade da prisão fazem com que o preso que ali adentrou numa condição sadia de lá não saia sem ser acometido de uma doença ou com sua resistência física.

Ressalta-se ainda que essa realidade também repercute de forma impactante na saúde mental dessa população.

Frente ao exposto, para se entender a inserção do psicólogo no sistema prisional, deve-se remeter à história das prisões, as quais sempre estiveram presentes em nossa sociedade. Entretanto, no início, elas eram o meio e não o fim da punição, ou seja, as pessoas eram presas como forma de garantir que elas cumprissem a pena, e não era considerada a pena em si.

Segundo Carvalho Filho[18], antes do século XVIII, as penas eram morte, suplício, açoite, amputação de membros, trabalhos forçados, confisco de bens etc. No século XVIII, a prisão tornou-se a essência do sistema punitivo.

A ideia de reabilitar o indivíduo para reinseri-lo na sociedade iniciou-se com o Iluminismo que teve origem na Inglaterra, influenciou o pensamento francês – determinando a Revolução Francesa –, o alemão e o italiano. Na Itália, existiu César Beccaria (1728-1794), o "Marquês de Milão", que escreveu *Dei delitti e delle pene*. Beccaria contribuiu para tornar mais humana a justiça, com a abolição da tortura, afirmando que a certeza da punição teria muito mais efeito que a gravidade das penas[19].

Sob a influência do Iluminismo, a partir do início do século XIX, "as penas de um modo geral se revestiram de um caráter retributivo, igualitário, abandonando cada vez mais as práticas sanguinárias"[20]. O encarceramento confiscava aquilo a que todos os cidadãos livres tinham direito: a liberdade. Percebeu-se que apenas a repressão não era suficiente para combater o crime, mas que era preciso dar condições para as pessoas que cumpriam penas se regenerar e retornar ao convívio social[20].

Apesar disso, no Brasil, até o século XIX as prisões não tinham a função ressocializadora. Em 1852, na construção da Casa de Correção em São Paulo, a cadeia foi isolada da sociedade por muros, pois, anteriormente, eram construídas no meio das cidades e com fácil acesso da população aos presos[18]. Atualmente, a LEP, em seu art. 90, determina que as penitenciárias masculinas devem ser construídas em local afastado do centro urbano, mas que não impeça a visita de familiares[19].

Em março de 1982, em São Paulo, foi criada a Secretaria de Justiça, origem da Secretaria da Administração Penitenciária (SAP) do Estado de São Paulo. Durante 87 anos, as prisões ficaram subordinadas ao Departamento dos Institutos Penais do Estado (Dipe), quando esse Departamento foi transformado em Coordenadoria dos Estabelecimentos Penitenciários do Estado de São Paulo (Coesp).

Em 1983, a Coesp tinha 14 unidades prisionais (por volta de 10 mil presos, sendo que a Casa de Detenção de São Paulo comportava 60% desses presos). Por três anos, houve uma tentativa, com muitas manifestações contrárias, de humanização dos presídios, com diálogos entre o corpo diretivo e os sentenciados, renovação dos técnicos etc. Em função disso, o governo seguinte focou na expansão física do sistema penitenciário. Dessa forma, em 1990, ao fim dessa nova gestão, a Coesp passou a ser composta por 37 unidades[20].

Sobre a criação da SAP, por meio da Lei n. 8.209, de 4 de janeiro de 1993, há duas versões: a primeira delas é de Salla[20], que relata que a SAP foi uma das ações do Governo de São Paulo após o "Massacre do Carandiru", ocorrido na Casa de Detenção de São Paulo em 1992, no qual 111 presos morreram após uma invasão policial; a segunda versão, presente no site da própria SAP, é de que sua criação se deveu à preocupação do Governo do Estado em estabelecer melhores condições de retorno à sociedade dos sentenciados que se encontravam sob seus cuidados.

A SAP de São Paulo foi a primeira no Brasil dedicada exclusivamente à administração do setor prisional; sua função é aplicar a LEP. Entre os objetivos da SAP, está a reabilitação do preso, por meio da oferta de trabalho, da profissionalização e da educação, buscando, simultaneamente, o comprometimento da sociedade com a questão penitenciária.

O Sistema Penitenciário do Estado de São Paulo atualmente contempla 240.062 presos em unidades que estão subdivididas em:

- Penitenciárias e penitenciárias compactas (PC): destinadas aos indivíduos que cumprem pena privativa de liberdade no regime fechado.
- Presídios, centros de progressão penitenciária (CPP) e alas de progressão penitenciária: que atendem os presos que se encontram em regime semiaberto, sendo que a última é construída ao lado de penitenciária já existente.
- Centros de detenção provisória (CDP): que comportam os presos provisórios que aguardam julgamento, antes sob a responsabilidade da Secretaria de Segurança Pública.
- Centros de ressocialização (CR): unidades mistas compostas por presos condenados no regime fechado e semiaberto, além de presos provisórios.
- Centros de readaptação penitenciária (CRP): destinados aos presos de altíssima periculosidade e que não se adaptaram nas demais unidades.
- Hospitais: centro de tratamento à saúde da mulher no sistema penitenciário, HCTP, centro cirúrgico da penitenciária do Estado e núcleo de observação criminológica.

Lei de Execução Penal *versus* Psicologia

A LEP[21], Lei n. 7.210, promulgada em 1984, previa a individualização da pena, oferecendo maiores possibilidades para recuperação e reinserção social dos sentenciados. Para tal, seria elaborado um programa individualizador da pena, por uma equipe multiprofissional. Assim, foi criada a Comissão Técnica de Classificação (CTC) que deve existir em cada estabelecimento e "será presidida pelo diretor e composta, no mínimo, por 2 (dois) chefes de serviço, 1 (um) psiquiatra, 1 (um) psicólogo e 1 (um) assistente social, quando se tratar de condenado à pena privativa de liberdade" (LEP, art. 7º). As atribuições dessa Comissão eram:

- Classificar o sentenciado segundo os seus antecedentes e personalidade.
- Orientar a individualização da execução penal.
- Elaborar o programa individualizador.

- Acompanhar a execução das penas privativas de liberdade e restritivas de direitos, propondo à autoridade competente as progressões e regressões dos regimes, bem como as conversões (LEP).

Em 1/12/2003, houve uma alteração na LEP e, entre as mudanças, estava a suspensão da avaliação do sentenciado, que era realizada por psicólogos, assistentes sociais e psiquiatras, para a progressão de regime. Desde então, o que é avaliado é o tempo de pena já transcorrido e o comportamento do sentenciado dentro da unidade prisional.

Existem algumas críticas sobre esse critério, como a de Thompson[21] que refere que "o mundo da prisão é completamente diferente, em muitos pontos antagônicos, daquele existente extramuros (...) que treinar homens para a vida livre, submetendo-os a condições de cativeiro, afigura-se tão absurdo como alguém se preparar para uma corrida, ficando na cama por semanas" (p. 13) e acrescenta que "adaptação à prisão implica em desadaptação à vida livre" (p. 14).

Com essas mudanças, os psicólogos do sistema prisional paulista passaram a realizar[23]:

- Entrevistas de inclusão: devem ser realizadas com todos os indivíduos que ingressam no sistema penitenciário com a finalidade de traçar o perfil da população carcerária, a fim de encaminhá-los para a reintegração social. A entrevista é composta por perguntas fechadas, de múltipla escolha, e abertas. As informações colhidas devem ser transcritas para um prontuário virtual.
- Reintegração social: foram elaborados alguns projetos de reintegração social, com o intuito de sistematizar os trabalhos desenvolvidos. Esses projetos foram divididos em cinco eixos de trabalho: indivíduo; família e relações sociais; pena; educação, trabalho e saúde; funcionários.

O Conselho Regional de Psicologia de São Paulo[23], desde 2004, realiza reuniões com os psicólogos do sistema penitenciário, com o intuito de discutir a atuação profissional. Os relatórios, datados de 2006, mostram, na prática, como ocorre a atuação do psicólogo nesse contexto.

As entrevistas de inclusão são alvo de críticas pelos psicólogos, tanto em relação às questões inconsistentes quanto à falta de acesso às informações gerais, ou seja, às estatísticas da própria unidade em que atuam. Além disso, os psicólogos referem que desconhecem o objetivo de tal atividade[21].

Em relação à reinserção social, os profissionais apontam falta de condições para a realização dos projetos elaborados, tanto em relação aos materiais e salas para grupos quanto à dinâmica institucional, que não incentiva as ações de reintegração, além de não haver acompanhamento adequado nem indicadores de avaliação por parte da SAP[21].

O exame criminológico para progressão de regime tem sido foco de divergências. O Poder Judiciário vinha determinado a elaboração desses exames aos psicólogos que realizavam tal atividade numa realidade em que as equipes estava pouco organizadas e sem a avaliação conjunta de outros profissionais (CTC), como Diretores de Área, conforme determina a LEP[21]. Entretanto, em 30/06/2010, o *Diário Oficial da União* publicou a resolução do Conselho Federal de Psicologia[22] n. 9, de 29 de junho de 2010, regulamentando a atuação do psicólogo no sistema prisional. A resolução veta ao psicólogo realizar exame criminológico e elaborar documento "escrito oriundo da avaliação psicológica com fins de subsidiar decisão judicial durante a execução da pena do sentenciado". A regulamentação acrescenta que, se, por acaso, houver uma determinação judicial para realizar o exame criminológico, o profissional deve deixar claro sua limitação ética.

Apesar dessa resolução, alguns magistrados continuaram a pedir a realização dos exames sob pena de descumprimento de ordem judicial, ou seja, caso o psicólogo não acatasse a ordem de realizar o exame criminológico, incorreria no crime de desobediência. Dessa forma, os profissionais ficaram presos em um dilema: ou seriam punidos por falta ética ou por crime de desobediência. Assim, em setembro de 2010, o Conselho Federal de Psicologia suspendeu a Resolução n. 9/2010 por seis meses.

Em 2011, a Resolução n. 12 delimita a atuação do(a) psicólogo(a) no âmbito do sistema prisional. No art. 4º, que trata da elaboração de documentos escritos para subsidiar a decisão judicial na execução das penas e das medidas de segurança, tem-se o seguinte:

> *a)* A produção de documentos escritos com a finalidade exposta no *caput* deste artigo não poderá ser realizada pelo(a) psicólogo(a) que atua como profissional de referência para o acompanhamento da pessoa em cumprimento da pena ou medida de segurança, em quaisquer modalidades como atenção psicossocial, atenção à saúde integral, projetos de reintegração social, entre outros.

Se a perícia for determinada: "caberá à(ao) psicóloga(o) somente realizar a perícia psicológica, a partir dos quesitos elaborados pelo demandante".

§ 1º Na perícia psicológica realizada no contexto da execução penal ficam vedadas a elaboração de prognóstico criminológico de reincidência, a aferição de periculosidade e o estabelecimento de nexo causal a patir do binômio delito-delinquente.

O que se percebe é que não existe uma sistematização do trabalho do psicólogo no sistema penitenciário, nem pesquisas para a realidade brasileira. Dessa forma, entre 2006 e 2008, desenvolveu-se um trabalho científico em duas unidades prisionais do Estado de São Paulo, com o intuito de elaborar uma intervenção para reabilitação dos sentenciados focada na realidade brasileira.

O trabalho psicoeducativo tinha o intuito de prevenir a reincidência penitenciária. A intervenção, composta de dez encontros sistematizados, teve como pano de fundo a terapia cognitivo-comportamental. Os participantes da pesquisa, divididos em dois grupos (grupo-controle e grupo de trabalho), foram avaliados antes e depois da intervenção, com o intuito de se verificar a eficácia do trabalho desenvolvido. Os instrumentos utilizados para tal avaliação foram: escala de estresse e fuga social; escala de autoestima de Rosenberg; escala de medo de avaliação negativa; questionário de pensamentos automáticos; e escala de atitudes disfuncionais.

Com a intervenção, pôde-se comprovar que, apesar de não ocorrer redução significativa na taxa de reincidência entre o grupo de trabalho e o grupo-controle, verificou-se que a terapia cognitiva para prevenção de reincidência penitenciária reduz o medo de avaliação negativa. Quem estava no grupo-controle não teve o mesmo desempenho.

A redução no escore da escala de medo de avaliação negativa está associada com um aumento da autoestima. Os participantes passam a se sentir mais seguros, mais confiantes e sem tanto receio da opinião dos outros. Outro ponto verificado é que a intervenção no grupo-controle diminuiu o escore dos participantes na escala de estresse e fuga social. Apesar de não terem sido submetidos a terapia, esses sujeitos apresentaram melhora. Isso pode ser devido ao fato de que, em virtude de estarem em um ambiente tão hostil, a oportunidade de serem ouvidos e de contarem sua história para quem realmente está interessado já se configura como uma intervenção que alivia o sintoma.

Outros autores, que desenvolveram trabalhos similares ao descrito, também não encontraram diferença em prol da diminuição da reincidência em suas amostras.

Caldwell et al.[24] estudaram o impacto de um programa de tratamento intensivo na reincidência de adolescentes masculinos com características psicopáticas. Dois grupos foram comparados: um submetido ao "tratamento usual" e outro submetido a um programa de tratamento intensivo que é realizado em uma unidade específica. Sua conclusão mostrou que não foram encontradas diferenças na reincidência de crimes menos violentos, pois estes crimes são mais influenciados por circunstâncias da vida que por fatores psicológicos. Por outro lado, o programa se mostrou mais eficaz quando focalizou os delinquentes de alto risco.

Lowenkamp et al.[25] citam um estudo de Bonta et al.[26], no qual foi realizada uma avaliação de um programa de tratamento para agressores sob supervisão comunitária, monitoramento eletrônico, liberados condicionais e outros benefícios oferecidos ao criminoso com monitorização eletrônica. Formaram-se três grupos: criminosos eletronicamente monitorados, liberados condicionais e presos que saíram em liberdade. A conclusão do estudo mostrou um aumento de 17% nas taxas da reincidência dos delinquentes de baixo risco. Entretanto, os delinquentes de alto risco, submetidos ao mesmo programa, apresentaram uma redução de 20% na reincidência. Os autores discutem que os criminosos de baixo risco ainda foram pouco expostos a pensamentos relacionados à criminalidade e, com o programa, ficam mais expostos a isso e a reincidência aumenta[26].

O estudo de metanálise de Lowenkamp et al.[25] demonstrou que os programas correcionais analisados apresentaram aumento em taxas da reincidência em delinquentes de baixo risco. Outro ponto mencionado foi que a eficácia do programa aumenta se a terapia comportamental cognitiva for associada com outros serviços e mostrou a necessidade do programa ser mais intensivo. Esses outros serviços poderiam ser os apontados por Lipsey et al.[27]: orientação em saúde mental, orientação vocacional, treinamento laborterápico e programas educacionais.

Petersilia[28], após rever estudos sobre o que funciona e o que não funciona em programas prisionais de reabilitação, concluiu que os programas devem ser intensivos (de, pelo menos, três meses), focados em indivíduos de um risco mais elevado e devem usar técnicas cognitivas no tratamento. O autor aponta um problema: os resultados da literatura frequentemente não são tão eficazes quando aplicados no cotidiano prisional.

HOSPITAL DE CUSTÓDIA E TRATAMENTO PSIQUIÁTRICO

Outra importante área de atuação no sistema prisional é o hospital de custódia e tratamento psiquiátrico (HCTP). No que tange à legislação brasileira, o CP de 1890 dispunha que não são criminosos os que "por imbecilidade nativa ou enfraquecimento senil forem absolutamente incapazes de imputação" e "os que se acharem em estado de completa privação dos sentidos e da inteligência no ato de cometer o crime". E ainda preceituava que "os indivíduos isentos de culpabilidade em resultado de afecção mental serão entregues às suas famílias ou recolhidos a hospitais de alienados, se o seu estado mental assim exigir para a segurança do público".

Cinquenta anos depois, o CP de 1940 instituiu o chamado sistema do "duplo binário", que apresentava dois tipos de reação penal: de um lado, a pena, medida segundo o grau de culpabilidade do sujeito e a gravidade de seu ato; e, de outro, a medida de segurança, fundada na avaliação do grau de periculosidade do acusado. A medida de segurança deveria atingir os "loucos criminosos" e algumas outras classes de delinquentes não alienados. Assim, configurava-se a aplicação dupla de pena e a medida de segurança.

O manicômio judiciário passou a ser denominado hospital de custódia e tratamento psiquiátrico, conforme previsão do CP brasileiro nos seus arts. 96 e 97 e na LEP no art. 99. A permanência do modelo manicomial tem acirrado a discussão sobre os direitos humanos de pessoas com transtornos mentais autoras de delito e sobre o direito das famílias acompanharem e assistirem os seus entes internados.

Segundo Mirabete[28], com a Reforma Penal de 1984, foi adotado o sistema vicariante: o fundamento da pena passa a ser exclusivamente a culpabilidade, enquanto a medida de segurança encontra justificativa somente na periculosidade aliada à incapacidade penal do agente. A partir daí, a medida de segurança passou a ser aplicada apenas aos inimputáveis, tendo tal instituto a natureza preventiva, e não a punitiva. Com essa Reforma, as medidas de segurança, que visavam a garantir a proteção tanto do indivíduo com transtorno mental quanto da sociedade, são alteradas no art. 96 do CP e passam a significar obrigatório tratamento psiquiátrico; seja internado em HCTP ou, à falta de outro estabelecimento adequado, sujeito ao tratamento ambulatorial.

Assim, conceitos de culpabilidade, imputabilidade e periculosidade emergem plasmando a terminologia jurídica à da psiquiatria. Moura[29] define imputabilidade como a capacidade de entendimento psíquico do caráter ilícito do comportamento delituoso, de acordo com o que prevê o art. 26 do CP brasileiro. O conceito de periculosidade tem sido objeto de muitos debates nas áreas médica e jurídica, constituindo-se relevante desde o século XIX. Segundo Foucault[30]:

> a grande noção da criminologia e da penalidade em fins do século XIX foi a escandalosa noção, em termos de teoria penal, de periculosidade. A noção de periculosidade significa que o indivíduo deve ser considerado pela sociedade ao nível de suas virtualidades, e não ao nível de seus atos; não ao nível das infrações efetivas a uma lei efetiva, mas das virtualidades de comportamento que elas representam.

Nesses termos, tem-se que o conceito da periculosidade presumida justificou a criação e a manutenção do instituto da medida de segurança como forma de proteger a sociedade daquele que é perigoso *a priori*. Dessa forma,

> quando se suspeita que o indivíduo que praticou ato delituoso apresenta algum transtorno mental, deve ser feita uma solicitação de exame médico-legal, atualmente acrescido a este exame a avaliação psicológica, para que se avalie a imputabilidade com vistas à formação do processo de incidente de insanidade mental.

A necessidade da internação de um réu em um HCTP se deve ao art. 26 do CP brasileiro: "é isento de pena o agente que, por doença mental ou desenvolvimento mental incompleto ou retardado, era, ao tempo da ação ou da omissão, inteiramente incapaz de entender o caráter ilícito do fato ou de determinar-se de acordo com esse entendimento". Frente ao exposto, a pessoa considerada inimputável ou, por vezes, semi-imputável recebe a medida de segurança.

Por medida de segurança entende-se o tratamento a que deve ser submetido o autor de crime com o fim de curá-lo ou, no caso de tratar-se de portador de doença mental incurável, de torná-lo apto a conviver em sociedade com redução ou eliminação do risco de reincidência criminal, conforme art. 96 do CP: "I – internação em hospital de custódia e tratamento psiquiátrico ou, à falta, em outro estabelecimento adequado; II – sujeição a tratamento ambulatorial."

No art. 96 do CP, ainda consta que o tratamento deverá ser realizado em HCTP – nos casos em que é necessária a internação do paciente – ou, quando não houver necessidade de internação, o tratamento será ambulatorial (a pessoa se apresenta durante o dia em local próprio para o atendimento), dando-se assistência médica ao paciente.

Caso não haja hospitais adequados para tratamento em certas localidades, o Código diz que o tratamento deverá ser feito em outro estabelecimento adequado, e, importantíssimo, o presídio não pode ser considerado estabelecimento adequado para tratar doente mental.

O prazo mínimo deve ser estabelecido pelo juiz que aplica a medida de segurança: é de 1 a 3 anos (art. 97, § 1º, do CP). No CP, não há previsão de prazo máximo de duração da medida de segurança. Ressalta-se, no entanto, que o CP determina que, no Brasil, não haverá pena de caráter perpétuo e que o tempo de prisão não excederá 30 anos (art. 75 do CP), visto isso, depreende-se que a medida de segurança não deva ultrapassar 30 anos de duração.

Em seu objetivo, o HCTP é uma instituição mista, sendo destinada a:

• Cumprimento de medida de segurança para inimputáveis de ambos os sexos e, ocasionalmente, para semi-inimputáveis, ou seja, indivíduos abrangidos pelo art. 26, *caput*, do CP brasileiro em seu parágrafo único.
• Realizações de laudos de sanidade mental em réus de ambos os sexos.
• Tratamento e/ou avaliação de sentenciados e réus que venham a sofrer de doença mental.

O psicólogo, no HCTP, integra o núcleo de atendimento multidisciplinar, tendo as seguintes atribuições:

• Avaliar a evolução de cada paciente/preso, desenvolvendo ações para a melhoria de seu processo de evolução, visando à sua desinternação.
• Observar e registrar a reação dos pacientes/presos aos programas em execução.
• Atuar em parceria com as outras áreas do estabelecimento, visando ao tratamento integrado dos pacientes/presos.

- Registrar, nos prontuários, a evolução dos pacientes/presos, observações que contribuam para uma melhor compreensão de cada caso.
- Registrar dados e manter arquivo sobre suas atividades.
- Prestar orientação e acompanhamento aos pacientes/presos, seus familiares e servidores envolvidos com o tratamento;
- Recepcionar o paciente/preso e situá-lo na instituição por meio de entrevista de inclusão.
- Participar das reuniões técnicas multidisciplinares para discussão de casos, avaliação da dinâmica institucional e elaboração das normas de funcionamento internas.
- Acompanhar, semanalmente, o grupo de pacientes/presos que lhe for designado, avaliando-os para as saídas da instituição e para a desinternação progressiva domiciliar.
- Supervisionar as atividades desenvolvidas por aprimorados e estagiários de psicologia.
- Efetuar avaliação psicológica dos pacientes/presos para compor os pareceres de verificação da cessação de periculosidade.
- Pesquisar elementos para subsidiar o diagnóstico.
- Planejar e executar programas de intervenção psicológica aos pacientes/presos e seus familiares, visando à desinternação.
- Manter contatos com instituições congêneres e de saúde.

CONSIDERAÇÕES FINAIS

É fato notório que as demandas nos vários segmentos da sociedade implicam uma maior participação do profissional da psicologia, o que não é diferente nas relações com o sistema jurídico. No direito penal, tem-se um papel relevante no que concerne às ações nos casos da suspeita de associação entre um transtorno mental e a prática criminal. Enfatizamos aqui a importância e os procedimentos da realização da perícia psicológica como recurso na compreensão da responsabilidade penal. Conquanto, enfatizamos a condição imprescindível e necessária da qualificação consistente do profissional para atuar nesta área em psicopatologia, personalidade (estudo dos traços psicológicos), psicologia cognitiva, neuropsicologia, técnicas de entrevista e conhecimentos de instrumentos de avaliação psicológica, aliados às noções do direito.

REFERÊNCIAS BIBLIOGRÁFICAS

1. Figueiredo RV. Código de Processo Penal. São Paulo: Rideel; 2010.
2. De Jesus DE. Código Penal anotado, 19. ed. São Paulo: Saraiva; 2009.

3. Huss MT. Forensic psychology: research, clinical practice, and applications, 2.ed. New York: John Wiley & Sons; 2013. 389p.
4. Heide KM. Evidence of child maltreatment among adolescent parricide offenders. International Journal of Offender Therapy and Comparative Criminology. 1994;38(2).
5. Noronha EM. Direito penal. 36. ed. São Paulo: Saraiva; 2001. p. 164.
6. Führer MRE. Tratado da inimputabilidade no direito penal. São Paulo: Malheiros; 2000.
7. Spinelli MG. A systematic investigation of 16 cases of neonaticide. Am J Psychatry. 2001; 158:811-3.
8. Maranhão OR. Curso básico de medicina legal. 8. ed. São Paulo: Malheiros; 1995
9. De Jesus DE. Direito penal. São Paulo: Saraiva; 2001.
10. Zaffaroni ER, Pierangeli JH. Manual de direito penal brasileiro (parte geral). São Paulo: Revista dos Tribunais; 1999.
11. Barros FAM. Direito penal: parte geral. 3. ed. São Paulo: Saraiva; 2003
12. Serafim AP, Saffi F, Marques NM, Acha MFF, Oliveira MC. Avaliação neuropsi-cológica forense. 1. ed. São Paulo: Pearson; 2017.
13. Leal LM. Psicologia jurídica: história, ramificações e áreas de atuação. Diversa. 2008;2:171-85.
14. França F. Reflexões sobre psicologia jurídica e seu panorama no Brasil. Psicologia: Teoria e Prática. 2004;6(1):73-80.
15. Conselho Nacional de Justiça. Disponível em: www.jusbrasil.com.br.
16. Ministério da Justiça. Departamento Penitenciário Nacional. Levantamento Nacional de Informações Penitenciárias. Atualização - junho de 2016. Disponível em: http://www.justica.gov.br/news/ha-726-712-pessoas-presas-no-brasil/relatorio_2016_junho.pdf.
17. Assis RD. A realidade atual do sistema penitenciário brasileiro. Revista CEJ. 2007;39:74-8.
18. Carvalho Filho LF. A prisão. São Paulo: Publifolha; 2002.
19. Saffi F, Benvenutto RAAL, Martins LC, Caires MAF, Rigonatti SP. Psicólogo e sistema penitenciário: estudo com profissionais atuantes nas unidades de regime fechado no estado de São Paulo. São Paulo: HC-FMUSP; 2002.
20. Salla F. As prisões em São Paulo: 1822 a 1940. São Paulo: Annablume; 1999.
21. Lei de Execução Penal. Disponível em: http://www.planalto.gov.br/ccivil_03/leis/L7210.htm
22. Thompson A. A questão penitenciária. Rio de Janeiro: Forense; 1980.
23. Conselho Regional de Psicologia. Disponível em: http://www.crpsp.org.br.
24. Caldwell, Skeem J, Salekin R, Van Rybroek GJ. Treatment response of adolescent offenders with psychopathy features criminal justice and behavior. 2006;33(5):571-96.
25. Lowenkamp CT, Latessa EJ, Holsinger AM. The risk principle in action: what have we learned from 13,676 offenders and 97 correctional programs? Crime & Delinquency. 2006;52:77-93.
26. Bonta J, Wallace-Capretta S, Rooney J. A quasi-experimental evaluation of an intensive rehabilitation supervision program. Criminal Justice and Behavior. 2000;27(3):312-29.
27. Lipsey MW, Landenberger NA, Wilson SJL. Effects of cognitive-behavioral programs for criminal offenders. Nashville: Campbell Systematic Reviews; 2007.
28. Mirabete JF. Código de Processo Penal interpretado. 9. ed. São Paulo: Atlas; 2002.
29. Moura LA. Imputabilidade, semi-imputabilidade e inimputabilidade. In: Cohen C, Ferraz FC, Segre M (orgs.). Saúde mental, crime e justiça. São Paulo: Edusp; 1996.
30. Foucault M. As verdades e as formas jurídicas. 3. ed. Rio de Janeiro: Nau; 2003.

9

Perícia psicológica na vara de família

SUMÁRIO
Introdução, 162
A atuação do psicólogo na vara de família, 164
Considerações finais, 175
Referências bibliográficas, 176

INTRODUÇÃO

O direito de família é uma ramificação do direito civil, cuja competência se insere na normatização para regular o casamento, desde sua celebração até a sua dissolução. É a especialidade do direito que contém normas relacionadas com a estrutura, organização e proteção da família. É o ramo que trata das relações familiares e das obrigações e direitos decorrentes dessas relações.

Para Diniz[1], o direito de família é constituído por uma complexidade de normas voltadas à celebração do casamento, sua validade e os efeitos decorrentes dessa ação, como também sua dissolução e suas consequências. Aborda também a união estável, as relações entre pais e filhos, o vínculo de parentesco e os institutos relativos à tutela e à curatela.

Com base nos conceitos supracitados e considerando a importância da família no desenvolvimento saudável de seus membros, visto que, na atualidade, há uma vertiginosa transformação da configuração e do funcionamento da família, pode--se conjecturar a amplitude e importância da atuação do psicólogo no direito da família, dadas as complexas vertentes que possivelmente venham a se configurar em questões psicológicas e jurídicas, uma vez que se trata de uma área que envolve relações afetivas e sociais intensas ligadas à organização e ao funcionamento familiar.

A fim de abordar o direito de família, faz-se necessário conceituar o termo família, que pode ser descrito sob dois prismas[2,3]:

- Um no constructo da psicologia, em que a família pode ser abordada como unidade doméstica, assegurando as condições materiais necessárias à sobrevivência, como instituição, referência e local de segurança, como formador, divulgador e contestador de um vasto conjunto de valores, imagens e representações, como um conjunto de laços de parentesco ou um grupo de afinidade, com variados graus de convivência e proximidade.
- O outro, no contexto mais jurídico, em que a família é um elo formado entre pessoas por meio do casamento.

A Constituição Federal de 1988, no art. 226, §§ 3º e 4º, inovou e ampliou o conceito de família:

§ 3º Para efeito da proteção do Estado, é reconhecida a união estável entre o homem e a mulher como entidade familiar, devendo a lei facilitar sua conversão em casamento.

§ 4º Entende-se, também, como entidade familiar a comunidade formada por qualquer dos pais e seus descendentes.

Segundo Scalquette[6], essa inovação se traduz juridicamente da seguinte forma para compreensão do conceito de família:

- Conjunto de pessoas unidas pelo casamento (cônjuges e filhos).
- Conjunto de pessoas unidas em união estável (entidade familiar).
- Conjunto de pessoas formado por um só dos pais com sua prole (a família monoparental).

Ressalta-se que, em junho de 2011, o Supremo Tribunal Federal (STF) reconheceu e oficializou a união estável entre casais de mesmo sexo, cuja condição lhes assegura direitos iguais reconhecidos nos tribunais do país, que englobam o casamento civil, herança, pensão previdenciária e alimentícia em caso de separação, licença médica, comunhão parcial de bens e, futuramente, a facilidade de adoção, entre outros benefícios.

Além desses três tipos de família, podemos elencar também a vinculação socioafetiva e a multiparentalidade. Silvia, Vieira e Machado[4] afirmam que "A família com base neste afeto, com liberdade, responsabilidade recíproca e verdade, gerará um grupo familiar mais preocupado com o coletivo, contribuindo, assim, para a correção de conflitos e aflições sociais". E acrescentam que a socioafetividade vem ganhando força e pode tornar-se, por vezes, mais importante. Por sua vez, a multiparentalidade "surge como uma solução dos conflitos judiciais, dedicando-se concomitantemente aos vínculos biológicos e afetivos".

Visto isso, o conceito de família pode ser entendido ainda em dois sentidos: a) amplo, que configura um grupo de pessoas que descendem de um ancestral comum e afins; b) nuclear, que é o grupo que se forma por meio de casamento, união estável, filiação e, também, da comunidade formada por um dos pais e seus descendentes (família monoparental).

Nas disputas familiares, é de suma importância a presença do psicólogo, pois se está lidando com um ponto muito delicado do ser humano, representado pelo seu universo de relações mais íntimas. O psicólogo na vara de família pode atuar como perito ou assistente técnico, além de mediador.

A ATUAÇÃO DO PSICÓLOGO NA VARA DE FAMÍLIA

A atuação do psicólogo na vara de família engloba diversas áreas, como:

- Mediação.
- Adoção.
- Tutela.
- Separação/divórcio.
- Guarda.
- Regulamentação de visita.
- Casos de síndrome de alienação parental (SAP).

Mediação

Em 2015, foi promulgada a Lei n. 13.140[5], que dispõe sobre a mediação de conflitos como meio de solução de controvérsias.

A mediação é uma atividade técnica exercida por uma pessoa imparcial, que não está envolvida no conflito, ou seja, que não é parte, e que também não tem poder decisório. Enquanto ocorre a mediação, o processo fica suspenso (art. 694, parágrafo único, CC). O mediador, que deve ser formado em curso superior há pelo menos dois anos e ter capacitação em escola ou instituição de formação de mediadores (art. 11), pode ser designado pelo tribunal ou nomeado pelas partes (art. 4º). O mediador deve ser aceito pelas partes envolvidas no litígio e tem como função auxiliar e estimular "a identificar ou desenvolver soluções consensuais para a controvérsia" (art. 1º, parágrafo único).

No que tange a impedimentos ou suspeições, as mesmas regras que valem para os juízes se aplicam aos mediadores (arts. 144 e 145, CPC), que dizem respeito basicamente a não ter nenhum conhecimento prévio da causa e nenhum tipo de interesse por um dos lados:

Art. 144. Há impedimento do juiz, sendo-lhe vedado exercer suas funções no processo:
I – em que interveio como mandatário da parte, oficiou como perito, funcionou como membro do Ministério Público ou prestou depoimento como testemunha;
II – de que conheceu em outro grau de jurisdição, tendo proferido decisão;
III – quando nele estiver postulando, como defensor público, advogado ou membro do Ministério Público, seu cônjuge ou companheiro, ou qualquer parente, consanguíneo ou afim, em linha reta ou colateral, até o terceiro grau, inclusive;
IV – quando for parte no processo ele próprio, seu cônjuge ou companheiro, ou parente, consanguíneo ou afim, em linha reta ou colateral, até o terceiro grau, inclusive;
V – quando for sócio ou membro de direção ou de administração de pessoa jurídica parte no processo;
VI – quando for herdeiro presuntivo, donatário ou empregador de qualquer das partes;
VII – em que figure como parte instituição de ensino com a qual tenha relação de emprego ou decorrente de contrato de prestação de serviços;
VIII – em que figure como parte cliente do escritório de advocacia de seu cônjuge, companheiro ou parente, consanguíneo ou afim, em linha reta ou colateral, até o terceiro grau, inclusive, mesmo que patrocinado por advogado de outro escritório;
IX – quando promover ação contra a parte ou seu advogado.
§ 1º Na hipótese do inciso III, o impedimento só se verifica quando o defensor público, o advogado ou o membro do Ministério Público já integrava o processo antes do início da atividade judicante do juiz.
§ 2º É vedada a criação de fato superveniente a fim de caracterizar impedimento do juiz.
§ 3º O impedimento previsto no inciso III também se verifica no caso de mandato conferido a membro de escritório de advocacia que tenha em seus quadros advogado que individualmente ostente a condição nele prevista, mesmo que não intervenha diretamente no processo.
Art. 145. Há suspeição do juiz:
I – amigo íntimo ou inimigo de qualquer das partes ou de seus advogados;
II – que receber presentes de pessoas que tiverem interesse na causa antes ou depois de iniciado o processo, que aconselhar alguma das partes acerca do objeto da causa ou que subministrar meios para atender às despesas do litígio;

III – quando qualquer das partes for sua credora ou devedora, de seu cônjuge ou companheiro ou de parentes destes, em linha reta até o terceiro grau, inclusive;

IV – interessado no julgamento do processo em favor de qualquer das partes.

§ 1º Poderá o juiz declarar-se suspeito por motivo de foro íntimo, sem necessidade de declarar suas razões.

§ 2º Será ilegítima a alegação de suspeição quando:

I – houver sido provocada por quem a alega;

II – a parte que a alega houver praticado ato que signifique manifesta aceitação do arguido.

O parágrafo único do art. 5º da Lei n. 13.140/2015 dispõe que a pessoa que foi nomeada como mediador deve informar às partes, antes de aceitar o encargo, qualquer fato/circunstância que possa levantar dúvidas sobre sua imparcialidade.

As mediações podem ser:

- Judiciais: ocorrem nos centros judiciários de solução consensual de conflitos, os mediadores não estão sujeitos à prévia aceitação das partes e deverão ser concluídas em até sessenta dias (a partir da primeira sessão), a não ser quando as partes acordarem sua prorrogação.
- Extrajudiciais: uma das partes deve fazer o convite de mediação extrajudicial a outra parte por qualquer meio de comunicação informando o tema que será abordado, data e local da primeira reunião, que deverá ocorrer em local apropriado e sigiloso. Nesse convite serão elencados os nomes de cinco mediadores para que a parte convidada escolha quem será o mediador. Se não houver escolha, o primeiro da lista será o mediador.

As partes poderão ser assistidas por defensores públicos ou advogados durante a mediação. Caso apenas uma das partes compareça com defensor, a mediação é suspensa para que a outra parte também tenha um defensor. Todo o processo de mediação é sigiloso, e isso deve ser dito às partes logo no início do processo e a qualquer momento que se fizer necessário. As reuniões de mediação poderão ocorrer conjuntamente ou individualmente, dependendo da solicitação do mediador, que também poderá solicitar informações para compreensão do caso.

"O procedimento de mediação será encerrado com a lavratura do seu termo final, quando for celebrado acordo ou quando não se justificarem novos esforços para a obtenção de consenso, seja por declaração do mediador nesse sentido ou por manifestação de qualquer das partes" (art. 20, Lei n. 13.140/2015).

Após o encerramento do processo de mediação, o conciliador e o mediador ficam impedidos, pelo prazo de um ano, contado do término da última audiência em que atuaram, de assessorar, representar ou patrocinar qualquer das partes (art.

172, CPC). Se o mediador agir com dolo ou culpa na condução da conciliação ou da mediação, ele será excluído do cadastro de conciliadores e mediadores (art. 173, CPC).

Carvalho e Cardoso[6] afirmam que a mediação de conflitos

> pode ser entendida como um método mais adequado e pacífico de resolução de conflitos, em que os indivíduos envolvidos são levados ao diálogo com a ajuda de um mediador, neutro e imparcial, visando expor as questões em disputa com o objetivo de desenvolver opções, considerar alternativas e chegar a um acordo que seja mutuamente aceitável.

Concordamos em parte com eles, quando consideramos a mediação um método de resolução de conflitos, mas não é necessariamente o mais pacífico e o mais adequado. Cada situação deve ser analisada individualmente, e, a partir dessa análise, decide-se o que é mais adequado. A mediação pode inclusive ocorrer após uma perícia, como sugestão desta.

Entende-se que a mediação de conflitos possui potencial transformador: a partir da crise, cria-se algo. A solução não é imposta, mas as partes chegam a ela a partir da intermediação por um terceiro. Como dizem Müller, Beiras e Cruz[7], "não é o mediador quem decidirá ou trará a solução, mas sim, as próprias partes". Esses mesmos autores descrevem que, para realizar a mediação, utiliza-se técnicas de psicoterapia, como "a sumarização positiva, o resumo e o enquadre".

Adoção

Segundo o Estatuto da Criança e do Adolescente, a adoção é o ato excepcional e irrevogável quando esgotadas todas as outras alternativas de manutenção na família natural, quando uma pessoa estabelece uma relação de filiação com outra pessoa com quem não mantém parentesco consanguíneo. Atribui os mesmos direitos e deveres de filho biológico ao filho adotado, inclusive sucessórios.

A adoção revela-se como um dos atos mais importantes na área da infância e juventude, pois coloca a criança ou adolescente em lar substituto, de forma definitiva e irrevogável.

A adoção não é deferida a qualquer pessoa que tenha interesse. Algumas formalidades são necessárias. A preocupação dos técnicos, psicólogos, assistentes sociais, promotores e juízes é com a criança ser adotada. Deve prevalecer o melhor interesse para as crianças.

O adotando deve contar com, no máximo, 18 anos à data do pedido, salvo se já estiver sob a guarda ou tutela dos adotantes, que devem ser, no mínimo, 16 anos mais velhos que o adotando. O estado civil não é relevante para o adotante, portanto a adoção pode ser feita apenas por uma única pessoa, mas em casos de adoção conjunta, é necessário que os adotantes sejam casados ou mantenham união estável, pelo menos no período de estágio de convivência.

As fases do processo de adoção são:

- O pretenso adotante deve procurar o Juizado da Infância e da Juventude, dirigir-se à Seção de Colocação em Família Substituta e solicitar uma entrevista com os técnicos para obter as informações preliminares necessárias à formalização do seu pedido.
- O adotante deve ter no mínimo 18 anos e 16 anos de diferença em relação ao adotado.
- Caso o adotante seja casado, a adoção deve ser pretendida por ambos.
- Irmãos não podem adotar os próprios irmãos, e os avós não podem adotar os seus netos.
- São realizadas entrevistas, visitas às residências dos pretensos adotantes.
- Depois de esclarecidas todas as dúvidas dos técnicos do Juizado, o processo segue para o promotor, que se manifestará sobre a habilitação.
- O processo segue para o juiz, que poderá deferir a habilitação dos adotantes.
- Depois de aprovados pelo juiz, os adotantes passarão a integrar um cadastro, ou relação, de possíveis adotantes.
- Quando a criança que será adotada é encaminhada para a família que pretende adotá-la, passa-se por um "estágio de convivência", que é um período de tempo em que o juiz expede um termo de guarda antes de deferir a adoção (nesse prazo, é possível desistir da adoção, pois esta ainda não foi formalizada).
- Após a adoção ser formalizada, não existe mais desistência. A adoção cancela os vínculos familiares anteriores e cria um novo vínculo, definitivo.

O papel do psicólogo na adoção é fornecer subsídios por escrito (laudos) ou verbalmente (audiências). Presente na equipe pericial interprofissional, junto com assistente social e, às vezes, pedagogo (em casos de crianças indígenas, antropólogo), diagnostica as situações que envolvem a criança ou o adolescente e sua família, com os encaminhamentos pertinentes ao caso. Atua ainda quando realiza orientações e acompanhamentos com o objetivo de propiciar mudanças. É interessante notar que a intervenção do psicólogo pode tanto ser direcionada aos adotantes como à criança que será adotada. A avaliação da criança pode tanto ocorrer antes de o processo de adoção começar (na destituição do poder familiar, por exemplo) como durante o estágio de convivência ou mesmo ser realizado um acompanhamento posterior à adoção.

Entre os procedimentos realizados pelo psicólogo estão: aproximação gradual dos pretendentes habilitados com crianças e/ou adolescentes, assessoria à recém-formada família substituta durante o estágio de convivência e acompanhamento das famílias adotivas com dificuldades. Em relação ao adotado, verifica-se compreensão sobre a adoção, a qualidade dos vínculos que mantém, a disponibilidade para consolidar outros novos vínculos, o modo como tenta elaborar o rompimento com sua família de origem e como os genitores biológicos estão representados em seus psiquismos.

Na avaliação dos pretendentes, o casal é entrevistado conjuntamente, mas, se necessário, são realizadas entrevistas individuais, e quando existem filhos na família, estes também podem ser entrevistados. Oliveira[8] destaca os seguintes aspectos que normalmente psicólogos que atuam nessa área abordam: motivos que levaram à adoção, como é a criança idealizada, quais são os medos e as angústias diante da situação, como a história pregressa do adotado será tratada, suporte de parentes e amigos.

Percebemos que o processo de adoção é lento e delicado, tanto para quem está na espera de um filho como para a criança/adolescente à espera de uma família. As expectativas e as fantasias são enormes e devem ser reformuladas para a realidade.

Tutela

Tutela é o encargo atribuído pela Justiça a um adulto capaz, para que proteja, zele, guarde, oriente, responsabilize-se e administre os bens de crianças e adolescentes cujos pais são falecidos ou estejam ausentes até que completem 18 anos de idade. O tutor não tem o exercício do "poder familiar", ou seja, não tem total liberdade para desempenhar o seu papel. Para exercer qualquer ato referente ao tutelado ou aos seus bens, o tutor depende da supervisão judicial.

São três os tipos de tutela:

- Tutela testamentária: quando o tutor é escolhido pelos pais e é indicado no testamento ou documento autêntico, que é qualquer documento que não deixa dúvidas quanto à nomeação do tutor e à identidade de quem será tutelado. Esse tipo de tutela só se efetiva quando o outro cônjuge não pode exercer o poder familiar, ou quando aquele que nomeia o tutor tem o poder familiar ao tempo de sua morte.
- Tutela legítima: quando o tutor não é nomeado pelos pais por testamento ou documento autêntico, parentes consanguíneos podem ser nomeados tutores, seguindo a ordem: ascendentes, preferindo o de grau mais próximo ao mais remoto; colaterais até o terceiro grau, preferindo os mais próximos aos mais remotos, e, no mesmo grau, dos mais velhos aos mais moços. O juiz deverá escolher o mais capaz de exercer a tutela em benefício da criança/do adolescente.

- Tutela dativa: determinada por sentença judicial, quando não há tutor testamentário ou legítimo, ou quando eles forem escusados ou excluídos da tutela, ou forem removidos por não serem idôneos.

Os irmãos serão encaminhados a um único tutor. Quando mais de um tutor for nomeado por disposição testamentária sem indicação de precedência, a tutela será dada ao primeiro, e os outros lhe sucederão pela ordem de nomeação, se ocorrer morte, incapacidade, escusa ou qualquer outro impedimento.

Algumas pessoas são consideradas incapazes de exercer a tutela, em razão de não terem condições para exercê-la, por terem qualquer conflito de interesses com o tutelado, os condenados por crime de furto, roubo, estelionato, falsidade, crime contra a família ou os costumes, tenham ou não cumprido pena.

De modo geral, as pessoas nomeadas como tutores não podem escusar-se de tal função, a não ser aqueles casos elencados no art. 1.736 do CC, que são:

> I – mulheres casadas;
> II – maiores de sessenta anos;
> III – aqueles que tiverem sob sua autoridade mais de três filhos;
> IV – os impossibilitados por enfermidade;
> V – aqueles que habitarem longe do lugar onde se haja de exercer a tutela;
> VI – aqueles que já exercerem tutela ou curatela;
> VII – militares em serviço.

A tutela é encerrada quando: o tutelado atinge a maioridade ou é emancipado; o menor cai "sob o poder familiar, no caso de reconhecimento ou adoção" (art. 1.763, CC); expira o tempo que o tutor era obrigado a servir; o tutor for removido ou pela morte do tutelado.

A diferença entre tutela e curatela é que a primeira destina-se a menores de idade, e a segunda, a maiores incapazes.

Tanto o tutor como o curador são cuidadores designados pelo juiz, assumindo o compromisso legal de zelar pelos direitos e garantias fundamentais. É ele quem administra os bens, a pensão ou a aposentadoria, protege e zela pelo bem-estar físico, psíquico, social e emocional daquele por quem é responsável.

Para uma pessoa ter um curador, ela necessita ser interditada. A cessação da curatela ocorre quando o incapaz recobra sua capacidade.

Separação/divórcio

Dados do Instituto Brasileiro de Geografia e Estatística (IBGE)[9] demonstraram que em 2016 foram registrados 1.095.535 casamentos no país (cerca de quase 42 mil matrimônios a menos que os registrados em 2015). Ao passo que as separações totalizaram 344.526 em 2016. Os dados indicam ainda que em grande parte delas o pedido inicial costuma ser feito pelas mulheres. O mesmo ocorre em outras partes do mundo.

No Brasil, o casamento pode ser dissolvido por morte, anulação ou divórcio, permitindo que os cônjuges venham a contrair novas núpcias. O divórcio/separação é, quase sempre, extremamente traumático. Nessas situações, surgem mal-estar e sofrimento. As separações, quer sejam situações impostas ou desejadas, não estavam nos planos iniciais de quem se casou. Por tal razão, o acompanhamento de um psicólogo é essencial.

A separação pode ser consensual – feita quando houver mútuo consentimento – ou litigiosa – feita sem o consentimento de um dos cônjuges.

A separação litigiosa pode ocorrer por:

- Falência: quando o casal está separado há mais de um ano. Nesse caso, não se discute culpa.
- Sanção: discute-se quem violou os direitos conjugais (p. ex., adultério) ou quando a vida conjugal passa a ser insustentável.
- Remédio: quando um dos cônjuges torna-se doente mental durante o casamento, e sua doença é manifestada há mais de dois anos, de cura improvável e que impossibilite a vida conjugal.

A homeostase familiar (harmonia, rotina, em que tudo é conhecido e mais ou menos previsível), no processo de separação, é rompida. Essa ruptura causa uma crise, que pode ser superada ou pode ser mantida, ocasionando sofrimentos a todos os envolvidos. Normalmente, a separação é resultado de sucessivas crises de desequilíbrio entre o casal.

Com a decisão da separação, surge uma fase de turbulência durante o período de negociação que os pares travam para decidir como será a nova vida de cada um deles. Mesmo que a decisão seja de comum acordo, a turbulência ocorre, pois as vidas de ambos saem do equilíbrio anterior. Por essa razão, as separações são quase sempre traumáticas.

Uma metanálise realizada por Raposo et al.[10] aponta o impacto da separação/divórcio nas crianças. Conclui que a separação dos pais "se associa a problemas transitórios de ajustamento nas crianças, as quais diminuem os resultados desenvolvimentais e estão duas vezes mais em risco de desenvolver problemas que a população não divorciada, nos dois primeiros anos após dissolução conjugal".[10] Os estudos mostram que os problemas apresentados pelas crianças são decorrentes dos conflitos gerados pela separação, e não pela separação em si.

Guarda e regulamentação de visitas

Com a separação, algumas decisões devem ser tomadas, como com quem deve ficar a guarda dos filhos e como ocorrerão as visitas do outro genitor. Para decidir a respeito, os juízes da vara de família recorrem à ajuda do psicólogo forense.

A guarda pode ser mudada a qualquer momento. Quem detém a guarda dos filhos deve lhes representar para alguns atos da vida civil. Ela se encerra com a maioridade ou com a emancipação do indivíduo, ou ainda quando for comprovado que o guardião não é mais uma pessoa idônea.

Dessa forma, cabe ao profissional conversar com todas as partes envolvidas no processo e emitir um parecer recomendando, com base em uma avaliação psicológica, a melhor atitude a ser tomada. Quando envolve a guarda de filhos, o papel do perito é verificar as condições mentais da criança envolvida na lide, como ela se relaciona com os dois genitores e, também, em algumas ocasiões, verificar as condições mentais dos genitores.

Os tipos de guarda possíveis atualmente são:

- Unilateral: assumida por um dos genitores, sendo este o responsável por tomar as decisões pelo filho.
- Compartilhada: os dois genitores, mesmo após a separação, são os responsáveis pelas decisões em relação aos filhos. Nessa modalidade de guarda, não há a obrigatoriedade de os filhos ficarem um período com cada um dos genitores. As crianças podem morar apenas com um dos pais, mas as decisões são compartilhadas.

Vemos, na prática, a guarda alternada, que ocorre quando cada um dos genitores fica por um período responsável pela criança. A residência dos filhos altera-se a todo momento.

Ainda em relação à guarda de filhos, pode-se falar em poder familiar, que é composto pelas obrigações e direitos que os genitores exercem em relação aos filhos. O poder familiar é exercido em igualdade de condições por ambos os genitores. Entretanto, ele pode ser suspenso (temporariamente) ou destituído (permanentemente), sempre visando ao bem-estar da criança. Quando ocorre a destituição, ela é estendida a todos os filhos[11].

Síndrome de alienação parental

A síndrome de alienação parental (SAP) foi descrita pela primeira vez em 1985[12]. Segundo Gardner, a alienação parental é a criação de uma relação de caráter exclusivo entre a criança e um dos genitores, como objetivo de banir o outro.

Nomeia-se genitor-alienante o sujeito ativo, ou seja, aquele que pratica a ação, e de genitor-alienado aquele que é vítima da ação[13].

Deve-se deixar claro que a SAP "diz respeito às sequelas emocionais e comportamentais"[14] presentes na criança que sofre a alienação parental. Esta, por sua vez é "o afastamento do filho de um dos genitores, provocado pelo outro"[14]. Nem toda alienação parental se transforma em síndrome. A alienação é revertida com a ajuda de terapia e orientação, já a síndrome, quando instalada, dificilmente se reverte; a criança retoma o contato com o genitor alienado em apenas 5% dos casos[15].

Bruch[16] descreve que, em várias situações, as pessoas que são vítimas da síndrome só percebem que isso ocorreu com elas quando se tornam adultas, causando muita culpa. Segundo Fonseca[14], a SAP afeta mais os meninos com idade entre 8 e 11 anos.

No direito de família, quando envolve guarda de filhos, é muito comum questionar-se sobre a existência ou não da alienação parental. Os filhos são objetos da briga do casal. Muitas vezes, os guardiões começam a expressar os "desejos" dos filhos sem mesmo perguntar para a criança se aquilo é o que ela realmente quer ("ela está brincando, e não quer parar para vir atender ao telefone"). Os genitores alienantes afirmam que amam muito os seus filhos, mas, na verdade, estão apenas impondo sua própria vontade à criança sem se preocupar com seus desejos.

A campanha do genitor alienante, para Gardner, é feita de forma deliberada e consciente[17]. Entretanto, existem correntes que afirmam que, em algumas ocasiões, a alienação pode ocorrer de forma inconsciente, e, assim, o alienador é chamado de "alienador-ingênuo"[14].

Essa campanha pode ser feita de modo explícito (denegrindo a imagem do outro genitor) ou implícito (mudando de cidade para afastar a criança do outro genitor, justificando, por exemplo, melhora da oferta de trabalho). Seguem alguns exemplos de atos de alienação parental: organiza outras atividades, mais interessantes, para o dia de visita com o outro genitor; não comunica fatos escolares ou médicos; viaja e deixa os filhos com outras pessoas que não sejam o genitor; critica o trabalho, o modo de vida e os presentes que a criança recebe; emite falsas acusações de abuso físico, psicológico e sexual[15].

As motivações para a alienação podem ser muitas, como solidão decorrente da separação, falta de confiança, ódio direcionado ao ex-companheiro, motivações econômicas, vinganças.

A alienação parental é uma forma de abuso da criança, pois ela não tem de tomar o partido da mãe ou do pai. Além disso, a partir da nova edição da Classificação Estatística Internacional de Doenças e Problemas Relacionados com a Saúde, que passará a vigorar em 2022, a alienação parental passou a ser considerada reconhecida como um fenômeno que ocorre na população mundial e que afeta a qualidade de vida de uma pessoa[16].

Uma criança alienada, nesse contexto da alienação parental, é a criança que não quer ter nenhum tipo de contato com um dos genitores e que expressa apenas sentimentos negativos sobre um dos pais e somente positivos sobre o outro. A criança perdeu completamente a ambivalência, que todas as crianças têm, o alcance da totalidade dos sentimentos que uma criança normal nutre por ambos os genitores. Os efeitos nas crianças vítimas da síndrome da alienação parental são devastadores. Uma enorme perda emocional, ansiedade, tensão, agressividade, depressão e doenças psicossomáticas são alguns exemplos.

São descritos oito sintomas da síndrome[17], a saber:

- Campanha de difamação e ódio contra o pai-alvo.
- Racionalizações fracas, absurdas ou frívolas para justificar tal depreciação e ódio.
- Falta da ambivalência usual sobre o pai-alvo.
- Afirmações fortes de que a decisão de rejeitar o pai é só dela (fenômeno "pensador independente").
- Apoio ao pai favorecido no conflito.
- Falta de culpa quanto ao tratamento dado ao genitor alienado.
- Uso de situações e frases emprestadas do pai alienante.
- Difamação não apenas do pai, mas direcionada também à família e aos amigos deste.

Em agosto de 2010, foi sancionada no Brasil a Lei n. 12.318, que dispõe sobre a alienação parental. Segundo o art. 2º:

> Art. 2º Considera-se ato de alienação parental a interferência na formação psicológica da criança ou do adolescente promovida ou induzida por um dos genitores, pelos avós ou pelos que tenham a criança ou adolescente sob a sua autoridade, guarda ou vigilância para que repudie genitor ou que cause prejuízo ao estabelecimento ou à manutenção de vínculos com este.
>
> Parágrafo único. São formas exemplificativas de alienação parental, além dos atos assim declarados pelo juiz ou constatados por perícia, praticados diretamente ou com auxílio de terceiros:
>
> I – realizar campanha de desqualificação da conduta do genitor no exercício da paternidade ou maternidade;
>
> II – dificultar o exercício da autoridade parental;
>
> III – dificultar contato de criança ou adolescente com genitor;
>
> IV – dificultar o exercício do direito regulamentado de convivência familiar;
>
> V – omitir deliberadamente a genitor informações pessoais relevantes sobre a criança ou adolescente, inclusive escolares, médicas e alterações de endereço;

VI – apresentar falsa denúncia contra genitor, contra familiares deste ou contra avós, para obstar ou dificultar a convivência deles com a criança ou adolescente;
VII – mudar o domicílio para local distante, sem justificativa, visando a dificultar a convivência da criança ou adolescente com o outro genitor, com familiares deste ou com avós.
Art. 3º A prática de ato de alienação parental fere direito fundamental da criança ou do adolescente de convivência familiar saudável prejudica a realização de afeto nas relações com genitor e com o grupo familiar, constitui abuso moral contra a criança ou o adolescente e descumprimento dos deveres inerentes à autoridade parental ou decorrentes de tutela ou guarda.

A Lei ainda diz, no art. 5º, que, "havendo indício da prática de ato de alienação parental, em ação autônoma ou incidental, o juiz, se necessário, determinará perícia psicológica ou biopsicossocial".

§ 1º O laudo pericial terá base em ampla avaliação psicológica ou biopsicossocial, conforme o caso, compreendendo, inclusive, entrevista pessoal com as partes, exame de documentos dos autos, histórico do relacionamento do casal e da separação, cronologia de incidentes, avaliação da personalidade dos envolvidos e exame da forma como a criança ou adolescente se manifesta acerca de eventual acusação contra genitor.

Constatada a síndrome de alienação parental, o juiz poderá (art. 6º):

I – declarar a ocorrência de alienação parental e advertir o alienador;
II – ampliar o regime de convivência familiar em favor do genitor alienado;
III – estipular multa ao alienador;
IV – determinar acompanhamento psicológico e/ou biopsicossocial;
V – determinar a alteração da guarda para guarda compartilhada ou sua inversão;
VI – determinar a fixação cautelar do domicílio da criança ou adolescente;
VII – declarar a suspensão da autoridade parental.

O papel que o psicólogo pode desempenhar é detectar a SAP e também realizar o acompanhamento/orientação da família, bem como detectar possíveis falsas alegações comuns nos processos litigiosos da vara da família, nos quais a perícia psicológica se torna fundamental.[18]

CONSIDERAÇÕES FINAIS

O psicólogo na vara de família tem uma ampla atuação e um papel relevante. Iniciando na mediação de conflitos, tentando evitar que a lide entre para uma verdadeira disputa judicial, passando pela perícia em casos de regulamentação de visitas e guarda. Na vara de família, a figura do assistente técnico, discutida amplamente em outro capítulo, é essencial, pois as disputas são tão acirradas, que não existe um lado que está totalmente certo e o outro totalmente errado. Na vara de família, cada lado da lide tem seu ponto de vista e muita dificuldade em aceitar o modo de ser, o modo de agir do outro, querendo impor sua percepção, sua vontade e suas crenças. Nessas situações, os personagens que mais sofrem são as crianças, pois, apesar de ser dito que é em função delas que toda a disputa ocorre, elas acabam ficando em segundo plano, encobertas pelas mágoas e frustrações dos pais.

A função do psicólogo, em qualquer papel que ele exerça, é favorecer e promover a saúde mental dos envolvidos, seja mediando conflitos, esclarecendo pontos obscuros ao Judiciário ou trabalhando diretamente junto com as partes.

REFERÊNCIAS BIBLIOGRÁFICAS

1. Diniz MH. Código Civil anotado. São Paulo: Saraiva; 2002.
2. Vilhena J. Até que o amor nos separe. Algumas reflexões acerca da família contemporânea. SPID. 1999;32:129-42.
3. Scalquette ACS. Família e sucessões. São Paulo: Barros, Fischer & Associados; 2005.
4. Silva DR. Vieira BR e Machado W. Multiparentalidade: efeitos sucessórios da filiação socioafetiva nas famílias recompostas JUDICARE – Revista Eletrônica da Faculdade de Direito de Alta Floresta – MT. 2018; 12(1) (2018). http://www.judicare.com.br.
5. Brasil. Lei n. 13.140, de 26 de junho de 2015.
6. Carvalho GJA e Cardoso ST. A implementação da mediação de conflitos nas Varas de Família após a entrada em vigor das Leis ns. 13.140/2015 (Lei da Mediação) e 13.105/2015 (Código de Processo Civil de 2015, Salão UFRGS 2017: SIC - XXIX Salão de Iniciação Científica da UFRGS 2017.
7. Müller FG, Beiras A, Cruz RM. O trabalho do psicólogo na mediação de conflitos familiares: reflexões com base na experiência do serviço de mediação familiar em Santa Catarina. Aletheia. 2007;26:196-209.
8. Oliveira R. Os critérios e estratégias utilizados por assistentes técnicos judiciários psicólogos na avaliação dos pretendentes à adoção. Dissertação de mestrado em psicologia. Universidade de São Paulo, 2014.
9. Instituto Brasileiro de Geografia e Estatística (IBGE). Estatísticas do registro civil. 2016.
10. Raposo HS, Fernandes de Carvalho B, Pereira Do Vale DJ, et al. Ajustamento da criança à separação ou divórcio dos pais. Rev Psiq Clin. 2011;38(1):29-33.
11. Disponível em: http://www.centraljuridica.com/doutrina/138/direito_civil/patrio_poder.html.
12. Gardner RA. Parental alienation syndrome (PAS): sixteen years later. Acad Forum. 2001; 45(1):10-2.
13. Rocha MJ. Síndrome de alienação parental: a mais grave forma de abuso emocional. In: Paulo BM (coord.). Psicologia na prática jurídica: a criança em foco. Niterói: Impetus; 2009.
14. Fonseca PMPC. Síndrome de alienação parental. Rev Pediatr Facul Med USP. 2006;28(3):162-8.
15. Bernet W. Parental alienation disorder and DSM-5. Am J Fam Ther. 2008;36(5):349-66.
16. Bruch CS. "Parental alienation syndrome and parental alienation: getting it wrong in child custody cases". Fam Law Q. 2001;35(527):527-52.
17. Fucks BB, Oliven LRA. Alienação parental: a família em litígio. Polêmica. 2011;10(1):56-73.

10
Perícia psicológica na vara da infância e juventude

SUMÁRIO
Vara da infância e juventude, 177
Atribuições do psicólogo, 178
Áreas de atuação do psicólogo na vara da infância e juventude, 179
Adolescência e delinquência juvenil, 180
Atuação da psicologia no contexto da delinquência juvenil, 187
Unidade de internação provisória, 188
Unidades de internações para cumprimento da medida em privação de liberdade, 189
Considerações finais, 190
Referências bibliográficas, 191

VARA DA INFÂNCIA E JUVENTUDE

Segundo a Organização Mundial da Saúde (OMS), adolescente é a pessoa que possui entre 10 e 18 anos de idade. No Brasil, a Lei n. 8.069, de 13 de julho de 1990 (Estatuto da Criança e do Adolescente), define em seu art. 2°: "Considera-se criança, para os efeitos desta Lei, a pessoa até doze anos de idade incompletos, e adolescentes aquela entre doze e dezoito anos de idade".

Conforme Guimarães e Pasian[1], a adolescência se insere como um período intermediário do desenvolvimento humano, situando-se entre a infância e a idade adulta. Ainda segundo esses autores, tal fase se constitui por importantes mudanças nas esferas psicológicas, biológicas, sociais e físicas do indivíduo.

No contexto da psicologia, de acordo com Barros e Laurenti[2], a adolescência compreende um período no qual se observam inúmeras modificações do corpo humano, além dos processos identitários que expressam as mudanças de pertencimento grupal, valores e comportamentos, configurando um modo de ser do adolescente, considerando o contexto sócio-histórico.

Um importante aspecto dessa fase é que o conjunto de mudanças acaba impondo ao adolescente um processo de identificação, principalmente relativa ao grupo ao qual pertence ou deseja pertencer. Essa condição por si só torna o adolescente vulnerável, às vezes, às exigências do meio.

Silva[3] chama atenção para o fato de que quando tais alterações do desenvolvimento não são bem manejadas contribuem para uma má adaptação frente às circunstâncias e desafios da vida, podendo desencadear problemas psicológicos e/ou comportamentais. Essa necessidade de adequação às exigências do meio podem levar o adolescente tanto a sofrer violência quanto entrar em conflito com as normas sociais preestabelecidas. Por exemplo, dados do Cadastro Nacional de Adolescentes em Conflito com a Lei ligada ao Conselho Nacional de Justiça apresentou dados de 2016 (ver www.cnj.jus.br/sistemas/infancia-e-juventude/20531-cadastro-nacional-de-adolescentes-em-conflito-com-a-lei-cnacl) apontam para um número de 189 mil adolescentes no sistema socioeducativo em função de terem cometido algum ato infracional, o que impõe a necessidade de estudos. Este cenário é responsável pela notificação de 222 mil atos infracionais, sendo 22,4% por tráfico e 21,1% por roubo qualificado, 90% meninos e a maioria está na faixa etária entre 17 e 18 anos. Para Loeber e Hay[4], esse é um momento no qual o adolescente poderá se envolver em condutas delituosas, chegando à prática do ato infracional. Quando há transgressão das normas sociais, Schoemaker[5] ressaltou que há uma tendência a generalizar o adolescente com histórico infracional. Segundo este autor, a cristalização da marginalização os leva à criminalização e, consequentemente, à delinquência.

Juridicamente, a fase da adolescência se insere no conceito da menoridade que deriva do latim *minor*, adjetivo, comparativo de pequeno. No contexto jurídico, refere-se à pessoa que não tenha ainda atingido a maioridade, isto é, não atingiu a idade legal para que se considere maior e capaz[6].

Frente às demandas internacionais e às próprias mobilizações sociais no Brasil em relação à infância e adolescência, publica-se a Lei n. 8.069, de 13 de julho de 1990, denominada Estatuto da Criança e do Adolescente (ECA)[8]. O ECA, que regulamentou o art. 227 da Constituição Federal (CF), adotou como base a doutrina da proteção integral, explicitada no art. 1°, quando postula: "Esta Lei dispõe sobre a proteção integral à criança e ao adolescente", orientando a interpretação e aplicação de todos os dispositivos do Estatuto.

Para o ECA, menoridade engloba toda pessoa que, à época de um ato ilícito, possuir menos de 18 anos de idade.

ATRIBUIÇÕES DO PSICÓLOGO

A atuação do psicólogo na vara da infância e da adolescência contempla uma gama de práticas que não serão abordas neste capítulo. Aqui será enfatizada a atuação mais direcionada ao recurso da perícia. Para a execução dessa atividade, as atribuições do psicólogo na vara da infância e da juventude abrangem:

- Contato com a clientela (partes – pessoas pertencentes ao processo ou não).
- Atuação nos autos processuais.
- Participação na sala de audiência formal ou informalmente.
- Contatos com instituições e entidades afins.
- Atividades ligadas à equipe e à administração.
- Eventos relacionados à área, como cursos, palestras, congressos, supervisão, entre outros.
- Elaboração de laudos técnicos (relatórios) que fazem parte dos autos (processos) e mais uma prova que, somadas às demais, farão com que o juiz julgue a causa (conflito de interesses).

O psicólogo que atua na vara da infância e juventude apresenta, em sua prática, uma estreita relação coma a vara de família e sucessões, principalmente nos casos de crianças inseridas em processos litigiosos, nos quais se disputa a posse dos filhos, bem como na vara especial que lida com menores infratores (acima de 12 anos), a cujo tópico se dará maior destaque neste capítulo.

ÁREAS DE ATUAÇÃO DO PSICÓLOGO NA VARA DA INFÂNCIA E JUVENTUDE

De forma explicativa, o Quadro 10.1 expressa sinteticamente as áreas de atuação do psicólogo na vara da infância e juventude:

Quadro 10.1 Áreas de atuação do psicólogo na vara da infância e juventude

Medidas de colaboração em família substituta – guarda, tutela, adoção (destituição de poder familiar)
Disputa
Vitimização (maus-tratos, físicos e psicológicos, e abuso sexual)
Abrigamento – desinternação
Queixas – conduta (problemas de transtornos de comportamento socializado da criança/adolescente)
Suprimento de idade/suprimento de consentimento para casamento
Emancipação

Com base nos dados do Quadro 10.1, nas situações que envolvem vitimização (como maus-tratos, físicos e psicológicos, e abuso sexual) é comum a interface com o direito penal, no que tange aos processos criminais dos perpetradores dessas situações uma vez que a violência afeta os aspectos emocionais e os cognitivos[7-9]. Além do que, todas as formas de violência têm sido associadas com pior saúde mental da criança para a idade adulta, corroborando significativamente o risco de depressão maior, transtornos alimentares, transtornos de conduta, transtorno bipolar, esquizofrenia, transtorno de estresse pós-traumático (TEPT), uso de álcool e drogas, ideias suicidas e homicidas, além de prejuízos cognitivos[10]. Nestes casos, a autoridade policial, para subsidiar sua investigação, solicita a perícia da vítima. A perícia psicológica aqui visa realizar um levantamento dos aspectos emocionais, cognitivos e comportamentais que possam estar alterados por associação à experiência de violência.

ADOLESCÊNCIA E DELINQUÊNCIA JUVENIL

A delinquência juvenil está associada a complexas consequências sociais e tem sido estudada pelos diversos domínios das ciências como a psicologia, a medicina, a sociologia e o direito.

As pesquisas sobre o desenvolvimento infantil normal e sobre o desenvolvimento do comportamento delinquente mostram que as condições individuais, sociais e comunitárias, bem como suas interações, influenciam o comportamento. Há um consenso geral de que o comportamento, incluindo o comportamento antissocial e delinquente, é resultado de uma interação complexa de fatores biológicos e genéticos individuais e fatores ambientais[10]. Muitas crianças atingem a idade adulta sem envolvimento em comportamento delinquente grave, mesmo diante de múltiplos riscos. Embora os fatores de risco possam ajudar a identificar quais crianças são mais necessitadas de intervenções preventivas, não se consegue identificar quais crianças em particular se tornarão infratores sérios ou crônicos. Há muito se sabe que boa parte dos criminosos adultos apresentam histórico de comportamento delinquente na infância e adolescência, embora a maioria das crianças e adolescentes delinquentes, no entanto, não se torna um criminoso adulto[11]. Contudo, a literatura ressalta que quanto maior for a exposição da criança ou adolescente a fatores de risco, maior o risco da adoção de comportamento delinquente[12].

Apesar de a literatura enfatizar uma série de fatores de risco para o desenvolvimento de comportamentos de delinquência, apresentamos a seguir dois de importante relevância.

Familiares e sociais

As interações e relações de crianças e adolescentes com familiares e pares influenciam o desenvolvimento do comportamento antissocial e da delinquência. As interações familiares são mais importantes durante a primeira infância, mas podem ter efeitos duradouros. No início da adolescência, as relações com os pares assumem maior importância. Neste contexto, consideram-se as seguintes variáveis como fatores de riscos:

- Pais com histórico de condutas antissociais e criminosas.
- Relações afetivas de pais e filhos pobres.
- Estilo parental ou padrão de disciplina inconsistentes.
- Casais em separações litigiosas (conflitantes).
- Pais abusivos ou negligentes.
- Baixo nível socioeconômico associado a pobreza.

São fatores individuais:

- Uso de substâncias.
- Ser do sexo masculino.
- Problemas de comportamento (antissocial).
- Transtorno de déficit de atenção e hiperatividade.
- Baixo quociente de inteligência.
- Outras condições relativas a transtornos mentais.

A Figura 10.1 demonstra o papel relevante da relação família e ambiente como processos moduladores do desenvolvimento emocional, cognitivo e moral na criança e no adolescente. Dependendo de uma série de variáveis, o desfecho pode corroborar uma adaptação social, ou potencializar comportamentos conflitantes com a sociedade.

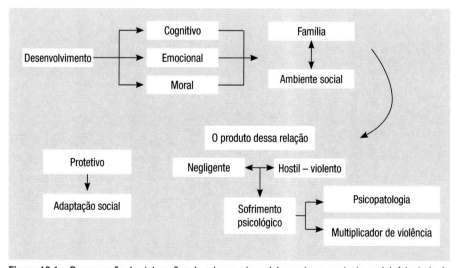

Figura 10.1 Repercussão das interações da criança e/ou adolescente no contexto social. Adaptada de Serafim et al., 2017.

Para Castro[11], o interesse dessas ciências é fruto do notável crescimento mundial do número de transgressões cometidas por jovens, classificadas como delinquência juvenil, que constituem um problema social grave com tendência a aumentar drasticamente a frequência e a intensidade.

Autores como Marques[12] e Aguilar et al.[13] enfatizam que a relação entre a adolescência e a transgressão deve ser considerada obrigatória, uma vez que a transgressão se faz necessária tanto para o desenvolvimento e crescimento quanto para o processo de aquisição de novas formas de socialização. Segundo tais autores, o sentido da transgressão está relacionado com as estratégias que visam à procura de solução de um conflito, no sentido da adaptação.

Com base nesses apontamentos, entende-se que nem toda conduta que fuja de certa forma às normas sociais devam ser enquadradas como delinquência juvenil e, quando assim o for, cabe à psicologia identificar os fatores precipitadores para a ocorrência de condutas delinquenciais[14].

Capaldi e Stoolmiller[15] concluíram que os comportamentos delinquentes atingem um pico entre 15 e 17 anos, havendo um posterior declínio na sua ocorrência com a entrada na idade adulta.

Telles et al.[16], estudando jovens infratores na cidade de Londrina no Paraná, constataram que, entre os adolescentes que tiveram passagem na unidade de internamento provisório, 85% encontram-se na faixa etária entre 15 e 18 anos incompletos, com escolaridade até a 8ª série incompleta (89%).

Autores como Braconnier e Marcelli[17] chamam a atenção para a atuação junto a jovens infratores no sentido de que a investigação psicológica deva englobar uma gama de possíveis variáveis. Essa premissa fundamenta-se na hipótese de que o ato infracional pode ser decorrente de uma estratégia de organizar o caos interior, vivido pelas problemáticas familiares e ambientais, além de possíveis fatores psicopatológicos.

Outra variável que deve ser levada consideração é a análise sociológica sobre o desvio dos jovens, que enfatiza dois modelos de nexo de causalidade da delinquência juvenil: o primeiro como resultado do controle social e o segundo como a questão da identidade cultural. Ferreira[16] ressalta que não se pode desconsiderar, nos estudos da adolescência, que esse período se constitui por uma idade aberta e vulnerável ao desvio.

Krug et al.[18] chamam atenção para a questão da violência como sério problema de saúde pública, que, atualmente, atinge a juventude de modo particularmente preocupante: é entre os jovens que se encontram as mais altas estatísticas de mortalidade por agressões, assim como são os jovens os mais apontados como autores de agressões, tanto no país como na América Latina.

O atuar com delinquência juvenil de fato requer uma análise multifatorial, visto que práticas parentais ineficazes, ausência de monitoramento parental, maus-

-tratos, abusos físicos ou emocionais e exposição a ambiente social violento se apresentam como fatores etiológicos para a prática de atos infracionais. Essa concepção multifatorial também é vista pelo Sistema Nacional de Atendimento Socioeducativo, que institui as políticas para o enfrentamento da delinquência juvenil pautada na necessidade do trabalho de diferentes áreas do conhecimento e especialidades, por meio da atuação de equipes técnicas multidisciplinares[4].

Esses apontamentos se refletem nas várias publicações relativas à delinquência juvenil, segundo estudo de Zappe e Dias[20], os quais realizaram um levantamento da produção nacional entre 1999 e 2009. Esses autores identificaram que a maioria dos artigos constitui-se de estudos que visam a compreender a delinquência juvenil (71%), abordadas as formas de enfrentamento, tanto em termos preventivos quanto em termos das técnicas de trabalho com adolescentes delinquentes.

O que deve ficar claro, ao atuar nesse contexto, é que o fundamental centra-se em uma complexa e profunda análise do jovem, e não simplesmente no seu comportamento isoladamente.

No ECA, em seu art. 103, consta: "Art. 103. Considera-se ato infracional a conduta descrita como crime ou contravenção penal".

Já o seu art. 104, o qual considera os menores de 18 anos plenamente incapazes, reza sobre as medidas cabíveis e previstas na lei para o adolescente autor de ato infracional:

> Art. 104. São penalmente inimputáveis os menores de dezoito anos, sujeitos às medidas previstas nesta Lei.
> Parágrafo único. Para os efeitos desta Lei, deve ser considerada a idade do adolescente à data do fato.

Fica claro que, para o ECA, a inimputabilidade não significa automaticamente impunidade. O referido Estatuto deixa claro que seu objetivo é também regular as responsabilidades do adolescente. Segundo Tavares[21], as providências referentes à prática de infrações penais por menores de 18 anos são de ordem penal, sendo atribuição do Juiz de Menores a aplicação de medidas administrativas destinadas à sua reeducação e recuperação.

Tavares[21] ressalta ainda que cabe ao juiz uma análise aprofundada do comportamento do adolescente. Dessa forma, é preciso aplicar o bom senso, considerando as condições peculiares da adolescência e as conveniências sociais observáveis na execução das medidas.

Conforme o ECA verifica a prática de ato infracional, a autoridade competente poderá aplicar as medidas socioeducativas nas seguintes condições, de acordo com o art. 112, a saber:

I – advertência;
II – obrigação de reparar o dano;
III – prestação de serviços à comunidade;
IV – liberdade assistida;
V – inserção em regime de semiliberdade;
VI – internação em estabelecimento educacional.

Em seu § 1º, consta que a medida aplicada ao adolescente levará em conta a sua capacidade de cumpri-la, as circunstâncias e a gravidade da infração. Ressalta-se ainda que a operacionalização da medida deve prever obrigatoriamente a presença da família, a qual é de grande importância para que a operacionalização flua e apresente resultados satisfatórios.

A Seção VII do ECA dispõe sobre as condições da medida de internação ou a privação de liberdade.

Art. 121. A internação constitui medida privativa da liberdade, sujeita aos princípios de brevidade, excepcionalidade e respeito à condição peculiar de pessoa em desenvolvimento.

§ 1º Será permitida a realização de atividades externas, a critério da equipe técnica da entidade, salvo expressa determinação judicial em contrário.

§ 2º A medida não comporta prazo determinado, devendo sua manutenção ser reavaliada, mediante decisão fundamentada, no máximo a cada 6 (seis) meses.

§ 3º Em nenhuma hipótese o período máximo de internação excederá a 3 (três) anos.

§ 4º Atingido o limite estabelecido no parágrafo anterior, o adolescente deverá ser liberado, colocado em regime de semiliberdade ou de liberdade assistida.

§ 5º A liberação será compulsória aos 21 (vinte e um) anos de idade.

§ 6º Em qualquer hipótese a desinternação será precedida de autorização judicial, ouvido o Ministério Público.

§ 7º A determinação judicial mencionada no § 1º poderá ser revista a qualquer tempo pela autoridade judiciária.

Art. 122. A medida de internação só poderá ser aplicada quando:

I – tratar-se de ato infracional cometido mediante grave ameaça ou violência a pessoa;

II – por reiteração no cometimento de outras infrações graves;

III – por descumprimento reiterado e injustificável da medida anteriormente imposta.

§ 1º O prazo de internação na hipótese do inciso III deste artigo não poderá ser superior a 3 (três) meses, devendo ser decretada judicialmente após o devido processo legal.

§ 2° Em nenhuma hipótese será aplicada a internação, havendo outra medida adequada.

Art. 123. A internação deverá ser cumprida em entidade exclusiva para adolescentes, em local distinto daquele destinado ao abrigo, obedecida rigorosa separação por critérios de idade, compleição física e gravidade da infração.

Parágrafo único. Durante o período de internação, inclusive provisória, serão obrigatórias atividades pedagógicas.

Art. 124. São direitos do adolescente privado de liberdade, entre outros, os seguintes:

I – entrevistar-se pessoalmente com o representante do Ministério Público;

II – peticionar diretamente a qualquer autoridade;

III – avistar-se reservadamente com seu defensor;

IV – ser informado de sua situação processual, sempre que solicitada;

V – ser tratado com respeito e dignidade;

VI – permanecer internado na mesma localidade ou naquela mais próxima ao domicílio de seus pais ou responsável;

VII – receber visitas, ao menos semanalmente;

VIII – corresponder-se com seus familiares e amigos;

IX – ter acesso aos objetos necessários à higiene e asseio pessoal;

X – habitar alojamento em condições adequadas de higiene e salubridade;

XI – receber escolarização e profissionalização;

XII – realizar atividades culturais, esportivas e de lazer;

XIII – ter acesso aos meios de comunicação social;

XIV – receber assistência religiosa, segundo a sua crença, e desde que assim o deseje;

XV – manter a posse de seus objetos pessoais e dispor de local seguro para guardá-los, recebendo comprovante daqueles porventura depositados em poder da entidade;

XVI – receber, quando de sua desinternação, os documentos pessoais indispensáveis à vida em sociedade.

§ 1° Em nenhum caso haverá incomunicabilidade.

§ 2° A autoridade judiciária poderá suspender temporariamente a visita, inclusive de pais ou responsável, se existirem motivos sérios e fundados de sua prejudicialidade aos interesses do adolescente.

Art. 125. É dever do Estado zelar pela integridade física e mental dos internos, cabendo-lhe adotar as medidas adequadas de contenção e segurança.

Segundo Castro[11] e Joly[22], no Brasil, é crescente a prática de atos infracionais praticados em sua maioria por jovens do sexo masculino, com idades entre 15 e 24 anos, provenientes da periferia dos grandes centros urbanos e carentes em termos socioeconômicos. Ainda segundo esses autores, o homicídio responde por 40% dos crimes praticados por essa faixa etária.

Segundo dados da Secretaria Especial dos Direitos Humanos divulgados em 2007, o número de adolescentes em unidades de internação no Brasil subiu 363% em dez anos. Em 1996, o número de jovens infratores era de 4.245. Já em 2006 havia 15.426 menores internos. Os resultados revelaram ainda que cerca de 90% dos jovens infratores não haviam completado o ensino fundamental e 51% já não frequentava a escola. Além disso, 76% tinham idade entre 16 e 18 anos e 80% vinham de famílias com renda de até dois salários mínimos. A maioria desses jovens, 86%, era usuária de drogas.

A Tabela 10.1 expressa a frequência de maior ocorrência de atos infracionais cometidos por adolescentes com base em dados da Fundação Casa de São Paulo dados do Portal da Transparência do Governo do Estado de São Paulo, referência 2017.

Tabela 10.1 Prevalência de atos infracionais por adolescentes

Ato infracional	%
Tráfico de drogas	43,3
Roubo qualificado	39,7
Roubo simples	4,17
Furto qualificado	1,32
Furto	1,21
Homicídio qualificado	1,05
Latrocínio	0,78
Estupro	0,76
Outro atos (tentativa de roubo, de furto, de homicídio doloso)	5,36

Gomide[23] e Silva[6] concordam que, de certa maneira, as dificuldades de adaptação frente às circunstâncias e os desafios da vida, como maus-tratos na infância, uso e abuso de drogas, violência familiar, precárias condições socioeconômicas e baixa escolaridade, correlacionam-se com fatores de risco para a origem e manutenção de condutas delituosas, tanta na infância quanto na adolescência, além dos fatores neuropsicobiológicos[24].

Trindade[25] enfatiza que, ao se estudar a conduta delinquencial juvenil, deve-se considerar que tal comportamento corresponde a uma série de causas e, também, de fatores etiológicos. Para Trindade, essa condição corroborará no sentido de que alguns serão predisponentes e outros desencadeantes propriamente da conduta delinquencial.

Destaca-se que embora os menores de 18 anos sejam considerados inimputáveis de acordo com o Código Penal Brasileiro, isso *a priori* excluiria a necessidade de se conjecturar o conceito da inimputabilidade por doença mental. Ainda assim, mesmo não havendo a necessidade de aplicar a condição de imputável ou inimputável ao jovem infrator, a autoridade judicial poderá requerer uma perícia psicológica. Nestes casos, o objetivo da perícia visa auxiliar um melhor entendimento do funcionamento psicológico e comportamental daquele jovem (que também pode ser consequência de transtorno mental, como demonstrado na Figura 10.2). Assim, têm-se elementos mais consistentes para a escolha da melhor medida socioeducativa e para a orientação da equipe da unidade de internação[26].

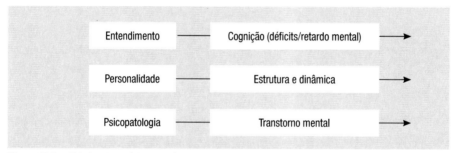

Figura 10.2   Objetivo da perícia psicológica com jovem infrator.

ATUAÇÃO DA PSICOLOGIA NO CONTEXTO DA DELINQUÊNCIA JUVENIL

O art. 151 do ECA descreve que a atuação no contexto da infância e juventude deve ser pautada numa ação interdisciplinar, aspecto este em que se insere a psicologia:

> Art. 151. Compete à equipe interprofissional, dentre outras atribuições que lhe forem reservadas pela legislação local, fornecer subsídios por escrito, mediante laudos, ou verbalmente, na audiência, e bem assim desenvolver trabalhos de aconselhamento, orientação, encaminhamento, prevenção e outros, tudo sob a imediata subordinação à autoridade judiciária, assegurada a livre manifestação do ponto de vista técnico. [...]

Visto isto, a atuação do psicólogo se insere em duas distintas práticas.

UNIDADE DE INTERNAÇÃO PROVISÓRIA

Segundo as recomendações contidas nas referências técnicas para atuação de psicólogos no âmbito das medidas socioeducativas em unidades de internação do Conselho Federal de Psicologia (CFP)[27], essa Unidade se configura como o processo de verificação da prática do ato infracional pelo adolescente e a atribuição da medida socioeducativa.

> Sua função é garantir o devido processo legal – na apuração do ato infracional – e realizar intervenções técnicas pontuais, utilizando-se desse período (45 dias) para introduzir ao adolescente a questão da responsabilização pelas consequências de seus atos. Cabe ao profissional iniciar, por meio do estudo de caso, uma construção que requer a articulação com uma rede de programas e serviços presentes no município, envolvendo, principalmente, sua família.

Nesse contexto, a contribuição do psicólogo não deve se restringir unicamente a fornecer subsídios à decisão judicial, por meio da elaboração de parecer. Cabe a esse profissional uma investigação no tocante às variáveis que incidam sobre o adolescente no que diz respeito a seu modo de viver. O texto ressalta ainda a importância de que "as ações realizadas nesse período, e os efeitos que produzirão, tenham continuidade, independentemente da medida que o adolescente deverá cumprir. Essa continuidade poderá ocorrer pela elaboração do Plano Individual de Atendimento (PIA), no cumprimento da medida a ele atribuída".

Destacamos que a atuação na Unidade de Internação Provisória (UIP) é de extrema importância, uma vez que caberá ao psicólogo realizar um amplo e aprofundado estudo das condições psicológicas, socioculturais e familiares, a fim de atender, de fato, às necessidades do adolescente, bem como, poder estabelecer correlações das possíveis variáveis potencializadoras para a prática do ato infracional.

Esse apontamento se justifica sob a ótica da relação saúde mental e criminalidade. De 2006 a 2009, após a implantação do Programa de Atenção ao Jovem em Medida Socioeducativa – uma parceria entre a Secretaria de Estado da Saúde, a Superintendência do Hospital das Clínicas e a Fundação Faculdade de Medicina da Universidade de São Paulo, além da Fundação Casa – realizou-se o atendimento médico psiquiátrico e psicológico de 945 jovens privados de liberdade, dos quais cerca de 628 (66,4%) preenchiam critérios para quadros psiquiátricos de acordo com a Classificação Internacional de Doenças – CID-10. O detalhamento dos quadros psiquiátricos identificados está expresso na Tabela 10.2.

Tabela 10.2 Distribuição segundo o diagnóstico psiquiátrico

Diagnóstico	Total	%
Abuso de substâncias	168	26,7
Personalidade antissocial	65	10,3
Transtorno de conduta	54	8,6
Episódio depressivo	53	8,4
Outros transtornos de personalidade	40	6,4
Transtorno afetivo bipolar	38	6,0
Transtorno mental orgânico	37	5,2
Transtorno de ajustamento	35	5,6
Transtornos ansiosos	33	5,2
Transtornos psicóticos	27	4,3
Retardo mental	26	4,1
Transtornos hipercinéticos	26	4,1
Transtornos dissociativos	15	2,4
Outros transtornos não especificados	11	1,8

Os dados da Tabela 10.2 indicam, por exemplo, que alguns quadros psiquiátricos são prévios à prática do ato infracional, como as 26 notificações de transtornos hipercinéticos (relativos aos quadros de transtorno de atenção e hiperatividade).

Nessas condições, o jovem com tal quadro não necessita de privação de liberdade, mas sim da criação de uma rede nos setores de saúde para uma assistência à saúde mental e integral adequada dessa população. Desse modo, o papel do psicólogo se torna imprescindível, como agente capaz de identificar tamanhas variáveis e colaborar com o melhor e adequado encaminhamento do caso.

UNIDADES DE INTERNAÇÕES PARA CUMPRIMENTO DA MEDIDA EM PRIVAÇÃO DE LIBERDADE

A segunda prática engloba as unidades de internações para cumprimento da medida em privação de liberdade.

Distintamente da atuação na UIP, nas unidades de internação, a atuação do psicólogo está focada diretamente em um programa de assistência pautada nas várias formas de intervenção próprias da psicologia no cotidiano da instituição, como a psicoterapia, o aconselhamento psicológico, além da orientação familiar.

Ressalta-se ainda que, além dos vários fatores prévios à internação, que também corroboraram para a prática infracional, a condição de privação de liberdade, por si só, constitui-se como potencial fator de alteração à saúde mental do adolescente. Isso implica a condição de formação do psicólogo para atuar nas condições de sofrimento psicológico e de doenças mentais prévias à internação, como decorrente dessas, além do conhecimento em políticas públicas, direito e organizações.

Como enfatiza o CFP, o psicólogo não deverá se restringir apenas à elaboração de pareceres e relatórios sobre os adolescentes, mas sim participar de fato de um contexto interdisciplinar, contribuindo com o programa institucional para reinserção social do adolescente em questão.

CONSIDERAÇÕES FINAIS

Compartilha-se dos apontamentos de Nogueira[28] ao ressaltar a relevância da intervenção psicológica com o adolescente infrator, que, em sua essência, se constitui pelo processo de saber ouvir o adolescente, identificar a sua singularidade e as questões que ele não pode expressar, o que pode ser o fator preditivo para a conduta delituosa.

Para Nogueira[28], o adolescente deve ser ouvido e pensado como um sujeito com direitos e desejos, respeitando sua dignidade humana, sua história, suas vivências, sua realidade e a forma como interpreta e internaliza essas vivências.

Pensar numa atuação mais ampla compactua as atuais políticas públicas da Secretaria Especial dos Direitos Humanos enquanto Conselho Nacional dos Direitos da Criança e do Adolescente, que é ligado à Presidência da República[4], visando ao enfrentamento desse problema e enfatizando a necessidade do trabalho de diferentes áreas do conhecimento e especialidades, por meio da atuação de equipes técnicas multidisciplinares, o que é compatível com a consideração da delinquência juvenil como um problema complexo e multifatorial.

Concorda-se que a conceituação multifatorial como causa da delinquência juvenil se constitui como ponto-chave para pensarmos em atuação. A prática de crimes graves, como o homicídio, cometidos por jovens geralmente desencadeia comoções sociais, no tocante aos questionamentos da responsabilidade penal, chegando-se às propostas da redução da maioridade penal. Entende-se que tal comportamento é gravíssimo e repercute diretamente na condição de adaptação social, todavia, não se pode deixar influenciar pela comoção social, tampouco deixar de contextualizar o fenômeno como um todo. Aspecto este que deve ser conduzido no escopo da ciência, que prima pela produção de conhecimentos por meio das pesquisas.

Essa posição se fundamenta na concepção de Shoemaker[5] de que o contexto da delinquência juvenil deve ser abordado considerando três níveis. O primeiro é descrito como estrutural, que engloba as condições sociais, com ênfase na influência da organização social na constituição do sujeito que comete atos infracionais. Aqui o autor sugere que se considere a associação entre delinquência e pobreza ou desigualdade social, o que é mais acentuado nas classes populares. O segundo nível se insere no conceito sociopsicológico ligado às instituições de controle social, como a família e a escola, além de aspectos como autoestima e influência de grupos de pares no comportamento delinquente juvenil. Nesse prisma, Shoemaker[5] enfatiza a delinquência como resultado de problemas na vinculação social do jovem com instituições como a família e a escola – entre outras –, as quais seriam representantes das normas sociais. O autor entende que a relação entre delinquência e a associação de jovens em grupos se constitui como uma variável de importante influência, dado o peso dos pares sobre o jovem e as inter-relações estabelecidas no contexto social em que o jovem está inserido. Já o terceiro nível, que é mais individual, engloba os aspectos biológicos e psicológicos, dando ênfase aos processos internos do indivíduo como determinantes para a delinquência. Deve-se considerar ainda os aspectos biológicos hereditários, os processos psíquicos decorrentes das características de personalidade e os aspectos cognitivos como a inteligência que podem predispor o indivíduo para a criminalidade.

A personalidade deve ser considerada fundamental para o entendimento da delinquência, uma vez que a ação humana deriva de um complexo biológico, psicológico e social. A expressão da atitude humana implica uma interação com o meio, norteada por aprovações, reprovações, aceitação do outro e da sociedade. Esse conjunto de ações e atitudes irá definir o padrão de comportamento e da relação do indivíduo com o meio. A fundamentação dessa interação é produto da personalidade de cada um[29].

Como destacou Shoemaker[5], fatores como a impulsividade, a inabilidade em lidar com o outro e em aprender com a própria experiência de vida, ausência de culpa ou remorso por seus atos e insensibilidade à dor de outrem, bem como as transgressões constituem importantes marcadores da personalidade.

Visto isso, a personalidade deve ser entendida como resultado do processo dinâmico e contínuo de conciliar características individuais com o ambiente, determinando a qualidade de interação do sujeito com o seu meio. Essas características individuais estão presentes desde a infância e a adolescência e, em sua maioria, permanecem imutáveis ao longo da vida[29].

Ressalta-se também que o foco específico desse procedimento deve ater-se apenas à investigação diagnóstica e à orientação de condutas exclusivamente sob o ponto de vista psicológico, pois não cabe ao psicólogo estabelecer juízo de valores ou determinar sanções.

REFERÊNCIAS BIBLIOGRÁFICAS

1. Guimarães NM, Pasian SR. Agressividade na adolescência: experiência e expressão da raiva. Psicologia em estudo. 2006;11(1);89-97.

2. Barros MNF, Laurenti C. Identidade: questões conceituais e contextuais. PSI – Revista de Psicologia Social e Institucional. 2000;1(1):37-66.
3. Silva DFN. O desenvolvimento das trajetórias do comportamento deliquente em adolescentes infratores [Tese]. Porto Alegre: Instituto de Psicologia, Universidade Federal do Rio Grande do Sul; 2002.
4. Loeber R, Hay D. Key issues in the development of aggression and violence from childhood to adulthood. Ann RevPsychol. 1997;48:371-410.
5. Shoemaker DJ. Theories of delinquency. An examination of explanations of delinquent. Nova York: Oxford University; 1996.
6. Serafim AP, Saffi F, Achá MFF, Barros DM. Dados demográficos, psicológicos e comportamentais de crianças e adolescentes vítimas de abuso sexual. Revista de Psi-quiatria Clínica. 2011;38:148-52.
7. Afifi, TO, Taillieu T, Cheung K, Katz LY, Tonmyr L, Sareen J. Substantiated re-ports of child maltreatment from the Canadian Incidence Study of Reported Child Abuse and Neglect 2008: examining child and household characteristics and child functional impairment. Can J Psychiatry. 2015;60(7):315-23.
8. Feeney J, Kamiya Y, Robertson IH, Kenny RA. Cognitive function is preserved in older adults with a reported history of childhood sexual abuse. J Trauma Stress. 2013;26(6):735-43.
9. Huesmann LR, Eron LD, Dubow EF. Childhood predictors of adult criminality: Are all risk factors reflected in childhood aggressiveness? Criminal Behavior and Men-tal Health. 2002; 12:185-208.
10. Dubow EF, Huesmann LR, Boxer P, Smith C. Childhood and adolescent risk and protective factors for violence in adulthood. Journal of Criminal Justice. 2016;45:26-31.
11. Castro JC de. Jovens lideram estatística de homicídios dolosos no Brasil. O Globo [periódico on-line]. 2007. Acesso em: 7/6/2011.
12. Marques M. Adolescência e transgressão: entre a transgressão dos limites e os limites da transgressão. Lisboa: Associação dos Psicólogos Portugueses; 1995.
13. Aguilar B, Sroufe A, Egeland B, Carlson E. Distinguishing the early-onset/persistent and adolescence-onset antisocial behavior types: from birth to 16 years. Dev Psychopathol. 2000;12:109-32.
14. White HR, Bates ME, Buyske S. Adolescence-limited versus persistence delinquency: extendinf moffitt's hypothesis into adulthood. J Abnorm Psychol. 2001;110(4):600-9.
15. Capaldi D, Stoolmiller M. Co-occurrence of conduct problems and depressive symptoms in early adolescent boys: III. Prediction to youngadult adjustment. Dev Psychopathol. 1999;11:59-84.
16. Telles TS, Carlos VY, Câmara CB, Barros MNF, Suguihiro VLT. Criminalidade juvenil: a vulne-rabilidade dos adolescentes. Revista de Psicologia da UNESP. 2006;5(1):28-40.
17. Braconnier A, Marcelli D. As mil faces da adolescência. Lisboa: Climepsi; 2000.
18. Ferreira P. Controle e identidade: a não conformidade durante a adolescência. Sociologia: problemas e práticas. 2000;33:55-85.
19. Krug EG, Dahlberg LL, Mercy JA, Zwi AB, Lozano R. Relatório mundial sobre violência e saú-de. Genebra: Organização Mundial da Saúde; 2002.
20. Zappe JG, Dias ACG. Delinquência juvenil na produção científica nacional: distâncias entre achados científicos e intervenções concretas. Barbarói. 2010;33:82-103.
21. Tavares JF. Comentários ao estatuto da criança e do adolescente. Rio de Janeiro: Forense; 2006.
22. Joly H. A tribo dos meninos perdidos. Revista Veja. Especial Crime. 2007;10:80-6.
23. Gomide PIC. A influência de filmes violentos em comportamentos agressivos de crianças e adolescentes. Psicologia: reflexão e crítica. 2000;13(1):127-41.

24. Aricapa CB, Zapata SLH. Características de la función ejecutiva y autoreporte de aspectos del desarrollo en adolescentes homicidas y no homicidas de Cali. [Monografía]. Santiago de Cali: Pontificia Universidad Javeriana Cali, Facultad de Humanidades y Ciencias Sociales, Departamento de Ciencias Sociales; 2008.
25. Trindade J. Delinquência juvenil. Porto Alegre: Livraria do Advogado; 1996.
26. Serafim AP, Saadeh A, Castelana GB, Barro DM. Perícias psiquiátricas em situações específicas. In: Miguel EC, Gentil V, Gattaz WF (orgs.). Clínica psiquiátrica, vol. 2,. Barueri: Manole; 2011. p. 2222-31.
27. Conselho Federal de Psicologia. Referências técnicas para atuação de psicólogos no âmbito das medidas socioeducativas em unidades de internação. Brasília: CFP; 2010.
28. Nogueira CSP. O adolescente infrator. Tô fora: o adolescente fora da lei – o retorno da segregação. Belo Horizonte: Del Rey; 2003. p. 13-24.
29. Serafim AP. Avaliação da personalidade. In: Miguel EC, Gentil V, Gattaz WF. Clínica psiquiátri-ca. Barueri: Manole; 2011. p. 376-91.

11

Perícia psicológica na vara do trabalho

SUMÁRIO
Introdução, 194
Assédio moral, 204
Assédio sexual, 209
Dano psíquico, 211
Intoxicação por metais pesados, 214
Considerações finais, 216
Referências bibliográficas, 216

INTRODUÇÃO

Direito trabalhista

O direito na área do trabalho se configura como um conjunto de normas que regem as relações entre duas personalidades jurídicas – os empregados e os empregadores –, no tocante aos direitos resultantes da condição jurídica dos trabalhadores como se observa no art. 114 da Constituição Federal:

> Art. 114. Compete à Justiça do Trabalho processar e julgar:
> [...]
> VI – as ações de indenização por dano moral ou patrimonial, decorrentes da relação de trabalho; [...]

Para Marquez[4], o direito do trabalho representa o conjunto de normas jurídicas que, além de regulamentar as relações de trabalho, aborda também sua preparação, seu desenvolvimento, suas consequências e as instituições complementares dos elementos pessoais que nelas intervêm. Deste contexto, depreende-se que essas normas jurídicas englobam desde a aprendizagem até as consequências complementares, como a organização profissional.

Os fundamentos que regem as relações de trabalho estão pautados Consolidação das Leis do Trabalho (CLT) e eram assim definidas:

São deveres do empregado:

- Cumprir com suas obrigações, em especial as ordens de seus superiores.
- Respeitar os seus superiores e os colegas de trabalho.
- Cumprir os horários de trabalho previamente estabelecidos.
- Agir com boa-fé e fidelidade.
- Cooperar (ou colaborar) com o bom desenvolvimento do empreendimento (da empresa).
- Agir com diligência, ou seja, ser cuidadoso e zeloso em qualquer ação.

Quanto ao empregador, em seu art. 2º, a CLT o define como aquele que assalaria e dirige a prestação pessoal de serviços (empresas, profissionais liberais, instituições de beneficência, associações recreativas, instituições sem fins lucrativos).

Em relação aos direitos, segundo o mesmo artigo da CLT, consta que o empregado está sujeito ao poder de direção do empregador, em razão da condição de subordinação, uma vez que, em geral, o empregador é o proprietário do negócio. Sendo assim, há sujeição às ordens do trabalho, visto que é o empregado que presta serviços e deve obedecer às regras impostas.

Em termos de deveres do empregador, atribui-se:

- Pagar o salário ajustado, como contrapartida pelo serviço recebido.
- Proporcionar trabalho ao empregado.
- Proteger o empregado.
- Respeitar as normas de segurança e higiene no trabalho.
- Agir com boa-fé, dando ao empregado condições técnicas e físicas para a execução do trabalho.
- Respeitar a dignidade do empregado, como ser humano.
- Não agir com discriminação.
- Não estabelecer tratamento diferenciado entre os seus empregados, por motivo de crença religiosa, raça, sexo, idade, cor etc.

O empregado, no art. 3º da CLT, é toda pessoa física que presta serviços de natureza não eventual a empregador, sob a dependência dele e mediante salário. Seus direitos são os seguintes:

- Ter assegurados os direitos trabalhistas básicos (anotação em carteira de trabalho e previdência social – CTPS, receber salário no prazo legal, assim como o 13º salário, as férias, o Fundo de Garantia do Tempo de Serviço – FGTS, o vale--transporte etc.).
- Ser tratado com respeito pelos seus superiores e sem rigor excessivo.
- Receber treinamento necessário para o desempenho das atividades funcionais.
- Receber os equipamentos de proteção, quando seu uso for exigido legalmente.
- Deixar de cumprir ordem injusta, que extrapole os limites do contrato, ou seja, atentatória à sua dignidade.

Em julho de 2017, a CLT foi alterada em decorrência da Lei n. 13.467. Com as modificações, embora mantida uma série de condições, houve importantes alterações nas relações de trabalho. De forma sucinta, as mudanças se deram na retirada da obrigação da contribuição salarial; a prática do *home office* passou a ser reconhecida; ficou estabelecida a categoria de contrato de trabalho intermitente, que direcionado ao trabalhador configura-se como o processo que alterna períodos de inatividade e atividade. Com a nova lei, o período de férias pode ser fracionado de acordo com o art. 134 em até três períodos de gozo, porém depende da anuência do empregado.

No caso de demissões, mantiveram-se as prerrogativas da CLT, ou seja, verbas rescisórias, como a multa de 40% sobre o FGTS e o seguro-desemprego. A nova lei também inseriu a possibilidade da rescisão de comum acordo.

Destaca-se uma mudança bastante positiva, que é a garantia da gestante ser afastada de qualquer ambiente insalubre; sua exposição a estes ambientes deve ser mediante autorização médica de sua confiança.

Visto isto, são expressos os principais artigos de interesse para o entendimento de possível interface da psicologia com as questões trabalhistas.

> Art. 2º Considera-se empregador a empresa, individual ou coletiva, que, assumindo os riscos da atividade econômica, admite, assalaria e dirige a prestação pessoal de serviço.
>
> § 1º Equiparam-se ao empregador, para os efeitos exclusivos da relação de emprego, os profissionais liberais, as instituições de beneficência, as associações recreativas ou outras instituições sem fins lucrativos, que admitirem trabalhadores como empregados.
>
> § 2º Sempre que uma ou mais empresas, tendo, embora, cada uma delas, personalidade jurídica própria, estiverem sob a direção, controle ou administração de outra, ou ainda quando, mesmo guardando cada uma sua autonomia, integrem grupo

econômico, serão responsáveis solidariamente pelas obrigações decorrentes da relação de emprego.

Art. 3º Considera-se empregado toda pessoa física que prestar serviços de natureza não eventual a empregador, sob a dependência deste e mediante salário.

Art. 4º Considera-se como de serviço efetivo o período em que o empregado esteja à disposição do empregador, aguardando ou execu-tando ordens, salvo disposição especial expressamente consignada.

§ 1º Computar-se-ão, na contagem de tempo de serviço, para efeito de indenização e estabilidade, os períodos em que o empregado es-tiver afastado do trabalho prestando serviço militar e por motivo de acidente do trabalho.

Art. 5º A todo trabalho de igual valor corresponderá salário igual, sem distinção de sexo.

Art. 6º Não se distingue entre o trabalho realizado no estabelecimento do empregador, o executado no domicílio do empregado e o rea-lizado a distância, desde que estejam caracterizados os pressupostos da relação de emprego.

Art. 10. Qualquer alteração na estrutura jurídica da empresa não afetará os direitos adquiridos por seus empregados. [...]

Art. 58. A duração normal do trabalho, para os empregados em qualquer atividade privada, não excederá de 8 (oito) horas diárias, desde que não seja fixado expressamente outro limite. [...]

§ 2º O tempo despendido pelo empregado desde a sua residência até a efetiva ocupação do posto de trabalho e para o seu retorno, caminhando ou por qualquer meio de transporte, inclusive o fornecido pelo empregador, não será computado na jornada de trabalho, por não ser tempo à disposição do empregador.

Art. 58-A. Considera-se trabalho em regime de tempo parcial aquele cuja duração não exceda a trinta horas semanais, sem a possibilidade de horas suplementares semanais, ou, ainda, aquele cuja duração não exceda a vinte e seis horas semanais, com a possibilidade de acréscimo de até seis horas suplementares semanais.

A modificação na CLT prevê o *home office* ou teletrabalho.

Art. 75-B. Considera-se teletrabalho a prestação de serviços preponderantemente fora das dependências do empregador, com a utiliza-ção de tecnologias de informação e de comunicação que, por sua natureza, não se constituam como trabalho externo.

Art. 75-C. A prestação de serviços na modalidade de teletrabalho deverá constar expressamente do contrato individual de trabalho, que especificará as atividades que serão realizadas pelo empregado.

Com a nova configuração das relações de trabalho, consta no art. 442-B que a concepção de empregado não atende a especificidade do art. 3º da CLT.

Art. 442-B. A contratação do autônomo, cumpridas por este todas as formalidades legais, com ou sem exclusividade, de forma contínua ou não, afasta a qualidade de empregado prevista no art. 3º desta Consolidação.

Surge o trabalho intermitente:

Art. 452-A. O contrato de trabalho intermitente deve ser celebrado por escrito e deve conter especificamente o valor da hora de trabalho, que não pode ser inferior ao valor horário do salário mínimo ou àquele devido aos demais empregados do estabelecimento que exerçam a mesma função em contrato intermitente ou não.

Para esta condição:

Art. 452-A [...]
§ 1º O empregador convocará, por qualquer meio de comunicação eficaz, para a prestação de serviços, informando qual será a jornada, com, pelo menos, três dias corridos de antecedência.
§ 2º Recebida a convocação, o empregado terá o prazo de um dia útil para responder ao chamado, presumindo-se, no silêncio, a recusa. [...]
§ 4º Aceita a oferta para o comparecimento ao trabalho, a parte que descumprir, sem justo motivo, pagará à outra parte, no prazo de trinta dias, multa de 50% (cinquenta por cento) da remuneração que seria devida, permitida a compensação em igual prazo. [...]
§ 8º O empregador efetuará o recolhimento da contribuição previdenciária e o depósito do Fundo de Garantia do Tempo de Serviço, na forma da lei, com base nos valores pagos no período mensal e fornecerá ao empregado comprovante do cumprimento dessas obrigações.
§ 9º A cada doze meses, o empregado adquire direito a usufruir, nos doze meses subsequentes, um mês de férias, período no qual não poderá ser convocado para prestar serviços pelo mesmo empregador.

Quanto às ações trabalhistas, ressalta o art. 818:

Art. 818. O ônus da prova incumbe:
I – ao reclamante, quanto ao fato constitutivo de seu direito; [...]

Se pensarmos na situação de alegação de adoecimento com questões de saúde mental, pelas condições do trabalho, pode-se depreender que a parte reclamante deverá buscar as provas, no caso, uma avaliação psicológica para materialidade de sua denúncia, a qual estará sujeita a aceitação ou não do juiz, inclusive de se determinar uma nova avaliação.

Nesse universo do mundo do trabalho, o qual se reveste de papéis sociais em relações verticais, aspectos da subjetividade humana comumente se apresentam traduzidos, por vezes, em sofrimento psicológico e repercussões importantes na saúde mental das pessoas envolvidas e, quando essa condição ocorre, surgem inúmeras demandas para atuação da psicologia, principalmente relativas ao reflexo da capacidade laborativa (Figura 11.1).

Figura 11.1 Demandas para atuação da psicologia.

Saúde mental e trabalho

Além das relações jurídicas, a área do trabalho também apresenta importantes demandas, com questões relativas à saúde, a qual apresenta um conceito complexo relativo às funções orgânicas, físicas e psicológicas em um contexto social conforme a Organização Mundial da Saúde[3]. Em qualquer que seja o contexto social, objetiva-se compreender os fatores biológicos, psicológicos, comportamentais e sociais que influenciam a saúde e a doença.

No que concerne à relação trabalho e saúde mental, esta é entendida como um estado completo de bem-estar físico, mental e social. Logo, as suas alterações vão caracterizar os aspectos que afetam o funcionamento cognitivo, os sentimentos, a maneira como a pessoa pensa e o comportamento. Algumas situações acabam tendo uma participação com maior repercussão, revestindo-se como fatores de vulnerabilidade aos transtornos mentais (Quadro 11.1).

Quadro 11.1   Fatores de vulnerabilidade para transtornos mentais

Psicológicos	Sociais
Características da personalidade	Cultura
Elevação do estresse	Aumento da responsabilidade
Idealização *vs.* realidade	Competitividade
Pouca habilidade de enfrentamento	Desemprego ou ameaça
Sentimento de incapacidade	Falta de apoio social
	Assédio
	Bullying
	Excesso de trabalho
	Jornadas inflexíveis

Dados apontam que mais de 400 milhões de pessoas são afetadas por transtornos mentais (e comportamentais). Entre 75 e 85% dessa população não têm acesso a qualquer forma de tratamento da saúde mental. Cinco das dez principais causas de deficiência em todo o mundo são decorrentes dos problemas de saúde mental. Três dos dez principais fatores de incapacidade em pessoas entre as idades de 15 e 44 anos estão associados à presença de transtornos mentais. Além do que, de maneira geral, os transtornos mentais associam-se a taxas de desemprego elevadas, em torno de 90%. Quando uma pessoa é acometida por um transtorno mental, ela apresenta de 3 a 4 vezes mais chances de perder o emprego comparada à população geral[3].

Os problemas relativos à saúde mental são responsáveis por uma grande quantidade de mortalidade e incapacidade. Além do mais, os transtornos mentais participam em cerca de 8,8 a 16,6% do total da carga de doença em decorrência das condições de saúde em países de baixa e média renda, respectivamente. Entre os problemas prioritários de saúde mental, além da depressão, estão[3]:

- Quadros psicóticos.
- Transtorno afetivo bipolar.
- Epilepsia.
- Demências.
- Quadros decorrentes de abuso de álcool e drogas.

Os transtornos depressivos, por exemplo, representam uma das doenças mais comuns em adultos interferindo na força de trabalho[3]. No Brasil, os transtornos mentais são a terceira principal causa de concessão de benefício previdenciário por incapacidade.

Na relação com o trabalho, Drake et al.[4] já enfatizavam que os transtornos mentais tendem a se manifestar quando as exigências do meio e do trabalho ultrapassam a capacidade de adaptação do sujeito, tornando amplos os sentimentos de indignidade e inutilidade, alimentando a sensação de adoecimento intelectual e falta de imaginação e, consequentemente, afetando o comportamento produtivo. Observa-se ainda que estes casos demandam mais serviços de saúde e problemas no trabalho como abandono, faltas não justificadas, afastamento, além da diminuição da motivação.

As doenças profissionais e/ou do trabalho, entre elas as relativas à saúde mental, atingem cerca de 160 milhões de trabalhadores a cada ano de acordo com a Organização Internacional do Trabalho[5]. Transtornos mentais relacionados ao trabalho são reconhecidos como um importante problema de saúde pública, afetando milhões de pessoas, bem como a economia de cada país[6]. Neste cenário, Levi[7] já destacava que, de acordo com as tendências globais na vida profissional, esses transtornos seriam suscetíveis de se tornarem ainda mais frequentes ao longo dos anos.

Dados da realidade brasileira, de acordo com o Anuário Estatístico da Previdência Social[8], mostraram que os transtornos mentais e comportamentais ainda figuram como a terceira maior causa de aposentadorias por invalidez relacionadas ao trabalho, ficando atrás apenas das ocasionadas por doenças do sistema osteomuscular e do tecido conjuntivo. É importante lembrar que tem direito à aposentadoria por invalidez o segurado que, estando ou não em gozo de auxílio-doença, é considerado incapaz para o trabalho e insuscetível de reabilitação para o exercício de atividade que lhe garanta a subsistência.

Segundo a literatura, a realidade dos problemas relativos a saúde mental e trabalho pode se tornar ainda maior se considerarmos os transtornos mentais comuns (TMC)[9]. Estes transtornos compreendem uma lista de sintomas psicológicos, incluindo insônia, fadiga, sintomas depressivos, irritabilidade, esquecimento, dificuldade de concentração e queixas somáticas, que interferem na capacidade funcional das pessoas, por um lado. Por outro, não preenchem os requisitos para os diagnósticos de transtornos mentais, seja do *Manual diagnóstico e estatístico de transtornos mentais* (DSM) ou da Classificação Internacional de Doenças (CID). Além disso, é comum os clínicos não identificarem os TMC e isso gera gastos excessivos com encaminhamentos, pedidos de exames desnecessários e prescrição indiscriminada de medicações[9]. Por exemplo, em estudo realizado na cidade de São Paulo com 104 educadores sociais sobre a presença de TMC, Romero et al. identificaram que 68,3% (71 sujeitos) apresentaram índices que caracterizam a presença de TMC, sendo 40,4% das mulheres e 27,9% dos homens[10].

Com bases nestes dados, pode-se estabelecer duas importantes frentes de interface da psicologia com a área do direito do trabalho. A primeira no que tange aos programas de atenção aos processos de adoecimento. O segundo, mais afeto à perícia psicológica. Situações que tratam do afastamento das atividades laborativas por condições de saúde mental, assédio moral e dano psíquico, por exemplo, exigem da psicologia, como na situação de perícia, uma reposta relativa ao nexo de causalidade, isto é, o quanto um quadro depressivo, que torna a pessoa parcialmente incapaz para as atividades de sua ocupação, é fulcro de uma condição de constrangimento no ambiente de trabalho. Aqui cabe ao psicólogo estabelecer uma linha de raciocínio diagnóstico para a possível identificação de sofrimento psicológico ou transtorno mental e se este tem conexão com a relação do trabalho, conforme a Figura 11.2.

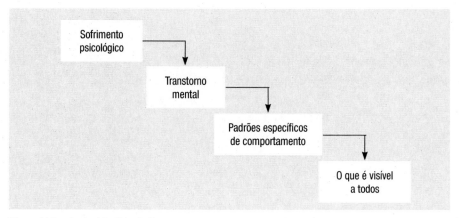

Figura 11.2 Raciocínio diagnóstico.

Diante do exposto supracitado, ressalta-se que, nas questões jurídicas da vara do trabalho, no que tange à perícia nas situações tidas como dano moral, por exemplo, comumente as perícias físicas não conseguem estabelecer concretamente a materialidade da prova, visto que essa materialidade está estreitamente ligada a fatores de ordem psicológica e nem sempre é fácil correlacionar esses fatores à queixa ou denúncia[6].

A Figura 11.3 esquematiza o quão relevante é a aplicação da perícia psicológica na Justiça do Trabalho, uma vez que tal procedimento se reveste de uma capacidade de investigação detalhada de todos os possíveis fenômenos envolvidos (neuropsicológico, psicossensorial, expressivo, afetivo, cognitivo, vivencial, político), o que eleva o grau de fidedignidade da perícia quanto ao nexo causal, conforme a Figura 11.4.

Como já citado no texto referente à psicologia na vara cível, a perícia em saúde mental se apresenta como um importante recurso diante da necessidade de prova, como detalha o Código do Processo Civil de 2015, aspectos que também se aplicam à perícia no direito do trabalho.

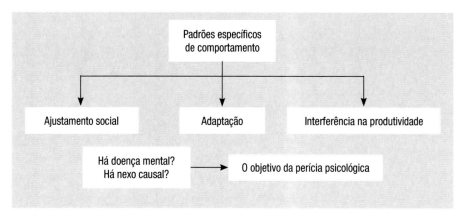

Figura 11.3 Aplicação da perícia psicológica na Justiça do Trabalho.

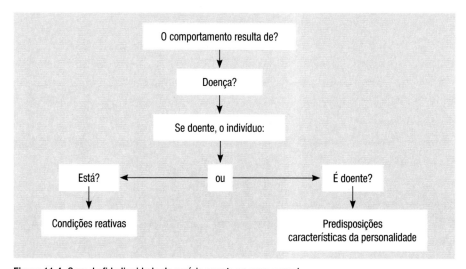

Figura 11.4 Grau de fidedignidade da perícia quanto ao nexo causal.

Art. 156. O juiz será assistido por perito quando a prova do fato depender de conhecimento técnico ou científico.

§ 1º Os peritos serão nomeados entre os profissionais legalmente habilitados e os órgãos técnicos ou científicos devidamente inscritos em cadastro mantido pelo tribunal ao qual o juiz está vinculado. [....]

Art. 466. O perito cumprirá escrupulosamente o encargo que lhe foi cometido, independentemente de termo de compromisso.

§ 1º Os assistentes técnicos são de confiança da parte, não sujeitos a impedimento ou suspeição. [....]

Art. 468 O perito pode ser substituído quando:
I - faltar-lhe conhecimento técnico ou científico;
II - sem motivo legítimo, deixar de cumprir o encargo no prazo que lhe foi assinado. [...]

O objetivo da perícia psicológica na vara do trabalho é investigar o nexo de causalidade nos casos de acidentários e doenças profissionais, doenças decorrentes das condições de trabalho, indenizações, erro ou negligência médica e hospitalar, intoxicações (por chumbo, mercúrio, monóxido de carbono, entre outras).

Nesse contexto se verificarão a capacidade laboral, a relação nexo-causal (relação entre o fato e o dano físico ou psíquico) e a verificação das condições mentais, de acordo com a legislação vigente para fins de aposentadoria por doença mental, bem como para o desempenho de cargos.

Ressalta-se ainda que, nos casos de processos por dano moral, estes podem ser impetrados tanto na vara do trabalho, para fins indenizatórios, como na Criminal, uma vez que no direito penal o dano psíquico corresponde às "lesões graves que resultaram em prejuízo emocional incapacitante por mais de trinta dias". A Lei n. 10.224, de 15/05/2001, acresce ao Código Penal o art. 216-A, cujos termos são os seguintes: "Constranger alguém com o intuito de obter vantagem ou favorecimento sexual, prevalecendo-se o agente da sua condição de superior hierárquico ou ascendência inerentes ao exercício de emprego, cargo ou função".

ASSÉDIO MORAL

Para compreensão do termo dano psíquico, antes cabe abordarmos o tema assédio moral e sexual. Para compreender o processo do assédio moral, faz-se necessário entender o contexto da violência em suas diferentes manifestações, uma vez que assédio moral, na atualidade, traduz-se em violência. É definido como ações repetidas e repreensíveis, ou claramente negativas, dirigidas de maneira ofensiva contra empregados, que podem conduzir a seu isolamento do grupo no local de trabalho.

De acordo com a Organização Mundial da Saúde[11],

> violência é o uso intencional da força física ou do poder, real ou em ameaça, contra si próprio, contra outra pessoa, ou contra um grupo ou uma comunidade, que resulte ou tenha possibilidade de resultar em lesão, morte, dano psicológico, deficiência de desenvolvimento ou privação.

Essa violência pode ser:

- Física.
- Psicológica.
- Sexual.
- Moral.
- *Bullying*.

Juridicamente, o assédio moral é toda ação, repetitiva ou sistematizada, que objetiva afetar a dignidade da pessoa e criar um ambiente humilhante, degradante, desestabilizador e hostil[12].

Ainda segundo Guedes[12], geralmente a ocorrência do assédio moral parte do empregador contra o empregado, como forma de dominação e abuso de autoridade inerente às suas funções, mas pode correr também entre os colegas de mesmo nível hierárquico, subordinados em relação ao chefe.

As principais vítimas são mulheres em geral, pessoas com idade mais avançada, pessoas em situação de estabilidade provisória, gestantes, membros da Comissão Interna de Prevenção de Acidentes (Cipa), dirigentes sindicais, pessoas que recebem auxílio-doença do INSS, homossexuais, portadores de HIV ou doenças graves[13].

Compreendendo o assédio moral

É consenso na literatura especializada que há um aumento da ocorrência do assédio moral, nas suas múltiplas formas, o qual está se tornando um dos maiores riscos laborais de desgaste psicossocial. Nos últimos anos, a incidência dessas doenças sociolaborais tem oscilado entre taxas que vão de 5 a 25%, dependendo dos critérios, dos procedimentos e dos instrumentos de avaliação utilizados.

Segundo Ferreira et al.[14], a Organização Internacional do Trabalho (OIT) considera o problema uma questão mundial, já que atinge mais de 12 milhões de trabalhadores na Europa. Os transtornos mentais relacionados com as condições de trabalho são hoje considerados um dos males da modernidade. Ainda segundo os autores citados, algumas das novas políticas de gestão exigem que as pessoas assumam várias funções e tenham jornadas prolongadas, entre outros abusos. Não aceitar tais condições é correr o risco de ser demitido, já que nunca faltam substitutos.

Já no Brasil, de acordo com Barreto[15], em um universo de 2.072 trabalhadores, de 97 empresas, na cidade de São Paulo, entre 1996 e 2000, 870 deles (41,99%) apresentaram histórias severas de humilhação no trabalho ou assédio moral em razão de terem sofrido acidente do trabalho ou simplesmente adoecido (494 mulheres – 56,78%; 376 homens – 43,22%).

De acordo com Blanch[16], nos países socialmente mais avançados, os indicadores reforçam a impressão de que se trata de um tema importante, dos pontos de vista social, político, jurídico, cultural, econômico, organizacional e psicológico.

Já para Aguiar[17], os estudos iniciais sobre hostilidade no trabalho são atribuídos a Brodsky, que trabalhou o conceito de *harassed worker*, nos anos 1970, e Heinz Leymann utilizou o termo *mobbing*, no universo trabalhista sueco, nos anos 1980. Nos Estados Unidos os termos mais utilizados para caracterizar essas situações são *bullying* e *harassment*. Na Espanha o termo é tratado como "psicoterror"[18].

Independentemente da definição ou conceituação que se aplique ao assédio moral, este é abordado em vários países como um fator de proporções imensuráveis na saúde mental e geral de quem sofre tal violência. O processo da ocorrência do assédio moral se dá inicialmente pela insistência, de alguém, para conseguir alguma coisa. Esta insistência pode ser pela coação, que é o ato ou efeito de coagir; estado ou situação de pessoa coagida; violência; constrangimento, ou pela discriminação, na qual indivíduos são segregados ou prejudicados por pertencerem a um ou outro grupo que fogem a determinadas normas. Estas normas podem ser a cor da pele, a opção sexual, a religião, o gênero, a origem social ou quase qualquer outra marca que se impõe aos indivíduos[15].

Sendo assim, o assédio moral se converte em uma conduta abusiva, intencional, frequente e repetida, que ocorre no ambiente de trabalho e que visa a diminuir, humilhar, vexar, constranger, desqualificar e demolir psiquicamente um indivíduo ou um grupo, ao degradar suas condições de trabalho, atingir sua dignidade e colocar em risco sua integridade pessoal e profissional.

Nesse contexto, a violência moral ou assédio moral é a exposição dos trabalhadores e trabalhadoras a situações humilhantes e constrangedoras, repetitivas e prolongadas durante a jornada de trabalho e no exercício de suas funções, sendo mais comuns em relações hierárquicas autoritárias e assimétricas, em que predominam condutas negativas, relações desumanas e antiéticas de longa duração, de um ou mais chefes dirigida a um ou mais subordinado(s), desestabilizando a relação da vítima com o ambiente de trabalho e a organização, forçando-o a desistir do emprego[19].

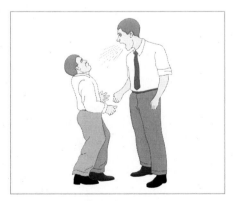

Figura 11.5   Assédio moral.

No âmbito do trabalho o assédio configura-se em toda e qualquer conduta abusiva, manifestando-se sobretudo por comportamentos, palavras, atos, gestos e escritos que possam trazer dano à personalidade, à dignidade ou à integridade física ou psíquica de uma pessoa, pôr em perigo seu emprego ou degradar o ambiente de trabalho[15], conforme os tipos descritos a seguir.

Assédio psicológico e assédio moral

Consiste em comportamento persistente, ofensivo, abusivo, intimidatório, malicioso ou insultuoso, abuso de poder ou sanções injustas, que fazem com que o agredido se sinta preocupado, ameaçado, humilhado ou vulnerável, minando sua autoconfiança e provocando-lhe estresse.

Exemplos de assédio psicológico:

- Exclusão das atividades informais do grupo de trabalho.
- Sonegação de informação relevante para o desempenho das funções.
- Desconsideração do alvo por meio da deformação de tudo o que ele diz.
- Intimidação.
- Sua ridicularização por meio da alusão repetida a defeitos físicos do alvo ou de seus familiares.
- Desqualificação dos resultados obtidos.
- Gritar com o trabalhador ou envergonhá-lo em público.

Tipos de assédio moral

- Agressão entre colegas de trabalho.
- Agressão do subordinado ao superior.
- Agressão do superior ao subordinado.

Principais ocorrências do assédio moral no ambiente de trabalho

- Instruções confusas e imprecisas ao trabalhador.
- Dificultar o trabalho.
- Atribuir erros imaginários ao trabalhador.
- Exigir, sem necessidade, trabalhos urgentes.
- Sobrecarga de tarefas.
- Ignorar a presença do trabalhador, não cumprimentá-lo ou, ainda, não lhe dirigir a palavra na frente dos outros, deliberadamente.
- Fazer críticas ou brincadeiras de mau gosto ao trabalhador em público.
- Impor horários injustificados.

- Retirar-lhe, injustificadamente, os instrumentos de trabalho.
- Agressão física ou verbal, quando o assediador e a vítima estão sós.
- Ameaças, insultos, isolamento.

Manifestações do assédio segundo o gênero

Com as mulheres: os controles são diversificados e visam a intimidar, submeter, proibir a fala, interditar a fisiologia, controlando o tempo e a frequência de permanência nos banheiros. Relacionam atestados médicos e faltas à suspensão de cestas básicas ou promoções.

Com os homens: atingem a virilidade, principalmente.

A principal implicação do terrorismo psicológico é a afetação da saúde mental e física da vítima, que vem a ser acometida de doenças como depressão e estresse, entre outras de natureza psicossomática. Podem-se classificar, ainda, como espécies de assédio moral, chamado *mobbing* combinado (que se daria com a união do chefe e dos colegas com o objetivo de excluir um trabalhador) e o denominado *mobbing* ascendente (que ocorreria se um trabalhador, ou trabalhadores, julgando-se merecedores do cargo do chefe, passassem a sabotá-lo).

Esse tipo de assédio afeta a saúde mental. Inicialmente a pessoa apresenta quadros de cefaleias, sensação de mal-estar, sensação de pressão no peito e fadiga crônica, que tendem a evoluir para quadros depressivos, ansiosos e tentativas de suicídio.

O Quadro 11.2 expressa os principais danos à saúde.

Quadro 11.2 Principais danos à saúde

Danos gerais	Reações psicossomáticas
Esquecimentos constantes	Hipertensão arterial
Insônia ou sonolência excessiva	Palpitações cardíacas, taquicardia
Pesadelos com o ambiente de trabalho	Inflamações de pele
Ideias suicidas	Perda de cabelo
Desordens alimentares	Dores generalizadas no corpo
Aumento do consumo de drogas	Enxaquecas
	Distúrbios digestivos
	Diminuição da libido

As principais consequências incluem o absenteísmo, baixos índices de criatividade, danos aos equipamentos, alta rotatividade e aumento de demandas trabalhistas.

Todos esses comportamentos que caracterizam o assédio moral muitas vezes são de difícil identificação, já que o assédio moral, frequentemente, constitui uma forma sutil de degradação psicológica. Assim, é preciso estar atento aos elementos que contribuem para a caracterização da figura do assédio moral. Um dos elementos essenciais para a caracterização do assédio moral no ambiente de trabalho é a reiteração da conduta ofensiva ou humilhante, pois nem toda violência no trabalho é assédio moral. Exemplos desse tipo de violência são eventos isolados, agressões pontuais, expressões de reatividade e impulsividade e más condições de trabalho.

Ressalta-se que a avaliação psicológica nesse contexto é de suma importância, visto que algumas pessoas apresentam um elevado nível de neuroticismo, aspecto que a torna vulnerável a sofrimento psicológico independentemente de a ação ter sido necessariamente dirigida a ele. Para esses casos, a perícia psicológica é necessária e imprescindível para estabelecer o diferencial[20].

ASSÉDIO SEXUAL

Outro importante tipo de violência no contexto do trabalho é o assédio sexual, que em muitas situações se mistura ao assédio moral. Todavia, deve-se considerar que as condutas de assédio sexual são vistas de forma distinta em diferentes culturas.

Alguns países tratam do assédio sexual nas leis civis sobre igualdade, entre eles os Estados Unidos da América, o Canadá, a Austrália, a Dinamarca, a Irlanda e a Suécia. Já a França e a Nova Zelândia dispõem sobre a matéria em leis trabalhistas, diferentemente dos países asiáticos, onde o assédio sexual não é reconhecido como um problema social.

O primeiro país a legislar, na concepção moderna, sobre assédio sexual foram os Estados Unidos da América em meados da década de 1970. A França, além de punir o assédio sexual no Código Penal, também legisla sobre o tema no Código do Trabalho. A Itália disciplina a matéria em leis esparsas, e o ressarcimento dos danos advindos do assédio sexual encontra respaldo nos arts. 2.043 e 2.049 do Código Civil.

No Brasil é considerado assédio sexual toda tentativa, por parte do empregador ou de quem detenha poder hierárquico sobre o empregado, de obter dele favores sexuais, por meio de condutas reprováveis, indesejadas e rejeitadas, com o uso do poder que detém como forma de ameaça e condição de continuidade no emprego, ou quaisquer outras manifestações agressivas de índole sexual com o intuito de prejudicar a atividade laboral da vítima, por parte de qualquer pessoa que faça parte do quadro funcional, independentemente do uso do poder hierárquico[21].

De acordo com o art. 5º da Constituição Federal, se o autor do assédio é o empregador ou outro superior hierárquico, cabe ao empregado solicitar rescisão indireta do contrato de trabalho. E nas duas situações, ao processo também se aplica ação de indenização por danos morais, dada a violação do direito à intimidade.

Pela Consolidação das Leis do Trabalho (art. 483), o empregado, como vítima do assédio, além do direito à transferência de local de trabalho, também tem direito à rescisão indireta do contrato de trabalho, nos termos de indenização por danos morais.

O assédio sexual passou a se configurar como crime pela Lei n. 10.224/2001: "Constranger alguém com o intuito de levar vantagem ou fornecimento sexual, prevalecendo-se o agente da sua condição de superior hierárquico ou ascendência inerentes ao exercício de emprego, cargo ou função."

Ressalta-se que o assédio sexual não é um fenômeno exclusivamente trabalhista; no entanto, é nas relações de trabalho que ocorre com maior frequência.

Características do assédio sexual

Assédio sexual por intimidação

Caracteriza-se por incitações sexuais importunas, solicitação sexual ou outras manifestações da mesma índole, verbais ou físicas, com o efeito de prejudicar a atuação laboral de uma pessoa ou de criar uma situação ofensiva, hostil, de intimidação ou abuso no trabalho.

Assédio sexual por chantagem

Esta modalidade de assédio sexual no ambiente de trabalho pressupõe, necessariamente, abuso de poder por parte do empregador ou de preposto seu.

É indispensável, pois, uma ascendência do agente sobre a vítima, decorrente de poderes derivados do contrato de trabalho.

Envolve, assim, o uso ilegítimo do poder hierárquico, colocando a vítima em situação de grande constrangimento, uma vez que normalmente terá dificuldades de reagir em legítima defesa, em virtude do perigo de consequências negativas, inclusive a perda do próprio emprego.

O ciclo do assédio sexual

No assédio sexual recebem-se favores sexuais em troca de favorecimentos dentro da empresa. O assédio sexual também envolve o lado emocional da vítima, pois esta é coagida, tendo, muitas vezes, de escolher entre trocar favores sexuais ou ser demitida.

São exemplos desse ciclo: piadas, comentários, carícias ou pedidos de favores sexuais indesejados, represálias, recusa de promoção, demissão ou outras injustiças associadas à recusa de favores sexuais.

O perfil psicológico do agressor geralmente engloba uma pessoa com superioridade hierárquica, autoritário, inseguro e com traços narcisistas. Já o assediado tende a manifestar doenças em função das experiências emocionais estressantes no ambiente do trabalho.

Como foi observado, tanto o assédio moral quanto o sexual tendem a desencadear importantes alterações na saúde mental da vítima, decorrentes do dano psíquico.

DANO PSÍQUICO

Por definição, o dano psíquico seria uma doença psíquica nova na biografia de uma pessoa, relacionada como causa de um evento traumático (acidente, doença, delito), que tenha resultado em um prejuízo das aptidões psíquicas prévias e que tenha caráter irreversível ou, ao menos, durante longo tempo[22].

Em termos de saúde mental, o dano psíquico se caracteriza por um prejuízo emocional capaz de resultar em comprometimento das funções psíquicas, como a emoção, a motivação, a atenção, a memória, o raciocínio etc., de forma súbita e inesperada, decorrente de uma vivência ou evento traumático[23].

O dano psíquico tem estrita relação com a prática da psicologia, uma vez que, como definiu Bock[24], as emoções são expressões afetivas acompanhadas de reações intensas e breves do organismo, em resposta a um acontecimento inesperado ou, às vezes, a um acontecimento muito aguardado. Nas emoções é possível observar uma relação entre os afetos e a organização corporal, ou seja, as reações orgânicas, as modificações que ocorrem no organismo, como distúrbios gastrintestinais, cardiorrespiratórios, sudorese, tremor, taquicardia. Todas essas reações são importantes descargas de tensão do organismo emocionado, pois as emoções são momentos de tensão em um organismo, e as reações orgânicas são descargas emocionais[24] (p. 194).

No conceito jurídico, refere-se à ação deliberada ou culposa de alguém e que traz para a vítima um prejuízo material ou moral decorrente da limitação de suas atividades habituais ou laborativas. Sendo assim, o dano psíquico deve, obrigatoriamente, se traduzir em uma relação causa-efeito ou, em outras palavras, em um nexo de causalidade[22].

Como já foi citado anteriormente, a comprovação, tanto do assédio moral quanto sexual, é complexa, pois geralmente essas condutas não ocorrem publicamente. O que se pode verificar é a consequência psicológica desta, por meio de investigação. Sendo assim, a caracterização de um possível dano psicológico requer do psicólogo a capacidade de identificar os comprometimentos ou prejuízos no desempenho de funções, decorrentes de sintomas que não existiam anteriormente ao evento denunciado.

Perícia psicológica nos casos de dano psíquico

Para Evangelista e Menezes[22], a aplicação da perícia no tocante aos processos de dano psíquico deve caracterizar de forma clara suas quantificação e qualificação, ou seja, detectar a quantidade do dano e que tipo de transtorno psíquico dele decorreu.

Sabe-se que se eleva a complexidade da perícia, quando envolve as denúncias de injúrias emocionais que resultaram em um possível dano psíquico. Todavia, Evangelista e Menezes[22] pontuam que, para verificação dessa condição, quatro elementos devem ser verificados:

- Prejuízo no desempenho da pessoa, decorrente de alteração mórbida de alguma esfera psíquica que nunca existira antes do ocorrido.
- Uma causa ou evento relevante, diretamente relacionado e a partir do qual a alteração mórbida da esfera psíquica passou a existir.
- Um diagnóstico médico preciso (normalmente utilizando as classificações internacionais) de qual seria essa alteração psíquica mórbida.
- Que o prognóstico do dano seja concretamente ruim, ou seja, incapacitante e permanente.

Nesse contexto, cabe ao psicólogo perito investigar uma ampla faixa do funcionamento mental do indivíduo submetido à perícia (o periciando):

- A história clínica e ocupacional, fonte decisiva em qualquer diagnóstico e/ou investigação de nexo causal.
- O estudo do posto de trabalho.
- O estudo da organização do trabalho.
- A ocorrência de quadro clínico ou subclínico no trabalhador exposto a condições agressivas.

Com a aplicação deste roteiro, o psicólogo poderá identificar e correlacionar se o quadro psicológico decorrente da experiência traumática torna a pessoa com prejuízos relativos incapaz de desempenhar suas tarefas habituais, de trabalhar, de ganhar dinheiro e de relacionar-se.

Ressalta-se, mais uma vez, que o papel da perícia psicológica nesse contexto se faz imprescindível em razão da ocorrência de neuroticismo, que é uma tendência global de algumas pessoas a apresentar respostas de ansiedade exagerada, de ser neurovegetativamente hiper-reativo, de mostrar uma maior fatigabilidade física e mental, de ser vulnerável à frustração e resistente a mudar os hábitos desadaptativos.

Várias pessoas com essas características vivenciam as situações e tendem a distorcê-las e, como consequência, a expressão de sintomas comuns aos quadros do dano psíquico, como conotações cognitivo-afetivas, ansiedade, manifestações fóbicas, sensibilidade exagerada e irritabilidade, tendência à depressão, amnésias, aspectos psicossomáticos como insônias, vertigens, alterações na visão, na fala, na respiração e na pele, além de alterações cardíacas e gastrointestinais. Todavia, as causas não correspondem ao dano psíquico[23].

Esses apontamentos devem ser sempre levados em consideração, visto que pode haver transtornos prévios, principalmente os transtornos de personalidade.

A pessoa sem um transtorno de personalidade apresenta um funcionamento que permite ao indivíduo uma capacidade de adaptação e ajustamento social adequados, o que não ocorre nas pessoas com transtornos de personalidade como nos casos de quadros histriônicos, emocionalmente instáveis (*borderline*)[25].

Diante dessa possibilidade, alguns autores, como França[26], enfatizam que vários fatores não devem ser interpretados como decorrentes de dano psíquico: sintomas psíquicos isolados que não constituem uma doença psíquica característica, doenças que não tenham aparecido por causa do evento e quadros psíquicos que não tenham relação causal com o acontecimento alegado.

Segundo França[21], na perícia deve-se considerar se do dano resultou:

- Incapacidade para as ocupações habituais por mais de trinta dias.
- Debilidade permanente de membro, sentido ou função.
- Perda ou inutilização de membro, sentido ou função.
- Aceleração do parto.
- Aborto.
- Incapacidade permanente para o trabalho.
- Uma enfermidade incurável.
- Deformidade permanente.
- Incapacidade temporária.
- Incapacidade permanente.
- Prejuízo de afirmação pessoal.
- Prejuízo futuro.

Além das perícias nos casos de denúncia de dano psíquico, cada vez mais se discute a utilização da perícia psicológica nos casos de perícia previdenciária, isto é, nos casos tanto de afastamento das atividades laborativas como de aposentadoria decorrentes de transtornos mentais.

Este fato é notório, visto que tramita na Comissão de Seguridade Social e Família e Constituição e Justiça e de Cidadania da Câmara dos Deputados o Projeto de Lei n. 7.200/2010, que idealiza a alteração do § 1° do art. 42 da Lei n. 8.213, de 24 de julho de 1991.

O propósito do referido Projeto de Lei é implantar a avaliação pericial por profissionais não médicos da área da saúde que atuam na Previdência Social, entendendo que, dessa forma, o relatório de avaliação da capacidade laborativa, nos casos de aposentadoria por invalidez, espelharia uma realidade mais completa da situação do periciando. Nesse projeto, seus autores propõem a mudança da perícia unicamente médica para um "exame pericial multidisciplinar".

Dessa forma, o objetivo dos autores do projeto é promover a avaliação pericial multidisciplinar, com a participação de diversos profissionais de saúde, como fisioterapeutas, terapeutas ocupacionais, psicólogos e assistentes sociais da Previdência Social. Entende-se que, dessa forma, o relatório final (laudo) de avaliação da capacidade laborativa, nos casos de aposentadoria por invalidez, refletirá uma realidade mais completa, transparente e justa.

INTOXICAÇÃO POR METAIS PESADOS

Segundo Costa e Rohlfs[27], a expressão "metal pesado" é utilizada para designar metais classificados como poluentes. Nesta sessão, será tratada a intoxicação por mercúrio, por ser a mais comum.

Hidrargirismo – intoxicação por mercúrio

O mercúrio (Hg) é um metal líquido pesado branco prateado e inodoro. É conhecido desde a Antiguidade como prata líquida, em decorrência de sua cor. É considerado um metal com alta toxicidade, um dos mais perigosos quando no que se refere à contaminação ambiental e à saúde humana, pois, por ser muito volátil e solúvel, "facilita a transposição através dos alvéolos pulmonares e da barreira hematoencefálica"[28].

As principais atividades ocupacionais sujeitas ao risco de intoxicação são: extração e fabricação do mercúrio e de seus compostos; fabricação de tintas; solda de aparelhos como barômetros, manômetros, termômetros, interruptores, lâmpadas, válvulas eletrônicas, ampolas de raios X, retificadores; amalgamação de zinco para fabricação de eletrodos, pilhas e acumuladores; douração e estanhagem de espelhos; recuperação de mercúrio por destilação de resíduos industriais; tratamento a quente de amálgamas de ouro e prata para a recuperação desses metais; fungicida no tratamento de sementes e brilhos vegetais e na proteção da madeira[24], além dos garimpeiros que usam o mercúrio para extração de ouro.

A intoxicação por mercúrio, também chamada hidrargirismo ou mercuralismo, manifesta-se de forma aguda ou crônica:

- Aguda: quando a concentração de mercúrio é elevada em locais de trabalho, podendo causar síndromes gastroentérica ou renal, problemas respiratórios, em especial nos pulmões, visuais, mentais, e sintomas como fadiga, fraqueza, febre, tremores, salivação, dor torácica, dispneia, tosse e alterações do sistema nervoso central (SNC).
- Crônica: intoxicação que ocorre após algum tempo de exposição a vapores de mercúrio. Essa intoxicação também é conhecida como eretismo, apresentando os seguintes sintomas: irritabilidade, ansiedade, labilidade de humor e alteração da sociabilidade, timidez, falta de interesse pela vida, baixa autoestima, perda da autoconfiança, insônia, depressão, delírio, alucinações, cansaço, desânimo, perda de memória, danos neurológicos, principalmente lesão no SNC, perda da coordenação motora, alteração da fala e do andar, com indicativos de tremores de extremidades, dificuldade no equilíbrio, diminuição do campo visual e cegueira, mudanças de personalidade, distúrbios de fala e rigidez[27].

É importante ressaltar que os sintomas do eretismo podem permanecer mesmo quando cessada a exposição ao mercúrio, principalmente as dificuldades cognitivas e emocionais. Faria[28] afirma que "verifica-se a permanência da irritabilidade, ansiedade, alteração do humor e cansaço. Intensificam-se a depressão, a perda de memória, cefaleia, fraqueza e dores generalizadas, alteração do sono" (p. 119).

Para o diagnóstico do hidrargirismo, além da avaliação médica, é imprescindível uma avaliação neuropsicológica e psicológica, na qual devem ser avaliadas atenção, concentração, funções motoras, visuais, visuomotoras, praxia, linguagem, memória e características de personalidade.

Faria[23] aponta para o aumento do tempo de reação aos testes de déficit moderado ou leve de memória de curto prazo, diminuição da memória espacial e verbal de curto prazo, da atenção e da velocidade motoras, presença de tremores, além de quadros de ansiedade, depressão e fobias.

Chumbo

A via respiratória é o principal acesso de entrada. Os sintomas da intoxicação envolvem: alterações cardiovasculares, hepatotóxicas, imunológicas e nefrotóxicas; anemia saturnínica; dor abdominal do tipo cólica, além de transtornos mentais como apatia, depressão, alteração de linguagem, déficits de memória progressiva, deterioração mental, confusão, insônia, inquietude, tremores, medo, explosões de violência, alucinações visuais e delírios que, muitas vezes, são de conteúdo persecutório, e convulsões[29].

Manganês

Os sintomas da intoxicação são alterações respiratórias e do SNC, com características semelhantes aos da doença de Parkinson. Os pacientes intoxicados mostram-se inquietos, com riso incontrolável ou choro, podendo apresentar tremores da língua e das extremidades, fraqueza muscular, indiferença, apatia, sonolência, cefaleia, astenia, excitabilidade, oscilações do humor, pesadelos, atos compulsivos, alucinações e alterações da marcha[29].

CONSIDERAÇÕES FINAIS

Percebe-se que, na atualidade, há uma crescente valorização da matéria psicológica e de sua prática demandadas das várias instituições jurídicas. Evangelista e Menezes[22] já destacavam que esse reconhecimento torna o papel da psicologia um instrumento de reconhecimento e acesso à justiça.

Enfatizamos também que a perícia psicológica no âmbito da vara do trabalho não deve se configurar meramente em uma classificação nosológica (determinação de um diagnóstico), e sim em um esclarecimento de quanto uma "patologia ou condição" afeta o funcionamento psicológico e como este repercute em sua adaptação social.

REFERÊNCIAS BIBLIOGRÁFICAS

1. Barros AM. Curso de direito do trabalho. São Paulo: LTr; 2005.
2. Marquez MH. Tratado de derecho del trabajo. Barcelona: Instituto de Estudios Politicos; 1972.
3. World Health Organization (WHO). Mental health action plan 2013-2020. Geneve: WHO; 2013.
4. Drake RE, MaHugo GJ, Bebout RR, Becker DR, Harris M, Quimby E. Randomized clinical trial of supported employment for inner-city patients with severe mental disorders. Arch Gen Psychiatry. 1999:56:627-33.
5. Organização Internacional do Trabalho (OIT). A prevenção das doenças profissionais. Suíça: Bureau Internacional do Trabalho, 2013.
6. Savic C, Belkic K. Why are job stressors relevant for psychiatry? Br J Psychiatry. 2014;205(6):425-7.
7. Levi L. The European Commission's guidance on work-related stress and related initiatives: from words to action. In: Rossi AM, Perrewe PL, SL Sauter (editors). Stress and quality of working life. Current Perspectives in Occupational Health; 2006. p. 167-82.
8. Ministério da Previdência Social. Secretaria de Políticas de Previdência Social. Anuário Estatístico da Previdência Social. Brasília; 2016.

9. Fonseca MLG, Guimarães MBL, Vasconcelos EM. Sofrimento difuso e transtornos mentais comuns: uma revisão bibliográfica. Rev APS. 2008;11(3):285-94.
10. Romero DL, Akiba HT, Dias AM, Serafim AP. Transtornos mentais comuns em educadores sociais. J Bras Psiquiatr. 2016;65(4):322-9.
11. Organização Mundial da Saúde. Relatório mundial sobre violência; 2002.
12. Guedes MN. Terror psicológico no trabalho. São Paulo: LTr; 2003.
13. Freitas ME, Heloani R, Barreto M. Assédio moral no trabalho. São Paulo: Cengage Leaning; 2008.
14. Ferreira JB, Mendes AM, Calgaro JC, Blanch JM. Situações de assédio moral a trabalhadores anistiados políticos de uma empresa pública. Psicol Rev. 2006;12(20):215-33.
15. Barreto MMS. Assédio moral: a violência sutil. Análise epidemiológica e psicossocial no trabalho no Brasil. Tese de Doutorado, não publicada, em Psicologia Social. Pontifícia Universidade Católica de São Paulo. São Paulo: 2005.
16. Blanch JM. Dimensión psicosocial del trabajo. In: Blanch JM (coord.). Psicología social del trabajo y de las relaciones laborales. Barce-lona: Editorial UOC; 2005. p. 13-104.
17. Aguiar LSA. Assédio moral nas organizações: estudo de caso dos empregados demitidos e em litígio judicial trabalhista no Estado da Bahia. Dissertação de Mestrado. Salvador: Unifacs; 2003.
18. Hirigoyen MF. Assédio moral: a violência perversa no cotidiano. Rio de Janeiro: Bertrand; 2003.
19. Barreto MMS. Violência, saúde, trabalho: uma jornada de humilhações. São Paulo: Educ; 2000.
20. Serafim AP, Saffi F. Práticas Forenses. In: Lenadro F Malloy-Diniz; Daniel Fuentes; Paulo Mattos; Neander Abreu. (Org.). Avaliação neuropsicológica. 2ed.Porto Alegre: Artmed, 2018, v. 1, p. 288-292.
21. Lippman E. Assédio sexual nas relações de trabalho. São Paulo: LTr; 2001.
22. Evangelista R, Menezes IVL. Avaliação do dano psicológico em perícias acidentárias. Revista Imesc. 2000;2:45-50.
23. Castex M. Daño psíquico. Buenos Aires: Tekné; 1997.
24. Bock AMB, Furtado O, Teixeira MLT. Psicologias. Uma introdução ao estudo de psicologia. 13.ed. São Paulo: Saraiva; 2002.
25. Serafim AP, Ssaffi F. Avaliação Breve da Personalidade. In: Orestes Vicente Forlenza e Euripedes Constantino Miguel. (Org.). Clínica Psiquiátrica de Bolso. 2ed.Barueri - SP: Manole, 2018, v. 1, p. 34-40.
26. França GV. Avaliação e valoração médico-legal do dano psíquico. 2006. Disponível em: www.pbnet.com.br/openline/gvfranca/artigo_11.htm. Acessado em: 28/07/2018.
27. Costa LCA, Rohlfs DB. O mercúrio e suas consequências para a saúde. Pontifícia Universidade Católica de Goiás. Programa de Pós-graduação: Biociências Forenses. Disponível em: http://www.cpgls.ucg.br/p.pdf. Acessado em: 28/07/2018.
28. Faria MAM. Mercuralismo metálico crônico ocupacional. Rev Saude Publica. 2003;37(1):116-27.
29. Camargo DA, Caetanao D, Guimarães LAM. Psiquiatria ocupacional II: síndromes psiquiátricas orgânicas relacionadas ao trabalho. J Bras Psiquiatr. 2005;54(1):21-33.

12

Prática da psicologia nos diferentes contextos da violência

SUMÁRIO
Introdução, 218
Tipos de violência, 221
Diferentes contextos de violência, 222
Considerações finais, 235
Referências bibliográficas, 235

INTRODUÇÃO

Violência, do latim *violentia*, significa o ato de agir de forma violenta contra o direito natural, exercendo constrangimento sobre determinada pessoa por obrigá-la a praticar algo contra sua vontade. Configura-se como um fenômeno multicausal e geralmente é expressa por atos com intenção de prejudicar, subtrair, subestimar e subjugar, envolvendo sempre um conteúdo de poder, quer seja intelectual, quer seja físico, econômico, político ou social.

Atinge uma camada mais vulnerável da sociedade (Figura 12.1), como as crianças, adolescentes, mulheres, idosos, deficientes e doentes mentais, sendo uma das causas mais comuns de lesão grave, além de danos à estrutura biopsicossocial[1].

Segundo Minayo e Souza[2], nos últimos anos, inúmeros pesquisadores têm tentado compreender e explicar o fenômeno da violência e suas novas formas de manifestação com base em seus impactos na vida e na saúde das pessoas. Diante do exposto, a necessidade de revisar os conceitos tradicionais de violência e de estendê-los a um conjunto de eventos que vão além da violência física e que têm efeitos sobre os indivíduos se apresenta hoje como um objetivo comum das ciências que

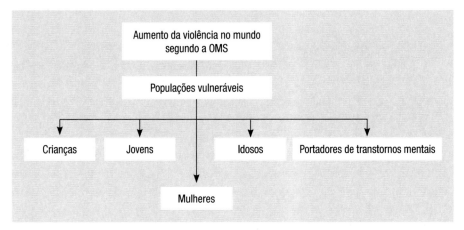

Figura 12.1 Quadro das populações vulneráveis à violência segundo a Organização Mundial da Saúde (OMS).

investigam o comportamento humano. Minayo e Souza[3] ressaltam que, em virtude das diferentes formas de expressão, complexidade e polissemia desse fenômeno, violências, no plural, seria o termo mais adequado.

Tamanha é sua complexidade que, em 2002, a Organização Mundial da Saúde (OMS) lançou o primeiro Relatório Mundial sobre Violência e Saúde, cujo objetivo foi descrever sua magnitude e seu impacto no mundo.

O relatório divulgou que todo ano um contingente de mais de um milhão de pessoas perde suas vidas por causa da violência, ao passo que um número ainda maior apresenta sequelas físicas ou psicológicas[4].

Ainda de acordo com esse relatório, a OMS definiu violência como:

> o uso intencional da força física ou do poder, real ou em ameaça, contra si próprio, contra outra pessoa, ou contra um grupo ou uma comunidade, que resulte ou tenha grande possibilidade de resultar em lesão, morte, dano psicológico, deficiência de desenvolvimento, ou privação[4] (p. 5).

Em países como Brasil, o tema violência vem se configurando como um dos principais problemas de saúde pública em virtude do registro crescente no aumento das taxas de mortes por causas externas nas últimas três décadas, em especial decorrente de violência (homicídios) e acidentes[5]. A Organização Pan-Americana de Saúde (Opas) afirma que:

a violência, pelo número de vítimas e magnitude de sequelas orgânicas e emocionais que produz, adquiriu um caráter endêmico e se converteu em um problema de saúde pública em vários países.
[...] Neste contexto, o setor saúde passa a constituir uma encruzilhada para onde confluem todos os corolários da violência, pela pressão que exercem suas vítimas sobre os serviços de urgência, de atenção especializada, de reabilitação física, psicológica e de assistência social[6].

A realidade da violência no Brasil é preocupante, uma vez que, desde o final da década de 1980, tem ocupado o segundo lugar nas causas gerais de morte entre a população brasileira, assumindo o primeiro lugar nas causas de óbitos nas faixas etárias de 5 a 49 anos[6].

Em 2005, segundo Deslandes et al.[7], a violência constituiu-se na sexta causa de internação hospitalar. No entanto, muitos pesquisadores relatam que essas taxas de mortalidade configuram apenas a "ponta do *iceberg*", quando comparadas aos índices de morbidade e seus reflexos para a sociedade e para os serviços de saúde. Dados do Sistema de Informações sobre Mortalidade[8] mostram que o número de internações por causas violentas é seis vezes maior do que a quantidade de mortes pelo mesmo motivo[9].

Apesar da pouca precisão dos dados disponíveis, há um consenso entre pesquisadores que os grupos populacionais mais vulneráveis à violência são crianças e jovens até 24 anos, idosos, mulheres e pessoas com transtornos mentais e deficiências, e, mais recentemente, os homossexuais, vítimas da homofobia.

Vulnerabilidade é por nós entendida, de acordo com o modelo proposto por Castel[10], como um processo dinâmico resultante de um conjunto de aspectos não apenas individuais, mas também coletivos e contextuais, que associam precariedade econômica e fragilidade relacional. Segundo esse modelo, as populações suscetíveis a demandar intervenções sociais estão não só ameaçadas pela insuficiência de seus recursos materiais, mas também fragilizadas pela labilidade de seu contexto relacional.

Dados do Atlas da Violência[11] destaca que segundo o Sistema de Informações sobre Mortalidade, do Ministério da Saúde (SIM/MS), em 2016 foram notificados 62.517 homicídios, o que revela uma taxa de 30,3 casos por 100 mil habitantes. Deste cenário preocupante, destacam-se os índices de jovens entre 15 e 29 anos não assassinados, que foi de 33.959. Em relação ao sexo, os homens ocupam 94,6% dos índices de pessoas assassinadas. Se estratificar para a cor da pele, os dados revelam que os negros apresentaram duas vezes e meia mais chances de serem assassinados, com índices de 16% de não negros e de 40,2% de pessoas negras[11].

Nesse contexto, a violência contra a mulher também tem sido entendida como um problema de saúde pública, uma vez que, em 2016, 4.645 mulheres foram assassinadas no país, correspondendo a uma taxa de 4,5 homicídios para cada 100 mil brasileiras. Em 10 anos, observa-se um aumento de 6,4%, já que entre mulheres na faixa etária dos 15 aos 44 anos são estimados índices de mortalidade, decorrentes da violência, superiores aos do câncer, da malária, dos acidentes de trânsito e da guerra. Os abusos físicos, sexuais e emocionais, a exploração sexual e os assassinatos contra as mulheres são provocados, com mais frequência, pelos próprios parceiros, conhecidos e familiares, embora as mulheres também estejam sujeitas à violência provocada por estranhos[9,12]. Em relação à ocorrência do estupro, por exemplo, segundo o 11º Anuário Brasileiro de Segurança Pública[13] foram notificados 49.497 casos em 2016.

Para as Nações Unidas, violência contra mulher é qualquer ato violento que resulta em dano ou sofrimento físico, sexual ou mental, que inclui atos, coerção ou privação de liberdade, tanto na vida privada como na pública. Estudos australianos definem violência doméstica como abuso pelo parceiro, especialmente violência física entre homens e mulheres, mais frequentemente sendo o homem o agressor[14].

Segundo Minayo e Souza[2], a violência doméstica contra a mulher persiste na vida tardia e requer abordagens diferentes, exigindo dos profissionais de saúde habilidades em orientar e educar a comunidade sobre abuso e negligência. Mulheres que passam por situações de violência têm mais queixas de saúde do que as demais, recorrendo a serviços de emergência – como consequência direta da violência – ou a serviços de atenção primária – como consequência indireta[15].

TIPOS DE VIOLÊNCIA

Segundo Day et al.[16], a expressão da violência doméstica se manifesta pela violência física, sexual e psicológica e negligência.

Violência física

É a mais frequente, especialmente quando a vítima é indefesa e está em desenvolvimento (no caso de crianças). O caráter disciplinador da conduta exercida pelo progenitor ou por quem o substitua é um aspecto bastante relevante, variando de uma "palmada" a espancamentos e homicídios. No caso de parceiros íntimos, a mulher é a vítima mais frequente, pelo fato de normalmente ser a mais fraca fisicamente.

Violência sexual

É qualquer conduta sexual perpetrada sem consentimento. Pode envolver violência física, psicológica ou sedução. Pode ser penetração vaginal e/ou anal, tocar genitais ou seios, fazer com que a vítima toque o agressor, ou contato oral-genital.

O abuso sexual inclui desde carícias e olhares perturbadores, até delitos de extrema violência e morte.

Violência psicológica

A violência psicológica é caracterizada por desrespeito, verbalização inadequada, humilhação, ofensas, intimidações, traição, ameaças de morte e de abandono emocional e material, resultando em sofrimento mental, humilhação, desrespeito e punições exageradas. É a forma mais subjetiva, embora seja muito frequente a associação com agressões corporais. Deixa profundas marcas no desenvolvimento, podendo comprometer toda a vida mental.

DIFERENTES CONTEXTOS DE VIOLÊNCIA

Violência contra a mulher

Dados da Organização Mundial da Saúde[14] revelam que entre 15 e 71% das mulheres referem violência física e/ou sexual praticada pelo marido ou parceiro íntimo; para muitas mulheres (24-40%), a primeira experiência sexual não foi consentida e de 4 a 12% afirmam que sofreram violência enquanto estavam grávidas.

Segundo a Agência dos Direitos Fundamentais da União Europeia (European Union Agency for Fundamental Rights – ECHR, 2014), 1 mulher em cada 10 tem sofrido alguma forma de violência sexual desde a idade de 15 anos e 1 em cada 20 tem sido estuprada. Outro dado alarmante é que 1 mulher em cada 5 tem experimentado violência física e/ou sexual por parceiro atual ou anterior e 1 mulher em cada 10 relatou que experimentara alguma forma de violência sexual por parte de um adulto antes dos 15 anos de idade. O mais grave é que apenas 14% das mulheres relataram seu incidente mais grave de violência por parceiro íntimo à justiça ou polícia.

Em relação às agressões físicas, os homens (cônjuge e/ou ex-cônjuge da vítima) são os maiores agressores (67,4%). Não há trabalhos explícitos sobre a incidência de patologias psiquiátricas nos agressores, todavia parte dos agressores apresenta transtorno antissocial da personalidade, transtorno explosivo da personalidade (emocionalmente instável) e ciúme patológico, além de personalidades histriônicas e paranoides. Outro fator agravante para a manifestação da violência doméstica é o abuso de álcool e outras drogas ilícitas[1].

Estudos mundiais ressaltam que 63% das vítimas de violência doméstica são mulheres[8]. Entre elas, 43,6% têm entre 18 e 29 anos. Em 70% dos casos o agressor é o próprio marido ou companheiro. Dados nacionais[15] encontraram uma prevalência de 28,9% nos casos de violência doméstica, principalmente contra a mulher, na cidade de São Paulo.

Hegarty e Roberts[17], em estudo anterior, descrevem que, nos Estados Unidos, 5 a 20% das mulheres sofrem violência praticada por seus parceiros. Esse percentual é tão variável, pois depende do conceito de violência que é usado. Compreende desde casos de homicídios até casamentos forçados[16]. Esse fenômeno se apresenta como uma rede complexa de formas de comportamentos violentos que incluem abusos psicológicos, físicos e sexuais.

A violência contra a mulher é um problema que perdura por anos e ainda está sem solução. Ela ocorre tanto em países pobres como ricos. Em muitas sociedades, é resultado da cultura, tolerante com homens que exercem poder sobre as mulheres, poder este que muitas vezes é evidenciado por meio da violência física e psicológica[20]. O homem também pode ser vítima da violência doméstica, mas a porcentagem de mulheres vítimas é muito maior[21]. Alguns autores questionam-se se homens e mulheres são igualmente violentos nas relações íntimas e a conclusão a que se chega é que esse aspecto depende muito de qual definição de violência é usada[20].

Para Deslandes et al.[7], Gaioli e Rodrigues[21] e Lazenbatt e Thompson-Cree[22], nem sempre o problema da violência com repercussões graves chega aos serviços de saúde. Diante dessa realidade, há necessidade de programas de educação continuada para os profissionais da saúde, seja na orientação da conduta, seja no preparo emocional para atuarem com coerência, capacidade técnica e ética no atendimento a pessoas vítimas de violência, convergindo, assim, a uma assistência à saúde que seja de fato integral.

A Lei n. 11.340, de 07/08/2006, conhecida nacionalmente como "Lei Maria da Penha", integra a política brasileira de proteção e assistência à mulher vítima de violência. Seu objetivo principal é coibir qualquer tipo de violência dirigida à mulher, como descreve o art. 1º:

> Art. 1º Esta Lei cria mecanismos para coibir e prevenir a violência doméstica e familiar contra a mulher, nos termos do § 8º do art. 226 da Constituição Federal, da Convenção sobre a Eliminação de Todas as Formas de Violência contra a Mulher, da Convenção Interamericana para Prevenir, Punir e Erradicar a Violência contra a Mulher e de outros tratados internacionais ratificados pela República Federativa do Brasil; dispõe sobre a criação dos Juizados de Violência Doméstica e Familiar contra a Mulher; e estabelece medidas de assistência e proteção às mulheres em situação de violência doméstica e familiar.

Em seu art. 5º, a lei conceitua a violência contra a mulher:

Art. 5º Para os efeitos desta Lei, configura violência doméstica e familiar contra a mulher qualquer ação ou omissão baseada no gênero que lhe cause morte, lesão, sofrimento físico, sexual ou psicológico e dano moral ou patrimonial:
I – no âmbito da unidade doméstica, compreendida como o espaço de convívio permanente de pessoas, com ou sem vínculo familiar, inclusive as esporadicamente agregadas;
II – no âmbito da família, compreendida como a comunidade formada por indivíduos que são ou se consideram aparentados, unidos por laços naturais, por afinidade ou por vontade expressa;
III – em qualquer relação íntima de afeto, na qual o agressor conviva ou tenha convivido com a ofendida, independentemente de coabitação.
Parágrafo único. As relações pessoais enunciadas neste artigo independem de orientação sexual.

Em seu art. 7º, a lei tipifica a violência contra a mulher:

Art. 7º São formas de violência doméstica e familiar contra a mulher, entre outras:
I – a violência física, entendida como qualquer conduta que ofenda sua integridade ou saúde corporal;
II – a violência psicológica, entendida como qualquer conduta que lhe cause dano emocional e diminuição da autoestima ou que lhe prejudique e perturbe o pleno desenvolvimento ou que vise degradar ou controlar suas ações, comportamentos, crenças e decisões, mediante ameaça, constrangimento, humilhação, manipulação, isolamento, vigilância constante, perseguição contumaz, insulto, chantagem, ridicularização, exploração e limitação do direito de ir e vir ou qualquer outro meio que lhe cause prejuízo à saúde psicológica e à autodeterminação;
III – a violência sexual, entendida como qualquer conduta que a constranja a presenciar, a manter ou a participar de relação sexual não desejada, mediante intimidação, ameaça, coação ou uso da força; que a induza a comercializar ou a utilizar, de qualquer modo, a sua sexualidade, que a impeça de usar qualquer método contraceptivo ou que a force ao matrimônio, à gravidez, ao aborto ou à prostituição, mediante coação, chantagem, suborno ou manipulação; ou que limite ou anule o exercício de seus direitos sexuais e reprodutivos;
IV – a violência patrimonial, entendida como qualquer conduta que configure retenção, subtração, destruição parcial ou total de seus objetos, instrumentos de trabalho, documentos pessoais, bens, valores e direitos ou recursos econômicos, incluindo os destinados a satisfazer suas necessidades;
V – a violência moral, entendida como qualquer conduta que configure calúnia, difamação ou injúria.

Em seu art. 9º, Capítulo II, dispõe sobre a assistência à mulher em situação de violência doméstica e familiar:

> Art. 9º A assistência à mulher em situação de violência doméstica e familiar será prestada de forma articulada e conforme os princípios e as diretrizes previstos na Lei Orgânica da Assistência Social, no Sistema Único de Saúde, no Sistema Único de Segurança Pública, entre outras normas e políticas públicas de proteção, e emergencialmente quando for o caso.
> § 1º O juiz determinará, por prazo certo, a inclusão da mulher em situação de violência doméstica e familiar no cadastro de programas assistenciais do governo federal, estadual e municipal.
> § 2º O juiz assegurará à mulher em situação de violência doméstica e familiar, para preservar sua integridade física e psicológica:
> I – acesso prioritário à remoção quando servidora pública, integrante da administração direta ou indireta;
> II – manutenção do vínculo trabalhista, quando necessário o afastamento do local de trabalho, por até seis meses.
> § 3º A assistência à mulher em situação de violência doméstica e familiar compreenderá o acesso aos benefícios decorrentes do desenvolvimento científico e tecnológico, incluindo os serviços de contracepção de emergência, a profilaxia das doenças sexualmente transmissíveis (DST) e da síndrome da imunodeficiência adquirida (Aids) e outros procedimentos médicos necessários e cabíveis nos casos de violência sexual.

No Título V, a lei trata de equipe de atendimento multidisciplinar à mulher em situação de violência doméstica e familiar nos arts. 29 a 32.

Note-se que, no contexto do atendimento multidisciplinar em relação à psicologia, de acordo com a demanda do caso, insere-se desde um programa de atendimento psicológico com orientação à psicoterapia, assim como a necessidade da perícia pode ser indicada.

> Art. 29. Os Juizados de Violência Doméstica e Familiar contra a Mulher que vierem a ser criados poderão contar com uma equipe de atendimento multidisciplinar, a ser integrada por profissionais especializados nas áreas psicossocial, jurídica e de saúde.
> Art. 30. Compete à equipe de atendimento multidisciplinar, entre outras atribuições que lhe forem reservadas pela legislação local, fornecer subsídios por escrito ao juiz, ao Ministério Público e à Defensoria Pública, mediante laudos ou verbalmente em audiência, e desenvolver trabalhos de orientação, encaminhamento, prevenção e outras medidas, voltados para a ofendida, o agressor e os familiares, com especial atenção às crianças e aos adolescentes.

Art. 31. Quando a complexidade do caso exigir avaliação mais aprofundada, o juiz poderá determinar a manifestação de profissional especializado, mediante a indicação da equipe de atendimento multidisciplinar.

Art. 32. O Poder Judiciário, na elaboração de sua proposta orçamentária, poderá prever recursos para a criação e manutenção da equipe de atendimento multidisciplinar, nos termos da Lei de Diretrizes Orçamentárias.

Ressalta-se ainda a modificação no art. 121 do Código Penal, figurando a tipificação de crime de feminicídio. A Lei n. 13.104, de 9 de março de 2015, altera o art. 121 do Decreto-Lei n. 2.848, de 7 de dezembro de 1940 – Código Penal, para prever o feminicídio como circunstância qualificadora do crime de homicídio. Os dados de homicídios de mulheres vítimas de homicídio têm abrangido as faixas etárias de 20 a 39 anos como as de maior ocorrência[12,23].

Diante da complexidade da violência contra a mulher, foi elaborado um questionário de autopreenchimento contendo um roteiro para o levantamento de dados demográficos, como escolaridade, idade e gênero. O questionário foi aplicado em 20 pessoas (10 homens e 10 mulheres), com idade igual ou superior a 18 anos, da cidade de São Paulo, após leitura e assinatura do termo de consentimento informado. Esta foi uma investigação-piloto de um estudo amplo a ser desenvolvido na cidade de São Paulo em relação à percepção de homens e mulheres em relação ao conceito de violência doméstica.

Resultados (Serafim e Saffi[24])

O conceito de violência para a maioria dos sujeitos entrevistados está relacionado com agressões físicas e verbais, corroborando os dados da literatura[4], embora a associação da violência à questão da agressão moral também tenha sido apontada.

De maneira geral, pode-se apurar que a violência para esses sujeitos envolve falta de respeito com os outros e, em alguns casos, consigo mesmo, intolerância, atos abusivos e submissão do outro à vontade do agressor, ao seu poder.

Quando os sujeitos foram questionados a respeito da definição de violência doméstica, as respostas foram muito vagas e imprecisas. Alguns mostraram total desconhecimento do conceito, relacionando violência doméstica à violência praticada contra pessoas que trabalham como empregadas domésticas. A percepção de violência doméstica também está intimamente relacionada com a violência física praticada por pessoas que convivem na mesma casa, corroborando os estudos de Hegarty et al.[17], Taft et al.[20], Day et al.[16] e Oliveira et al.[15]. Algumas respostas referem-se ao agressor como sendo do sexo masculino e a vítima do sexo feminino, normalmente sua companheira ou crianças. Nenhum sujeito referiu-se à possibilidade de o agressor ser do sexo feminino e a vítima, o companheiro. Em algumas respostas, a violência é justificada por vícios.

No questionário foram relacionadas algumas situações para saber o que os sujeitos consideram formas de violência. Os resultados demonstraram, por exemplo, que não é considerado violência quando os parceiros impedem ou obrigam os companheiros a usar ou não usar determinada roupa. Essa percepção é compartilhada tanto por homens como por mulheres. Esse dado parece estar relacionado ao entendimento da maioria pesquisada quanto ao conceito da violência estritamente como agressão física.

O fato de a mulher manter relação sexual com o companheiro sem estar com vontade, somente porque ele insistiu muito ou pressionou, é considerado violência por metade dos participantes, tanto homens como mulheres. Já o fato de o homem manter relação sexual com a companheira sem estar com vontade, somente porque ela quer, não foi considerado um ato de violência. Todavia, tanto a mulher como o homem manter relação sexual com o companheiro(a) sem estar com vontade porque foi obrigado(a) por meio de ameaça ou por força física é considerado violência, sem diferença entre os gêneros, demonstrando, mais uma vez, um conceito de violência associada à presença da força física.

Essa observação é confirmada quando se investiga os aspectos que envolvem violência física, como empurrar e dar um tapa, na vigência ou não de uma discussão, uma vez que esses comportamentos são considerados expressões de violência para ambos os sexos. O mesmo se observa quando levantada a possibilidade de se agredir o(a) parceiro(a), machucando-o(a) ou não.

No que tange às agressões verbais, as mulheres acreditam que ser chamadas ou chamar o companheiro de inútil durante uma discussão é uma forma de violência. Já os homens ficam divididos quanto ao fato de ser chamados de inútil durante uma discussão ser ou não uma forma de violência.

Foi possível observar ainda que tanto homens como mulheres acreditam que impedir a companheira de exercer uma atividade remunerada fora do ambiente familiar é uma forma de violência. Entretanto, quando os papéis se invertem, as mulheres não acreditam que isso seja uma forma de violência e os homens ficam divididos nessa questão.

Homens e mulheres ficam divididos quando questionados se mexer na bolsa da companheira, sem que ela saiba, é ou não uma forma de violência, mas ambos não consideram violência a companheira mexer na carteira do companheiro sem que ele saiba.

As mulheres não consideram violência a não repassagem de recados telefônicos entre os parceiros. Já os homens ficam divididos quando questionados se não passar recados para a companheira é uma forma de violência, mas acreditam que, quando elas não lhe passam recados, é violência.

Pode-se notar que o conceito de violência, principalmente de violência doméstica, é muito vago para os sujeitos da pesquisa, mas, quando deparam com situações de agressão física, reconhecem-na como tal. Algumas curiosidades podem ser levantadas na diferença entre gêneros: os homens não consideram violência serem chamados de inúteis durante uma discussão, mesmo quando as mulheres percebem (ou fazem?) isso como forma de violência. Outra curiosidade refere-se ao fato de tanto homens como mulheres não considerarem violência a companheira mexer na carteira do companheiro.

Violência contra a criança e o adolescente

O cenário de violência contra crianças e adolescentes está cada vez mais frequente na sociedade contemporânea, tornando-se um problema de saúde pública, de modo a ser necessário um olhar mais atento dos profissionais e a elaboração de políticas públicas tanto para a prevenção dos casos como para o tratamento dos problemas deles decorrentes. Nas crianças, há uma associação do aumento de problemas comportamentais e psicológicos, que podem se estender até o período da idade adulta[25,26]. Outros estudos enfatizam alterações em áreas cerebrais e as relacionam com o surgimento de transtornos mentais na população de crianças vítimas de violência sexual, dentre outros tipos de violência[27].

No Brasil, de maneira geral, a incidência de violência contra crianças e adolescentes se apresenta elevada, mesmo com as ações governamentais e não governamentais. A violência sexual, por exemplo, segundo dados da Secretaria Especial de Direitos Humanos da Presidência da República, a cada oito minutos, um menor de idade é vítima de abuso sexual no Brasil. A importância de pesquisas nesse espectro se apresenta como uma prioridade, visto que é vasta a correlação entre as experiências de violência ou abuso sexual na infância e um conjunto de perturbações psicológicas e comportamentais na vida adulta[28,29].

Na América do Sul, cerca de 13% dos meninos e das meninas são abusados sexualmente[30]. No Brasil, dados do Instituto Brasileiro de Geografia e Estatística (IBGE)[31] indicaram que 4% responderam que tiveram intercurso sexual contra sua vontade, 32,6% dos quais eram familiares, 11,9% dos quais eram pais/padrastos, 26% para namorado/ex-namorado e 21,8% para amigos. Outro dado da realidade brasileira com 205 vítimas de abuso sexual mostrou que as meninas foram as principais vítimas (63,4%). A idade mais arriscada variou de 7 a 10 anos (48,5%) entre as meninas e de 3 a 6 anos (54,6%) entre os meninos. Os pais são os principais perpetradores (38%), seguidos por padrastos (29%). Meninos e meninas apresentam alto risco de depressão e sintomas de transtorno de estresse pós-traumático (TEPT). As meninas tendem a ser mais sexualizadas, enquanto os meninos tendem a se isolar[32].

Kaplan e Sadock[33] já ressaltavam que as vivências de maus-tratos na infância se constituem como uma doença médico-social, uma vez que estão se tornando um quadro epidêmico e se tornando cada vez mais frequente no meio social e intrafamiliar.

Historicamente, de acordo com Walker et al.[34], o interesse dos estudiosos da psicologia pela violência contra a criança se inicia na cidade de Nova York em 1874, com o caso Mary Ellen Wilson, de 8 anos, que foi severamente espancada por seus responsáveis, resultando na criação da Sociedade de Prevenção à Crueldade Contra as Crianças. Segundo Walker et al.[34], essa iniciativa colaborou para a criação de organizações similares em outros países. No Brasil, ressalta-se a criação da Lei n. 8.069, de 13/07/1990 – o Estatuto da Criança e do Adolescente (ECA), o qual, em seus arts. 4° e 5°, estabelece o seguinte:

> Art. 4° É dever da família, da comunidade, da sociedade em geral e do Poder Público assegurar, com absoluta prioridade, a efetivação dos direitos referentes à vida, à saúde, à alimentação, à educação, ao esporte, ao lazer, à profissionalização, à cultura, à dignidade, ao respeito, à liberdade e à convivência familiar e comunitária.
>
> Parágrafo único. A garantia de prioridade compreende:
> *a)* primazia de receber proteção e socorro em quaisquer circunstâncias;
> *b)* precedência de atendimento nos serviços públicos ou de relevância pública;
> *c)* preferência na formulação e na execução das políticas sociais públicas;
> *d)* destinação privilegiada de recursos públicos nas áreas relacionadas com a proteção à infância e à juventude.
>
> Art. 5° Nenhuma criança ou adolescente será objeto de qualquer forma de negligência, discriminação, exploração, violência, crueldade e opressão, punido na forma da lei qualquer atentado, por ação ou omissão, aos seus direitos fundamentais.

Visto isto, há de se considerar que a violência sexual, por exemplo, representa um sério problema de saúde pública, gerando importante impacto físico e emocional para os que a ela são expostos. Estudos têm demonstrado que crianças e adolescentes sexualmente abusados tendem a desenvolver transtornos de ansiedade, sintomas depressivos e agressivos, além de problemas quanto ao seu papel e funcionamento sexual e dificuldades sérias em relacionamentos interpessoais. Evidências ainda estabelecem uma associação entre abuso sexual na infância e na adolescência e a ocorrência de depressão na idade adulta[35-37].

Estudando 100 mulheres com transtorno afetivo bipolar na Inglaterra, Garno et al.[30] encontraram um percentual de 45% dos casos com história de abuso sexual. Em outro estudo, os dados demonstraram que cerca de 33% de todas as meninas com doença mental sofreram abuso sexual antes de completarem 8 anos de idade. Zavaschi et al.[30] ressaltaram que as possíveis alterações na saúde mental e na futura adaptação social das vítimas estão diretamente relacionadas às características de personalidade de cada vítima, bem como ao tipo de violência sofrida e à capacidade de reação diante de fatos geradores de estresse.

No contexto da violência sexual contra crianças e adolescentes, o abuso sexual compreende o fenômeno de maior ocorrência, segundo Pfeiffer e Salvagni[38], uma vez que se configura por meio de uma série de situações, como o "voyeurismo", a manipulação da genitália, a pornografia, o exibicionismo, o assédio sexual, o estupro, o incesto e a prostituição infantil.

A criança vítima de abuso sexual geralmente tende a apresentar uma diminuição da autoestima, tem a sensação de que não vale nada e adquire uma representação anormal da sexualidade. Além do medo, demonstra perda de interesse pelos estudos e pelas brincadeiras, dificuldades de se ajustar, isolamento social, déficit de linguagem e aprendizagem[33]. Também são frequentes fugas de casa, uso de álcool e drogas, ideias suicidas e homicidas, tentativas repetidas de suicídio e automutilação, além de agressividade e suicídio[34]. Por fim, há os prejuízos cognitivos, emocionais, comportamentais e sociais decorrentes da sintomatologia do transtorno de estresse pós-traumático[26].

Estudos realizados em diferentes partes do mundo sugerem que cerca de 7,4% das meninas e 3,3% dos meninos sofreram algum tipo de abuso sexual. Sua real prevalência é desconhecida, visto que muitas crianças não revelam o abuso, pois só conseguem falar sobre ele na idade adulta[39].

Outra importante consequência da experiência de abuso sexual é sua estreita relação com a ocorrência de delitos na esfera sexual. Gover e Mackenzie[40] enfatizaram a existência de uma elevada frequência de jovens delinquentes, mantidos em instituições penais, que apresentam história de abuso, negligências e experiências traumatizantes no contexto familiar.

Em nossa realidade, no NUFOR, Programa de Psiquiatria Forense e Psicologia Jurídica do Instituto de Psiquiatria do Hospital das Clínicas, entre os anos de 2005 e 2009 foram investigados dados epidemiológicos de crianças e adolescentes (130 meninas e 75 meninos) vítimas de abuso sexual, bem como do agressor, além das repercussões psicológicas e comportamentais dessa violência[32].

Na Tabela 12.1 estão expressos os dados demográficos referentes ao gênero e à faixa etária das vítimas quando da ocorrência do abuso e ao grau de parentesco do abusador em relação à vítima. Observa-se que 63,4% das vítimas são do sexo feminino, enquanto 36,6% são do sexo masculino. Em relação à idade, para os meninos, o intervalo de idade que corresponde dos 3 aos 6 anos (54,6%) representou a faixa etária de maior risco, enquanto para as meninas tal período corresponde à faixa etária compreendida entre os 7 e os 10 anos (48,5%).

Em relação ao perpetrador, encontra-se uma frequência significativamente aumentada do pai (38%) em relação às demais categorias de perpetradores: padrasto (29%), tio (15%), primo (6%), vizinho (9%) e desconhecido (3%).

Tabela 12.1 Epidemiologia do abuso sexual em 205 crianças e adolescentes

Gênero das vítimas	f	%		
Meninas	130	63,4		
Meninos	75	36,6		
Idade das vítimas	Meninas		Meninos	
	f	%	f	%
3-6	25	19,2	41	54,6
7-10	63	48,5	23	30,6
11-13	32	24,6	7	9,4
14-16	10	7,7	4	5,4
Grau de parentesco do agressor	f		%	
Pai	77		38	
Padrasto	60		29	
Tio	31		15	
Primos	12		6	
Vizinhos	19		9	
Desconhecidos	6		3	

Fonte: Serafim et al., 2011[32].

De fato, existe uma variedade de maus-tratos contra crianças e adolescentes, como abusos físico, sexual, psicológico e a exploração sexual, além da negligência, entre outras, que resultam em profundos traumas.

Diante de tal realidade, autores como Habigzang e Caminha[41], além de destacarem que, em termos da violência sexual, seja da criança, seja do adolescente, não há um perfil sintomatológico estrito a essa vivência. Os sintomas apresentados por uma determinada vítima podem decorrer de várias situações além da violência. Esta ressalva reforça ainda mais a relevância de que a perícia psicológica nesses casos seja realizada por profissional altamente capacitado na investigação e compreensão de todos os fenômenos envolvidos.

Em tal realidade, não se consegue precisar o que provoca mais danos. Todavia, investigações relacionadas à estimativa das vítimas e as repercussões na vida de crianças e adolescentes no tocante ao rendimento escolar, à adaptação social, a alterações da saúde física e mental e à possibilidade de desenvolverem distúrbios comportamentais, são necessárias para que ações preventivas e de intervenção possam ser bem mais desenvolvidas.

Homofobia

Segundo Ramos e Carrara[42], a violência contra homossexuais tem se tornado um fator de importante impacto social desde os anos 1980, o que gerou, proporcionalmente, uma crescente no tocante às organizações de ativistas, assim como aos governos, no sentido de delimitar ações legais para a redução dessa violência. Além do aspecto social, ressalta-se também que sua extensão abrange desde a questão jurídica até a de saúde.

O termo homofobia foi utilizado pela primeira pelo psicólogo George Weinberg em 1971, na obra *Society and the healthy homosexual*[43]. Seu significado clínico é "medo e ódio aos homossexuais"[43]. O termo deriva do grego *phobos* (fobia), e do prefixo *homo* (extraído da palavra homossexual); *phobos* significa medo em geral[44].

Na prática, o termo homofobia se configura como estigma e preconceito anti-homossexual, caracterizado não apenas por medo, considerando o significado *stricto sensu* da palavra fobia (que representaria medo); na verdade, sentimentos negativos pautados principalmente por hostilidade são velados.

O indivíduo preconceituoso não aceita a homossexualidade, mas não tem o desejo de eliminar o homossexual, como acontece com o intolerante. É a intolerância, não o preconceito, que produz a violência. Além disso, os homofóbicos se acham superiores às outras pessoas. Eles são egocêntricos. Sofrem de uma distorção na interpretação da realidade. Não conseguem ter convívio social com os que consideram diferentes deles e, por isso, parte deles tende a responder à não aceitação com a expressão do comportamento violento destrutivo.

Juridicamente, a ação violenta contra homossexuais se enquadra nos chamados crimes de ódio, ou motivados pelo preconceito. São crimes cometidos quando o criminoso seleciona intencionalmente a sua vítima pelo fato de esta pertencer a um certo grupo.

Segundo o Ministério da Saúde[45], a violência letal contra homossexuais – especialmente contra travestis e transgêneros – é, sem dúvida, uma das faces mais trágicas da discriminação por orientação sexual ou homofobia no Brasil. Além de situações extremas, como as agressões físicas e o assassinato, muitas outras formas de violência vêm sendo apontadas, envolvendo familiares, vizinhos, colegas de trabalho ou instituições públicas como a escola, as forças armadas, a Justiça ou a polícia.

Estudo sobre violência contra homossexuais, realizado por Silva et al.[46] no Rio de Janeiro, envolvendo 416 participantes, entre eles *gays*, lésbicas, travestis e transexuais, revelou que 60% dos entrevistados já tinham sido vítimas de algum tipo de agressão motivada pela orientação sexual, confirmando assim que a homofobia se reproduz sob múltiplas formas e em proporções muito significativas. Sobre os tipos de agressão vivenciada, 16,6% sofreram agressão física (em relação aos travestis e transexuais, esse percentual chega aos 42,3%). Extorsão e chantagem atingiram 18% (em relação a travestis e transexuais, 30,8%).

Em termos de xingamentos, ofensas verbais e ameaças relacionadas à homossexualidade, 56,3% declararam já haver passado por essa experiência. Já em relação à orientação sexual, 58,5% declararam já haver experimentado discriminação ou humilhação, como impedimento de ingresso em estabelecimentos comerciais, expulsão de casa, mau tratamento por parte de servidores públicos, colegas, amigos e familiares, chacotas, problemas na escola, no trabalho ou no bairro. Em relação às mulheres homossexuais, 22,4% sofrem violência no ambiente doméstico (22,4%).

O homofóbico pode estar em qualquer lugar; em geral, não é difícil identificá-lo. Ele faz comentários pejorativos, exprime nítidas rejeições aos homossexuais e os culpa por tudo de ruim que existe no mundo. Importante distinção se faz necessária para diferenciar ações que representam o preconceituoso e o intolerante em relação aos homossexuais.

No contexto jurídico brasileiro, o Projeto de Lei n. 5.003/2001 propõe a criminalização da homofobia. Esse projeto torna crime a discriminação por orientação sexual e identidade de gênero – equiparando essa situação à discriminação de raça, cor, etnia, religião, procedência nacional, sexo e gênero, ficando o autor do crime sujeito à pena de reclusão e multa.

Pensando em toda a complexidade que envolve o comportamento tido como homofóbico, destaca-se que a prática da psicologia nesse contexto se insere tanto nos programas de políticas de prevenção, na assistência aos danos psíquicos decorrentes dessa conduta (como o estresse pós-traumático, transtornos do pânico, depressão etc.) quanto nos processos periciais, seja das vítimas, seja dos agressores.

Bullying

Bullying é uma forma de violência, normalmente praticada nas escolas, entre os estudantes ou por grupos de jovens. É caracterizado por um desequilíbrio de poder a favor de uma pessoa/grupo e outro indivíduo/grupo, com a intenção de causar mal-estar e desconforto e perturbar. Esse tipo de violência pode ser verbal, física ou psicológica e ocorre de forma repetida. Essas agressões ocorrem sem motivação aparente e têm o intuito de afirmar poder interpessoal por meio da agressão.

Daniel Olweus, um grande estudioso sobre esse tema, define que uma pessoa está sofrendo *bullying* quando ela é repetidamente exposta a ações negativas por uma ou mais pessoas[47].

Existem duas formas de classificar o *bullying*[47,48]:

• Direto: quando as vítimas são atacadas diretamente, como por meio de apelidos, agressões físicas, ameaças, roubos, ofensas verbais ou expressões e gestos que geram mal-estar aos alvos. Essa forma de *bullying* é praticada com uma frequência quatro vezes maior entre os meninos.

• Indireto: quando as vítimas estão ausentes. São atitudes de indiferença, isolamento, difamação e negação aos desejos, sendo mais adotadas pelas meninas.

As pessoas que estão envolvidas nessa forma de violência podem ser classificadas como vítimas, agressores e testemunhas. As vítimas são aquelas que são agredidas, os agressores são aqueles que praticam o ato, e as testemunhas são aquelas que assistem às agressões, algumas vezes mostrando simpatia pelo agressor, outras pela vítima. Têm a característica de temerem ser a próxima vítima e, por essa razão, não interferem nas agressões.

As vítimas têm como características dificuldades de socialização, insegurança, baixa autoestima e passividade. A criança que sofre *bullying* é mais retraída e envergonhada. Já os agressores normalmente apresentam famílias desestruturadas, dificuldades nos relacionamentos afetivos, pais muito permissivos e tolerantes a seus comportamentos, podendo ser vítimas de maus-tratos. São pessoas mais impulsivas, acreditam que sua agressividade é uma qualidade, são populares e apresentam dificuldades no desempenho escolar, chegando mesmo a abandonar os estudos.

Pode ocorrer também de uma mesma pessoa ser vítima e agressor. Nessas situações, tem-se um adolescente que apresenta atitudes agressivas e impulsivas, associadas à baixa autoestima. As atitudes agressivas servem para encobrir suas dificuldades. Além disso, eles são muito impopulares no grupo.

O *bullying* já é considerado um problema de saúde pública, sendo mais prevalente em adolescentes com idades entre 11 e 13 anos. Em relação à prevalência, tem-se uma variância entre 8 e 46% de estudantes que são vítimas e entre 5 e 30% de agressores[47]. Estatísticas norte-americanas mostram que 13% dos adolescentes referiram que já fizeram papel de agressor; 11% já foram vítimas e 6% disseram que já foram vítimas e agressores[49].

A seguir, são apontados alguns sinais que uma criança pode apresentar, sugestivos de que ela pode estar sendo vítima de *bullying*: enurese noturna, alterações do sono, cefaleia, dor epigástrica, desmaios, vômitos, dores em extremidades, paralisias, hiperventilação, queixas visuais, síndrome do intestino irritável, relatos de medo, resistência em ir à escola ou a determinado lugar, insegurança por estar na escola, queda no rendimento escolar, atos deliberados de autoagressão, demonstrações de tristeza e quadros psiquiátricos como anorexia, bulimia, isolamento, tentativas de suicídio, irritabilidade, agressividade, ansiedade, perda de memória, quadros conversivos, depressão e pânico. É importante notar as mudanças de comportamento nas crianças/nos adolescentes. Isso sempre é um sinal de que algo não está caminhando bem na vida deles.

As consequências do *bullying* podem ser devastadoras na vida futura. O adulto que sofreu esse tipo de agressão no passado pode apresentar baixa autoestima, dificuldade nos relacionamentos afetivos, instabilidade emocional, dificuldade em manter-se no mesmo emprego, envolvimento com entorpecentes e atitudes antissociais.

Como visto, as alterações psicológicas decorrentes do *bullying* são diversas e muito sérias, com necessidade de avaliações psicológicas para a detecção do fato e de avaliação de suas consequências, assim como apoio psicológico e orientação familiar.

CONSIDERAÇÕES FINAIS

A temática violência apresenta estreita relação com saúde física e mental, com contexto social e interface jurídica. Envolve duas pontas, o perpetrador da violência e a vítima, e ambos necessitam ser investigados. Esta investigação contempla por um lado a verificação da responsabilidade do agressor e, por outro, o dano na vítima por meio da perícia psicológica.

A aplicação da perícia nos diferentes contextos da violência, de maneira geral, tem dois propósitos. O primeiro refere-se ao processo de investigação das características psicológicas do agressor com o propósito de verificar a responsabilidade penal (sanidade mental decorrente da preservação da capacidade de entendimento e autodeterminação). Dessa maneria, identifica aspectos psicopatológicos para explicar sua conduta, como também para descartar a hipótese de um transtorno mental como causa de seu comportamento. O segundo cenário é direcionado para o estudo psicológico da vítima cujo objetivo é identificar alterações emocionais, cognitivas e comportamentais que possam ser associadas à vivência de violência.

A compreensão dos fatores relacionados à violência e principalmente das suas consequências impõe a necessidade de programas de educação continuada para os profissionais da saúde, seja na orientação da conduta, seja no preparo emocional para atuarem com coerência, capacidade técnica e ética no atendimento de vítimas de violência, bem como os perpetradores, convergindo, assim, a uma assistência à saúde de fato integral.

REFERÊNCIAS BIBLIOGRÁFICAS

1. Andersen TR, Aviles AM. Diverse faces of domestic violence. ABNF J. 2006;17(4):129-32.
2. Minayo MCS, Souza ER. Violência e saúde como um campo interdisciplinar e de ação coletiva. Cien Saude Colet. 1998;4(3):513-31.
3. Minayo MCS, Souza ER. Panorama da violência urbana no Brasil e suas capitais. Cien Saude Colet. 2007;11(supl.):1211-22.
4. Krug EG, Mercy JA, Dahlberg LL, Zwi AB (orgs.). World report on violence and health (Relatório Mundial de Violência e Saúde). Geneva: World Health Organization; 2002.
5. Minayo MC. The inclusion of violence in the health agenda: historical trajectory. Cien Saude Colet. 2006;1(2):375-83.
6. Minayo MC. Violência social sob a perspectiva da saúde pública. Cadernos de Saúde Pública. 1994;10 (supl.1):7-18.

7. Deslandes SF, Souza ER, Minayo MCS, Costa CRBSF, Krempel M, Cavalcanti ML, et al. Caracte-rização diagnóstica dos serviços que atendem vitimas de acidentes e violências em cinco ca-pitais brasileiras. Cien Saude Colet. 2007;11(supl.):1279-90.
8. Brasil. Ministério da Saúde. Violência intrafamiliar: orientações para a prática em serviço. Brasília (DF): Ministério da Saúde; 2001.
9. Minayo MC. Violência: um problema para a saúde dos brasileiros. In: Brasil. Ministério da Saúde. Secretaria de Vigilância em Saúde. Impacto da violência na saúde dos brasilei-ros/Ministério da Saúde, Secretaria de Vigilância em Saúde. Brasília: Ministério da Saúde; 2005. p.9-42.
10. Castel R. As metamorfoses da questão social. Petropólis: Vozes; 1998.
11. Instituto de Pesquisa Econômica Aplicada. Altas da violência. IPEA e Fórum Brasileiro de Segurança Pública. Rio de Janeiro: IPEA; 2018.
12. Souza ER, Meira KC, Ribeiro AP, Santos J, Guimarães RM, Borges LF, et al. Ho-micídios de mulheres nas distintas regiões brasileiras nos últimos 35 anos: análise do efeito da idade – período e coorte de nascimento. Ciênc Saúde Coletiva. 2017;22(9):2949-62.
13. Anuário Brasileiro de Segurança Pública. 11.ed. São Paulo: Fórum Brasileiro de Segurança Pública; 2017.
14. Hegarty K, Hindmarsh ED, Gilles MT. Domestic violence in Australia: definition, prevalence and nature of presentation in clinical practice. Medical J Austr. 2000; 173:363-7.
15. Oliveira AFPL, Schraiber LB, Hanada H, Durand J. Atenção integral à saúde de mulheres em situação de violência de gênero – uma alternativa para atenção primária em saúde. Cien Saude Colet. 2009;14(4):1037-50.
16. Day VP, Telles LEB, Zoratto PH, Azambuja MRF, Machado DA, Silveira MB, et al. Violência doméstica e suas diferentes manifestações. Rev Psiquiatr Rio Gd Sul. 2003;25(supl. 1):9-21.
17. Hegarty K, Roberts G. How common is domestic violence against women? The definition of partner abuse in prevalence studies. Aust NZ J Public Health. 1998;22(1):49-54.
18. Pick S, Contrelas C, Barker-Aguilar A. Violence against women in Mexico: conceptualizations and program application. Ann NY Acad Sci. 2006;1087:261-78.
19. Humphreys C. A health inequalities perspective on violence against women. Health Soc Care Community. 2007;15(2):120-7.
20. Taft A, Hegarty K, Flood M. Are men and women equally violent to intimate partners? Aust NZ J Public Health. 2001;25(6):498-500.
21. Gaioli CCLO, Rodrigues RAP. Occurrence of domestic elder abuse. Rev Latino-Am Enfermagem. 2008;16(3):465-70.
22. Lazenbatt A, Thompson-Cree ME. Recognizing the co-occurrence of domestic and child abuse: a comparison of community and hospital-based midwives Health Soc Care Community. 2009;17(4):358-70.
23. Garcia LP, Freitas LSF, Silva GDM, Höfelmann DA. Estimativas corrigidas de feminicídios no Brasil, 2009 a 2011. Rev Panam Salud Publica. 2015;37(4/5).
24. Serafim AP, Saffi F. Perceptions of domestic violence in Brazil. In: Raghavan C, Cohen SJ (orgs.). Domestic violence: methodologies in dialogue. Boston: North-Easthern University; 2013. p. 26-40.
25. Aldinger M, Stopsack M, Ulrich I, Appel K, Reinelt E, Wolff S, et al. Neuroticism developmental courses: implications for depression, anxiety and everyday emo-tional experience; a prospective study from adolescence to young adulthood. BMC Psychiatry. 2014;6(14):210.
26. Geoffroy MC, Pereira SP, Li L, Power C. Child neglect and maltreatment and childhood-to--adulthood cognition and mental health in a prospective birth cohort. J Am Acad Child Adolesc Psychiatry. 2016;55(1):33-40.
27. Woon FL, Hedges DW. Hippocampal and amygdala volumes in children and adults with childhood maltreatment-related posttraumatic stress disorder: a meta-analysis. Hippocampus. 2008;18:729-36.

28. Newcomb MD, Munoz DT, Carmona JV. Child sexual abuse consequences in community samples of Latino and European American adolescents. Child Abuse Negl. 2009;33(8):533-44.
29. Maniglio R. The impact of child sexual abuse on health: a systematic review of reviews. Clin Psychol Rev. 2009;29(7):647-57.
30. Guedes A, Bott S, Garcia-Moreno C, Colombini M. Bridging the gaps: a global review of intersections of violence against women and violence against children. Glob Health Action. 2016;9:31516.
31. Ministério do Planejamento, Desenvolvimento e Gestão. Instituto Brasileiro de Geografia e Estatística (IBGE). Diretoria de Pesquisas. Coordenação de População e Indicadores Sociais. Pesquisa nacional de saúde do escolar: 2015/IBGE. Coordenação de População e Indicadores Sociais. Rio de Janeiro: IBGE; 2016. 132p.
32. Serafim AP, Saffi F, Barros DM. Dados demográficos, psicológicos e comportamentais de crianças e adolescentes vítimas de violência sexual. Rev Psiq Clin. 2011;38(4):148-52.
33. Kaplan HI, Sadock BJ. Compêndio de psiquiatria. Porto Alegre: Artes Médicas; 1990.
34. Walker CE, Bonner BL, Kaufman KL. The physically and sexually abused child: evaluation and treatment. New York: Pergamon; 1988.
35. Brodsky BS, Oquendo M, Ellis SP. The relationship of childhood abuse to impulsivity and suicidal behavior in adults with major depression. Am J Psychiatr. 2001;8(11):1871-7.
36. Horonor H. Child sexual abuse: psychosocial risk factors. J Ped Health Care. 2002;16(4):187-92.
37. Garno JL, Goldberg JF, Ritzler BA. Impact of childhood abuse on the clinical course of bipolar disorder. Br J Psychiatry. 2005;186:121-5.
38. Pfeiffer L, Salvagni EP. Current view of sexual abuse in childhood and adolescence. J Pediatr. 2005;81(supl.):197-204.
39. Zalsman G, Levy T, Shovai G. Interaction of child and family psychopathology leading to suicidal behavior. Psychitr Clin North Am. 2008;31(2):237-46.
40. Gover R, Mackenzie DL. Child maltreatment and adjustment to juvenile correctional institutions. Crim Justice Behav. 2003;30(3):374-96.
41. Habigzang LF, Caminha RM. Abuso sexual contra crianças e adolescentes: conceituação e intervenção clínica. São Paulo: Casa do Psicólogo; 2004.
42. Ramos S, Carrara S. A constituição da problemática da violência contra homossexuais. Rev Saude Colet. 2006;16(2):185-205.
43. Weinberg G. Society and the healthy homosexual. New York, St. Martins, 1972.
44. Araujo LAD. A proteção constitucional do transexual. São Paulo: Saraiva; 2000.
45. Brasil. Ministério da Saúde. Conselho Nacional de Combate à Discriminação. Brasil Sem Homofobia: Programa de combate à violência e à discriminação contra GLTB e promoção da cidadania homossexual. Brasília; 2004.
46. Silva SC, Ramos S, Caetano M. Política, direitos, violência e homossexualidade. Centro de Estudos de Segurança e Cidadania/UCAM e Centro Latino-Americano em Sexualidade e Direitos Humanos/IMS/UERJ. Rio de Janeiro: Pallas; 2002.
47. Hamburger ME, Basile KC, Vivolo AM. Measuring bullying victimization, perpetration, and bystander experiences: a compendium of assessment tools. Atlanta, GA: Centers for Disease Control and Prevention. National Center for Injury Prevention and Control; 2011.
48. Lopes Neto AA. Bullying, comportamento agressivo entre estudantes. J Pediatr. 2005;81(5 supl.):S164-S172.
49. Nansel TR, Overpeck M, Pilla RS, Ruan WJ, Simons-Morton B, Scheidt P. Bullying behaviors among US youth: prevalence and association with psychosocial adjustment. J Am Med Assoc. 2001;285(16):1-7.

13

Doença mental e comportamento de risco

SUMÁRIO
Introdução, 238
Doença mental e violência, 242
Evolução histórica do termo
  periculosidade, 242
Periculosidade no Brasil, 243
Avaliação de risco de violência, 246
Considerações finais, 249
Referências bibliográficas, 251

INTRODUÇÃO

A história da institucionalização de doentes mentais remonta ao período pós-renascentista, no qual os pacientes, antes deixados à sua mercê e raramente cuidados ou tratados dignamente, passaram a ser vistos como uma ameaça à ordem social[1].

Juntamente com os pobres e outros que viviam à margem da sociedade, tais pessoas rapidamente recebiam o adjetivo de loucas, sendo encarceradas ou internadas em asilos montados nos antigos leprosários. Isso começou a mudar no Iluminismo, tendo como marco a figura de Phillipe Pinel (1765-1826), que se propôs a separar os doentes mentais entre tantos "loucos", propondo o início de uma humanização em seu atendimento[2]. Pinel introduziu uma visão das doenças mentais como resultado de tensões sociais e psicológicas, e não apenas biológicas, ao introduzir a prática de terapia.

A associação entre doença mental e violência é, entre os preconceitos enfrentados pela psiquiatria e pela saúde mental de maneira geral, um dos mais difíceis de combater. Casos como os recentemente ocorridos no país (como o assassinato em massa de estudantes na escola de Realengo no Rio de Janeiro, agressões físicas contra homossexuais etc.), que fazem interface entre o direito e a saúde mental, quando alcançam repercussão, em geral, aumentam o preconceito.

O inegável crescimento da violência urbana, como latrocínios, homicídios, estupros e sequestros, entre outros, é caracterizado por violações da ética, da lei e da moral, além da nefasta associação dessa conduta com a doença mental. A visão popular do doente mental como um "louco perigoso", atacando estranhos inocentes em lugares públicos, ainda influencia tanto juristas como formuladores de políticas por toda a parte[3].

Desde 1996 a Organização Mundial da Saúde considera a violência um problema de saúde pública, visto que o homicídio atinge pessoas entre 20 e 40 anos e que, de 5 a 10% de mulheres com transtornos psiquiátricos, apresentam histórico de abuso sexual na infância. A referida relação saúde *versus* violência se dá principalmente em decorrência do fato de a violência se apresentar hoje como um forte agravo à saúde e como agente epidêmico de severos transtornos ao bem-estar das pessoas. Nesse contexto, a associação entre violência e doença mental deve-se ao termo jurídico periculosidade.

Para o direito penal, periculosidade é a qualidade ou estado de ser ou estar perigoso e a condição daquele ou daquilo que constitui perigo perante a lei.

Quando uma pessoa acometida de uma doença mental pratica um crime, o art. 26 do Código Penal (CP) determina:

> É isento de pena o agente que, por doença mental ou desenvolvimento mental incompleto ou retardado, era, ao tempo da ação ou da omissão, inteiramente incapaz de entender o caráter ilícito do fato ou de determinar-se de acordo com esse entendimento.

Neste caso, aplica-se a medida de segurança, isto é, internação em um hospital de custódia e tratamento psiquiátrico, conforme os arts. 96 e 97 e na Lei de Execução Penal no art. 99. Se se tomar como exemplo o homicídio, paradigma de violação das normas sociais, ver-se-á o quão difícil é a compreensão, que requer investigações complexas e reflexões multifatoriais acerca de uma possível correlação entre a psicopatologia e a conduta antissocial. São Paulo atualmente aloca cerca de 168 mil presos. Destes, cerca de 1.400 se enquadram no art. 26 do Código Penal, o que corresponde a 1,2% dessa população[4].

Questiona-se, então: quem de fato é mais perigoso à sociedade? Imaginem quantas pessoas sofrem de pedofilia, transtorno mental de preferência sexual, que nunca transpassaram do desejo ao ato sexual com a criança e se refugiam no álcool e em outras drogas, pois o termo pedofilia é amplamente associado à criminalidade, e que, se recebessem tratamento adequado, reduziriam significativamente o risco de transgredir para o comportamento pedofílico? Esse poderia ser o mesmo caso da crescente população de rua, da qual uma parte apresenta transtornos mentais, e que a desassistência e a não garantia de direitos sociais colaboram para a prática de violência[4].

Diante do exposto, ressalta-se que esse fenômeno deve ser estudado de modo interdisciplinar pela sociologia, pela criminologia e pela antropologia, e não apenas pela psiquiatria e pela psicologia, dado que, apesar de "anormal", na minoria das vezes pode ser atribuído a algum transtorno.

O fator motivacional do homicídio, por exemplo, é uma questão de difícil compreensão e que, portanto, pede investigações também mais complexas e reflexões multifacetadas acerca da correlação entre uma possível psicopatologia e essa conduta antissocial. Por exemplo, nota-se hoje que o homicídio vem crescendo entre os menores de 18 anos e em pessoas "normais" na concepção sociocultural[5].

Em casos de homicídios brutais, a frieza provoca reações impactantes na sociedade em geral, que passa a buscar uma possível explicação para tamanha barbárie. Esse padrão de comportamento, em sua grande maioria, caracteriza-se por uma impulsividade, um baixo limiar de tolerância às frustrações, desencadeando uma desproporção entre os estímulos e as respostas, ou seja, respondendo de forma exagerada diante de estímulos mínimos e triviais. O indivíduo cujo comportamento é impulsivo, irrefletido ou impensado geralmente age no calor do momento, porque está motivado para tal ou porque uma oportunidade se apresentou. Todavia é mister salientar que nem todo indivíduo impulsivo é agressivo[5].

Tais características individuais não podem ser tomadas por transtornos mentais, e ideias superadas em relação ao doente mental *stricto sensu* com violência ainda devem ser abandonadas, sob risco de alimentarmos o mito de que um indivíduo portador de doenças mentais como a esquizofrenia, o transtorno afetivo bipolar e mesmo quadros epilépticos é um "louco perigoso", que sai atacando estranhos inocentes em lugares públicos e necessita ser trancafiado[6].

Infelizmente o termo doença mental continua sendo usado de maneira generalizada, uma vez que engloba de forma indiscriminada qualquer desvio do comportamento, desde abuso de álcool e drogas até quadros psicóticos. Gattaz[7] ressaltou ainda que o termo doença mental se refere adequadamente a quadros definidos de alterações psíquicas qualitativas, como esquizofrenia, doenças afetivas e outras psicoses, por exemplo.

Entretanto, outros quadros com alterações quantitativas, como a deficiência mental e os transtornos de personalidade, representam "desvios extremos do modo como o indivíduo, em uma dada cultura, percebe, pensa, sente e, particularmente, se relaciona com os outros". Assim, os transtornos de personalidade configuram-se como inadequações na adaptação social por uma série de fatores, mas não pela perda do juízo da realidade como nos casos das psicoses. Já a deficiência mental (retardo mental) configura-se pelo rebaixamento da capacidade de entendimento decorrente de uma interrupção em seu desenvolvimento[8].

É comum atos criminosos envolverem uma série de reflexões e comentários que ultrapassam muito o ato delituoso em si; são questões que englobam a ética, a moral, a psicologia e a psiquiatria simultaneamente[9]. Com o aumento da violência urbana, um determinado crime converge para a especulação de traços e características psicopatológicas ou sociológicas:

- Por que Fulano cometeu esse crime?
- Ele estaria perturbado psiquicamente?
- Ele estaria encurralado socialmente?
- Seria essa a única alternativa?
- Seria ele simplesmente uma pessoa maldosa?
- Seria ele portador de um caráter delituoso etc.?

A questão da violência se apresenta hoje como um forte agravo à saúde e como agente epidêmico de severos transtornos ao bem-estar das pessoas. Esse tem sido e será um difícil problema médico/psicológico a resolver, por dois motivos: primeiro porque desafia conceitos e métodos até hoje empregados pelos profissionais de saúde. Segundo porque, nesse caso, tanto a psiquiatria como a psicologia esbarram em variáveis que fogem totalmente de sua alçada. Um exemplo é a periculosidade social, que se distingue da vulnerabilidade do portador de uma doença mental.

Mas, afinal, o que é de fato periculosidade? O conceito geral refere-se à qualidade ou ao estado de ser ou estar perigoso. No contexto jurídico, refere-se ao conjunto de fatos ou circunstâncias que mostram a possibilidade de alguém tornar-se perigoso ou de praticar um crime, isto é, a condição daquele ou daquilo que constitui perigo perante a lei[10].

Na esfera da assistência ao portador de transtorno mental e problemas judiciais, a Lei n. 10.216 prevê a internação compulsória, aquela determinada pela justiça e que, preferencialmente, realiza-se em um hospital de custódia e tratamento psiquiátrico, conforme previsão do Código Penal brasileiro nos seus arts. 96 e 97 e na Lei de Execução Penal no art. 99.

Neste sentido, a medida de segurança deve ser aplicada de forma progressiva, por meio de saídas terapêuticas, evoluindo para o regime de hospital-dia ou hospital-noite e outros serviços de atenção diária tão logo o quadro clínico do paciente assim o indique. A regressão para o regime anterior só se justificará com base na avaliação clínica que é realizada pela equipe de saúde mental do sistema penitenciário, de acordo com as determinações da vara de execução penal.

DOENÇA MENTAL E VIOLÊNCIA

Tendência biológica

Nesse prisma, a violência estaria relacionada a componentes biológicos e psicológicos, com a questão social subordinada às determinações da natureza humana[11]. Assim, a violência é vista como um fenômeno de caráter universal, independentemente de movimentos classistas e históricos, porém atrelada ao ser humano em sua essência.

Tendência sociológica

A tendência sociológica tenta explicar a violência como fenômeno social, provocada por alguma conturbação da ordem, quer pela opressão pelos mais fortes, quer pela rebelião dos oprimidos, pela falência da ordem social, pela omissão do Estado.

Nesse contexto, a chamada "natureza humana" se manifestaria ao sabor das circunstâncias, surgindo a violência como consequência da miséria e da desigualdade social.

Tendência biopsicossocial

A tendência biopsicossocial compatibiliza o biológico com o psicológico e com o social. Valorizam-se adequadamente as descobertas da biologia, da psicologia, da genética e da neurofisiologia, fundamentais para compreender o aspecto sociofilosófico humano.

Valorizam-se ainda os mecanismos que resultam na transformação do biológico pelo social, como apelo da adaptação do biológico às circunstâncias vivenciais, assim como as adequações do psiquismo às exigências existenciais.

A tendência biopsicossocial não atribui à violência um caráter exclusivamente biológico, nem psicológico ou social, mas sim uma combinação de todos com peculiaridades próprias de cada era, cultura ou circunstância.

EVOLUÇÃO HISTÓRICA DO TERMO PERICULOSIDADE

Os romanos já se preocupavam com os doentes mentais, denominando-os furiosi, que eram excluídos do direito penal (custódia, para os loucos criminosos). Na antiga Europa (Paris, 1524) existiam rumores bastante difundidos sobre a noção de periculosidade que, apesar de ainda não consolidada pelas legislações, na prática já encontrava sua atuação na discriminação de loucos, mendigos e doentes[12].

Durante a Idade Média, os crimes mais praticados eram os crimes "sangrentos" (agressões físicas, homicídios), os quais eram punidos severamente, com mutilações, enforcamentos e demonstrações de sofrimento em praça pública[13].

Já do feudalismo ao capitalismo, surgem as ideias renascentistas: o Iluminismo, a concepção burguesa da propriedade e sua importância na sociedade. No fim do século XVII e início do século XVIII, surge uma nova concepção de punição (redução nos crimes violentos e aumento dos delitos contra a propriedade)[12].

Ainda segundo Bloom e Schneider[12], a partir desse período inicia-se um deslocamento da ilegalidade do ataque aos corpos para um desvio intenso para os bens. Surge a necessidade de manter a estrutura econômica vigente (segurança e proteção para a burguesia, detentora de poder e riquezas). Sendo assim, puniam-se os ladrões, por violar o bem jurídico propriedade, mas puniam-se também os vadios e os inválidos, assim como os loucos, por não contribuírem para a lógica do sistema capitalista.

Nesse contexto, os loucos eram temidos pelo seu perigo a cada indivíduo, sendo vistos muitas vezes como "monstros ensandecidos", capazes das piores atrocidades.

PERICULOSIDADE NO BRASIL

No Código Penal de 1940 a medida de segurança se apresenta como necessidade jurídica para prevenir o delito por meio da verificação da periculosidade do agente infrator da lei. Sendo assim, cabia aos psiquiatras avaliar o "estado perigoso" dos indivíduos que tivessem cometido algum ilícito penal. Nesse sentido, era aplicável tanto aos doentes mentais que tivessem infringido a lei quanto aos reincidentes em crimes dolosos ou aos aliados a bandos ou quadrilhas de malfeitores (CP, art. 78).

Em 1984, a Parte Geral do Código Penal foi revista, qualificando a periculosidade social de forma muito preconceituosa, apenas para os doentes mentais que viessem a infringir a lei (CP, art. 97)[14].

Diante disso, a medida de segurança hoje fica restrita apenas aos doentes mentais que são considerados, na perícia, penalmente inimputáveis, o que acaba vinculando a periculosidade social às doenças mentais e estigmatizando seus portadores.

Assim, no Brasil, apenas os doentes mentais passaram a ser considerados perigosos, o que colaborou para que o público leigo muitas vezes tenha feito uma associação errônea entre doença mental e criminalidade.

Todavia, o problema da transgressão às leis é algo muito mais complexo. O crime não é consequência apenas da doença mental, mas está vinculado à incapacidade de o indivíduo aceitar as normas morais necessárias para a adaptação social.

Visto isso, a periculosidade social deve ser um assunto de estudo da psicopatologia forense, da criminologia, da sociologia e dos legisladores, ou seja, da articulação entre a saúde e a Justiça.

Paradigmas científicos

Estudos histórico-antropológicos concluem que "a crença de que as doenças mentais estão associadas à violência é historicamente constante e culturalmente universal".

Essa percepção pública resulta socialmente na estigmatização de indivíduos portadores de doenças mentais, o que se configura como o maior obstáculo para sua reintegração social[7].

Essa preocupação com o risco de relacionar o doente mental com a violência também é contemplada por Arboleda-Flórez e Stuart[15], em artigo "The future for risk research", no qual os autores chamam a atenção para que os profissionais de saúde mental envolvidos com perícia percebam a necessidade de estudos mais aprofundados sobre a relação entre violência e transtorno psiquiátrico, uma vez que a contribuição da doença mental no quadro de comportamento violento de um indivíduo em relação à sociedade ainda não apresenta consistência em sua evidência.

Portanto, antes de aceitar, deve-se analisar criticamente; primeiro, se a associação existe de fato e, em seguida, qual é a magnitude de seu efeito nos crimes de violência em geral.

Em estudo epidemiológico na Alemanha, Haefner e Boeker (apud Gattaz[7]) encontraram que não havia um excesso de doentes mentais entre os criminosos violentos no período compreendido entre 1955 e 1964 quando comparados com a população em geral.

Os autores observaram, no entanto, que a idade média do doente mental criminoso por ocasião do crime era dez anos superior à do criminoso sem transtorno mental. Esse fato sugere que a doença mental, ao contrário, retarda a expressão do ato de violência. Esses dados não podem ser imediatamente importados para o Brasil. É plausível supor que os índices de crimes de violência em cidades como São Paulo ou Rio de Janeiro sejam maiores que na Dinamarca, por exemplo[7].

Gattaz[7] já questionava que, por se tratar de criminalidade intencional, portanto, consciente, é possível que ela esteja aumentada apenas na população sem doença mental, diminuindo, portanto, o excesso relativo em doentes, como já foi pontuado no início deste capítulo em relação à população carcerária no estado de São Paulo, a qual detém aproximadamente 168 mil presos. Destes, cerca de 1.400 se enquadram no art. 26 do CP, o que corresponde a 1,2% dessa população. Ressalta-se ainda que os 1.400 têm os transtornos de personalidade, que não se enquadram na concepção da perda da racionalidade como reza o direito no sentido da incapacidade de entendimento do ato ilícito[4].

Os apontamentos anteriores não devem ser tomados como uma visão reducionista em relação ao risco de alguns quadros psiquiátricos e sua associação com comportamentos violentos. Não se está aqui negando a estreita relação entre quadros delirantes com conteúdos paranoicos e risco de violência. No entanto, em comparação aos que cometem homicídio, tem-se muito mais pessoas ditas "normais" na concepção de doença mental, que os portadores de psicoses.

Considerando a multifatorialidade que envolve a questão do comportamento violento e do homicídio, observa-se que ainda há uma tendência de muitos a correlacionar o "fator doença mental" e, como ressaltou Gattaz[7], essa situação que deve ser "enfrentada" pela psiquiatria e pela psicologia forense (*grifo nosso*).

Como citado anteriormente, alguns doentes mentais apresentam mais riscos para possíveis condutas violentas, porém essa condição por si só não é fator *sine qua non*[16].

Como enfatizou Cohen[14],

> O entendimento da transgressão ao ilícito penal somente poderá ser alcançado através de um maior conhecimento a respeito da personalidade das pessoas que os cometem, e de uma melhor classificação das características comuns a estas personalidades. Dessa forma, poderá ser possível identificar as pessoas que infringem a lei como pessoas com características na sua personalidade que não lhes permitem a adaptação social, em vez de continuar reduzindo todo e qualquer indivíduo infrator da lei apenas ao rótulo de portador de transtorno mental.

O que parece mais óbvio é que, em vez de discutir ou de buscar a aplicação do termo periculosidade, tanto a psiquiatria como a psicologia deveriam dedicar-se ao estudo dos fatores de risco para a ocorrência de condutas violentas.

Ao formatar as ações nesse propósito, caberia então ao psicólogo formular a seguinte questão: quem é o indivíduo de alto risco? Assim, isso se configuraria na avaliação de risco.

Pense no termo periculosidade, que descreve a pessoa que praticou atos de extrema gravidade (homicídio, latrocínio, estupro, parricídio, chefes de gangues, integrantes de facções criminosas).

Em suma, a periculosidade envolve práticas negativas no contexto social, como:

- Abuso físico.
- Abuso psicológico.

- Abuso sexual.
- Negligência.
- Humor instável.
- Ausência de regras.
- Ausência de comportamento moral.
- Ausência de supervisão positiva.

AVALIAÇÃO DE RISCO DE VIOLÊNCIA

Segundo Binder[17], a avaliação do risco de comportamento violento deve ser uma das funções atribuídas ao profissional de psiquiatria e psicologia forense. Para Binder, esses profissionais não tratam de todas as pessoas consideradas perigosas, mas somente das que apresentam um transtorno mental com risco potencial para comportamentos violentos. Ressalta-se que não se deve entender como pessoas com transtornos mentais apenas os portadores de psicoses que comumente apresentam importantes alterações da consciência e do juízo de realidade, mas, e principalmente, dos quadros de transtornos da personalidade e impulsivos.

Binder[17] enfatiza ainda que, dessa forma, os profissionais realizam um extenso levantamento dos fatores de risco para a ocorrência de comportamentos violentos, destacando os seguintes aspectos:

- Época pré-delito.
- Época do delito.
- Fatores da época pós-delito.

De acordo com Abdalla-Filho[18], a importância do levantamento desses fatores se insere no reconhecimento de que somente os últimos fatores (concernentes à história pós-delito) poderão mudar ao longo da história do examinando, o que refletirá em novos exames de risco de violência, conforme a descrição a seguir.

Pré-delito:

- História de desajustamento social (quanto mais precoce, mais grave).
- Distúrbios precoces de conduta.
- Reincidência em práticas criminais.
- História de transtorno de personalidade, doença mental e dependência de álcool e outras drogas.

História do delito:

- Crimes praticados com requintes de crueldade.

- Violência praticada com sinais de frieza emocional e indiferença.
- Crimes precipitados por falta de controle sobre os impulsos agressivos.

Pós-delito:

- História de comportamento violento ou transgressor.
- Dificuldade de adaptação ao ambiente hospitalar ou carcerário.
- Persistência do transtorno psiquiátrico detectado anteriormente.
- Quando existe um nexo causal entre este e o crime praticado.

Abdalla-Filho[18] ressalta ainda que vários fatores de risco são identificados durante o exame psíquico. Aqui cabe uma ênfase à prática da escuta clínica (entrevista clínica), que se perpetua como um pilar, visto que se configura como um conjunto de técnicas de investigação cujo objetivo é descrever e avaliar aspectos pessoais, relacionais, sistêmicos e sintomáticos[19].

Uma vez que a entrevista é soberana na prática clínica[20], ela propicia ao entrevistador treinado o acesso amplo e profundo ao outro, bem como ao modo de sua estruturação e à sua forma de se relacionar.

São fatores de risco no exame do estado mental:

- Falta de disponibilidade interna para abordar o ato praticado (recorre à mentira, gerando um discurso contraditório).
- Falta de *insight* (não consegue realizar uma crítica satisfatória em relação ao comportamento delituoso adotado).
- Sintonia do periciando com o delito praticado (com consequente falta de arrependimento).
- Reações psíquicas carregadas de fortes emoções (como hostilidade, desconfiança e irritabilidade) ou reveladoras de descontrole emocional, como humor explosivo.
- Sintomas psicóticos que comprometem o discernimento crítico da realidade, sobretudo delírios persecutórios.

Além da entrevista clínica, dois instrumentos têm sido utilizados nos processos de avaliação de risco, o HCR-20 e a PCL-R.

O HCR-20 (*Historical, Clinical, Risk Management*) tem as seguintes características[21]:

> É constituído de 20 itens: avaliação final com três níveis (baixo – que inclui a ausência de risco –, moderado ou alto):
> - Dez referentes ao passado, à história do examinando (H = *historical items*).

- Cinco correspondentes a fatores presentes, do ponto de vista clínico (C = *clinical items*).
- Cinco relacionados a fatores futuros, em relação ao gerenciamento de risco (R = *risk management*).
- Históricos: H1: violência prévia; H2: primeiro incidente violento quando jovem; H3: instabilidade nos relacionamentos; H4: problemas empregatícios; H5: problemas com uso de drogas; H6: doença mental maior; H7: psicopatia; H8: desajustamento precoce; H9: transtorno de personalidade; H10: antecedente de insucesso (comportamental) quando sob supervisão.
- Clínicos: C1: falta de *insight*; C2: atitudes negativas; C3: sintomas ativos de doença mental maior; C4: impulsividade; C5: falta de resposta ao tratamento.
- Gerenciamento de risco: R1: planos inexequíveis; R2: exposição a fatores desestabilizadores; R3: falta de apoio pessoal; R4: não aderência a tentativas de correção; R5: estresse.

A PCL-R (*Psychopathy Checklist Revised*) foi projetada para avaliar de maneira segura e objetiva o grau de periculosidade e de readaptabilidade à vida comunitária de condenados. Países que instituíram esse instrumento apresentam considerável índice de redução da reincidência criminal. Seu principal objetivo é avaliar o grau de risco da reincidência criminal.

Ressalta-se que classificar alguém como um psicopata é um passo muito sério, com implicações importantes para uma pessoa e sua família. Portanto, o teste deve ser administrado por profissionais que tenham sido especificamente treinados em seu uso e que tenham um amplo *up-to-date* na familiaridade com estudos de psicopatia.

Enfatiza-se ainda que na atualidade existe um crescente uso do termo psicopata, por parte de profissionais, como sinônimo de qualquer conduta violenta, com poucos critérios. Recomenda-se o domínio na área de diagnóstico, e outras recomendações incluem experiência em trabalhar com criminosos condenados ou acusados.

Seu uso é exclusivamente para identificar os membros da população original para o qual foi desenvolvido: homens adultos em prisões e hospitais psiquiátricos penais, que aguardam julgamento ou avaliações psiquiátricas em outras instalações correcionais e de detenção.

Pela PCL-R, é considerado comportamento psicopático aquele que revela tendência a práticas criminais, com padrão recidivante. Trata-se de um *checklist* de 20 itens, validado no Brasil[22], com pontuação de 0 a 2 para cada item, perfazendo um total de 40 pontos.

O ponto de corte, um valor de 30 pontos, tem sido recomendado como limite para a classificação de psicopatia. Dois fatores, que apresentam uma imbricada relação e tênues diferenças, permeiam os 20 itens: o fator 1 relaciona-se aos traços afetivos e interpessoais do examinando, e o fator 2 analisa o aspecto comportamental de psicopatia.

CONSIDERAÇÕES FINAIS

Quando se realiza uma avaliação de risco, o que se pretende identificar em sua essência é a vulnerabilidade, isto é, um indivíduo pode não apresentar um quadro de periculosidade, porém pode ser ou estar vulnerável a uma manifestação violenta, independentemente de uma condição de doença mental.

O conceito de vulnerabilidade hoje foi ampliado. Toda vulnerabilidade se traduz em uma condição instável. De acordo com Stälsett[23], entende-se vulnerabilidade como uma debilidade, uma fragilidade, que não afeta a todos igualmente, da mesma maneira e no mesmo grau.

No universo do psiquismo, são encontrados indivíduos emocionalmente imaturos e vulneráveis a uma série de manifestações comportamentais, o que não se traduz em um nexo causal com doença mental.

Diante dessa condição, questiona-se: se uma das atribuições dos psiquiatras e psicólogos forenses é avaliar se uma pessoa com um transtorno mental é potencialmente violenta, isto é, se há uma periculosidade, então o que dizer dos "não doentes"?

Em termos da psicologia, o papel dos investigadores do funcionamento mental é tentar esclarecer os seguintes questionamentos[23]:

- Dentro da dinâmica psíquica, qual pode ser o disparador do padrão de comportamento?
- Quais as variáveis que influenciam o indivíduo na execução daquele comportamento?
- Qual a natureza de sua percepção e consciência sobre seu próprio funcionamento psicológico? E sobre os fatos?
- Há aptidão para avaliar e discernir tanto a realidade psíquica como a realidade externa?
- Como se dão os intercâmbios entre o mundo interno e o externo?
- Haveria condições para antecipar mentalmente suas ações?
- Haveria condições de buscar alternativas para sua conduta, como atitudes mais adaptadas e socialmente gratificantes?
- Quais são os controles e defesas com relação à própria impulsividade?
- Em que medida e de que forma sua conduta é o resultado de reflexões e elaborações ou é fruto de atuações impulsivas, com ou sem autocrítica?

Para tal, torna-se imprescindível considerar os apontamentos de Abdalla-Filho[18] quanto à importância da sensatez, ao lado da capacitação técnica, para uma boa avaliação do risco de violência. Assim, Abdalla-Filho sugere que os fatores de risco, considerados tanto na clínica quanto nos instrumentos, sejam lembrados e adequados ao exame pericial da forma mais pertinente possível, "mas jamais aplicados de forma cega, ilimitada e, consequentemente, limitante". O autor ressalta que apenas dessa forma equilibrada será possível a construção de um laudo que avalie o risco de violência respeitando sua inerente complexidade, possibilitando, aos peritos, serem autênticos auxiliares da justiça.

A literatura tem enfatizado que a doença mental é tanto uma causa quanto um preditor de violência e, por estas condições, discute-se como medir esse risco. Autores como Large e Nielssen[25] colocam em pauta esse tema. Segundo estes autores, a forma mais comum de avaliação de risco de violência ainda é um julgamento feito por um clínico. No entanto, essa forma de avaliação carece de transparência, pois, por vezes, é vulnerável a vieses cognitivos e depende da experiência e do conhecimento do clínico. Avaliações baseadas em uma pontuação de uma lista de fatores de risco identificados tornaram a avaliação de risco de violência mais objetiva, confiável e provavelmente mais precisa. Mais de 200 instrumentos de risco de violência foram descritos. Apesar de suas vantagens em relação ao julgamento clínico, existem problemas científicos e éticos com o uso desses instrumentos na prática clínica. As preocupações científicas são sobre a força da separação estatística de grupos de alto risco e baixo risco, a confiança excessiva em medidas de discriminação (como a área sob a curva ou odds ratios) em vez de medidas de previsão (como o valor preditivo positivo), a aplicabilidade dos instrumentos a diferentes grupos e o grau em que os dados agregados de risco se aplicam aos indivíduos. As preocupações éticas incluem o potencial de avaliação de risco que podem contribuir para o aumento do estigma e a discriminação dos portadores de transtornos mentais. Sendo assim, para estes autores, qualquer avaliação de risco de violência deve responder a duas questões importantes: a avaliação do risco de violência produz informações válidas? Esta informação é clinicamente útil?

O que se parece concebível é que a essência da ação do profissionais da área de saúde mental na interface com a justiça não se encerra apenas no enquadramento nosológico do autor do ato criminoso, tampouco em sua exclusão social, e sim na excelência, na possibilidade de estabelecermos políticas de prevenção, tratamentos ou intervenções adequadas a sua real necessidade, e reinserção no âmbito familiar e social.

Diante do exposto, são corroborados os apontamentos de Cohen[14]: "o estudo multiprofissional das características humanas comuns àqueles que infringem a lei poderá viabilizar, no futuro, a identificação da periculosidade pré-delitiva e a prevenção de condutas antissociais". Segundo Cohen, "essa identificação mais precisa poderá, apesar de todas as dificuldades envolvidas, abrir caminhos para o desenvolvimento de abordagens terapêuticas para esses desvios na personalidade de alguns seres humanos".

Além do mais, o papel do psicólogo nesse contexto é, dentro do praticável, conhecer o mundo psíquico do indivíduo de forma a ser possível construir hipóteses capazes de explicar seu comportamento e a repercussão deste na interação com o ambiente[24].

REFERÊNCIAS BIBLIOGRÁFICAS

1. Bastos CL. Manual de exame psíquico: uma introdução prática à psicopatologia. Rio de Janeiro: Revinter; 1997.
2. Pessotti I. A loucura e as épocas. São Paulo: 34; 1994.
3. Serafim AP, Barros DM. Apontamentos sobre assistência aos portadores de transtorno mental. Rev Jur Consulex. 2010;14(320);26-7.
4. Serafim AP. Doença mental e violência: estigma, desconhecimento e desassistência. J FFM USP. 2011;54:3.
5. Serafim AP. Impulsos que levam ao homicídio. Ciência Criminal. 2007;3:16-21.
6. Amarante P. Arquivos de saúde mental e atenção psicossocial. Rio de Janeiro: NAU; 2003.
7. Gattaz WF. Violência e doença mental: fato ou ficção? Rev Bras Psiquiatr Clin. 1998;25:145-7.
8. Achá MFF, Rigonatti SP, Saffi F, Barros DM, Serafim AP. Prevalence of mental disorders among sexual offenders and non-sexual offenders. J Bras Psiquiatr. 2011;60(1);11-5.
9. Arboleda-Flórez MJ, Holley LH, Crisanti A. Mental illness and violence: proof of stereotype? Ontario: Health Ed; 1996.
10. Ferrari ER. Medidas de segurança e direito penal no estado democrático de direito. São Paulo: Revista dos Tribunais; 2001.
11. Serafim AP, et al. Temas em psiquiatria forense e psicologia jurídica. v. I. São Paulo: Vetor; 2003.
12. Bloom H, Schneider RD. Mental disorder and the law: a primer for legal and mental health professionals. Toronto: Irwin Law; 2006.
13. Nobre de Melo AL. Psiquiatria: psiquiatria clínica, aplicações psiquiátrico-legais. v. 2. Rio de Janeiro: Guanabara Koogan; 1980.
14. Cohen C. A periculosidade social e a saúde mental. Rev Bras Psiquiatr Clin. 1999;21(4):144-5.
15. Arboleda-Flórez J, Stuart HL. The future for risk research. J Forensic Psychiatry. 2009;11(3):506-9.
16. Teixeira EH, Dalgalarrondo P. Violent crime and dimensions of delusion: a comparative study of criminal and noncriminal delusional patients. J Am Acad Psychiatry Law. 2009;37(2):225-31.
17. Binder RL. Are the mentally ill dangerous? J Am Acad Psychiatry Law. 1999;27(2):189-201.
18. Abdalla-Filho E. Avaliação de risco de violência em psiquiatria forense. Rev Psiq Clin. 2004; 31(6):279-84.
19. Mackinnon RA, Michels R, Buckley PJ. A entrevista psiquiátrica na prática clínica. Porto Alegre: Artmed; 2008.
20. Tavares M. A entrevista estruturada para o DSM-V. In: Cunha JA. Psicodiagnóstico. Porto Alegre: Artmed; 2003. p.45-56.

21. Belfrage H, Fransson R, Strand S. Prediction of violence using the HCR-20: a prospective study in two maximum security correctional institutions. J Forensic Psychiatry. 2000; 11(1):167-75.
22. Morana HCP. Escala Hare – PCL-R. São Paulo: Casa do Psicólogo; 2004.
23. Stälsett SJ. Vulnerabilidad, dignidad y justicia. 2003. Disponível em: http://www.iadb.org/etica.
24. Serafim AP, Saffi. Avaliação breve da personalidade. In: Forlenza OV, Miguel EC (orgs.). Clínica psiquiátrica de bolso, 2.ed. Barueri: Manole; 2018. p. 34-40.
25. Large M, Nielsssen O. The limitations and future of violence risk assessment. World Psychiatry. 2017;16(1):25-6.

14

Impulsividade, transtorno da personalidade e violência

SUMÁRIO

Introdução, 253
Emoção e comportamento violento, 255
Ansiedade, 255
Impulsividade e agressividade, 257
Personalidade e comportamento violento, 262
Psicopatia, 272
Considerações finais, 276
Referências bibliográficas, 276

INTRODUÇÃO

O aumento da violência urbana e a consequente expressão de comportamentos violentos, como o homicídio, têm incidido na questão da relação entre violência e doença mental. Seja na literatura científica especializada, seja nos textos jurídicos, o homicídio é descrito como o mais grave atentado contra a vida, visto que engloba um caráter doloso, no qual há uma intencionalidade, e culposo, quando o agente não tem a intencionalidade de provocar a morte do outro[1].

No tocante à literatura científica, a maioria dos estudos segue três vertentes de pesquisa. Uma delas é voltada para a correlação de quadros psiquiátricos do *Manual diagnóstico e estatístico de transtornos mentais* – DSM-5[2] em unidades de custódia e tratamento psiquiátrico, os quais têm apontado esquizofrenia paranoide, transtorno delirante persistente, transtorno explosivo intermitente e retardo mental como os quadros de maior correlação com crimes violentos[3-5].

Uma segunda vertente tem investigado a correlação entre transtornos da personalidade e, em destaque, a psicopatia com esses crimes[6-9]. Nesse contexto, Hart e Hare[6] ressaltam que, em ambientes prisionais, estima-se uma prevalência de 20 a 40% de homicidas que preenchem critérios para psicopatia em relação a outros quadros psicopatológicos e aos criminosos sem histórico de alterações psiquiátricas de acordo com a avaliação da Psychopath Checklist Revised – PCL-R[10].

Uma terceira vertente, mais ligada à criminologia e à medicina legal, tem investigado aspectos mais demográficos da vítima e do agressor[11-13].

O que há de fato no momento é o considerável aumento no índice de mortes violentas por homicídio[14]. Ressalta-se aqui que o comportamento criminoso tipificado pelo homicídio se apresenta, no entanto, como um complexo fenômeno envolvendo múltiplas causas (biológicas, psicológicas e sociais). Todavia, diferentes formas desse comportamento podem derivar de diversas vias do contexto biopsicossocial[15].

O Atlas da Violência[16], elaborado pelo Fórum Brasileiro de Segurança Pública e pelo IPEA, mostraram em 2017 que 59.103 pessoas morreram no Brasil como consequência de homicídios, latrocínios e lesões corporais seguidas de morte. Estes dados tornam o Brasil um país violento, com taxas de homicídios de 30 por 100 mil habitantes.

Esses dados demonstram que o homicídio representa um importante impacto social, visto que se determina como a "ponta do *iceberg*" do montante de violência de uma sociedade[3]. Considerando a complexidade e a universalidade da ocorrência do homicídio, questiona-se aqui: indivíduos que compartilham do mesmo tipo de crime (como o homicídio) diferem entre si quanto a seu comportamento violento? Pode-se inferir que esse comportamento violento está associado à impulsividade?

Segundo Millon[17], Levenston et al.[18] e Schwartz et al.[1], vários homicídios são praticados por indivíduos que não manifestam o tipo mais comum de comportamento impulsivo-agressivo, que é o da violência acompanhada de descarga emocional (geralmente raiva ou medo), nem ativação do sistema nervoso simpático (dilatação das pupilas, aumento dos batimentos cardíacos e respiração).

O tipo de violência desses indivíduos é similar à agressão predatória, ou seja, a que é acompanhada por excitação simpática mínima ou por falta dela, e é planejado, proposital e sem emoção ("a sangue-frio").

Nessas pessoas, os estados afetivos apresentam-se sem reciprocidade e sem um verdadeiro interesse pelo outro. Esse déficit na resposta emocional apresenta-se como um importante aspecto dominante comumente observado no comportamento de criminosos psicopatas, notadamente quando ele se apresenta com manifestações explícitas de requintes de "sadismo, crueldade e frieza"[18].

O fato é que o aspecto motivacional do homicídio é uma questão de difícil compreensão, que sugere investigações também mais complexas e reflexões multifatoriais acerca da correlação entre uma possível psicopatologia e a conduta antissocial.

A ausência de sentimentos éticos e altruístas, unida à falta de sentimentos morais, impulsiona alguns indivíduos a cometer crimes com requintes extremados de brutalidade e crueldade, porém, indivíduos sem essas características também cometem crimes bárbaros.

Esse padrão de comportamento se caracteriza por uma elevada impulsividade e um baixo limiar de tolerância às frustrações, desencadeando uma reação desproporcional entre os estímulos e as respostas, ou seja, respondendo de forma exagerada diante de estímulos mínimos e triviais. Pessoas com essas características são popularmente denominadas temperamentais. São indivíduos com uma hipersensibilidade a situações geradoras de tensão, que tendem a responder impulsivamente com violência, chegando ao homicídio.

Explanar sobre esse universo complexo de questões no que se refere às características emocionais em indivíduos que cometem homicídio faz parte dos objetivos deste capítulo. Os papéis da ansiedade, da impulsividade e das estruturas de temperamento e caráter da personalidade na expressão desse comportamento serão discutidos ao longo deste texto.

EMOÇÃO E COMPORTAMENTO VIOLENTO

A emoção é uma reação afetiva (entendendo afetividade como a manifestação de respostas dóceis, hostis, alegres, tristes etc.) de grande intensidade, com a participação de mecanismos biológicos e cognitivos, normalmente acompanhadas de ativações de ordem vegetativa.

Bradley e Lang[19] definem a emoção como fenômenos biológicos que se desenvolvem a partir de comportamentos funcionais que facilitam a sobrevivência das espécies. De acordo com essas definições, o que fica claro no tocante à emoção é que seu principal papel engloba um funcionamento complexo para a sobrevivência de humanos e animais.

A emoção se configura como o modulador do desenvolvimento da interação social, visto que a junção de mecanismos biológicos e cognitivos propicia, principalmente aos seres humanos, a capacidade de analisar, planejar e executar um padrão de ação diante dos estímulos agradáveis ou desagradáveis, bem como na organização dos mecanismos de controle dos impulsos. Todavia, falhas ou inadequações nessa complexa estrutura põem em risco o próprio indivíduo em relação ao meio, bem como em relação ao outro[20,21].

ANSIEDADE

O termo ansiedade caracteriza um estado emocional estruturado por componentes psicológicos e fisiológicos, demarcando respostas emocionais dentro de um espectro de normalidade das experiências humanas. Uma resposta de ansiedade geralmente reflete uma resposta de adaptação a uma situação de ameaça ao organismo. Essa resposta impõe ao animal ou ao ser humano mobilizações fisiológicas como alterações da frequência cardíaca, respiratória, condutância elétrica da pele, sudorese, palidez ou ruborização[22]. A expressão desse padrão de comportamento é, em geral, caracterizada como uma resposta emocional normal diante de uma situação estressante.

Todavia, essa resposta pode ser manifestada de maneira intensa e desproporcional à situação estressante ou, especificamente, na ausência real de um estímulo estressante ou ameaçador. Quando esse fenômeno ocorre, essa resposta passa a preencher o espectro patológico dos quadros de ansiedade.

Além do espectro patológico dos quadros ansiosos, a literatura sugere ainda que, ao se estudar ansiedade, se faz imprescindível, em sujeitos normais ou não, a distinção dos fatores da personalidade, no tocante ao traço e ao estado[23].

O estado de ansiedade se caracteriza por sensações subjetivas de tensão e apreensão conscientemente percebidas e por aumento na atividade do sistema nervoso autônomo. O traço de ansiedade, por sua vez, caracteriza-se por uma disposição, relativamente estável, de mudanças a situações de estresse com ansiedade e à tendência em perceber como ameaçadoras uma ampla faixa de situações ambientais[24].

A investigação de resposta de ansiedade em criminosos homicidas é de extrema importância para uma compreensão desse mecanismo, visto que a ansiedade se reveste como uma resposta emocional importante. Estudos realizados com portadores de transtornos de personalidade, em destaque as personalidades antissociais (TPAS), revelaram que os níveis de ansiedade apresentaram-se abaixo da média comparados aos de sujeitos não criminosos[25].

Lorenz e Newman[26] observaram que, diante de situações geradoras de estresse, criminosos com TPAS em geral apresentam baixas respostas de ansiedade, tanto estado como traço. Esse padrão de comportamento tem levantado na comunidade científica a hipótese de que há uma deficiência em suas reações aos estímulos evocadores de medo, a qual seria a causa de sua insensibilidade[27,28].

Emery e Amaral[29] sugerem que a principal falha da estrutura emocional e dos baixos níveis de respostas de ansiedade está relacionada com a amígdala cerebral. Como a amígdala localizada na profundidade de cada lobo temporal anterior, ela funciona de modo íntimo com o hipotálamo e tem ligação direta com o lobo pré-frontal. Dessa forma, sua principal função é identificar situações de perigo, que geram medo e ansiedade. A percepção de medo ou de ansiedade leva tanto o animal quanto o ser humano a ativar um estado de alerta, preparando-os para possíveis reações de fuga ou enfrentamento.

Pesquisas em neurociências têm demonstrado que, em seres humanos, a lesão na amígdala provoca a perda do sentido afetivo da percepção de um estímulo aversivo, e essa alteração explicaria a chamada "insensibilidade" de alguns criminosos.

No entanto, novas pesquisas são necessárias para maiores conclusões a respeito da possível correlação entre substratos neuroanatômicos e comportamento criminoso[30].

Destaca-se também que a elevação da ansiedade em criminosos pode provocar ações violentas reativas. Indivíduos que vivenciam níveis elevados de ansiedade, em uma situação de tensão como a de um assalto, por exemplo, podem expressar respostas violentas em decorrência das interpretações distorcidas das ações da vítima, uma vez que a ativação de reposta ansiosa reflete na qualidade da função atencional e do julgamento, e essa modificação leva a pessoa a interpretar e reagir de acordo com essa distorção.

Embora não se tenha estudos corroborando esses apontamentos, é bem provável que ao se estudar casos de latrocínio, o qual consiste na conduta do agente em cometer o crime de roubo e, como consequência, cometer um crime posterior, o homicídio, ou seja, no crime de latrocínio a intenção primária do agente era apenas roubar, não desejando causar a morte da vítima.

O Código Penal brasileiro não elenca, de forma expressa, o crime de latrocínio, vindo a tipificá-lo no art. 157, § 3º:

> Art. 157. Subtrair coisa móvel alheia, para si ou para outrem, mediante grave ameaça ou violência a pessoa, ou depois de havê-la, por qualquer meio, reduzido à impossibilidade de resistência. [...]
> § 3º Se da violência resulta lesão corporal grave, a pena é de reclusão, de 7 (sete) a 15 (quinze) anos, além de multa; se resulta morte, a reclusão é de 20 (vinte) a 30 (trinta) anos, sem prejuízo da multa.

Diante de tal fato, a utilização da avaliação neuropsicológica nesse contexto torna-se fundamental, uma vez que é capaz de colaborar para a compreensão da conduta humana, seja delituosa ou não, no escopo da participação das instâncias biológica, psíquica, social e cultural, como moduladores da expressão do comportamento.

IMPULSIVIDADE E AGRESSIVIDADE

A impulsividade é definida como a falha em resistir a um impulso, instinto ou tentação que é prejudicial à própria pessoa ou a outros. Um impulso é impetuoso e sem ponderação. Pode se manifestar por início súbito e transitório ou apresentar aumento gradual durante uma situação de tensão[31].

O indivíduo cujo comportamento é impulsivo, irrefletido ou impensado, geralmente faz coisas no calor do momento, porque está motivado para tal ou porque uma oportunidade se apresentou. Barratt e Stanford[32] sugerem que há uma falha na capacidade de planejamento das ações do indivíduo. Quando ele apresenta um quadro elevado no nível de impulsividade, é possível observar uma importante falha na capacidade de planejamento, a qual normalmente vem acompanhada de importantes manifestações agressivas. Ressalta-se novamente que nem todo indivíduo impulsivo é agressivo. Porém, quando há presença de agressividade, a qual em geral é manifestada de maneira intensa e desproporcional aos estímulos eliciadores.

A investigação minuciosa da correlação entre agressão e impulsividade tem sido estudada por Seroczynski et al.[33]. Nesse espectro, o autor define dois mecanismos distintos da expressão de agressividade: a agressão reativa e a agressão depredadora (ou proativa).

A agressão reativa é definida como uma reação hostil diante de uma situação na qual o indivíduo a interpreta como geradora de frustração. O indivíduo agressivo reativo super-reage impulsivamente diante da menor provocação e costuma ser explosivo e instável. Esse tipo de funcionamento se configura principalmente com os sujeitos tidos pelo senso comum como "o pavio curto", o que, em termos nosológicos, preenche os critérios de diagnóstico dos transtornos de personalidade emocionalmente instável (CID-10 F 60.3)[34].

> Nos casos de indivíduos que comumente apresentam o tipo de Agressão Depredadora, esta se caracteriza por uma expressiva conduta agressiva e violenta dirigida para uma meta determinada. As pessoas que apresentam este padrão de comportamento agressivo são em geral perigosas aos demais e com uma elevada probabilidade de praticarem e adotarem uma conduta criminosa[33].

Com base nessa distinção, pode-se concluir que os indivíduos que apresentam características comportamentais de agressão reativa estão mais relacionados à impulsividade, no que se refere a uma falha no controle dos impulsos agressivos, em sua maioria provocada por uma situação geradora de frustração. Pessoas com essas características apresentam uma probabilidade de cometerem um crime em consequência do calor da situação, porém não haveria um planejamento prévio para tal comportamento, além de manifestarem uma série de alterações fisiológicas.

Em relação aos indivíduos que apresentam uma agressão depredadora, esta, embora também seja motivada pela impulsividade, configura-se como uma capacidade de contenção momentânea da expressão do comportamento agressivo, visto que há maiores elaboração, planejamento e premeditação. O que pode ser observado é que alguns indivíduos apresentam uma necessidade de gratificação, porém são capazes de esperar o momento mais adequado e com menos riscos de serem surpreendidos; no entanto, ao manifestarem sua agressividade, sua expressão se dá de forma desproporcional à natureza e à intensidade do estímulo que a provocou[35,36]. Esse padrão de comportamento é compatível com os sujeitos com diagnóstico de personalidade antissocial e psicopatia.

Barratt[37] enfatiza ainda que uma pessoa pode ser agressiva sem ser impulsiva, bem como ser impulsiva sem ser agressiva. Essa possibilidade depende diretamente do desenvolvimento da personalidade, dos fatores genéticos, ambientais ou da combinação de ambos, e são capazes de influenciar os traços de agressividade e impulsividade de maneira específica em cada pessoa.

Em seus estudos com população prisional, Barratt[37] demonstrou que os criminosos impulsivos diferiam dos não impulsivos em várias medições neuropsicológicas, cognitivas e neurofisiológicas, ao sugerir com isso que os dois tipos de criminosos poderiam ter etiologia distinta. Barratt[37] enfatiza ainda que a impulsividade apresenta, inexoravelmente, estreita correlação com comportamentos agressivos. Todavia, associada à agressão reativa, teria muito mais influência genética do que a agressão depredadora. Já nos casos da agressão depredadora, as influências ambientais teriam um papel fundamental, como experiências traumáticas ou ameaçadoras, precoces e duradouras. As pessoas que exibem comportamentos impulsivos têm, em geral, outros problemas de conduta e/ou emocionais.

Principais quadros relacionados a impulsividade

Enquadram-se na categoria transtornos dos impulsos pessoas que expressam uma falha repetida de resistir a um impulso ou desejo de realizar um ato que seja recompensador para a pessoa, pelo menos a curto prazo, apesar de possuir danos como consequências. Tende a resultar em prejuízo significativo em áreas pessoais, familiares, sociais, educacionais, ocupacionais[38].

Dependência de jogos

É caracterizada por um padrão de comportamento de jogo persistente ou recorrente, que pode ser *online* (pela internet) ou *offline*, expresso por:

- Controle prejudicado sobre o jogo (p. ex., início, frequência, intensidade, duração, término, contexto).
- Prioridade crescente dada ao jogo, na medida em que o jogo tem precedência sobre outros interesses da vida e atividades diárias.
- Continuação ou escalada do jogo, apesar da ocorrência de consequências negativas.

O padrão de comportamento é de gravidade suficiente para resultar em prejuízo significativo em áreas pessoais, familiares, sociais, educacionais, ocupacionais ou outras áreas importantes de funcionamento. O padrão de comportamento do jogo pode ser contínuo ou episódico e recorrente.

Piromania

Falha recorrente no controle de fortes impulsos para provocar incêndios, resultando em múltiplos atos ou tentativas de atear fogo à propriedade ou a outros objetos, na ausência de um motivo inteligível (p. ex., ganho monetário, vingança, sabotagem, ação política). Pessoas com estas características expressam crescente sentimento de tensão ou excitação pelo fogo.

Cleptomania

Refere-se a uma falha recorrente no controle de fortes impulsos para furtar objetos na ausência de um motivo inteligível (p. ex., objetos não são adquiridos para uso pessoal ou ganho monetário). O ato se caracteriza por excitação, alívio ou gratificação durante e imediatamente após o ato do furto.

Transtorno explosivo intermitente

O transtorno explosivo intermitente é caracterizado por episódios breves repetidos de agressão verbal ou física ou destruição de propriedade que representam uma falha no controle de impulsos agressivos. A intensidade da explosão ou o grau de agressividade são totalmente desproporcionais à provocação ou desencadeiam estressores psicossociais. Os sintomas não são mais bem explicados por outro transtorno mental, comportamental ou do desenvolvimento neurológico e não fazem parte de um padrão de raiva e irritabilidade crônicas (p. ex., no transtorno de oposição desafiante). O padrão de comportamento é de gravidade suficiente para resultar em prejuízo significativo em áreas pessoais, familiares, sociais, educacionais, ocupacionais ou outras áreas importantes de funcionamento.

Transtorno do comportamento sexual compulsivo

É caracterizado por um padrão persistente de falha no controle de impulsos sexuais repetitivos e intensos ou impulsos que resultam em comportamento sexual repetitivo. Os sintomas podem incluir atividades sexuais repetitivas, tornando-se um foco central da vida da pessoa a ponto de negligenciar a saúde e os cuidados pessoais ou outros interesses, atividades e responsabilidades. Este padrão de funcionamento se mantém apesar das consequências adversas a si e ao outro.

Outros quadros como as parafilias também trazem um núcleo anormal de funcionamento, a falha em resistir ao impulso ou desejo. De acordo com o DSM-5[2], parafilias caracterizam-se por comportamentos não convencionais recorrentes, capazes de criar alterações desfavoráveis na vida familiar, ocupacional e social da pessoa por seu caráter compulsivo e causam sofrimento clinicamente significativo ou prejuízo no funcionamento social ou ocupacional ou em outras áreas importantes da vida do indivíduo e do outro.

Estes quadros apresentam estreita relação com a justiça, visto que a pessoa pode apresentar ainda padrões de excitação que, para alcançá-los, associa-se a risco significativo de lesão ou morte da vítima.

A estrutura funcional da parafilia consiste em três condições:

- Caráter opressor, com perda de liberdade de opções e alternativas. Nesta condição, a pessoa não consegue deixar de atuar dessa maneira.
- Caráter rígido, significando que a excitação sexual só se consegue em determinadas situações e circunstâncias estabelecidas pelo padrão da conduta parafílica.
- Caráter impulsivo, que se reflete na necessidade imperiosa de repetição da experiência.

Principais quadros:

- Exibicionismo: envolve a exposição dos próprios genitais a um estranho ou até o comportamento masturbatório.
- Fetichismo: envolve o uso de objetos inanimados como única forma de excitação e/ou prazer.
- Frotteurismo: padrão de comportamento caracterizado pelo ato de tocar e esfregar-se em uma pessoa sem seu consentimento em lugares de aglomerados, principalmente nos meios de transporte público.
- Transtorno do sadismo sexual coercitivo: padrão intenso de excitação sexual, como manifestado por pensamentos sexuais persistentes, fantasias, impulsos ou comportamentos que envolvem a imposição de sofrimento psicológico em uma pessoa sem consentimento.
- Voyeurismo: caracteriza-se pela condição de observar indivíduos, geralmente estranhos, sem suspeitar que estão sendo observados, que estão nus, ao se despirem ou em atividade sexual como recurso para a sua condição de excitação ou prazer sexual.
- Pedofilia: é caracterizado por um padrão focalizado e intenso de excitação sexual, manifestada por pensamentos sexuais persistentes, fantasias, dese-jos ou comportamentos envolvendo crianças pré-púberes.

- Vampirismo: erotismo causado pelo sangue das feridas ou provocar ferimentos na vítima.
- Zoofilia: é a prática de atividade sexual com animais.
- Asfixia erótica: restrição intencional de oxigênio para o cérebro durante a estimulação sexual como meio de aumentar o prazer.

PERSONALIDADE E COMPORTAMENTO VIOLENTO

A personalidade representa os padrões persistentes no modo de perceber, relacionar-se e pensar sobre o ambiente e sobre si mesmo, exibidos em uma am-pla faixa de contextos sociais e pessoais)[2].

Segundo Sadock e Sadock[39], a personalidade se apresenta como uma totalidade relativamente estável e previsível de traços emocionais e comportamentais que caracterizam a pessoa em sua vida cotidiana, sob condições normais. Os traços são padrões persistentes no modo de perceber, relacionar-se e pensar sobre o ambiente e sobre si mesmo, exibido em uma ampla faixa de contextos sociais e pessoais. Ainda segundo Kaplan, a organização dinâmica dos traços é formada com base em genes herdados, existências singulares e percepções individuais.

Essa organização torna cada indivíduo único em sua maneira de ser e de desempenhar seu papel social. O traço se traduz no modo de perceber, relacionar-se e pensar sobre o ambiente. Sendo assim, um conjunto de traços psicológicos caracterizará um tipo de personalidade. Esta personalidade contempla uma qualidade pessoal, que traduz o caráter essencial e exclusivo de uma determinada pessoa e que está associado aos aspectos cognitivos, emocionais e comportamentais.

Quando abordarmos o aspecto cognitivo, estamos falando da maneira como cada pessoa interpreta as diversas situações do seu dia a dia. Por conseguinte, esta interpretação desempenha um papel de modulador da resposta emocional e, consequentemente, terá participação ativa na maneira como esta pessoa atuará no ambiente[40].

Entretanto, quando esses traços se apresentam inflexíveis e mal adaptativos, causando prejuízo funcional ou sofrimento subjetivo, a pessoa com essas características apresentaria forte tendência para um transtorno. Um transtorno da personalidade com-preende um padrão persistente de vivência íntima ou comportamento que se desvia acentuadamente das expectativas da cultura do indivíduo, é invasivo e inflexível, tem seu início na adolescência ou começo da idade adulta, é estável ao longo do tempo e provoca sofrimento ou prejuízo a si, ao outro e à sociedade[2].

O Quadro 14.1 ilustra as principais áreas que levam a pessoa com transtorno de personalidade à dificuldade de se adaptar ao ambiente.

Quadro 14.1   Impacto do transtorno de personalidade na adaptação ao ambiente

Área	Impacto
Cognição	Apresenta uma forma geralmente distorcida para perceber e interpretar si mesmo, as outras pessoas e os eventos
Funcionamento pessoal	Modulado segundo suas necessidades e não percebe as necessidades do outro
Controle	Tende a apresentar falha no controle dos impulsos
Afetividade	Expressa uma variação na intensidade, labilidade e inadequação da resposta emocional

Para a caracterização do diagnóstico de transtorno da personalidade, deve-se considerar a pessoa a partir dos 18 anos de idade e se o padrão de interação com o ambiente para cada área exposta no Quadro 14.1 é persistente, inflexível e de longa duração e abrange uma faixa ampla de situações pessoais e sociais e se provoca sofrimento clinicamente significativo e prejuízo no funcionamento social, profissional ou em outras áreas importantes da vida da pessoa.

Pessoas com transtornos da personalidade exibem uma desarmonia da afetividade e da excitabilidade com integração deficitária dos impulsos, das atitudes e das condutas, manifestando-se no relacionamento interpessoal por um lado e, por outro, pode derivar questões jurídicas, como a responsabilidade penal.

Reforçando os apontamentos do parágrafo anterior, Meehl[41] orienta para que se observem três condições para o diagnóstico de transtorno da personalidade:

- O uso do comportamento é constante. Isto é, o padrão de funcionamento do indivíduo com transtorno da personalidade em geral é idêntico para todas as situações.
- O nível do comportamento é mais extremo. As características comportamen-tais são mais arraigadas e rígidas (funciona com organização excessiva).
- Os comportamentos resultam em problemas sérios e prolongados no tocante ao fator adaptação.

A CID-11[38] inseriu na sessão relativa aos transtornos da personalidade três níveis, leve, moderado e grave.

- Leve: expressa todos os requisitos gerais de diagnóstico de transtorno da per-sonalidade, porém, não afeta todo o funcionamento da personalidade. Apresentam mais dificuldades nas relações interpessoais e/ou no desempenho das atividades profissionais e papéis sociais, mas algumas relações são mantidas e/ou alguns papéis são desempenhados. As manifestações específicas de distúrbios da personalidade são geralmente de leve gravidade.

- Moderado: expressa todos os requisitos gerais para um transtorno da personalidade. O transtorno afeta várias áreas do funcionamento da personalidade (p. ex., identidade ou senso de si mesmo, capacidade de formar relacionamentos íntimos, capacidade de controlar impulsos e modular o comportamento). No entanto, algumas áreas do funcionamento da personalidade podem ser relativamente menos afetadas. Existem problemas marcantes na maioria das relações interpessoais e, no desempenho dos papéis sociais e ocupacionais, apresentam um certo grau de prejuízo.
- Grave: expressa todos os requisitos gerais para um transtorno da personalidade, com graves problemas no funcionamento do self (p. ex., o senso de *self* pode ser tão instável que os indivíduos relatam não ter noção de quem são ou pode ser tão rígido que recusam participar de uma variedade de situações; podem apresentar uma visão de ser desprezado ou de desprezo ao outro por senso de grandiosidade ou por ser altamente excêntrico). Os problemas do quadro afetam de maneira global o funcionamento interpessoal, familiar, a disposição para desempenhar papéis sociais e ocupacionais

Se direcionarmos o estudo da personalidade com violência, a literatura aborda os fatores do temperamento e caráter em um contexto psicobiológico[42]. Dentro dessa conceituação, Cloninger et al.[43] estruturaram o modelo psicobiológico de investigação da personalidade. Este modelo se baseia na divisão clássica da personalidade em dois componentes: temperamento e caráter.

O temperamento engloba os traços de determinação hereditária e genética, e as expressões dessas características sofrem influências parciais da interação do indivíduo com o meio.

Já o caráter se refere aos traços moldados ao longo do desenvolvimento do indivíduo, decorrentes das experiências de aprendizagem e dos resultados das diferentes influências da interação do indivíduo com o meio.

Segundo Svrakic et al.[44], uma correta estruturação do caráter determinará uma adequada ou inadequada adaptação dos traços hereditários do indivíduo diante dos vários eventos ambientais ao longo de sua vida.

O modelo psicobiológico de Cloninger, além de avaliar os fatores do temperamento, também pode estabelecer uma possível predição de aspectos de vulnerabilidade aos transtornos da personalidade, por meio dos fatores do caráter que avaliam as diferenças individuais quanto aos conceitos a respeito de si mesmo e a percepção dos próprios objetivos e valores.

Sendo assim, a avaliação da personalidade resulta na identificação de três subgrupos segundo o DSM (Quadro 14.2).

Quadro 14.2 Subgrupos

Grupo A: caracterizado por pessoas que apresentam uma reduzida dependência de gratificação, comum nos quadros de transtornos da personalidade	Paranoide Esquizoide Esquizotípico
Grupo B: composto por pessoas que apresentam um padrão de funcionamento, caracterizado por uma elevada sensibilidade ao tédio e a busca de novidades, típicos do transtorno da personalidade	Antissocial *Borderline* Histriônico Narcísico Psicopatia
Grupo C: engloba pessoas com padrões comportamentais com tendência a elevada esquiva ao dano	Personalidade obsessiva--compulsiva (anancástica) Evitativa Dependente

Cloninger et al.[43] estabelecem que o desenvolvimento da personalidade é um processo epigenético interativo, no qual os aspectos hereditários de temperamento, como a busca de novidade, esquiva ao dano, dependência (gratificação) e persistência funcionam como ativadores iniciais do desenvolvimento do caráter de cada indivíduo, como os aspectos autodirecionamento (percepção de si como sujeito autônomo), cooperatividade (percepção de si como parte da sociedade e da humanidade) e autotranscendência (percepção de si como membro integrante de um todo e de todas as coisas). Esse mecanismo de funcionamento modifica o significado e a relevância dos estímulos aos quais o indivíduo interage e responde, isto é, a impulsividade se manifesta em todos os grupos, porém de maneira específica para cada tipo.

Segundo Millon[17], inadequações nesse processo tendem a desenvolver indivíduos com problemáticas importantes em suas relações interpessoais por uma deficiência na formação, na utilização e na manutenção da empatia, bem como falha no controle dos impulsos.

Os aspectos citados por Millon[17] englobam os transtornos específicos da personalidade (TEP). Mullen[45] ressalta que a observação de três fatores se faz imprescindível para que se chegue ao diagnóstico de um transtorno específico da personalidade: o primeiro refere-se ao fato de que o comportamento é constante. Isto é, o padrão de funcionamento do indivíduo com TEP é, em geral, idêntico para todas as situações. O segundo refere-se ao nível do comportamento que é mais extremo. As características comportamentais são mais arraigadas e rígidas (funcionam com organização excessiva). O terceiro fator ressalta que os comportamentos resultam em problemas sérios e prolongados no tocante ao fator adaptação.

Um aspecto de destaque em sujeitos com TEP é que eles apresentam uma maior vulnerabilidade a manifestarem outras perturbações psiquiátricas, como depressão, ansiedade e quadros delirantes, assim como a se envolverem em condutas delituosas. A falta de regulação dos impulsos, modulação afetiva e controle da ansiedade são as principais causas[46]. Outro importante aspecto no estudo contemporâneo dos TEP é seu enquadramento em quatro domínios psicobiológicos a serem investigados:

- A regulação dos impulsos.
- A modulação afetiva.
- A organização cognitiva.
- O controle da ansiedade.

Mullen[41] enfatiza que o indivíduo portador de um TEP se apresenta mais vulnerável a desenvolver condutas criminosas, entre as quais se destacam as personalidades explosivas, dependentes, narcísica e paranoide. Entretanto, o quadro do TPAS se destaca pela elevada incidência de condutas criminosas, que geralmente são marcadas por extrema violência e insensibilidade emocional[47].

Salienta-se que a prática ou conduta criminosa violenta, como homicídio, estupro ou sequestro, não se aplica a todas as pessoas com TPAS ou com um quadro de psicopatia. De acordo com Hare[47], alguns indivíduos podem ser descritos como violentos e tal violência ser, na maioria das vezes, vista como o jeito de ser da pessoa; eles não rompem a barreira da transgressão. Outros se tornam políticos corruptos, estelionatários, líderes comunitários, denominados psicopatas corporativos.

Os principais quadros de transtornos da personalidade com risco de violência são: transtorno da personalidade dependente, transtorno da personalidade narcisista, personalidade esquizoide, personalidade paranoide e personalidade antissocial.

Transtorno da personalidade *borderline*

Caracteriza-se por pessoas que expressam:

- Instabilidade afetiva.
- Capacidade mínima de planejar ações.
- Tendência marcante a agir impulsivamente sem considerar as consequências.
- Acessos de raiva intensa, às vezes levando a violência ou explosões de comportamento.

Nas situações interpretadas como geradora de frustração, evidenciam acentuada tendência a agir impulsivamente, com importantes dificuldades em considerar as consequências do seu ato, seguidas de intensa instabilidade afetiva. Esta característica pode resultar em comportamentos violentos com expressão e prática de agressão dirigida ao outro (no geral desproporcional ao estímulo desencadeador) ou expressa ações de destruição de propriedades. Dependendo das proporções do comportamento impulsivo e das consequências, há casos em que são notificados criminalmente[48].

A falta do controle do impulso agressivo é manifestada por ataques de fúria, em sua maioria dirigida a pessoas do convívio mais íntimo, como pais, irmãos, cônjuge, filhos, namorados, amigos, colegas de trabalho etc. Estudos têm enfatizado que apesar das mulheres exibirem taxas mais elevadas de casos *borderlines*, os crimes mais comuns para ambos os sexos englobam agressão ocasionando lesão corporal[8] e, em menores taxas, danos ao patrimônio[49].

Quadro 14.3 Critérios diagnósticos para transtorno da personalidade *borderline* (DSM-5)[2]

Um padrão difuso de instabilidade das relações interpessoais, da autoimagem e dos afetos e de impulsividade acentuada que surge no início da vida adulta e está presente em vários contextos, conforme indicado por cinco (ou mais) dos seguintes:

1. Esforços desesperados para evitar abandono real ou imaginado. (Nota: não incluir comportamento suicida ou de automutilação coberto pelo Critério 5.)
2. Um padrão de relacionamentos interpessoais instáveis e intensos caracterizado pela alternância entre extremos de idealização e desvalorização.
3. Perturbação da identidade: instabilidade acentuada e persistente da autoimagem ou da percepção de si mesmo.
4. Impulsividade em pelo menos duas áreas potencialmente autodestrutivas (p. ex., gastos, sexo, abuso de substância, direção irresponsável, compulsão alimentar). (Nota: não incluir comportamento suicida ou de automutilação coberto pelo Critério 5.)
5. Recorrência de comportamento, gestos ou ameaças suicidas ou de comportamento automutilante.
6. Instabilidade afetiva devida a uma acentuada reatividade de humor (p. ex., disforia episódica, irritabilidade ou ansiedade intensa com duração geralmente de poucas horas e apenas raramente de mais de alguns dias).
7. Sentimentos crônicos de vazio.
8. Raiva intensa e inapropriada ou dificuldade em controlá-la (p. ex., mostras frequentes de irritação, raiva constante, brigas físicas recorrentes).
9. Ideação paranoide transitória associada a estresse ou sintomas dissociativos intensos.

Transtorno da personalidade dependente

Indivíduos com essas características demonstram importante inabilidade para se livrarem sozinhos da dependência afetiva fortemente estabelecida nas relações interpessoais. Quando experimentam qualquer frustração que seja interpretada como ameaçadora de perda, surgem sentimentos de falta de esperança, mesclados com frustração[14].

Quadro 14.4   Critérios diagnósticos para transtorno da personalidade dependente (DSM-5)[2]

Uma necessidade difusa e excessiva de ser cuidado que leva a comportamento de submissão e apego que surge no início da vida adulta e está presente em vários contextos, conforme indicado por cinco (ou mais) dos seguintes:

1. Tem dificuldades em tomar decisões cotidianas sem uma quantidade excessiva de conselhos e reasseguramento de outros.
2. Precisa que outros assumam responsabilidade pela maior parte das principais áreas de sua vida
3. Tem dificuldades em manifestar desacordo com outros devido a medo de perder apoio ou aprovação. (Nota: não incluir os medos reais de retaliação.)
4. Apresenta dificuldade em iniciar projetos ou fazer coisas por conta própria (devido mais a falta de autoconfiança em seu julgamento ou em suas capacidades do que a falta de motivação ou energia).
5. Vai a extremos para obter carinho e apoio de outros, a ponto de voluntariar-se para fazer coisas desagradáveis.
6. Sente-se desconfortável ou desamparado quando sozinho devido a temores exagerados de ser incapaz de cuidar de si mesmo.
7. Busca com urgência outro relacionamento como fonte de cuidado e amparo logo após o término de um relacionamento íntimo.
8. Tem preocupações irreais com medos de ser abandonado à própria sorte.

De acordo com Mullen[45] e Malmquist[14], quando vivencia a sensação de separação, o indivíduo com características de personalidade dependente interpreta como impossível a condição de viver sem a companhia do parceiro. Esta distorção na interpretação dos fatos corrobora a falta de habilidade em manejar o conflito. Diante disso, alguns podem desenvolver o abuso de substâncias psicoativas e álcool; em outros, surgem sentimentos de vacuidade, medo, pequenez e insignificância. Pensamentos e desejos destrutivos do relacionamento podem permear o psiquismo da pessoa com personalidade dependente. Na intenção de resolver esse estado psíquico, pode ocorrer violência extrema, como homicídio seguido do suicídio, configurando o crime passional. Nos casos do homicídio, a semi-imputabilidade pode se aplicar e dependerá da análise de todas as circunstâncias.

Transtorno da personalidade narcisista

Segundo o DSM-5[2], o indivíduo que preenche critérios para a personalidade narcisista nas relações sociais tende a expressar um padrão invasivo de grandiosidade, necessidade de admiração e falta de empatia, que começa no início da idade adulta e está presente em uma variedade de contextos.

Em consequência do sentimento de grandiosidade de sua própria importância, tais indivíduos costumam superestimar suas capacidades e exageram suas realizações, frequentemente adotando posições presunçosas e arrogantes.

Quando o indivíduo portador de personalidade narcisista interpreta uma situação como ofensa ou ameaça, é tomado por forte emoção de raiva, podendo expressar reações agressivas, inclusive o homicídio. Todavia, essa agressividade não tende a ser manifesta de forma impulsiva e sem controle.

Em alguns casos, o homicídio toma a forma de uma vingança premeditada e organizada, praticada com absoluta frieza. O orgulho ferido gera ódio e este sustenta e embala a necessidade de vingança. Muitas vezes, tais sentimentos ficam por muito tempo em estado latente, característica esta que no contexto jurídico se aplica à imputabilidade, uma vez que o entendimento pelo caráter ilícito de sua ação estava preservado.

Quadro 14.5 Critérios diagnósticos para transtorno da personalidade narcisista (DSM-5)[2]

Um padrão difuso de grandiosidade (em fantasia ou comportamento), necessidade de admiração e falta de empatia que surge no início da vida adulta e está presente em vários contextos, conforme indicado por cinco (ou mais) dos seguintes:

1. Tem uma sensação grandiosa da própria importância (p. ex., exagera conquistas e talentos, espera ser reconhecido como superior sem que tenha as conquistas correspondentes).
2. É preocupado com fantasias de sucesso ilimitado, poder, brilho, beleza ou amor ideal.
3. Acredita ser "especial" e único e que pode ser somente compreendido por, ou associado a, outras pessoas (ou instituições) especiais ou com condição elevada.
4. Demanda admiração excessiva.
5. Apresenta um sentimento de possuir direitos (i. e., expectativas irracionais de tratamento especialmente favorável ou que estejam automaticamente de acordo com as próprias expectativas).
6. É explorador em relações interpessoais (i. e., tira vantagem de outros para atingir os próprios fins).
7. Carece de empatia: reluta em reconhecer ou identificar-se com os sentimentos e as necessidades dos outros.
8. É frequentemente invejoso em relação aos outros ou acredita que os outros o invejam.
9. Demonstra comportamentos ou atitudes arrogantes e insolentes.

Personalidade esquizoide

Um dos aspectos relevantes do indivíduo com personalidade esquizoide é um padrão de distanciamento de relacionamentos sociais e uma faixa restrita de expressão emocional em contextos interpessoais desde a adolescência[2].

Em seu dia a dia, essas pessoas deixam claro o não interesse nas relações interpessoais, tornando-se por vezes indiferentes às oportunidades de desenvolver relacionamentos íntimos, prevalecendo um padrão de comportamento caracterizado pelo desejo de estar sozinhas a estarem acompanhadas, uma vez que tendem a interpretar e perceber o ambiente e as pessoas como invasivas e violadoras dos seus direitos.

Quadro 14.6 Critérios diagnósticos para transtorno da personalidade esquizoide (DSM-5)[2]

A. Um padrão difuso de distanciamento das relações sociais e uma faixa restrita de expressão de emoções em contextos interpessoais que surgem no início da vida adulta e estão presentes em vários contextos, conforme indicado por quatro (ou mais) dos seguintes:
1. Não deseja nem desfruta de relações íntimas, inclusive ser parte de uma família.
2. Quase sempre opta por atividades solitárias.
3. Manifesta pouco ou nenhum interesse em ter experiências sexuais com outra pessoa.
4. Tem prazer em poucas atividades, por vezes em nenhuma.
5. Não tem amigos próximos ou confidentes que não sejam os familiares de primeiro grau.
6. Mostra-se indiferente ao elogio ou à crítica de outros.
7. Demonstra frieza emocional, distanciamento ou embotamento afetivo.

B. Não ocorre exclusivamente durante o curso de esquizofrenia, transtorno bipolar ou depressivo com sintomas psicóticos, outro transtorno psicótico ou transtorno do espectro autista e não é atribuível aos efeitos psicológicos de outra condição médica.

De acordo com Loza e Hanna[50], não é comum indivíduos com esses quadros se envolverem em questões forenses. Todavia, atitudes invasivas por parte das pessoas ao seu redor, insistindo em uma aproximação, podem ser respondidas com agressividade.

Loza e Hanna[50] também ressaltam que jovens com características esquizoides geralmente são vítimas de *bullying*, aspecto que pode aumentar o risco para reações violentas.

Nos crimes denominados de massa ou nos atiradores de massa, há certa especulação quanto às características psicológicas esquizoides em seus autores. Todavia, não há dados consistentes para sustentar essa relação de causa e efeito[50].

Personalidade paranoide

Indivíduos com personalidade paranoide caracterizam-se por um sentimento intenso e invasivo de desconfiança e suspeita quanto às ações dos outros[2].

Segundo Gunderson e Phillips[51], nas relações de hierarquia e poder, esses indivíduos apresentam dificuldade em se relacionar com autoridades. Apresentam, ainda de acordo com O'Brien et al.[52], necessidade constante de controlar os outros. Também são patologicamente ciumentos e possessivos.

As relações sociais são baseadas única e exclusivamente com a certeza de que as pessoas os exploram, prejudicam ou enganam, mesmo sem uma evidência pontual. A ideia de que os outros conspiram contra eles os levam a mover de ações judiciais até a expressão de condutas violentas.

O sentimento exacerbado de desconfiança sem fundamento leva essas pessoas a distorcerem as situações, ocasionando muitas vezes a transposição da fantasia

Quadro 14.7 Critérios diagnósticos para transtorno da personalidade paranoide (DSM-5)[2]

A. Um padrão de desconfiança e suspeita difusa dos outros, de modo que suas motivações são interpretadas como malévolas, que surge no início da vida adulta e está presente em vários contextos, conforme indicado por quatro (ou mais) dos seguintes:

1. Suspeita, sem embasamento suficiente, de estar sendo explorado, maltratado ou enganado por outros.
2. Preocupa-se com dúvidas injustificadas acerca da lealdade ou da confiabilidade de amigos e sócios.
3. Reluta em confiar nos outros devido a medo infundado de que as informações serão usadas maldosamente contra si.
4. Percebe significados ocultos humilhantes ou ameaçadores em comentários ou eventos benignos.
5. Guarda rancores de forma persistente (i.e., não perdoa insultos, injúrias ou desprezo).
6. Percebe ataques a seu caráter ou reputação que não são percebidos pelos outros e reage com raiva ou contra-ataca rapidamente.
7. Tem suspeitas recorrentes e injustificadas acerca da fidelidade do cônjuge ou parceiro sexual.

B. Não ocorre exclusivamente durante o curso de esquizofrenia, transtorno bipolar ou depressivo com sintomas psicóticos ou outro transtorno psicótico e não é atribuível aos efeitos fisiológicos de outra condição médica.

para uma ameaça real, que pode se traduzir de uma hostilidade verbal a um comportamento violento, como o homicídio.

Para o Código Penal brasileiro, indivíduos com essas características se enquadram em um caso de perturbação da saúde mental, colocando, assim, seu portador nas condições previstas no parágrafo único do art. 26 do Código Penal: quando o sujeito tem a capacidade de entendimento ou de autodeterminação presente, mas prejudicada. Como os transtornos da personalidade geralmente não prejudicam o juízo de realidade, tal enquadramento pode ser causado por falha na capacidade de autocontrole diante da situação eliciadora de raiva ou frustração, podendo-se aplicar a semi-imputabilidade.

Personalidade antissocial

O indivíduo com personalidade antissocial apresenta um padrão de comportamento caracterizado por um desprezo das obrigações sociais e falta de empatia para com os outros. Apresenta ainda baixa tolerância à frustração e baixo limiar de descarga da agressividade, inclusive da violência. Observa-se também uma tendência a culpar os outros ou a fornecer racionalizações plausíveis para explicar um comportamento que leva o sujeito a entrar em conflito com a sociedade.

Para Del-Ben[53], a característica marcante nos indivíduos com personalidade antissocial é a impulsividade, a qual se mostra como tendência para escolhas de comportamentos arriscados, mal adaptados, pobremente planejados e prematura-

Quadro 14.8 Critérios diagnósticos para transtorno da personalidade antissocial (DSM-5)[2]

A. Um padrão difuso de desconsideração e violação dos direitos das outras pessoas que ocorre desde os 15 anos de idade, conforme indicado por três (ou mais) dos seguintes:

1. Fracasso em ajustar-se às normas sociais relativas a comportamentos legais, conforme indicado pela repetição de atos que constituem motivos de detenção.
2. Tendência à falsidade, conforme indicado por mentiras repetidas, uso de nomes falsos ou de trapaça para ganho ou prazer pessoal.
3. Impulsividade ou fracasso em fazer planos para o futuro.
4. Irritabilidade e agressividade, conforme indicado por repetidas lutas corporais ou agressões físicas.
5. Descaso pela segurança de si ou de outros.
6. Irresponsabilidade reiterada, conforme indicado por falha repetida em manter uma conduta consistente no trabalho ou honrar obrigações financeiras.
7. Ausência de remorso, conforme indicado pela indiferença ou racionalização em relação a ter ferido, maltratado ou roubado outras pessoas.

B. O indivíduo tem no mínimo 18 anos de idade.

C. Há evidências de transtorno da conduta com surgimento anterior aos 15 anos de idade.

D. A ocorrência de comportamento antissocial não se dá exclusivamente durante o curso de esquizofrenia ou transtorno bipolar.

mente executados. Essa impulsividade prejudica o planejamento do futuro, decorrente da necessidade de satisfação imediata dos seus desejos, sem levar em conta as consequências para si e para os outros. Nesse contexto, a presença de condutas violentas é comum.

Nos casos de crimes praticados por indivíduos com personalidade antissocial, embora se enquadrem na concepção da "perturbação da saúde mental", conforme o Código Penal, tais indivíduos são considerados imputáveis.

PSICOPATIA

Alguns indivíduos se descrevem como "predadores" e geralmente são orgulhosos disso. Eles não têm o tipo mais comum de comportamento agressivo, que é o da violência acompanhada de descarga emocional (geralmente raiva ou medo), nem ativação do sistema nervoso simpático (dilatação das pupilas, aumento dos batimentos cardíacos e respiração, descarga de adrenalina etc.).

Seu tipo de violência é similar à agressão predatória, que é acompanhada por excitação simpática mínima ou por falta dela, e é planejado, proposital e sem emoção ("a sangue-frio"). Nas várias sessões de avaliação desses indivíduos, durante a realização deste trabalho, foi possível observar a presença marcante de um senso de superioridade que eles expressam, além de poder e domínio irrestrito sobre outros, mecanismo este que se configura pela capacidade de ignorar suas necessidades e justificar o uso do que quer que eles sintam para alcançar seus ideais e evitar consequências adversas para seus atos.

A culpa não é expressa e quase sempre não é sentida de maneira consciente. Nos episódios com agravos dos quais participam, colocam a responsabilidade ou a culpa no outro e nas circunstâncias.

De acordo com Hare[47], o termo psicopatia tem sido comumente usado para classificar indivíduos que apresentam uma importante tendência à prática criminal, marcada por um elevado índice de reincidência e um acentuado quadro de indiferença afetiva e conduta antissocial.

Hart e Hare[6] ressaltaram que em ambientes prisionais estima-se uma prevalência de 20 a 40% de homicidas que preenchem critérios para psicopatia em relação a outros quadros psicopatológicos e criminosos sem histórico de alterações psiquiátricas de acordo com os critérios da *Psychopath Checklist Revised* (PCL-R)[10].

Segundo Cleckley[54], Hare[10] e Millon[17], o padrão de comportamento violento de alguns indivíduos deve-se a um funcionamento psicológico caracterizado por

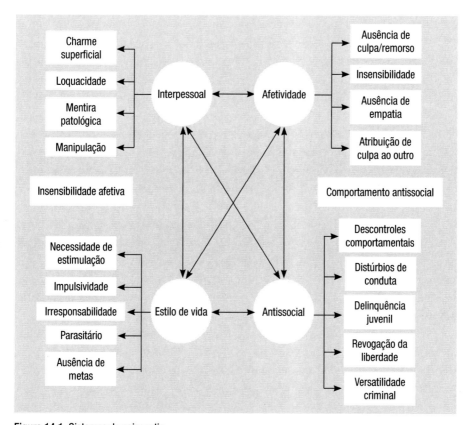

Figura 14.1 Sistemas da psicopatia.

uma deficiência na emissão de respostas emocionais caracterizada por uma total ausência de remorso, egocentrismo patológico, incapacidade para estabelecer laços de amor, inadequação da resposta de empatia e ausência de respostas de ansiedade, decorrentes de falhas em quatro áreas: afetividade, relacionamento interpessoal, estilo de vida e comportamento antissocial, conforme a esquematização a seguir (Figura 14.1).

Em sua obra *The mask of sanity*, Cleckley[54] descreve em detalhes as seguintes características do indivíduo psicopata: problemas de conduta na infância; inexistência de alucinações e delírios; ausência de manifestações neuróticas; impulsividade e ausência de autocontrole; irresponsabilidade; encanto superficial, notável inteligência e loquacidade; egocentrismo patológico, autovalorização e arrogância; incapacidade de amar; vida sexual impessoal, trivial e pouco integrada; falta de sentimentos de culpa e vergonha; indigno de confiança e falta de empatia nas relações pessoais; manipulação do outro com recursos enganosos; perda específica da intuição; incapacidade para seguir qualquer plano de vida; conduta antissocial sem aparente arrependimento; ameaças de suicídio, raramente cumpridas; incapacidade em aprender com a experiência, bem como demonstrações de uma elevada pobreza de reações afetivas básicas.

Para ilustrar esse aspecto, é transcrito parcialmente o relato de um interno de uma das unidades prisionais do Estado de São Paulo que fez parte de pesquisa de doutorado entre os anos de 2002 e 2005, ao relatar a prática de um homicídio de uma jovem:

> "[...] é doutor eu realmente matei a S., mas, ela queria morrer." Ressalta o examinando. Questionei então: "quais as evidências de que S. realmente queria morrer?" Respondeu ele: "quando apertei sua garganta ela não reagiu em nenhum momento, ficou me olhando com os olhos arregalados, mas não reagiu, ela queria morrer..."

Ao se deparar com esses indivíduos, é visível a insensibilidade e a total incapacidade de perceber a responsabilidade sobre os seus próprios atos, aspecto que se apresenta como a marca registrada de vários indivíduos que praticam homicídios sem o menor senso ético e empatia e respeito à vida humana, diferindo dos casos nos quais o indivíduo, movido por questões reativas a uma situação de frustração, manifesta condutas violentas seguidas de arrependimento. Em suas lamentações, é possível observar nitidamente que o incômodo que eles sentem se dá unicamente por estarem presos, e não pelo delito que cometeram, muito menos pela vítima.

Indivíduos com essas características tendem ainda a expressar baixas respostas de ansiedade em situações geradoras de estresse, associadas a uma disparidade entre a linguagem e seu conjunto emocional. Eles conhecem as palavras e seu respectivo conteúdo emocional, porém não sentem nem expressam esse conteúdo[55].

Blackburn[36] distingue dois subtipos de psicopatas (os primários e os secundários), os quais consideram o aspecto antissocial como um dos sintomas possíveis de estar presente em certos casos.

Psicopatas primários

São caracterizados por traços impulsivos, são agressivos, hostis, extrovertidos, confiantes em si mesmos e apresentam baixos teores de ansiedade. Pessoas com características narcisistas, histriônicas e antissociais tendem a preencher os critérios para essa classificação.

Psicopatas secundários

Seu padrão de ação normalmente é caracterizado pela expressão da hostilidade, impulsividade e agressividade. Os indivíduos são socialmente ansiosos e isolados, mal-humorados e com baixa autoestima.

Segundo Blackburn[36], os psicopatas primários têm mais excitação cortical e autonômica, e maior tendência a buscar sensações. Entre esses grupos também existem diferenças quanto à agressividade e à prática criminosa.

Os psicopatas primários ainda apresentam convicções mais firmes para efetuar crimes violentos, enquanto os psicopatas secundários tendem à prática de roubos. Psicopatas primários e secundários seriam mais dominantes, em situações tanto ameaçantes como aflitivas. Todavia os psicopatas secundários tendem a expressar mais fúria diante de frustração ou ameaça, seja ela física ou verbal.

O Quadro 14.9 ilustra as principais distinções entre os psicopatas primários e secundários segundo Blackburn[36].

Quadro 14.9 Características dos psicopatas segundo a classificação de Blackburn[36]

	Psicopata primário	Psicopata secundário
Traços	Impulsivos, agressivos, hostis, extrovertidos, confiantes em si, baixa ansiedade	Hostis, impulsivos, agressivos, socialmente ansiosos, isolados, mal-humorados, baixa autoestima
Características de personalidade	Narcisistas, histriônicos, antissociais	Antissociais, esquivos, esquizoides, dependentes, paranoides
Performance mental	Maior excitação cortical e autonômica, maior busca de sensações	Pouca habilidade e dificuldade no convívio social
Atitude antissocial	Inicia mais precocemente a carreira criminal, convicção forte para crimes violentos	Inicia precocemente a carreira criminal, convicção mais firme para roubo

CONSIDERAÇÕES FINAIS

A ação humana deriva de um contexto biológico, ambiental e psíquico. O homicídio, nesse contexto, apresenta-se como um comportamento de alta complexidade. Sua ocorrência tem causa multifatorial e requer uma compreensão de fatores como o estado emocional e as características da personalidade e da impulsividade.

O equilíbrio emocional parece representar uma pilastra importante no aspecto do nexo causal desse comportamento, visto que a relação emoção/comportamento depende da intensidade do sentimento do indivíduo em relação à raiva, por exemplo, que pode variar de uma leve irritação a uma fúria violenta.

O estudo da manifestação do comportamento como o homicídio, como de qualquer outra natureza agressiva, deve sempre se fundamentar em uma análise temporal e não só a um recorte pontual. Deve-se considerar um fenômeno temporal, com uma história, motivos e motivações, ressaltando que alguns indivíduos têm dificuldade no controle da expressão desse comportamento, o que se apresenta como o fator de maior vulnerabilidade para a ocorrência de condutas criminosas com abrangência psicológica forense.

O escopo que tratou este capítulo, impulsividade e personalidade, evidenciou que são dois temas de interesse jurídico em decorrência de sua associação com comportamentos violentos. Deriva dessa tangência a necessidade de se compreender os autores de um comportamento violento pela perícia. Ressalta-se que a perícia se fundamenta pela aplicação de métodos e técnicas da investigação psicológica e neuropsicológica com a finalidade de subsidiar a ação judicial, seja esta de que natureza for, toda vez que dúvidas relativas à "saúde" psíquica do periciando se instalarem. Para essa atuação, cabe ao psicólogo perito qualificação, competência e conhecimentos consistentes de psicologia cognitiva (processos psicológicos), personalidade, psicopatologia, técnicas de avaliação psicológica e, não menos, das normas jurídicas.

REFERÊNCIAS BIBLIOGRÁFICAS

1. Schwartz RC, Wendling HM, Guthrie HK. Examining anxiety as a predictor of homicidality: a pilot study. J Interpersonal Violence. 2005;20(7):848-54.
2. American Psychiatric Association. Manual diagnóstico e estatístico de transtornos mentais, 5. ed. (DSM-5). Porto Alegre: Artmed; 2013..
3. Josef F, Silva JAR. Homicídio e doença mental. Psiq Prat Med. 2002;34(4):106-11.
4. Pera SB, Dailliet A. Homicide by mentally ill: clinical and criminological analysis. Encephale. 2005;31(5):539-49.
5. Sparr LF. Personality disorders and criminal law: an international perspective. J Am Acad Psychiatry Law. 2009;37:168-81.
6. Hart SD, Hare RD. Psychopathy and antisocial personality disorder. Curr Opin Psychiat. 1996;9:129-32.

7. Raine A. Antisocial personality disorder associated with smaller frontal brain lobe. Arch Gen Psychiatry. 2000;57:119-27.
8. Woodworth M, Porter S. In cold blood: characteristics of criminal homicides as a function of psychopathy. Journal Abnorm Psychol. 2002;111(3):436-45.
9. Rigonatti SP, Serafim AP, Caires MAF. Personality disorders in rapists and murderers from a maximum security prison in Brazil. Int J Law Psychiatry. 2006;29:361-9.
10. Hare RD. The Hare Psychopathy Checklist – Revised. Toronto: Multi Health Systems; 1991.
11. Pedosch SA, Schimidt PH, Rothschild MA, Madea B. Multiple homicides forensic and criminologic aspects. Arch Krininol. 2004;213(3-4):92-101.
12. Mohanty MK, Mohanram A, Palimar V. Victims of homicidal deaths: an analysis of variables. J Clin Forensic Med. 2005;12(6):302-4.
13. Vougiouklakis T, Tsigianni C. Forensic and criminologic aspects of murder in North-West (Epirus) Greece. J Clin Forensic Med. 2006;13(6-8):316-20.
14. Malmquist CP. Homicide a psychiatric perspective. Washington, DC: Amer Psychiatric; 2006.
15. Serafim AP. Aspectos etiológicos do comportamento criminoso: parâmetros biológicos, psicológicos e sociais. In: Rigonatti SP, Serafim AP, Barros EL. Temas em psiquiatria forense e psicologia jurídica. São Paulo: Vetor; 2003. p.49-64.
16. Instituto de Pesquisa Econômica Aplicada (IPEA). Altas da violência. IPEA e Fórum Brasileiro de Segurança Pública. Rio de Janeiro: IPEA; 2018.
17. Millon TH. Ten subtypes of psychopathy. In: Millon TH. Psychopathy. New York: Guilford; 1998.
18. Levenston GK, Patrick CJ, Bradley MM, Lang PJ. The psychopath as observer: emotion and attention in picture processing. J Abnorm Psychol. 2000;109(3):373-85.
19. Bradley MM, Lang PJ. Measuring emotion: behavior, feeling, and physiology. In: Lane RD, Nadel L (eds.). Cognitive neuroscience of emotion. New York: Oxford University; 2000. p.242-76.
20. Phan TH, Philippot P, Rime E. Subjective and autonomic responses to emotion induction in psychopaths. Encephale. 2000;26(1):45-51.
21. Barrat ES. Impulsiveness and aggression. In: Monahan J, Steadman HJ (eds.). Violence and mental disorder: developments in risk assessment. Chicago: The University Chicago; 1994.
22. Gray JA. A psicologia do medo e do stress. Rio de Janeiro: Zahar; 1978.
23. Spielberger CD. Anxiety and behavior. New York: Academic Press; 1986.
24. Gorenstein C, Andrade LHSG, Zuardi AW. Escalas de avaliação clínica em psiquiatria e psicofarmacologia. São Paulo: Lemos; 2000.
25. Serafim AP. Correlação entre ansiedade e comportamento criminoso: padrões de respostas psicofisiológicas em homicidas [Tese]. São Paulo: Faculdade de Medicina da Universidade de São Paulo; 2005. 120 p.
26. Lorenz AR, Newman JP. Deficient response modulation and emotion processing in low-anxious Caucasian psychopathic offenders: results from a lexical decision task. Emotion. 2002;2(2):91-104.
27. Schimitt WA, Newman JP. Are all psychopathic individuals low-anxious? J Abnorm Psychol. 1999;108(2):353-8.
28. Serafim AP, Barros DM, Valim A, Gorenstein C. Cardiac response and anxiety levels in psychopathic murderers. Rev Bras Psiquiatr. 2009;31(3):214-8.
29. Emery NJ, Amaral DG. The role of the amygdala in primate social cognition. In: Lane RD, Nadel L (eds.). Cognitive neuroscience of emotion. New York: Oxford University; 2000. p.156-91.
30. Aggleton JP, Young AW. The enigma of the amygdala: on its contribution to human emotion. In: Lane RD, Nadel L. Cognitive neuroscience of emotion. New York: Oxford University; 2000.

31. Hollander E, Posner N, Cherkasky S. Aspectos neuropsiquiátricos da agressão e de transtornos do controle dos impulsos. In: Yudofsky SC, Hales RE. Neuropsiquiatria e neurociências. Porto Alegre: Artmed; 2006. p.491-504.
32. Barratt ES, Stanford MS. Impulsiveness. In: Costelo CG (ed.). Personality characteristics of personality disordered. Chichester: John Wiley & Sons; 1995. p.91-119.
33. Seroczynski AD, Bergmam C, Cocaro EF. Etiology of impulsivity/aggression relationship: genes or environment? Psychiatry Res. 1999;86:41-57.
34. Organização Mundial da Saúde. Classificação de transtornos mentais e de comportamento (CID-10). Descrições clínicas e diretrizes diagnósticas. Porto Alegre: Artes Médicas; 1993.
35. Gonçalves RA. Psicopatia e processos adaptativos à prisão. Centro de Estudos em Educação e Psicologia. Braga: Universidade do Minho; 1999.
36. Blackburn R. Psychopathy: an contribution of personality to violence. In: Millon TH, Somonse M, Smith M, Davis R. Psychopathy. New York: Guilford; 1998.
37. Barratt ES. Impulsive and premeditated aggression: a factor analysis of self-reported acts. Psychiatry Res. 1999;86:163-73.
38. International Classification of Diseases for Mortlaity and Morbiditty - 11th Revision- ICD. I Chapter 06. Mental, behavioural or neurodevelopmental disorders. World Health Organization. Switzerland – Geneve. 2018.
39. Sadock Bj, Sadock VA. Compêndio de psiquiatria. Porto Alegre: Artmed; 2016.
40. Serafim AP. Avaliação dos transtornos da personalidade. In: Serafim AP, Saffi F, Rocca CCA, Emy JY. Psicologia hospitalar em psiquiatria. São Paulo: Vetor; 2017.
41. Meehl PE. The dynamics of structured personality tests. J Clin Psychology. 2000;56(3):367-73.
42. Serafim AP, Barros DM, Bonini GC, Gorenstein C. Personality traits and violent behavior: a comparison between psychopathic and non-psychopathic male murderers. Psychiatry Res. 2014;219(3):604-8.
43. Cloninger CR, Svrack DM, Przybeck TR. A psychological model of temperament and character. Arch Gen Psychiatry. 1993;50:975-90.
44. Svrakic MD, Whitehead C, Przybeck TR, Cloninger CR. Differential diagnosis of personality disorders by the seven-factor model of temperament and character. Arch Gen Psychiatry. 1993;50:991-9.
45. Mullen PE. Dangerous people with sever personality disorder. Br Med J. 1999;319:146-7.
46. Coide JW. An etiological risk factors for personality disorders. Br J Psychiatry. 1999;174:530-8.
47. Hare RD. Without conscience: the disturbing world of the psychopaths among us. Toronto: Kirkus; 1999.
48. Barros DM, Serafim AP. Association between personality disorder and violent be-havior pattern. Forensic Sci Int. 2008;179(1):19-22.
49. Sansone RA, Sansone LA. Borderline personality and criminality. Psychiatry (Edgmont). 2009;6(10):16-20.
50. Loza W, Hanna S. Is schizoid personality a forerunner of homicidal or suicidal behavior? A case study. Int J Offender Ther Comp Criminol. 2006;50(3):338-43.
51. Gunderson JG, Phillips KA. Personality disorders. In: Kaplan HI, Sadock BJ. Comprehensive textbook of psychiatry. Baltimore: Williams & Wilkins; 1995. p.1434-6.
52. O'Brien MM, Treitman RL, Slever LJ. Cluster a personality disorders. In: Dunner DL (ed.). Current psychiatric therapy. Philadelphia: WB Saunders; 1992. p.399-404.
53. Del-Ben CM. Neurobiologia do transtorno de personalidade anti-social. Rev Psiquiatr Clin. 2005;32(1):27-36.
54. Cleckley H. The mask of sanity. St. Louis: Mosby; 1955.
55. Patrick CJ, Cuthbert BN, Lang PJ. Emotion in the criminal psychopath: fear image processing. J Abnorm Psychol. 1994;103(3):523-34

15
Psicologia investigativa

SUMÁRIO
Introdução, 279
Perfil criminal, 280
Objetivos dos perfis criminais, 282
O *modus operandi*, 284
Ritual, 284
Assinatura, 285
Autópsia psicológica, 286
Psicologia do testemunho, interrogatórios e confissões, 288
O estudo do testemunho, 295
Considerações finais, 299
Referências bibliográficas, 300

INTRODUÇÃO

O termo psicologia investigativa foi descrito inicialmente pelo psicólogo britânico David Canter. Sua aplicação era focada na análise das ações criminais de um grande número de criminosos violentos, cujo objetivo era estabelecer uma possível gama de informações que permitissem estabelecer relações entre o comportamento criminoso de um suspeito e suas características de personalidade[1].

Decerto o campo de atuação da psicologia investigativa tem, em sua conjectura central, a investigação das condutas criminais, buscando estabelecer a conexão de uma série de crimes a um agressor comum e os procedimentos para a condução da investigação dos possíveis suspeitos. Entretanto, este segmento da psicologia segundo Lieberman e Kraus[2] ganha impulso nos tribunais dada a crescente entrada de psicólogos nos processos jurídicos, especialmente nos Estados Unidos e na Europa. Sua atuação é ampliada para o estudo psicológico referente aos efeitos da composição do júri, instruções dadas para o júri, a investigação do impacto emocional nas testemunhas decorrentes das técnicas dos advogados e promotores durante os interrogatórios e a influência de especialistas da saúde mental em decisões judiciais. Contempla ainda a recuperação e a avaliação das informações obtidas e disponíveis inseridas no inquérito; a compreensão das variações nos padrões de ação penal e as inferências sobre o acusado que podem ser tiradas a partir desta compreensão; e os processos de estratégias de investigação que produzem informações capazes colaborar com a tomada de decisões[3].

A psicologia neste contexto cresce diretamente em termos de prática como atividade de investigação, não só referente à construção do perfil psicológico de um determinado criminoso, mas também com uma participação ativa na fase de inquéritos policiais, no tocante à escuta e facilitação nos depoimentos de testemunhas, acusados e vítimas e autópsia psicológica[4].

PERFIL CRIMINAL

Innes[5] tem ressaltado que, além da questão da responsabilidade penal, isto é, a capacidade de imputar a responsabilidade do autor de um comportamento criminoso por meio de um exame de sanidade mental, é crescente o interesse pela análise do funcionamento da mente humana. Para este autor, cada vez mais os estudos focam tanto a identificação dos métodos de pensamento dos criminosos, cujo objetivo é a intervenção para a não ocorrência de novos crimes, como a possibilidade do desenvolvimento de intervenções capazes de modificar o padrão de funcionamento dessas pessoas.

Considerando o estudo do funcionamento psicológico de um criminoso, o objetivo da psicologia investigativa seria inferir as características de um provável agressor pela análise do comportamento para traçar o perfil psicológico e criminal[6].

No que tange a abordagem da conduta criminosa, é importante diferenciar o contexto da investigação psicológica em relação ao contexto da investigação policial. Na investigação policial, delegados e investigadores buscam provas materiais como presença de digitais, imagens e relatos de testemunhas para a possível identificação de criminoso. Já o papel do psicólogo é direcionado para contexto do comportamento do possível autor de ato criminoso. O psicólogo aqui deve pautar seu trabalho sob o prisma de que cada crime representa um comportamento; cada comportamento é uma resposta; cada resposta traz uma mensagem e toda mensagem representa um personagem.

O que há de ficar claro é que o comportamento por si só não revela necessariamente o autor de um comportamento criminoso. Para isso, faz-se necessário um estudo retrospectivo do fato (análise do processo, entrevistas com investigadores e peritos criminais do caso, entrevistas com vítimas sobreviventes, entrevistas com parentes e conhecidos das vítimas, análise da área de captação do crime e análise do locais do crime).

A grande maioria dos crimes que necessitam de um perfil psicológico pode ser considerado algo que ocupa uma pequena parcela de atividades do dia de criminosos. Isto é, normalmente, a atividade criminal que necessita de um perfil criminal não é a atividade principal de quem o comete, ou seja, o criminoso mantém rotina de vida, laboral, que modelará seus comportamentos. Esses tipos de crimes costumam ocorrer em locais conhecidos dos criminosos por sua familiaridade e rotina[6].

Autores como Petherick[7] e Alison et al.[8] concordam que, quando uma determinada pessoa comete um crime, ela expressa, durante a execução, um determinado padrão de comportamento. Segundo os autores, quando há possibilidade de análise e interpretação adequadas da cena do crime, estas permitirão ao psicólogo inferir algumas características psíquicas do provável agressor.

Para Strano[9], essa capacidade de inferir características psíquicas e comportamentais do provável agressor configura-se no termo *profiling*, que representa uma competência de perícia forense interdisciplinar, visto que há uma tangência de saberes como a criminologia, a psicologia, a psiquiatria, a criminalística, a geografia, a antropologia e a sociologia, necessários na investigação criminal. Na prática o perfil criminal se configura pela habilidade da análise criminal relativa a ações do investigador criminal em associação ao domínio no campo da análise do comportamento humano[9].

O perfil criminal (CP) é frequentemente usado para se referir a uma ampla variedade de técnicas investigativas e/ou forenses que envolvem a análise do comportamento criminoso[10]. Ressalta-se, no entanto, que a construção do perfil psicológico não se traduz automaticamente na solução do caso, porém sua aplicação representa um instrumento útil para desenvolver estratégias da análise das informações e favorecer uma qualidade da compreensão do caso[1,8,9]. Visto isto, o perfil criminal integra uma modalidade de avaliação forense cujo objetivo é descrever as características da personalidade, comportamentais e demográficas de um suposto criminoso com base nas evidências pela análise da cena de um crime e tem sido estudado de forma substancial como uma técnica reconhecida de classificação de criminosos por diversos pesquisadores[11,12].

O objetivo dessa prática é construir o percurso de vida do indivíduo criminoso e todos os processos psicológicos que o possam ter conduzido à criminalidade, tentando descobrir a raiz do problema, uma vez que só assim é possível partir para a descoberta da solução. Para tal, busca-se identificar os traços de personalidade, as tendências comportamentais e as variáveis demográficas dos criminosos, com base nas características do crime por eles cometidos[13].

Sendo assim, a psicologia, neste contexto, cresce diretamente em termos de prática como atividade de investigação, não só referente à construção do perfil psicológico de um determinado criminoso, mas também com uma participação ativa na fase de inquéritos policiais, no tocante à escuta nos depoimentos de testemunhas, acusados e vítimas.

Lino e Matsunaga[6] relatam que atualmente existem cinco aspectos para se analisar um perfil criminal – três estão focados em características físicas do ambiente e dois em processos cognitivos e comportamentais do criminoso.

Em relação à fase da investigação policial, traçar o perfil de supostos agressores configura-se como uma ferramenta forense útil na investigação de crimes violentos, o que visa à identificação de suspeitos em potencial, colaborando, assim, para uma percepção acurada dos motivos interiores do ato criminoso, além de direcionar as estratégias de investigação[1].

OBJETIVOS DOS PERFIS CRIMINAIS

De acordo com Kocsis[14], os objetivos pontuais do processo de elaboração do perfil criminal é responder às cinco questões fundamentais na investigação criminal:

- Quem cometeu o crime?
- Quando o cometeu?
- Como o crime foi executado?
- Qual a motivação que está na base desse(s) comportamento(s)?
- Onde o crime foi cometido?

Para a realização do perfil, faz-se necessário considerar que o comportamento em si não revela necessariamente o autor de um comportamento criminoso. Para tal, é necessário um estudo retrospectivo do fato, considerando:

- Análise do processo.
- Entrevistas com os peritos criminais.
- Entrevistas com vítimas (sobreviventes) e testemunhas.
- Parentes das vítimas.
- Local do crime (sinais de ansiedade, organização).
- Área de captação do crime.
- Análise do legista.
- Análise das provas físicas.
- Entrevista com o policial responsável pelo caso.
- Estudo de crimes anteriores.

Ainda segundo Holmes e Holmes[15], os perfis criminais têm três objetivos principais para facilitar o sistema judicial:

- Uma avaliação psicológica e social dos agressores.
- Uma avaliação psicológica dos bens encontrados com os suspeitos e agressores.
- Uma consultoria aos profissionais da polícia em relação às estratégias que poderiam ser usadas durante as entrevistas com os agressores ou suspeitos.

As circunstâncias ou situações para as quais se indica a aplicação do perfil criminal são crimes violentos e homicídios em série, crimes de violação, crimes sexuais contra crianças, sequestro, homicídio, incêndio e assalto à mão armada[9,12].

Já para Holmes e Holmes[15] são cinco as situações nas quais a aplicação do perfil criminal é indicada:

- Comportamentos de violência extrema que abrangem as situações de homicídios.
- Tentativas de homicídios e outros comportamentos violentos.
- Crimes sexuais, como violação e diversas agressões sexuais que envolvem perversão e crueldade.
- Destruição de bens públicos ou privados motivados por eventuais reivindicações.
- Comportamentos violentos que afetam aspectos morais e compreendem coação psicológica, recorrendo a meios como cartas ou chamadas telefônicas de reivindicação de um crime ou de chantagem.

De acordo com Kocsis et al.[14], a aplicação do perfil criminal se dá nos seguintes casos:

- Homicídios, em série ou não.
- Violações, em série ou não.
- Incêndios e explosões, em série ou não.
- Violências voluntárias graves e tentativas de homicídio.
- Comportamentos sádicos, cruéis ou perversos, até a tortura.
- Crimes que indicam rituais.
- Assaltos, em série ou não.
- Sequestros.
- Nos casos de reféns.
- Gerenciamento de crises nos estabelecimentos prisionais.
- Alcoólicos armados, doentes mentais em crise, suicidas.
- Agressões e desaparecimento de crianças.
- Assédio sexual.

Atualmente, existem *softwares* que analisam pontos objetivos importantes de locais do crime com o intuito de limitar a "superfície de risco" (provável localização ofensor), ou seja, a partir de locais em que os crimes foram praticados é possível prever o local provável que esse agressor se sente mais seguro[6]. Para a realização do perfil ou da análise do comportamento de suspeito criminoso se faz necessário, antes de tudo, conhecer a dinâmica psicológica e comportamental humana. Para tal, deve-se considerar os três elementos que conectam os crimes em série: o *modus operandi* (MO), o ritual e a assinatura (Figura 15.1).

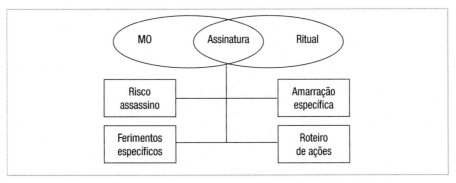

Figura 15.1 Três elementos que conectam os crimes em série. MO: *modus operandi*.

O *MODUS OPERANDI*

O *modus operandi* é o comportamento do criminoso que assegura o sucesso do crime, protege sua identidade e garante sua fuga. Não se pode conectar crimes com base apenas no *modus operandi*. Ele é dinâmico e vai se sofisticando conforme o aprendizado do criminoso e a experiência adquirida com os crimes anteriores.

Todavia, o *modus operandi* representa o ritual que se traduz em padrão de comportamento que excede o necessário para a execução do crime; esta característica é crítica para a satisfação das necessidades emocionais do criminoso e enraizada em sua própria fantasia, conforme Figura 15.2.

RITUAL

O ritual se configura com um comportamento que excede o necessário para a execução do crime. É baseado nas necessidades psicossexuais e é crítico para a satisfação das necessidades emocionais do criminoso.

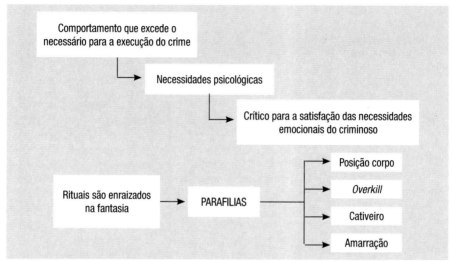

Figura 15.2 *Modus operandi*.

Geralmente os rituais são enraizados na fantasia[14] e, frequentemente, envolvem parafilias como posicionamento do corpo, *overkill* (significa ação excessiva para o homicídio), cativeiro, escravidão etc. Pode ser constante ou não.

ASSINATURA

A assinatura é uma combinação de comportamentos, identificada pelo *modus operandi* e pelo ritual. Não se trata apenas de comportamentos inusitados. Muitas vezes o assassino se expõe a um alto risco para satisfazer todos os seus desejos, permanecendo muito tempo no local do crime, por exemplo. Em outras ocasiões, usam algum tipo de amarração específica, ou um roteiro específico de ações executadas pela vítima, como no caso dos estupradores em série. Ferimentos específicos também representam uma forma de assinar o crime.

Já a investigação da motivação engloba a possibilidade de levantar as necessidades psicológicas do agressor, isto é, identificar os motivos primários e seus impulsos, traduzidos pela expressão do comportamento físico e pela análise do ambiente e da vítima.

Ressalta-se que a realização do estudo do perfil psicológico se configura como uma das etapas do perfil criminal que é realizado por uma equipe interdisciplinar que, após a conclusão do caso, emite o relatório descrevendo cada etapa, conforme a esquematização demonstrada a seguir:

São Paulo, XX de CCC de 2018.
Ao Sr. Dr. XXXXXX
DD Delegado de Polícia
Prezado senhor,

Segue o relatório final sobre o trabalho realizado de perfil criminal do agressor suspeito e conexão de crimes em casos de estupro e homicídio ocorridos na Cidade XXX no período de XXX a YYYY.

O relatório é composto de perfil médico-legal, perfil geográfico, reconstrução do crime, perfil criminal, perfil psicológico do suspeito e nossas considerações finais sobre o caso.

Elaboração e execução: (descrição da equipe)

Apresentação

O presente relatório foi elaborado de forma interdisciplinar e apresenta em seu texto as várias análises de diferentes profissionais no tocante aos casos de homicídios de mulheres na cidade de XXXXXX referente ao período de XXX a YYYY.

Estrutura do Relatório	
Histórico do caso (detalhamento do caso)	Características psicológicas e comportamentais do suspeito
Procedimentos (descrever cada etapa)	
Análise de documentos	Análise psicológica
Entrevistas realizadas	Aspectos comportamentais
Avaliação de local (visita aos locais de crime)	
Caracterização geográfica	Discussão e conclusão
Jornada para o crime	Perfil criminal do perpetrador *vs.* perfil psicológico do suspeito
Centro geográfico e superfície de probabilidade	
Perfil geográfico (análise da região)	Comportamento físico
Perfil das vítimas (estudo das vítimas)	Comportamento sexual
Estudo médico-legal dos laudos periciais (estudo dos laudos dos legistas)	*Modus operandi*
	Conclusão (possibilidade de se estabelecer uma relação entre o suspeito e os crimes)
Modus operandi e ritual	O perfil psicológico suspeito é compatível com o perfil do perpetrador dos crimes sexuais ocorridos
Perfil criminal do perpetrador	
Quem é ele?	
Motivação	XXXXXX
Comportamento físico	Assinatura da equipe
Comportamento sexual	
Modus operandi	

AUTÓPSIA PSICOLÓGICA

Autópsia psicológica ou avaliação retrospectiva se configura como uma avaliação retrospectiva no espectro forense, fundamentada para investigar as circunstâncias em que um indivíduo encontra sua morte, procurando determinar a intencionalidade de sua ação, demonstrando a correlação entre morte e suicídio[16].

Os primeiros relatos de estudos voltados à investigação das circunstâncias de morte de uma determinada pessoa datam das décadas de 1920 em Paris e, a partir de 1930, em Nova York, em relação aos comportamentos autodestrutivos que levaram ao suicídio[16,17].

Os primeiros autores a utilizar esse método o fizeram por razões médicas e legais, especialmente quando as causas da morte estavam mal definidas. O método foi posteriormente aplicado à prevenção do suicídio, intervenção em crises ou de investigação, tanto para melhorar o conhecimento existente quanto para identificar os indivíduos "em risco" de cometer suicídio[18].

Para esses autores, no contexto específico de pesquisa, a autópsia psicológica tem se apresentado como uma ferramenta útil no tocante à possibilidade de lançar luz sobre o comportamento suicida e, assim, desenvolver a prevenção.

Do ponto de vista metodológico, a autópsia psicológica se caracteriza como uma estratégia complexa e multidimensional. Na prática, os "casos" devem ser definidos com uma grande dose de cuidados para constituírem-se como amostras homogêneas para estudos comparativos.

Seu método está baseado na determinação da lacuna entre o morrer e a causa da morte. De modo geral, a autópsia psicológica se caracteriza como perícia baseada na análise de dados, fatos e circunstâncias passadas, relacionados a um determinado indivíduo que não pode se submeter ao exame direto. A autópsia identifica os aspectos psicológicos de uma morte específica, esclarece o modo como esta ocorreu e reflete a intenção letal ou não do falecido.

Ramsland[12] afirma que a principal função de uma autópsia psicológica é levantar informações retrospectivas sobre uma morte suspeita ou ambígua. Assim, os psicólogos podem elencar informações sobre o estado mental de uma pessoa falecida e um possível motivo para ajudar a esclarecer o caso.

Dessa forma, cabe ao psicólogo habilitado e capacitado à autópsia psicológica reconstruir a biografia da pessoa falecida (história clínica completa), por meio de entrevista com terceiros (cônjuge, filhos, pais, amigos, professores, médicos, colegas de trabalho etc.).

No Brasil, podemos citar o "massacre de Realengo" no Rio de Janeiro (ocorrido em 7 de abril de 2011), o assassinato em massa de 12 alunos com idades entre 12 e 13 anos na Escola Municipal Tasso da Silveira (no bairro Realengo). O autor dos disparos, Wellington Menezes de Oliveira, de 23 anos, que cometeu suicídio após a interceptação da polícia. Recentemente, houve também o caso do vigia que ateou fogo em professores e crianças de uma creche em Minas Gerais e depois ateou fogo ao próprio corpo. Esses são casos nos quais a autópsia psicológica se aplica adequadamente.

O caso de Realengo tem semelhanças com casos de outros países, como o episódio trágico ocorrido nos Estados Unidos em 1999, conhecido como "O massacre de Columbine", que deixou 12 estudantes e um professor professor mortos, e o atirador de Parkland, que em 2018 atirou em 17 pessoas em uma escola da Flórida. Nesse caso, dois alunos do colégio entraram no refeitório atirando a esmo. Eles também cometeram suicídio.

Outros casos nos Estados Unidos também tiveram grande repercussão:

- 01/12/1997, um adolescente armado mata 11 estudantes e fere outros cinco em Paducah, Kentucky.
- 24/03/1998: dois adolescentes fazem disparos em Jonesboro, Arkansas, matando quatro alunos e um professor.
- 21/03/2005: um estudante mata nove pessoas, das quais cinco eram seus colegas, em Red Lake, Minnesota, em ação que durou 10 minutos. O autor do ataque é Jeffrey Weise, de 16 anos, que, antes de se dirigir à escola, já havia assassinado seu avô e a esposa. Também se suicida após os homicídios.
- 02/11/2006: um homem (Charles Carl Roberts) mata cinco meninas em uma escola amish de Nickel Mines, na Pensilvânia. Ele amarra as meninas em frente a um quadro negro, atira contra elas e se suicida.
- 16/04/2007: o estudante sul-coreano Cho Seung-Hui mata 32 pessoas, entre alunos e professores, na Universidade Virginia Tech, em Blacksburg.[20]

Para todos esses casos, inclusive para o caso de Realengo e de Minas Gerais, as especulações e a comoção social em relação à motivação do crime produziram inúmeras explicações, que, em sua maioria, possivelmente não representariam as reais características psicológicas do autor dos disparos se não por uma metodologia meticulosa de levantamento de informações acerca da vida pessoal e social de Wellington Menezes de Oliveira, como a utilizada na autópsia psicológica.

Ressalta-se ainda que o principal fundamento, o objetivo da aplicação da autópsia psicológica nesses casos, não visa apenas a identificar as causas, ou a gerar informações suficientes para se classificar a conduta do agressor, mas também, e antes de tudo, produzir informações que possam traduzir-se em material preventivo, para que pessoas com risco de manifestar esses comportamentos possam ser identificadas antecipadamente, de modo que ações interventivas possam ser utilizadas como forma de ajuda a essa pessoa.

PSICOLOGIA DO TESTEMUNHO, INTERROGATÓRIOS E CONFISSÕES

Para vários autores, a real aproximação da psicologia com o direito aconteceu no final do século XIX, com o que se denominou "psicologia do testemunho", cujo objetivo era "verificar, através do estudo experimental dos processos psicológicos, a fidedignidade do relato do sujeito envolvido em um processo jurídico"[21]. Segundo Siqueira e Ávila[19], uma das provas mais usadas no Brasil é a testemunhal: "Enxergar, através dos olhos da testemunha: eis um dos desafios comuns ao juiz".

Ressalta-se que, no entanto, por um longo tempo a prática jurídica da psicologia ateve-se quase que exclusivamente às atividades periciais. Entretanto, como notifica Stein[22], temas como "as falsas memórias", podem resultar da repetição de informações consistentes e inconsistentes no depoimento de testemunhas sobre o mesmo evento e se apresentam como uma nova demanda para a psicologia no contexto forense.

Ainda segundo Stein[20], para atender a essa demanda, faz-se necessário o desenvolvimento de pesquisas na área que possam contribuir para a elucidação dos mecanismos responsáveis pelas falsas memórias e, assim, auxiliar no aprimoramento de técnicas para a avaliação de testemunhos.

Assim sendo, o psicólogo poderá ser solicitado a avaliar a veracidade dos depoimentos de testemunhas e suspeitos, de forma a colaborar com os operadores da justiça[21].

O chamado fenômeno das falsas memórias tem assumido um papel muito importante na área da psicologia do testemunho. Por falsas memórias entende-se, segundo Stein e Pergher[22], o conjunto de fenômenos já reproduzidos em situações experimentais, no contexto das psicoterapias, na área jurídica, além de uma gama de variadas situações do cotidiano. Em termos conceituais, falsas memórias se caracterizam pelo processo de determinada pessoa lembrar-se de eventos de fatos não vivenciados ou ocorridos. Este processo ocorre em decorrência do armazenamento e da evocação de informações pela memória que, na realidade, não foram vivenciadas.

Outra importante área que vem em pleno crescimento e que faz parte do escopo de atuação relacionada à psicologia do testemunho é o depoimento sem dano, o qual, segundo Lago et al.[23], tem como objetivo proteger psicologicamente crianças e adolescentes vítimas de abusos sexuais e outras infrações penais que deixam graves sequelas no âmbito da estrutura da personalidade.

O termo depoimento sem dano (DSD) consiste na oitiva de crianças e adolescentes em situação de violência. O depoimento é tomado por um técnico (psicólogo ou assistente social) em uma sala especial, conectada por equipamento de vídeo e áudio à sala de audiência, em tempo real. O profissional que entrevistará a criança possui um ponto eletrônico, por meio do qual o juiz direciona as perguntas a serem feitas à criança. Além disso, o depoimento fica gravado, constando como prova no processo[24].

A escuta de crianças nessas situações ocorre em consequência da incapacidade de detectar a materialidade do fato por não haver, *a priori*, provas físicas[27].

Todavia, essa temática também é o centro de uma importante discussão por posicionamentos opostos. Por um lado, há os profissionais que defendem a participação do psicólogo nesse processo, por outro, há Conselhos de Psicologia que restringem essa prática.

Para o Conselho Federal de Psicologia (CFP), essa prática coloca os psicólogos em um lugar que não é o seu, o de inquiridor, uma vez que a função do psicólogo é fazer uma escuta acolhedora, ouvir a criança em seu tempo, sem pressão ou direcionamento da fala. Outro argumento é que a situação do DSD coloca a criança e o adolescente no lugar de denúncia, de delação, responsabilizando-os pela produção de provas. Diante do exposto, o CFP, em junho de 2010, publicou a Resolução n. 10/2010, a qual institui a regulamentação da escuta psicológica de crianças e adolescentes envolvidos em situação de violência.

Nas considerações iniciais, o texto define que:

> A escuta de crianças e de adolescentes deve ser – em qualquer contexto – fundamentada no princípio da proteção integral, na legislação específica da profissão e nos marcos teóricos, técnicos e metodológicos da psicologia como ciência e profissão.

Consta ainda que:

> A escuta deve ter como princípio a intersetorialidade e a interdisciplinaridade, respeitando a autonomia da atuação do psicólogo, sem confundir o diálogo entre as disciplinas com a submissão de demandas produzidas nos diferentes campos de trabalho e do conhecimento. Diferencia-se, portanto, da inquirição judicial, do diálogo informal, da investigação policial, entre outros.

As questões supracitadas suscitam, antes de tudo, coerência e equilíbrio para a possibilidade do desenvolvimento de métodos e técnicas adotadas pelo psicólogo, que possam atender à demanda judicial, sem ferir sua área de atuação, tampouco revitimizar a criança, vítima ou com suspeita de ter sofrido algum tipo de violência sexual.

Machado e Arpini[25] publicaram em 2013 um levantamento que fizeram com profissionais que atuam no DSD e, em suas discussões, afirmam que na percepção dos profissionais entrevistados o DSD é útil quando feito em equipe multiprofissional, pois ocorrem trocas de informações e experiências. Esses profissionais recebem treinamentos específicos.

Não se discute o quanto as experiências de violência ou abuso sexual na infância correlacionam-se com transtornos psicológicos e comportamentais na vida adulta, especificamente sendo identificada a associação entre abuso sexual de crianças e transtornos psiquiátricos, como transtorno de estresse pós-traumático, transtornos do humor e transtornos psicóticos[26,27].

Apesar de a temática do DSD ser recente, Amazarray e Koller[28] já ressaltavam que a intervenção legal, desconhecendo os aspectos psicológicos do abuso sexual e as necessidades terapêuticas da criança e das famílias disfuncionais, acaba produzindo um dano psicológico adicional à vítima. Além disso, profissionais da saúde mental, ao negligenciar os aspectos legais do abuso (proteção à criança e prevenção adicional do crime), também contribuem para um aumento do dano psicológico sofrido pela criança. Entende-se também que os embates supracitados sejam decorrentes desse já ressaltado crescimento das demandas da psicologia e sua interface com os sistemas de justiça.

Visto isto, depreende-se o quão é complexa a atuação da psicologia no contexto da escuta do sujeito personificado no papel de testemunha, seja ela testemunha direta (assistiu ao fato ou foi vítima dele) ou indireta, aquela que teve conhecimento do fato, para atestar a presença ou não do "falso testemunho".

Apesar do posicionamento do CFP, em 4 de abril de 2017 foi promulgada a Lei n. 13.431, que estabelece o sistema de garantia de direitos da criança e do adolescente vítima ou testemunha de violência e altera a Lei n. 8.069, de 13 de julho de 1990 (Estatuto da Criança e do Adolescente).

> Art. 1º Esta Lei normatiza e organiza o sistema de garantia de direitos da criança e do adolescente vítima ou testemunha de violência, cria mecanismos para prevenir e coibir a violência, nos termos do art. 227 da Constituição Federal, da Convenção sobre os Direitos da Criança e seus protocolos adicionais, da Resolução n. 20/2005 do Conselho Econômico e Social das Nações Unidas e de outros diplomas internacionais, e estabelece medidas de assistência e proteção à criança e ao adolescente em situação de violência.
>
> Art. 2º A criança e o adolescente gozam dos direitos fundamentais inerentes à pessoa humana, sendo-lhes asseguradas a proteção integral e as oportunidades e facilidades para viver sem violência e preservar sua saúde física e mental e seu desenvolvimento moral, intelectual e social, e gozam de direitos específicos à sua condição de vítima ou testemunha.
>
> Parágrafo único. A União, os Estados, o Distrito Federal e os Municípios desenvolverão políticas integradas e coordenadas que visem a garantir os direitos humanos da criança e do adolescente no âmbito das relações domésticas, familiares e sociais, para resguardá-los de toda forma de negligência, discriminação, exploração, violência, abuso, crueldade e opressão.
>
> Art. 3º Na aplicação e interpretação desta Lei, serão considerados os fins sociais a que ela se destina e, especialmente, as condições peculiares da criança e do adolescente como pessoas em desenvolvimento, às quais o Estado, a família e a sociedade devem assegurar a fruição dos direitos fundamentais com absoluta prioridade.
>
> Parágrafo único. A aplicação desta Lei é facultativa para as vítimas e testemunhas de violência entre 18 (dezoito) e 21 (vinte e um) anos, conforme disposto no parágrafo único do art. 2º da Lei n. 8.069, de 13 de julho de 1990 (Estatuto da Criança e do Adolescente).

Art. 4º Para os efeitos desta Lei, sem prejuízo da tipificação das condutas criminosas, são formas de violência:

I – violência física, entendida como a ação infligida à criança ou ao adolescente que ofenda sua integridade ou saúde corporal ou que lhe cause sofrimento físico;

II – violência psicológica:

a) qualquer conduta de discriminação, depreciação ou desrespeito em relação à criança ou ao adolescente mediante ameaça, constrangimento, humilhação, manipulação, isolamento, agressão verbal e xingamento, ridicularização, indiferença, exploração ou intimidação sistemática (*bullying*) que possa comprometer seu desenvolvimento psíquico ou emocional;

b) o ato de alienação parental, assim entendido como a interferência na formação psicológica da criança ou do adolescente, promovida ou induzida por um dos genitores, pelos avós ou por quem os tenha sob sua autoridade, guarda ou vigilância, que leve ao repúdio de genitor ou que cause prejuízo ao estabelecimento ou à manutenção de vínculo com este;

c) qualquer conduta que exponha a criança ou o adolescente, direta ou indiretamente, a crime violento contra membro de sua família ou de sua rede de apoio, independentemente do ambiente em que cometido, particularmente quando isto a torna testemunha;

III – violência sexual, entendida como qualquer conduta que constranja a criança ou o adolescente a praticar ou presenciar conjunção carnal ou qualquer outro ato libidinoso, inclusive exposição do corpo em foto ou vídeo por meio eletrônico ou não, que compreenda:

a) abuso sexual, entendido como toda ação que se utiliza da criança ou do adolescente para fins sexuais, seja conjunção carnal ou outro ato libidinoso, realizado de modo presencial ou por meio eletrônico, para estimulação sexual do agente ou de terceiro;

b) exploração sexual comercial, entendida como o uso da criança ou do adolescente em atividade sexual em troca de remuneração ou qualquer outra forma de compensação, de forma independente ou sob patrocínio, apoio ou incentivo de terceiro, seja de modo presencial ou por meio eletrônico;

c) tráfico de pessoas, entendido como o recrutamento, o transporte, a transferência, o alojamento ou o acolhimento da criança ou do adolescente, dentro do território nacional ou para o estrangeiro, com o fim de exploração sexual, mediante ameaça, uso de força ou outra forma de coação, rapto, fraude, engano, abuso de autoridade, aproveitamento de situação de vulnerabilidade ou entrega ou aceitação de pagamento, entre os casos previstos na legislação;

IV – violência institucional, entendida como a praticada por instituição pública ou conveniada, inclusive quando gerar revitimização.

§ 1º Para os efeitos desta Lei, a criança e o adolescente serão ouvidos sobre a situação de violência por meio de escuta especializada e depoimento especial.

§ 2º Os órgãos de saúde, assistência social, educação, segurança pública e justiça adotarão os procedimentos necessários por ocasião da revelação espontânea da violência.

§ 3º Na hipótese de revelação espontânea da violência, a criança e o adolescente serão chamados a confirmar os fatos na forma especificada no § 1º deste artigo, salvo em caso de intervenções de saúde.

§ 4º O não cumprimento do disposto nesta Lei implicará a aplicação das sanções previstas na Lei n. 8.069, de 13 de julho de 1990 (Estatuto da Criança e do Adolescente).

TÍTULO II
DOS DIREITOS E GARANTIAS

Art. 5º A aplicação desta Lei, sem prejuízo dos princípios estabelecidos nas demais normas nacionais e internacionais de proteção dos direitos da criança e do adolescente, terá como base, entre outros, os direitos e garantias fundamentais da criança e do adolescente a:

I – receber prioridade absoluta e ter considerada a condição peculiar de pessoa em desenvolvimento;

II – receber tratamento digno e abrangente;

III – ter a intimidade e as condições pessoais protegidas quando vítima ou testemunha de violência;

IV – ser protegido contra qualquer tipo de discriminação, independentemente de classe, sexo, raça, etnia, renda, cultura, nível educacional, idade, religião, nacionalidade, procedência regional, regularidade migratória, deficiência ou qualquer outra condição sua, de seus pais ou de seus representantes legais;

V – receber informação adequada à sua etapa de desenvolvimento sobre direitos, inclusive sociais, serviços disponíveis, representação jurídica, medidas de proteção, reparação de danos e qualquer procedimento a que seja submetido;

VI – ser ouvido e expressar seus desejos e opiniões, assim como permanecer em silêncio;

VII – receber assistência qualificada jurídica e psicossocial especializada, que facilite a sua participação e o resguarde contra comportamento inadequado adotado pelos demais órgãos atuantes no processo;

VIII – ser resguardado e protegido de sofrimento, com direito a apoio, planejamento de sua participação, prioridade na tramitação do processo, celeridade processual, idoneidade do atendimento e limitação das intervenções;

IX – ser ouvido em horário que lhe for mais adequado e conveniente, sempre que possível;

X – ter segurança, com avaliação contínua sobre possibilidades de intimidação, ameaça e outras formas de violência;

XI – ser assistido por profissional capacitado e conhecer os profissionais que participam dos procedimentos de escuta especializada e depoimento especial;

XII – ser reparado quando seus direitos forem violados;

XIII – conviver em família e em comunidade;

XIV – ter as informações prestadas tratadas confidencialmente, sendo vedada a utilização ou o repasse a terceiros das declarações feitas pela criança e pelo adolescente vítima, salvo para os fins de assistência à saúde e de persecução penal;

XV – prestar declarações em formato adaptado à criança e ao adolescente com deficiência ou em idioma diverso do português.

Parágrafo único. O planejamento referido no inciso VIII, no caso de depoimento especial, será realizado entre os profissionais especializados e o juízo.

Art. 6º A criança e o adolescente vítima ou testemunha de violência têm direito a pleitear, por meio de seu representante legal, medidas protetivas contra o autor da violência.

Parágrafo único. Os casos omissos nesta Lei serão interpretados à luz do disposto na Lei n. 8.069, de 13 de julho de 1990 (Estatuto da Criança e do Adolescente), na Lei n. 11.340, de 7 de agosto de 2006 (Lei Maria da Penha), e em normas conexas.

TÍTULO III
DA ESCUTA ESPECIALIZADA E DO DEPOIMENTO ESPECIAL

Art. 7º Escuta especializada é o procedimento de entrevista sobre situação de violência com criança ou adolescente perante órgão da rede de proteção, limitado o relato estritamente ao necessário para o cumprimento de sua finalidade.

Art. 8º Depoimento especial é o procedimento de oitiva de criança ou adolescente vítima ou testemunha de violência perante autoridade policial ou judiciária.

Art. 9º A criança ou o adolescente será resguardado de qualquer contato, ainda que visual, com o suposto autor ou acusado, ou com outra pessoa que represente ameaça, coação ou constrangimento.

Art. 10. A escuta especializada e o depoimento especial serão realizados em local apropriado e acolhedor, com infraestrutura e espaço físico que garantam a privacidade da criança ou do adolescente vítima ou testemunha de violência.

Art. 11. O depoimento especial reger-se-á por protocolos e, sempre que possível, será realizado uma única vez, em sede de produção antecipada de prova judicial, garantida a ampla defesa do investigado.

§ 1º O depoimento especial seguirá o rito cautelar de antecipação de prova:

I – quando a criança ou o adolescente tiver menos de 7 (sete) anos;

II – em caso de violência sexual.

§ 2º Não será admitida a tomada de novo depoimento especial, salvo quando justificada a sua imprescindibilidade pela autoridade competente e houver a concordância da vítima ou da testemunha, ou de seu representante legal.

Art. 12. O depoimento especial será colhido conforme o seguinte procedimento:

I – os profissionais especializados esclarecerão a criança ou o adolescente sobre a tomada do depoimento especial, informando-lhe os seus direitos e os procedimentos a serem adotados e planejando sua participação, sendo vedada a leitura da denúncia ou de outras peças processuais;

II – é assegurada à criança ou ao adolescente a livre narrativa sobre a situação de violência, podendo o profissional especializado intervir quando necessário, utilizando técnicas que permitam a elucidação dos fatos;

III – no curso do processo judicial, o depoimento especial será transmitido em tempo real para a sala de audiência, preservado o sigilo;

IV – findo o procedimento previsto no inciso II deste artigo, o juiz, após consultar o Ministério Público, o defensor e os assistentes técnicos, avaliará a pertinência de perguntas complementares, organizadas em bloco;

V – o profissional especializado poderá adaptar as perguntas à linguagem de melhor compreensão da criança ou do adolescente;

VI – o depoimento especial será gravado em áudio e vídeo.

§ 1º À vítima ou testemunha de violência é garantido o direito de prestar depoimento diretamente ao juiz, se assim o entender.

§ 2º O juiz tomará todas as medidas apropriadas para a preservação da intimidade e da privacidade da vítima ou testemunha.

§ 3º O profissional especializado comunicará ao juiz se verificar que a presença, na sala de audiência, do autor da violência pode prejudicar o depoimento especial ou colocar o depoente em situação de risco, caso em que, fazendo constar em termo, será autorizado o afastamento do imputado.

§ 4º Nas hipóteses em que houver risco à vida ou à integridade física da vítima ou testemunha, o juiz tomará as medidas de proteção cabíveis, inclusive a restrição do disposto nos incisos III e VI deste artigo.

§ 5º As condições de preservação e de segurança da mídia relativa ao depoimento da criança ou do adolescente serão objeto de regulamentação, de forma a garantir o direito à intimidade e à privacidade da vítima ou testemunha.

§ 6º O depoimento especial tramitará em segredo de justiça.

O ESTUDO DO TESTEMUNHO

Mira Y Lopez[29] descreveu que, para estudo da testemunha, há de se considerar cinco fatores:

- O primeiro refere-se ao modo como a pessoa percebeu o acontecimento, aspecto que está relacionado tanto às condições externas, como os meios participantes do evento, quanto às condições internas, como capacidade e aptidão para a observação.
- O segundo fator tem a ver com o modo como a memória conservou a informação. Esta condição depende dos mecanismos neurofisiológicos, que podem sofrer alterações pela condição orgânica das áreas que participam da memória.
- O terceiro fator tem a ver com a forma de expressar as informações armazenadas. Este processo está relacionado a uma condição psicobiológica. A parte biológica refere-se aos mecanismos neurofisiológicos descritos no segundo fator, e a parte psíquica relaciona-se diretamente com os aspectos mais emocionais participantes dos processos ligados à censura ou à repressão.
- O quarto fator engloba a maneira como a pessoa quer expressar sua memória. Relaciona-se aos mecanismos psíquicos ligados à sinceridade e à veracidade.
- O quinto fator refere-se à maneira como a pessoa pode expressá-la. Pelo descreve Mira Y Lopez, este fator parece estar mais relacionados a questões cognitivas, uma vez que envolve uma precisão expressiva, ou seja, relativa ao grau de fidelidade e clareza com que o indivíduo é capaz de descrever suas impressões e representações.

Já de acordo com Pinho[31], durante o processo de escuta de testemunha, três fases da memória estão em jogo e podem resultar em informações distorcidas e falseadas. A primeira é relativa ao momento em que se presencia um determinado acontecimento e a informação aprendida é codificada sob a forma de uma representação mental. A segunda refere-se à retenção dessa representação retida e, por fim, essa retenção vem a se transformar em uma memória. Nessa fase, Pinho[32] destaca que a informação arquivada é capaz de ser recordada adequadamente, porém pode ser influenciada por variáveis intervenientes. Além disso, é inerente ao homem lembrar-se dos momentos de pico de alteração emocional e do fim do desprazer, interferindo em sua percepção real do que aconteceu e na duração de eventos[31].

Diante do exposto, consideramos que as características de personalidade e do nível de desenvolvimento emocional da pessoa na condição de testemunha representam importantes variáveis, que solidificam a necessidade do profissional da psicologia nessa área de atuação. Sabe-se que a vivência observacional ou participativa de fatos que geram tensões pode sofrer influências emocionais (por exemplo, um elevado nível de ansiedade), capazes de alterar a capacidade atencional, refletindo diretamente em distorção perceptiva, prejudicando substancialmente o armazenamento da informação e, consequentemente, a qualidade de sua evocação, uma vez que esse processo engloba elementos cognitivos, afetivos e conativos.

Esses apontamentos ratificam a necessidade crescente da participação do psicólogo nas situações de depoimentos. A condição de depor, ou a condição de testemunha, reveste-se, por um lado, por uma situação geradora de conflitos entre o que a pessoa sabe e, por outro lado, o que o arsenal de questionamentos mobiliza, tanto na memória cognitiva quanto na afetiva.

Isso pode ocorrer, uma vez que, no direito, a prova testemunhal se caracteriza como prova pessoal e, para o levantamento de informações que consolidem essa prova, tem-se as situações de testemunha, de interrogatório, declaração da vítima e confissão. Na condição de testemunha, seu papel é prestar um compromisso pautado em veracidade e oposição ao falso testemunho mediante a condição de entrevista.

Uma entrevista bem conduzida permitirá levantar informações concernentes:

- Ao acesso às representações mais íntimas.
- À história.
- Aos conflitos.
- Às representações.
- Às crenças.
- Aos sonhos.
- Aos fantasmas.

Todavia, a condução inadequada, aliada a fatores psicológicos, pode resultar em falsas respostas, decorrentes de três possíveis fatores, segundo Mira Y Lopez[29].

- A ideia implícita na pergunta evoca outra associação.
- A pergunta suscita na pessoa a sensação de lacuna na memória, levando-a a dar resposta ao acaso.
- A pergunta provoca instabilidade emocional na pessoa (medo, por exemplo), interferindo na qualidade da resposta.

Na área da psicologia, a entrevista representa um instrumento para obter informações, pressupõe a interação face a face, estimula a troca verbal e o entrevistador busca obter informações, opiniões e crenças do entrevistado. As técnicas de entrevista favorecem o acesso (amplo e profundo) ao sujeito, permitindo também testar limites, contrapor e buscar esclarecimentos e exemplos.

Para tal, o entrevistador deverá desenvolver algumas habilidades:

- Conhecer a conduta normal e anormal.
- Compreender a psicodinâmica.
- Dominar os teóricos da entrevista.

- Apurar a sensibilidade.
- Criar empatia.
- Progredir por meio da formação continuada.
- Ser maleável de acordo com os objetivos.
- Estar presente.
- Ajudar o entrevistado a se sentir à vontade e criar uma aliança de trabalho.
- Facilitar a expressão.
- Buscar esclarecimentos.
- Saber confrontar.
- Reconhecer defesas e modos de estruturação.
- Assumir a iniciativa.
- Dominar a técnica.
- Tolerar a ansiedade.

Quando o operador do direito espera da psicologia embasamento para o enquadre da fidedignidade do testemunho, cabe ao psicólogo estimular e desenvolver, no operador, conhecimento e domínio:

- Da percepção.
- Da motivação.
- Da emoção.
- Do funcionamento da memória.
- Dos mecanismos de aquisição de hábitos.
- Do papel da repressão.

A matéria-prima da psicologia é a subjetividade da pessoa, e essa matéria-prima atua diretamente nos objetivos para medir a veracidade de uma declaração verbal. De acordo Naffah Neto[32], a subjetividade representa as diferentes expressões de como somos afetados pelo mundo, decorrente de percepções, pensamentos, fantasias e sentimentos.

O processo de escutas de acusados, vítimas, partes ou testemunhas é pautado em: fantasias ameaçadoras ou de resolução, ansiedade, medos e insegurança, os quais podem levar à emissão de informações falsas e distorcidas, prejudicando substancialmente a sua coleta.

O conhecimento da psicologia permitirá, no contexto da testemunha, auxiliar o operador do direito a identificar os seguintes aspectos no tocante à análise do conteúdo do discurso: estrutura lógica, produção desestruturada, quantidade de detalhes, linguagem e conhecimento inapropriado, afeto inapropriado e suscetibilidade à sugestão.

- Estrutura lógica: refere-se à coerência e à lógica da declaração, em que os diferentes segmentos não se apresentam inconsistentes ou discrepantes.
- Produção desestruturada: as informações prestadas se apresentam dispersas por toda declaração, sem seguir uma ordem estruturada, coerente e cronológica.
- Quantidade de detalhes: a declaração deve ser rica em detalhes, com descrições específicas de lugar, tempo, pessoas, objetos e eventos que estiveram presentes. Características psicológicas do entrevistado.
- Linguagem e conhecimento inapropriado: uso de linguagem e um conhecimento que vai além de sua real capacidade.
- Afeto inapropriado: a expressão da afetividade não é apropriada para o fato que está sendo ouvido.
- Suscetibilidade à sugestão: deve-se observar se, durante a entrevista, a pessoa demonstra ser suscetível, sugestionável e influenciável.

O conhecimento da psicologia permitirá ainda ao operador do direito a possibilidade de evitar práticas que caracterizem uma entrevista de forma sugestiva ou coercitiva. Esse procedimento reduz a taxa de resposta por indução da pergunta e a inadequação total da situação da entrevista, tais as situações ameaçadoras ao depoente. Além dessas contribuições, não se deve esquecer do papel da psicologia na avaliação da capacidade do testemunho.

Partilha-se também das considerações de Lago et al.[23] em relação às situações de suspeita de abuso sexual, os quais ressaltam que, para atingir tais objetivos, é importante que o psicólogo possua habilidade em ouvir e demonstre paciência, empatia, disposição para o acolhimento e a capacidade de deixar o depoente à vontade durante a audiência. A esse profissional ainda cabe conhecer a dinâmica do abuso e, preferencialmente, possuir experiência em situações de perícia, o que facilita a compreensão e a interação de todos os envolvidos no ato judicial[23].

De fato, também concorda-se que a inserção de uma equipe psicossocial no âmbito da justiça respeita e preserva o estado emocional da vítima, ao permitir, assim, um processo menos oneroso e mais justo para o caso[25].

CONSIDERAÇÕES FINAIS

Com base neste capítulo, depura-se que as demandas sociais emergentes das diversas condições da humanidade têm convergido para que a atuação do psicólogo em diferentes contextos se torne uma necessidade crescente. No contexto forense ganha gradativamente um escopo com maior definição quanto à sua importância, sua abrangência e seu reconhecimento, que abrange desde o processo da avaliação psicológica (perícia psicológica), à implantação de recursos terapêuticos para vítimas e agressores em diferentes contextos, além da participação nos processos de inquérito policial e elaboração do perfil criminal, bem como auxiliando nos depoimentos de vítimas e agressores como será visto em outros capítulos.

REFERÊNCIAS BIBLIOGRÁFICAS

1. Canter D. Offender profiling and investigative psychology. J Investig Psych Offender Profil. 2004;1:1-15.
2. Lieberman JD, Krauss DA. The effects of labelling, expert testimony, and information processing mode on juror decisions in SVP civil commitment trials. J Investig Psych Offender Profil. 2009;6(1):25-41.
3. Serafim AP, Barros DM. Psicologia e psiquiatria forense. In: Velho JA, Geiser GC, Espíndola A (orgs.). Ciências forenses: uma introdução às principais áreas da cri-minalística moderna, 3ª ed. Campinas: Millennium; 2017. pp. 105-24.
4. Serafim AP, Saffi F. Psicologia investigativa nos casos de suspeita de abuso sexual. In: Paulo BM. Psicologia na prática jurídica: a criança em foco. Rio de Janeiro: Impetus; 2009. p.197-205.
5. Innes B. How psychological profiling helps solve true crimes. London: Amber Books;
6. Lino D, Matsunaga LH, Perfil criminal geográfico: novas perspectivas comportamen-tais para investigação de crimes violentos no Brasil Rev. Bras. Crimin. 2003;7(1): 7-16, 2018.
7. Petherick W. Criminal profiling: how it got started and how it is used. Disponível em: www.crimelibrary.com; 2005. Acessado em: 03/03/2011.
8. Alison L, West A, Goodwill A. The academic and the practitioner. Pragmatics views of offender profiling. Psychol, Public Policy, Law. 2004;10:71-101.
9. Strano M. A neural network applied to criminal psychological profiling: an Italian initiative. Int J Offender Ther Comp Criminol. 2004;48(4):495-503.
10. Dean G., Yule S. Criminal Profiling. In: Deckert A., Sarre R. (eds) The Palgrave Handbook of Australian and New Zealand Criminology, Crime and Justice. Palgrave Macmillan, Cham. 2017.
11. Hicks SJ, Sales BD. Criminal profiling: Developing an effective science and prac-tice. Washington: American Psychological Association. 2006.
12. Ramsland, K. The Psychology of Death Investigations. Behavioral Analysis for Psychological Autopsy and Criminal Profiling Boca Raton 2017.
13. Dowden C, Bennell C, Bloomfield S. Advances in offender profiling: a systematic review of the profiling literature published over the past three decades. J Police Crim Psych. 2007;22:44-56.
14. Kocsis R. Profiling the criminal mind: does it actually work? Medicine, Crime, and Punishment. 2003;364:14-5.
15. Holmes RM, Holmes ST. Profiling violent crimes: an investigative tool. California: SAGE; 2009.
16. Appleby L, Cooper J, Amos T, Faragher B. Psychological autopsy study of suicides by people aged under 35. Br J Psychiatry. 1999;175:168-74.
17. Isometsä ET. Estudios de autopsia psicológica: una revisión. Eur Psychiatry Ed Esp. 2002; 9:11-8.
18. Arun M, Palimar V, Kumar PG, Menezes RG. Unusual methods of suicide: complexities in investigation. Med Sci Law. 2010;25(3):149-53.
19. Siqueira DP, Ávila GN. Acesso à justiça e os direitos da personalidade: elementos para a formação da prova testemunhal no novo código de processo penal, levando a psicologia do testemunho à sério! Redes: R. Eletr. Dir. Soc., Canoas . 2018; 6(1):59-78.

20. Stein LM. Falsas memórias em depoimentos de testemunhas. In: Anais do 3º Congresso Ibero-americano de Psicologia Jurídica. São Paulo: Universidade Presbiteriana Mackenzie; 2000. p. 213-6.
21. Gudjonsson GH. The psychology of interrogations and confessions: a handbook. Londres: John Wiley & Sons; 2003.
22. Stein LM, Pergher GK. Criando falsas memórias em adultos por meio de palavras associadas. Psicologia: Reflexão e Crítica. 2001;14(2):353-66.
23. Lago UM, Amato P, Teixeira PA, Rovinsk SLR, Bandeira DR. Um breve histórico da psicologia jurídica no Brasil e seus campos de atuação. Estudos de Psicologia. 2009;26(4):483-91.
24. Beuter Jr. B, Daltoé Cezar JA. Depoimento sem dano. Porto Alegre: Tribunal de Justiça do Rio Grande do Sul; 2009.
25. Machado AP, Arpini DM. Depoimento sem dano: Dissidências e concordâncias na inquirição de crianças e adolescentes Psicol. Argum. 2013; 31(73): 291-302.
26. Newcomb MD, Munoz DT, Carmona JV. Child sexual abuse consequences in community samples of Latino and European American adolescents. Child Abuse Negl. 2009;33(8):533-44.
27. Maniglio R. The impact of child sexual abuse on health: a systematic review of reviews. Clin Psychol Rev. 2009;29(7):647-57.
28. Amazarray MR, Koller SH. Alguns aspectos observados no desenvolvimento de crianças vítimas de abuso sexual. Psicol Reflex Crit. 1998;11(3):559-78.
29. Mira Y Lopez E. Manual de psicologia jurídica. Rio de Janeiro: Livraria Agir; 1955.
30. Pinho MS. Fatores que influenciam a memória das testemunhas oculares. In: Fonseca AC (ed.). Psicologia e justiça. Coimbra: Almedina; 2008. p. 301.
31. Sanvicente-Vieira,B, Marques SS, Grassi-Oliveira R. Julgamento, tomada de deci-são e cognição social in: Malloy-Diniz, L.F.; Kluwe-Schiavon, B.; Grassi-Oliveira, B. Julgamento e Tomada de Decisão. São Paulo: Pearson Clinical Brasil, 2018.
32. Naffah Neto A. A subjetividade enquanto éthos. Cadernos de Subjetividade. 1995;3:197-9.

16

Noções gerais de direito e formação humanística: psicologia judiciária de acordo com a Resolução n. 75 do Conselho Nacional de Justiça

SUMÁRIO

Introdução, 302
Psicologia e comunicação: relacionamento interpessoal, relacionamento do magistrado com a sociedade e a mídia, 303
Teoria do conflito e os mecanismos autocompositivos: técnicas de negociação e mediação, 309
Contribuições da psicologia, 311
Técnicas de mediação de conflitos, 313
O processo psicológico e a obtenção da verdade judicial: o comportamento de partes e testemunhas, 315
Considerações finais, 320
Referências bibliográficas, 321

INTRODUÇÃO

A Resolução CNJ n. 75, de 12 de maio de 2009, dispõe sobre os concursos públicos para o ingresso na carreira da magistratura em todos os ramos do Poder Judiciário nacional e inclui, no rol de disciplinas, a psicologia judiciária com o objetivo de instrumentalizar o candidato à carreira da magistratura conhecimentos nas áreas de:

- Psicologia e comunicação: relacionamento interpessoal e relacionamento do magistrado com a sociedade e a mídia.
- Problemas atuais da psicologia com reflexos no direito: assédio moral e assédio sexual.
- Teoria do conflito e os mecanismos autocompositivos: técnicas de negociação e mediação. Procedimentos, posturas, condutas e mecanismos aptos a obter a solução conciliada dos conflitos.
- O processo psicológico e a obtenção da verdade judicial: o comportamento de partes e testemunhas.

O tópico Problemas atuais da psicologia com reflexos no direito – assédio moral e assédio sexual – não será abordado nesta seção, uma vez que já está abordado no Capítulo 11, "Perícia psicológica na vara do trabalho".

PSICOLOGIA E COMUNICAÇÃO: RELACIONAMENTO INTERPESSOAL, RELACIONAMENTO DO MAGISTRADO COM A SOCIEDADE E A MÍDIA

De maneira geral, o processo de comunicação envolve um relacionamento interpessoal, uma vez que as pessoas concentram em sua dinâmica de vida a tendência para a afiliação, isto é, a necessidade de estar em contato social com outras pessoas e, claro, a qualidade e a solidez desse contato dependem da comunicação[1].

Gazzaniga e Heatherton[1] enfatizam ainda que o processo de comunicação depende do processo de percepção, aspecto este que faz com que o ser humano selecione e discrimine os estímulos de modo que os mesmos estímulos podem ser interpretados de diferentes modos, por diferentes sujeitos.

No contexto da comunicação envolvendo o operador do direito e mais precisamente o magistrado, inquestionavelmente surge a pergunta: qual o papel do magistrado na interlocução com a sociedade e com a mídia? Destaca-se que quem comunica está emocionalmente ligado à mensagem que está emitindo, uma vez que faz parte de seu campo psicológico. Isso significa que a mensagem será tão mais eficaz quanto mais reforçar as opiniões e as atitudes do receptor.

Processo de comunicação

Ao estudar o processo da comunicação, faz-se necessário entender as fases que o compreende. Entende-se, de forma geral, que o processo de comunicação passa por seis fases:

- Concepção da ideia – o emissor decide o que quer transmitir.
- Codificação – antes da emissão da ideia, esta deve ser codificada com uma linguagem adequada (palavra falada, escrita, linguagem corporal etc.).
- Escolha do canal – o meio escolhido.
- Decodificação – passo em que começa a intervir o receptor e em que este procura acertar no código que o emissor usou para codificar a mensagem.
- Interpretação da mensagem.
- Resposta (*feedback*) – informar ao emissor que a mensagem foi recebida, que foi ou está para ser compreendida, que foi interpretada e que o receptor está preparado para a próxima fase da mensagem.

Além do contexto que envolve as fases da comunicação, também se faz necessário discriminar a classificação da comunicação em termos de grupos:

- 1º grupo: aborda os aspectos macro da comunicação e onde cabe, especialmente, a comunicação de massas, sendo aí especialmente importante a questão do modelo adaptado.
- 2º grupo: consolida os aspectos micro da comunicação, que poderá ser designada por comunicação interpessoal.
- 3º grupo: engloba os aspectos reflexivos da comunicação e que integram a filosofia da comunicação em suas várias dimensões, particularmente a epistemológica e a ética.

O que vai caracterizar a efetiva comunicação está estritamente relacionado aos padrões da comunicação, que consistem em duas possibilidades:

- O padrão da alocução – o tempo e o lugar são determinados pelo centro e o *feedback* é quase nulo (situações presenciais como palestras e espetáculos; televisão convencional).
- O padrão da conversação – os indivíduos interagem diretamente, escolhendo o tempo, o lugar e os parceiros (troca de correspondência pessoal, as conversas telefônicas e o correio eletrônico).

Fundamentos da comunicação

Além dos padrões supramencionados, deve-se ater aos fundamentos da comunicação, que englobam:

- As competências de comunicação (eficiente).
- A gestão do tempo.
- O trabalho em grupo.
- A resolução de problemas (individual ou em grupo).
- A negociação (individual ou em grupo).
- A tomada de decisões (individual ou em grupo).
- O padrão da consulta – corresponde à situação típica de consulta de bases de dados ou consulta *on-line*.
- O padrão do registro – é o inverso do padrão de consulta, podendo ser realizado pelo centro, com ou sem o conhecimento dos indivíduos.

Os aspectos supracitados revelam que, para a efetiva comunicação, o processo de linguagem deve ser claro, uma vez que, no contexto jurídico e como em todo processo de comunicação-linguagem, existe a figura do personagem da linguagem – o emissor. Este emissor, ao transmitir uma mensagem, sempre tem um objetivo.

Objetivo da comunicação

O objetivo da informação é informar algo, demonstrar seus sentimentos ou convencer alguém a fazer algo. Nesse contexto, a comunicação por meio da linguagem passa a ter funções específicas.

Sendo assim, a comunicação do magistrado também se insere em funções específicas.

Ao objetivo também se insere a função social da linguagem, a qual se baseia em duas condições: a conotação, que se constitui pelo uso do signo em seu sentido figurado ou simbólico; e na denotação, que se constitui pelo uso do signo em seu sentido real.

Como já foi enfatizado anteriormente, a comunicação modula as relações interpessoais e estas se desenvolvem em decorrência do processo de interação. Na interação humana os processos unilaterais não são eficazes. Tudo o que acontece no relacionamento interpessoal decorre de duas fontes: eu e outro(s).

Nessa relação, que deve ser bilateral, o relacionamento interpessoal pode tornar-se e manter-se harmonioso e prazeroso, permitindo trabalho cooperativo, em equipe, com integração de esforços, conjugando as energias, conhecimentos e experiências para um produto, ou seja, a sinergia. Ou então tende a tornar-se muito tenso e conflitivo, levando à desintegração de esforços e à dissolução do grupo no final.

A relação interpessoal engloba um complexo sistema (Figura 16.1).

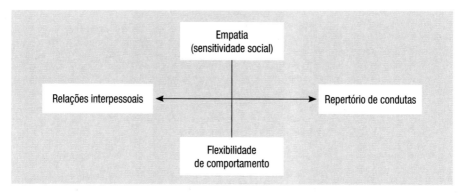

Figura 16.1 Sistema de relação interpessoal.

Diante desse complexo sistema de interligações, o processo de comunicação impõe aos sujeitos um padrão de atitudes compatíveis com esse fim.

São etapas da relação interpessoal: como ouvir, como avaliar, como dialogar, como elogiar e como disciplinar.

Esse processo ainda necessita de competência comunicativa, a qual se configura pelos conhecimentos e atitudes, além dos meios de informação, que permitirão ao agente comunicador, no caso o magistrado, a utilização apropriada em um determinado contexto social. Lembrando que a comunicação interpessoal poderá decorrer entre uma ou várias pessoas, sendo seu principal objetivo a troca e a assimilação de informações.

Modos de comunicação

- Verbal
    - oral: informar, entrevistar, instruir;
    - escrita: relatórios;
    - simbólica: retrato da personalidade;
- Não verbal: gestos, voz.

A linguagem, em termos de função, pode desempenhar as seguintes funções: referencial, conativa, emotiva, metalinguística, poética e fática.

- Função referencial
    - objetivo do emissor: informar; também é denominada denotativa ou informativa. Exemplo: as linguagens jornalística e científica.
- Função conativa
    - também definida como apelativa, ocorre quando o emissor tenta convencer o receptor a praticar determinada ação;
    - neste tipo de informação, é comum o uso do verbo no imperativo;
    - é utilizada nas ações de mediação.
- Função emotiva
    - quando o emissor demonstra seus sentimentos ou emite suas opiniões ou sensações a respeito de algum assunto ou pessoa;
    - também chamada de expressiva.
- Função metalinguística
    - quando se utiliza o código para falar dele mesmo. Exemplo: o uso da escrita para falar da própria escrita.
- Função poética: é própria da linguagem das obras literárias.
- Função fática

– nessa condição, o objetivo do emissor é testar o canal de comunicação, a fim de observar se está sendo entendido pelo receptor, ou seja, quando o emissor quebra a linearidade contida na comunicação;
– comumente utilizada pelos operadores do direito na sua atuação judicial.

Papel comunicador do magistrado

O principal papel comunicador do magistrado na relação comunicação e sociedade é a neutralidade, mas não indiferença. Faz-se necessária a comunicação de maneira explicativa, esclarecedora e não imperativa e determinista.

Fazer uso da função referencial

Os fatores de uma adequada comunicação envolvem:

- Voz (audível, clara, fluente).
- Linguagem (apropriada à audiência, de fácil compreensão).
- Postura (bom contato visual, boa linguagem corporal, sem maneirismos distratores).
- Conteúdo (relevante e em uma sequência lógica).
- Audiovisuais (claros e legíveis, apropriados, atrativos e bem apresentados).
- Notas (como guias e não para serem lidas).

No entanto, alguns aspectos podem se configurar como barreiras impeditivas para uma adequada comunicação, como o egocentrismo, a timidez, a dificuldade de expressão, o uso excessivo de suposições, a distrabilidade e a escolha inadequada do momento, do receptor, do local e do meio.

A adequada comunicação depende da estrutura prototípica, que consiste em:

- Sequência diagonal – consiste na construção perfeita do diálogo, ou seja, introdução, desenvolvimento e conclusão.
- Sequência narrativa – consiste na divulgação da informação com sua consecutiva justificação.
- Sequência descritiva – transmissão da informação ao pormenor.
- Sequência injuntivo-instrucional – como o nome indica, dá instruções ao receptor de como este deve reagir à informação.
- Sequência expositiva-explicativa – consiste na transmissão da informação com consecutivas perguntas e suas respectivas respostas.
- Sequência argumentativa – transmissão da informação com pretexto argumentativo com o intuito de facilitar a aceitação da mensagem.

Comunicação assertiva *versus* comunicação persuasiva-autoritária

A comunicação assertiva *versus* a comunicação persuasiva-autoritária apresenta os seguintes aspectos.

Comunicação persuasiva-autoritária

- Meio de comunicação de convencimento por imposição, na qual se aniquila a relação eu-tu-eu, e o "tu" se transforma em mero receptor, sem qualquer possibilidade de interferir e modificar aquilo que está sendo dito.

Comunicação assertiva

- Comunicar-se eficientemente.
- Controlar situações e gerir o tempo.
- Trabalhar em equipe, colaborar, negociar e participar no esforço coletivo.
- Criar sinergias, adaptar, associar e sintetizar os seus conhecimentos.
- Utilizar conhecimentos para a resolução de problemas.
- Adaptar-se à imprevisibilidade.
- Tomar decisões rápidas e controlar acontecimentos fortuitos.
- Ter bons conhecimentos de linguagens simbólicas (sinais, símbolos, códigos, diagramas).

Imagem profissional

- Apresenta-se como uma ferramenta de comunicação.
- É vista como parte do potencial de habilidades.
- É temido ou respeitado – quem você é/o que você faz/como você faz.
- A qualidade do que você faz.

Comunicação e imagem pessoal

- Como você se vê.
- Como os outros o veem.
- Imagem que gostaria de transmitir, pautada nas atitudes.

Atitude

Atitude em psicologia é aquilo que está por trás dos comportamentos (o que no dia a dia é chamado de atitude), ou seja, a opinião, as convicções em relação a determinado assunto.

Na distorção da comunicação, a atitude influi da seguinte forma:

- Atitude do emissor para consigo próprio: em casos anormais pode ser de subestimação ou sobre-estimação, afetando a eficiência da comunicação.
- Atitude do emissor em relação ao assunto: a atitude desfavorável poderá levar a uma comunicação deficiente, a atitude favorável resultará em um maior cuidado no que se refere ao tratamento da mensagem.
- Atitude do emissor em relação ao receptor: a atitude desfavorável leva a uma explicação deficiente dos objetivos.

Na atitude, há sempre um componente cognitivo (referente a ideias ou crenças), outro afetivo (referente a valores) e outro comportamental (referente à predisposição).

Considerações finais

Um dos importantes aspectos no processo da comunicação como um todo, e também no relacionamento interpessoal e no relacionamento do magistrado com a sociedade e a mídia, é a habilidade de esse operador identificar e evitar que o conteúdo emotivo da mensagem possa influenciar no sentido de produzir uma distorção da mensagem transmitida. Uma gama de conhecimentos muito profundos pode dificultar a comunicação se o emissor não ajustar o que transmite aos conhecimentos do receptor.

Quanto mais curta for a linha de comunicação, maior será sua velocidade e menores serão as possibilidades de distorção. Visto isso, o operador do direito estaria de fato controlando, no processo de comunicação, os fatores que podem distorcer uma mensagem.

TEORIA DO CONFLITO E OS MECANISMOS AUTOCOMPOSITIVOS: TÉCNICAS DE NEGOCIAÇÃO E MEDIAÇÃO

Conflito

Segundo Aurélio[2], conflito significa: luta, combate, guerra, oposição entre duas ou mais partes, divergência, discordância de ideias e opiniões.

Os estudiosos do comportamento humano definem o conflito como um conjunto de propósitos, métodos ou condutas divergentes que estão presentes no cotidiano de todas as pessoas, nas relações tanto interpessoais quanto organizacionais[3].

Para a psicologia, ao longo de suas vidas, todos os seres humanos vivenciam conflitos que não são necessariamente combates, e com eles adquirem maiores experiência, conhecimento e crescimento pessoal.

Entende-se, então, que o conflito é inerente à própria vida, consubstanciando um mecanismo que permite a evolução da espécie humana, para reconhecer fraquezas e melhorá-las. Entretanto, alguma situação moldada pelo conflito transpassa a possibilidade de crescimento, impulsionada a uma espécie de combate, muitas vezes pautado em ações irracionais pelas partes envolvidas. Nesse caso, surge a necessidade do gerenciamento do conflito.

Embora a aplicação da mediação seja derivada do direito, como método alternativo de resolução de disputa, que se traduz em resultados mais decisivos e rápidos, a interface do direito com os conhecimentos da psicologia colabora para uma melhor e mais estruturada forma de solucionar e compreender os fatores psicológicos inerentes às situações de conflitos.

A introdução dos conhecimentos da psicologia nos processos de mediação sedimenta a intervenção judicial, pautada na busca de propiciar às partes a manutenção de um relacionamento socialmente adequado, exercitando, assim, a prática do empoderamento, de modo que elas mesmas resolvam o conflito, formulando e acatando sugestões.

Autores como Birke e Fox[3] enfatizaram que a utilização de métodos psicológicos se configura como técnicas facilitadoras para uma melhor compreensão dos mecanismos que sustentam e intensificam o conflito, gerando ao mediador uma avaliação consistente e um aumento da probabilidade de sucesso da negociação.

Gerenciamento do conflito

O primeiro ponto no contexto do conflito é identificar em que circunstâncias o conflito parece indissolúvel, o que implicaria diretamente a presença de um mediador. Para Moore[4], a atuação do mediador se inicia quando:

- As emoções das partes forem intensas.
- A comunicação das partes for pobre.
- Houver distorções de percepções ou estereótipos impedirem trocas produtivas.
- As partes se utilizarem de conduta negativa repetitiva.
- Houver desacordo em relação a dados.
- Houver diferença de valores, imaginários ou reais.
- Houver dificuldade para início da negociação.

Seu objetivo se insere pela aplicação de mecanismos e conjuntos de estratégias capazes de identificá-los e compreendê-los, utilizando-os para o benefício do aprimoramento de cada indivíduo, das famílias, dos grupos sociais, das organizações e da própria sociedade.

Compreendendo o conflito

- Primeiro passo: identificar a possível causa, que pode envolver:
  - bens patrimoniais (direitos, bens materiais e imateriais);
  - princípios, valores e crenças de qualquer natureza;
  - poder em suas diferentes acepções;
  - relacionamentos individuais.
- Fatores que influenciam o conflito:
  - características das mudanças (parciais, gradativas ou totais);
  - expectativas dos envolvidos;
  - expectativas associadas ao relacionamento (p. ex., relações entre as empresas, entre a empresa e os empregados, entre familiares);
  - hierarquia das partes.

Resolução do conflito

Os fundamentos para a resolução do conflito que impõem ao jurista uma compreensão multifatorial de sua causa ultrapassam a concepção binária do direito (lícito/ilícito, ganhou/perdeu). Nesse contexto, a atuação do jurista é para um possível desfecho pacificador.

A possibilidade da adoção de estratégias para solução de conflito impõe, cada vez mais, ao agente do direito, conhecimentos de psicologia para análise do comportamento e para o domínio de técnicas de negociação.

Não se discute a estreita relação entre as leis e o direito como moduladores do comportamento e das ações das pessoas, e em um sentido lógico, para que seja mantida a ordem e para que a vida em sociedade seja possível. Contudo, os procedimentos judiciais, muitas vezes, podem incorrer em ações que transpassam as relações em um sentido de justiça e porque não de direitos. E cabe a resolução de conflito romper com a visão disjuntiva, e binária do ganhar-perder com os conhecimentos da psicologia.

CONTRIBUIÇÕES DA PSICOLOGIA

- Atuações persuasivas e indutivas.
- Mudança de paradigma:
  - força, poder e autoridade cedem espaço para os métodos negociais, resultando, assim, na mudança da metodologia do confronto para os métodos cooperativos.

Características psicológicas do negociador

- Elevada capacidade de observação.
- Capacidade de escuta.
- Controle emocional (principalmente não responder com ansiedade ou impulsividade).
- Capacidade de comunicação.

Habilidades do negociador

- Separação das pessoas dos problemas:
  - neutralidade, extinguir o fator emoção pessoal na negociação.
- Concentração nos interesses das partes:
  - focar-se em seu objetivo, criar uma atmosfera adequada ao diálogo;
  - identificar pontos de intersecção entre os interesses das partes.
- Busca pelo maior número possível de opções:
  - capacidade de focar os reais interesses das partes, amplia o número de opções de solução.
- Programação das fases da negociação:
  - etapas da negociação;
  - análise da negociação;
  - planejamento;
  - discussão;
  - evitar barganha posicional.

Programação das fases da negociação

- Análise da negociação:
  - coleta de informações e respectiva organização;
  - planejamento;
  - procura-se gerar ideias e decidir o que fazer, focando nos elementos objetivos determinados pelo costume da atividade;
  - discussão;
  - configura-se pela abertura do elo de comunicação entre as partes, para que o acordo seja firmado.

Negociação e comunicação

- Em um processo de negociação, todas as ações das partes devem ser resultado de uma adequada comunicação por parte do negociador.

- Estar atento a essas manifestações de comunicação é fundamental para o negociador hábil.
- A comunicação, como já enfatizado anteriormente, envolve sempre um emissor e um receptor.
- Para que a comunicação seja completa, todo esse processo deve ser obedecido, evitando, assim, deturpações no conteúdo da mensagem.

Feedback: boa comunicação do negociador

- Observações, não interferências.
- Em descrição, não em interferências.
- No comportamento relativo a uma situação específica.
- Na exploração de alternativas, e não em repostas ou soluções.
- Na quantidade de informações que a pessoa que as recebem pode utilizar.
- Naquilo que foi dito, e não por quem foi dito.

O processo de apuração dos fatos

Cabe ao negociador, a um só tempo, escutar eficientemente. Investigue profundamente o que foi dito a fim de identificar quaisquer nuanças, da seguinte maneira:

- Manter contato visual direto.
- Resistir às distrações.
- Usar técnicas de resumo que apontem precisamente à essência, tanto psicológica quanto substancial, da mensagem transmitida pelo emitente.
- Fazer anotações que complementem uma compreensão eficaz, mas que não interrompa o foco atencional.

TÉCNICAS DE MEDIAÇÃO DE CONFLITOS

A mediação como forma autocompositiva de solução de conflitos significa: "[...] uma forma alternativa [...] uma técnica ou um saber que pode ser implementado nas mais variadas instâncias [...] na psicologia, na pedagogia, no direito, nos conflitos policiais, familiares, e de vizinhança institucionais e comunitários [...]".

A mediação é uma forma ecológica de resolução de conflitos, na qual o intuito de satisfação do desejo substitui a aplicação coercitiva e terceirizada de uma sanção legal. Advém do latim *mediatione*, significando intercessão, intermédio, intervenção com a qual se busca produzir um acordo. Derivado do verbo latino *mediare* – de mediar, intervir, colocar-se no meio.

A mediação caminha no sentido oposto ao do conflito judicial, o qual, por premissa, origina um ganhador e um perdedor. Sendo assim, a mediação pode ser entendida como um método de solução de conflitos no qual as partes envolvidas recebem a intervenção de um terceiro, o mediador, que contribui, por meio da reabertura do diálogo, para que se chegue a possibilidades inventivas para a solução da disputa.

Histórico

- China e Japão (desde a Antiguidade).
- Atualmente: Canadá, Estados Unidos, França, Espanha, Austrália e Argentina.
- No Brasil (a partir da década de 1980).

Objetivo

Para que a mediação se estabeleça, é necessária disposição das partes para solucionar o problema. O objetivo é que as próprias partes resolvam o conflito, com o auxílio de um facilitador (mediador), partindo da crença de que as pessoas podem reter o poder de decisão a respeito de suas vidas.

Quadro 16.1 Características do processo de mediação

Das partes envolvidas	Do mediador
Voluntariedade	Imparcial/neutro
Confiabilidade	Crédito/confiança
Autodeterminação	Compreender a dimensão do conflito
	Conhecimento legal
	Tem um olhar imparcial da situação-problema, visualizando-a sob uma terceira dimensão
	Cria uma atmosfera de cooperação e concentração nas questões do conflito
	Busca as partes para a razão e salienta atitudes ou propostas irrealistas
	Fornece informações legais

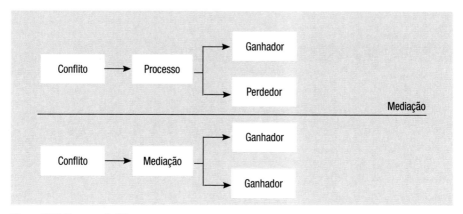

Figura 16.2 Processo jurídico.

Aplicação prática

A mediação de conflitos é utilizada como forma de prevenção, atuando na comunidade (na raiz do problema), agindo em situações que podem não configurar propriamente crime, mas que, se não tiverem uma solução definitiva, podem culminar em grandes tragédias. O que se pretende não é simplesmente um acordo, mas uma transformação no comportamento relacional dos indivíduos conflitantes.

É importante lembrar que a mediação difere de outros métodos consensuais de solução de conflitos, como arbitragem, conciliação ou negociação.

O PROCESSO PSICOLÓGICO E A OBTENÇÃO DA VERDADE JUDICIAL: O COMPORTAMENTO DE PARTES E TESTEMUNHAS

A psicologia se configura como a ciência que estuda a relação do funcionamento mental e sua expressão no comportamento, considerando, nesse contexto, os processos psicológicos que envolvem a consciência, a atenção, a sensação, a percepção, a memória, a motivação, a emoção, a inteligência e as características da personalidade[5].

Nos processos que envolvem depoimentos e audiências, as variáveis psicológicas incidem profundamente na coleta de informações com os aspectos cognitivos.

Segundo Sternberg[6], a psicologia cognitiva trata do modo como as pessoas percebem, aprendem, recordam e pensam sobre informação, configurando assim o conhecimento humano que depende da aprendizagem, do raciocínio, da memória, da percepção, do pensamento e da linguagem.

Gudjonsson[7] tem descrito que o controle de variáveis psicológicas de fatos se apresenta preponderante no tocante aos vieses de coletas de informações durante as situações de depoimentos, interrogatórios e confissões.

Para Florian[8], dentro do quadro das provas, a prova testemunhal é a mais utilizada e mais aproveitada no processo penal, pois o testemunho é o modo mais adequado para recordar e reconstituir os acontecimentos humanos. É a prova na qual a investigação judicial se desenvolve com maior energia. Todavia, o autor ressaltou que o testemunho é uma prova indispensável, mas infelizmente perigosa, devendo ser percebida e avaliada com extrema cautela.

Com base nos apontamentos de Florian em relação às informações prestadas pelas testemunhas, nota-se o quão importante é a contribuição da psicologia para resolução das falsas informações no contexto do operador do direito.

A participação da testemunha tende a ocorrer nos casos penais e se dá de duas maneiras[9]. A primeira na fase do inquérito policial, no qual são prestadas declarações sobre o que aconteceu, ajuda-se a compor um retrato falado do possível suspeito, examinam-se fotos de criminosos suspeitos, seleciona-se uma foto entre vários retratos de suspeitos e identifica-se o suspeito entre um grupo de pessoas presentes.

A segunda maneira pode ser em audiências ou júris; nesta fase, o juiz procura avaliar, entre outros fatos, em que medida a certeza da testemunha e as circunstâncias da identificação do suspeito permitem dar créditos ou não às declarações prestadas.

Fatores psicológicos, como a atenção é o fenômeno pelo qual as pessoas processam ativamente uma quantidade limitada de informações do enorme montante de informações disponíveis por meio de nossos sentidos, de nossas memórias armazenadas e de outros processos cognitivos.

Sternberg[5] pontua que é em decorrência da atenção que as pessoas monitoram sua interação com o ambiente, estimulando a consciência a adaptar-se à situação na qual se encontram, interligando o passado e o presente para dar continuidade às experiências, além de ser o fator crucial para o controle e o planejamento de ações futuras, com base nessa seleção. E, diante disso, entendemos que as situações que se caracterizam como estressantes podem afetar a qualidade da atenção e, consequentemente, da memória.

Como atuação, a psicologia estuda o comportamento humano, a conduta. Comportamento é resposta e, sendo resposta, deve-se investigar o que o provocou. Visto isto, interessa-lhe o comportamento decorrente de uma doença mental como qualquer outro comportamento.

O papel da psicologia engloba estudar a organização psíquica particular de cada personalidade sobre a qual o indivíduo opera entre os mundos interno e externo e entre as percepções de si próprio e do outro. Os níveis de elaboração dos processos mentais, a força do ego, a maturação afetiva e relacional. E o desempenho conativo, as concepções ligadas ao *self* e a natureza dos mecanismos de defesa organizam-se, em cada indivíduo, dentro de um equilíbrio hierárquico e dinâmico, cujo resultado é um funcionamento psíquico coerente.

Nesse contexto, a interface da psicologia com o direito aborda o levantamento de provas, por meio de prova testemunhal e da escuta das partes.

Prova – classificação

- Pessoal:
    - testemunho;
    - interrogatório;
    - declaração da vítima;
    - confissão.
- Testemunhas:
    - direta: assistiram ao fato;
    - indireta: tiveram conhecimento do fato.

Juridicamente, a testemunha presta compromisso; entretanto, podem ocorrer as situações de falso testemunho durante as audiências ou depoimentos, o que requer habilidades do profissional nas técnicas.

Quadro 16.2 Depoimento e coleta de informações

O depoimento	O processo do depoimento se caracteriza por uma situação de intensa emoção, necessitando da ação mediadora do psicólogo ou do conhecimento do operador do direito a respeito dessas questões.
A coleta de informações	Testemunha ou partes. Caracteriza-se pela técnica de entrevista. O termo tornou-se familiar por meio do jornalismo. Tem sido utilizada por diversos profissionais (médicos, psicólogos, advogados, administradores...).

A entrevista

Processo dinâmico e criativo.	Representações.
É a "espinha dorsal" das profissões que trabalham com levantamento de informações.	Crenças.
	Sonhos.
Possui um propósito conscientemente fixado.	Fantasias.
O termo tornou-se familiar por meio do jornalismo.	A interlocução é bidirecional.
Tem sido utilizada por diversos profissionais (médicos, advogados, administradores...).	Centrada no entrevistado.
	O relacionamento tem caráter profissional e não íntimo.
Permite o acesso às representações mais íntimas: história; conflitos.	O tempo, o lugar e a frequência dos encontros são contratados entre ambas as partes.
	Há papéis específicos previamente definidos.

A entrevista psicológica

Configura-se como um campo de trabalho no qual se investigam a conduta e a personalidade de seres humanos.

Fontes de informação

- A fala do entrevistado.
- O relato pode ser obtido espontaneamente ou conseguido por meio de estímulos;.
- Observar o que não é dito (gestos, p. ex.).
- Deve-se escutar, vivenciar e observar.
- Instrumento para obter informações.
- Pressupõe a interação face a face.
- Há troca verbal.
- O entrevistador busca obter informações, opiniões e crenças do entrevistado.
- As técnicas de entrevista favorecem o acesso (amplo e profundo) ao sujeito.
- Pode-se testar limites, contrapor, buscar esclarecimentos e exemplos.

Habilidades do entrevistador

Conhecimento das condutas normal e anormal.	Ajudar o entrevistado a se sentir à vontade e criar uma aliança de trabalho.
Compreensão psicodinâmica.	
Domínio dos teóricos da entrevista.	Facilitar a expressão.
Sensibilidade.	Buscar esclarecimentos.
Empatia.	Saber confrontar.
Formação continuada.	Reconhecer defesas e modos de estruturação.
Maleabilidade de acordo com os objetivos.	Assumir a iniciativa.
Estar presente.	Dominar a técnica.
	Tolerar a ansiedade.

Fidedignidade do testemunho

O operador do direito deve ter conhecimento acerca das seguintes questões:

- Percepção.
- Motivação.
- Emoção.
- Funcionamento da memória.
- Mecanismos de aquisição de hábitos.
- Papel da repressão.

Objetivo

Para medir a veracidade de uma declaração verbal durante o processo de escutas de acusados, vítima, partes ou testemunhas, a declaração deve estar pautada em:

- Subjetividade.
- Fantasias ameaçadoras ou de resolução.
- Ansiedade.
- Medos e insegurança.

Tais aspectos podem levar à emissão de falsas informações, informações distorcidas ou falsas memórias, prejudicando a coleta de informações.

O que se analisa do conteúdo do discurso

- Estrutura lógica: refere-se à coerência e à lógica da declaração, em que os diferentes segmentos não se apresentam inconsistentes ou discrepantes.

- Produção desestruturada: as informações prestadas se apresentam dispersas por toda a declaração, sem seguir uma ordem estruturada, coerente e cronológica.
- Quantidade de detalhes:
  – a declaração deve ser rica em detalhes, com descrições específicas de lugar, tempo, pessoas, objetos e eventos que estiveram presentes;
  – características psicológicas do entrevistado.
- Linguagem e conhecimento inapropriados: uso de linguagem e um conhecimento que vai além de sua real capacidade.
- Afeto inapropriado: a expressão da afetividade não é apropriada para o fato que está sendo ouvido.
- Suscetibilidade à sugestão: deve-se observar se, durante a entrevista, a pessoa demonstra ser suscetível, sugestionável e influenciável.

Fatores do depoimento

A qualidade do depoimento depende diretamente de cinco fatores:

- O modo como a pessoa percebeu os acontecimentos.
- O modo como a memória o conservou.
- O modo como é capaz de evocá-la.
- O modo como quer expressá-la.
- O modo como pode expressá-la.

Caberá ao operador do direito evitar a entrevista de forma sugestiva ou coercitiva. Esse procedimento reduz a taxa de resposta por indução da pergunta.

Constituem inadequação total da situação da entrevista: condições da coleta de informações ou situações que se configurem como ameaçadoras ao depoente.

CONSIDERAÇÕES FINAIS

Ao longo dos anos no estudo da psicologia do testemunho, há um consenso entre os autores, compartilhado por nós, que a variação das informações prestadas pelas pessoas na condição de testemunha tem consistente dependência do tipo de perguntas executada pelo inquiridor. Essa condição resulta em maior veracidade e na extensão dos fatos ocorridos.

Daí a necessidade dos conhecimentos de psicologia pelo operador do direito, uma vez que Dent[10] postulou que o método com maior probabilidade de proporcionar declarações mais precisas e com maior número de fatos é o que inicialmente faz uso de uma descrição livre ou parcialmente dirigida, seguida de uma etapa com perguntas mais estruturadas.

REFERÊNCIAS BIBLIOGRÁFICAS

1. Gazzaniga MS, Heatherton TF. Ciência psicológica: mente, cérebro e comportamento. Porto Alegre: Artmed; 2005.
2. Ferreira ABH. Novo dicionário Aurélio da língua portuguesa. São Paulo: Positivo; 2009.
3. Birke R, Fox CR. Psycological principles in negotiating civil settlements. Harvard: Negotiation Law Review; 1999.
4. Moore CW. O processo de mediação: estratégias práticas para a resolução de conflitos. Porto Alegre: Artmed; 1998.
5. Morgan CT. Introduction to psychology. New York: McGraw-Hill; 1956.
6. Sternberg RJ. Psicologia cognitiva. Porto Alegre: Artmed; 2000.
7. Gudjonsson GH. The psychology of interrogations and confessions. Great Britain: John Wiley & Sons; 2003.
8. Florian E. Elementos de derecho procesal penal. Barcelona: Bosch; 1934.
9. Malpass RS, Devine PG. Eyewitness identification: line-up instructions and the absence of the offender. J Appl Psychol. 1981;66:482-9.
10. Dent H. Interviewing child witnesses. In: Gruneberg MM, Morris PE, Sykes RN (eds.). Practical aspects of memory. New York: Academic Press; 1978.

Índice remissivo

A
Abreação 9
Abstinência 49
Abusador 87
Abuso
   de substâncias 50
   sexual 80, 231, 299
Ação 138
   cível de curatela 125
   voluntária 46
   de curatela 123
Aconselhamento
   e reabilitação psicossocial dos sentenciados 10
   psicossocial 10
Adicção 50
Adoção 167
Adolescência e delinquência 180
Afasias 39
Afetividade 42, 263
Agressores sexuais 86
Alegria patológica 41
Alienação 173
   parental 173
Alomnésia 31
Alterações
   da atenção 27
   da inteligência 51
   da memória 30
   da vontade 46
   do humor 41
   do juízo de realidade 35
Alucinação 33
   auditiva 33
   mnêmica 31
Ambitimia 43
Ambivalência afetiva 43
Amnésia 30
   anterógrada e retrógrada 31

   irreversível 31
   lacunar 31
   orgânica 31
   psicogênica 30
Análise
   dos dados apurados 74
   dos resultados 111
Ansiedade 34, 255
Antecedentes pessoais 111
Antiguidade 214
Apatia 42
Apresentação ao perito 98
Aprossexia 27
Áreas de aplicação da perícia psicológica de acordo com a vara judicial 75
Áreas de atuação do psicólogo na vara da infância e juventude 179
Asfixia erótica 262
Assédio
   moral 204, 206, 207
      no ambiente de trabalho 207
   psicológico 207
   sexual 139, 209
      por chantagem 210
      por intimidação 210
Assinatura 285
Assistência técnica 96
Assistente técnico 72, 93
   e bases legais 93
Atenção 25
Atendimentos esporádicos 97
Atestado psicológico 106
Atos infracionais por adolescentes 186
Ato volitivo 45
Atribuições do psicólogo 178
Atuação do psicólogo
   no contexto da delinquência juvenil 187
   na vara da infância e juventude 179

323

na vara de família 164
Automutilação 47
Autonomia da vontade 120
Autópsia psicológica 286
Avaliação
   das funções cognitivas 73
   de personalidade 74
   de risco de violência 246
   psicológica 58, 102

B
Behaviorismo 8
   clássico 8
Bloqueio ou interceptação 35
Bullying 206, 233

C
Campanha do genitor alienante 173
Capacidade
   civil 120
   da racionalidade 12
   legal 122
Características
   do assédio sexual 210
   psicológicas do negociador 312
Catarse 9
Children's Attributions and Perceptions Scale 83
Child Sexuality Behavior Inventory 83
Chumbo 215
Ciclo do assédio sexual 210
Ciência psicologia 4
Ciúmes 37
Classificação das perícias 62
Cleptomania 46, 260
Código
   Criminal carolino 3
   do Império, Brasil 4
Cognição 263
Comportamento
   de partes e testemunhas 315
   humano 13
   aditivo 49
Compreendendo
   o assédio moral 205
   o conflito 311
   o comportamento humano 2, 13
Compulsão à masturbação 48
Comunicação 303
   assertiva 308

e imagem pessoal 308
   fundamentos 304
   modos 306
   objetivo 305
   persuasiva-autoritária 308
Conclusão 114
Concursos públicos 302
Conflito 309
Consciência 23, 24
Conselho Regional de Psicologia 104
Contextos de violência 222
Contribuições da psicologia 311
Controle 263
Coprofilia 48
Crack 50
Crianças e adolescentes 89
Crianças vítimas de abuso sexual 86, 230
Crime
   culposo 138
   doloso 138
   passional 144
Culpabilidade 158
Curador 123
Curatela 123, 125
Curso do pensamento 34

D
Dano psíquico 211
Declaração 105
Delinquência juvenil 182
Delírios 36
Departamento de polícia 14
Dependência
   de jogos 259
   química 49, 134
Depoimento
   e coleta de informações 317
   sem dano 82, 83, 289
Depressão 133
   grave 43
Desagregação 35
Descarrilamento 35
Descrição da demanda 110
Digesto de Justiniano I 3
Direção 26
Direito
   cível 15
   de família 15, 162
   do trabalho 15, 194
   penal 15, 137, 138

penitenciário 150
trabalhista 194
Discalculia 40
Discussão 113
Disforia 41
Disgrafia 40
Dislexia
   auditiva 40
   visual 40
Dissimulação 63
Dissociação 35
   da consciência 25
Distimia 41
Distrabilidade 27
Distribuição segundo o diagnóstico psiquiátrico 189
Divórcio 170
Documentos psicológicos 104
Doença mental 142, 143
   e violência 238
   tendência biológica 242

E

Ego 9
Elaboração
   de quesitos 97
   do documento 74
   do relatório técnico 99
Elação 42
Elementos constitutivos do pensamento 34
Embotamento 24
   afetivo 42
Embriaguez 143
Emoção 40
   e comportamento violento 255
Encargo 65
Entrevista 318
   diagnóstica , 57
   psicológica 72, 318
      jurídica 72
   de inclusão 154
Erros comuns nos relatórios 117
Escolas da psicologia 8
Esquizofasia 39
Esquizofrenia 38, 134
Estado
   apático ou abúlico 28
   confusional 28
   delirante 28
   hipnótico 25
   puerperal 143
   crepuscular 25
Estatuto da Criança e do Adolescente 229
Estatuto da pessoa com deficiência 120
Estelionato 139
Estreitamento da consciência 24
Estruturalismo 8
Estudo das partes do processo 72
Estudo do testemunho 295
Estupro 139
   de vulnerável 139
Etapas da perícia 69
Euforia 41
Evolução histórica do termo periculosidade 242
Exame criminológico 155
Execução penal 15, 148
Exibicionismo 48, 261
Expressão do comportamento 7
Êxtase 42

F

Falsas memórias 85
Falso testemunho 291
Falta do controle do impulso agressivo 267
Fazer uso da função referencial 307
Feedback: boa comunicação do negociador 313
Feminicídio 139
Fetichismo 48, 261
Fidedignidade do testemunho 318
Fluxograma da perícia 75
Fontes de informação 318
Fraudes 139
Frotteurismo 261
Fuga de ideias 35
Funcionalismo 8
Funcionamento pessoal 263

G

Gerenciamento do conflito 310
Gerontofilia 48
Gestalt 9
Gírias 116
Grandeza 36
Gravidez 38, 44
Grécia Antiga 3
Guarda 172

H

Habilidades
  do entrevistador 318
  do negociador 312
Harassed worker 206
Harassment 206
Hidrargirismo intoxicação por mercúrio 214
Hiperestesia 32
Hipermnésia 30
Hiperprossexia 27
Hipersimulação 63
Hipertimia 42
Hipoestesia 32
Hipomnésia 30
Hipoprossexia 27
Hipotimia 42
Hisperdissimulação 63
História do delito 246
Homeostase familiar 171
Homicídio 139, 240, 254
Homofobia 231, 232
Homofóbico 233
Honorários e contrato de serviço 97
Hospital de custódia e tratamento psiquiátrico 157
Hostilidade no trabalho 206

I

Id 9
Idade Média 3
Identificação 109
Ilusão 33
  mnêmica 31
Imagem profissional 308
Impenetrabilidade 36
Impulsividade 45, 46, 259
  e agressividade 257
Impulsos agressivos 47
Imputabilidade 141, 158
Inadequação do afeto 43
Incapacidade
  absoluta 122
  aferida pela funcionalidade 132
  civil 37
Incompreensibilidade psicológica 36
Incontinência emocional 42
Incorrigibilidade 36
Infanticídio 139

Influência 36
Inimputabilidade 141
  penal 37
Ininfluenciabilidade 36
Institucionalização de doentes mentais 238
Intangibilidade familiar 120
Inteligência 51
  cristalizada 53
  fluida 52
Interface
  da psicologia com o direito penal 149
  psicologia e direito 11
  saúde mental e justiça 12
Intervenção 156
Intoxicação por metais pesados 214
Inventário de comportamentos sexuais da criança 83
Investigação
  do psiquismo humano 101
  policial 147
Irritabilidade 41

J

Jogo patológico 47
Jovem infrator 187
Juízo deficiente 35

L

Labilidade afetiva 42
Laudo 67
  psicológico 107
Legitimidade da herança 120
Lei
  Brasileira de Inclusão da Pessoa com Deficiência 120
  de Execução Penal *versus* Psicologia 153
  Penal 138
Lentificação 35
Liberdade de estipulação negocial 120
Linguagem 39
Livre-arbítrio 12

M

Manganês 216
Mania 34
Manicômio judiciário 157
Manifestações do assédio segundo o gênero 208

Manual de elaboração de documentos
   escritos 84
Matricídio 139
Maus-tratos na infância 186
Mecanismos autocompositivos: técnicas de
   negociação e mediação 309
Mediação 164, 166
Medida de segurança 145
Memória 28, 85
   de trabalho 29
   recente ou de curto prazo 30
   remota 30
   tipos e processo 31
Menores infratores 179
Mercúrio 214
Mídia 303
Mobbing 206
   ascendente 208
   combinado 208
Modelo
   de conclusão 114
   psicobiológico de Cloninger 264
Modificadores da capacidade civil 126
Modus operandi 284, 285
Molestadores 87
Moria 42
Mutismo 39

N

Necrofilia 48
Negociação e comunicação 312
Neo-behaviorismo 8
Neologismos 39
Neotimia 43
Neuroticismo 209
Ninfomania 48
Nível da consciência 24
   alterações qualitativas 24
   alterações quantitativas 24
Núcleo de atendimento multidisciplinar
   159

O

Objetivos dos perfis criminais 282
Obnubilação 24
Omissão 138
Opinião pessoal 116
O que deve ser evitado em um documento
   psicológico 116

P

Papel
   comunicador do magistrado 307
   da psicologia 6
   do psicólogo na adoção 168
Paradigmas científicos 244
Parafilias 48, 261
Paramnésia 31
Paratimias 43
Parecer
   fundamentado 99
   psicológico 10
Parricídio 139
Pedofilia 48, 87, 261
Pedófilos 87
Penalidades 68
Pensamento
   alterações na forma 35
   com fluidez 34
Perfil criminal , 14
Perícia 84, 88, 98, 103, 102, 59
   cautelar 62
   como realizar 72
   contemporânea ao processo 62
   da vítima 88
   em saúde mental 59
   em sentenciados 10
   extrajudicial 62
   na vara criminal 147
   necessária 62
   oficial 62
   psicológica 61
      na Justiça do Trabalho, 203
      nos casos de dano psíquico 212
   requerida 62
Periciando 72
Periculosidade 158, 239, 245
   criminal 38
   no Brasil 243
Perito 64, 67, 68, 103
   responsabilidade e deveres 68
Persecutório 36
Perseveração 35
Personalidade
   antissocial 271
   e comportamento violento 262
   esquizoide 269
   paranoide 270
Pessoas

com fator de risco para lesão ou
   disfunção cerebral 133
com lesão cerebral conhecida 132
Piromania 47, 260
Plano Individual de Atendimento 188
Pós-delito 247
Práticas da psicologia no direito 14
Preâmbulo 109
Pré-delito 246
Procedimentos 110
Processo
   da atenção 26
   da memória 29, 85
   de apuração dos fatos 313
   psicológico e a obtenção da verdade
      judicial 315
Programação das fases da negociação 312
Prolixidade 35
Propriedade individual 120
Protocolo de entrevista forense 83
Prova
   classificação 317
   pericial 67, 127
Psicanálise 9
Psicodiagnóstico pericial 10
Psicologia
   cognitiva 9, 25
   do testemunho 9
      interrogatórios e confissões 288
   e comunicação 303
   em sua interface com o direito 14
   funcionalista 8
   investigativa 14, 279
   na vara cível 120, 202
   na vara da execução penal 150
   penitenciária 150
Psicólogo
   assistente técnico 95
   como assistente técnico 96
   na prática pericial e clínica 73
   perito 68
Psicopatas
   primários 275
   secundários 275
Psicopatia 272
Psicopatologia 19, 20
   da atenção 25
   da consciência 23
   da linguagem 39
   da memória 28
   da orientação 27
   da sensopercepção 32
   da vontade e impulso 45
   do afeto e do humor 40
   do pensamento e juízo 33
   forense 125
Psicoses tóxicas 34
Psicoterror 206
Puerilidade 42
Puerpério 38, 44

Q

Quadro amnéstico 28
Quadros esquizofrênicos 34
Querelância 36
Quesitos 114
Quociente de inteligência 10, 51

R

Raciocínio diagnóstico 202
Referência 36
Regulamentação de visitas 172
Reiteração da conduta ofensiva ou
   humilhante 209
Reivindicação 36
Relação
   entre violência e doença mental 253
   interpessoal 305
   leis e comportamento 13
   de trabalho 197
Relatório – parecer 115
Resolução
   de problema 52
   do conflito 311
Responsabilidade 66
   penal 140
Resposta aos quesitos 114
Resultados 226
Reunião técnica 98
Ritual 284
Ruína 37

S

Sanidade mental 25
Satiríase 48
Saúde mental e trabalho 199
Segurança pública e militar 15
Separação 170
   litigiosa 171
Sigmund Freud 9

Simulação 63
Síndrome de alienação parental 172
Sistema
  penitenciário 15
  prisional 151
  de memória 29
Sociedade de Psicologia e Lei 2
Solidariedade social 120
Suscetibilidade à sugestão 299
Suspeita de traumatismo cerebral 133

T

Técnicas de mediação de conflitos 313
Temas de interface do Código Penal e saúde mental 143
Tenacidade 26
Teoria do conflito 309
Teoria do reforço 8
Termos técnicos 116
Teste miocinético de Myra y Lopez 10
Testemunha 298
Testemunho 15
Testes psicológicos 56
Tipos
  de assédio moral 207
  de violência 221
Trabalho
  intermitente 198
  psicoeducativo 156
Transtorno(s)
  afetivo bipolar 44
  antissocial da personalidade 222
  bipolar 38
  ciclotímico 44
  da personalidade 240, 263
    borderline 266
    dependente 267
    narcisista 268
  decorrentes do uso de substâncias 49
  de estresse pós-traumático 80
  delirante 38
  do comportamento sexual compulsivo 47, 260
  do controle dos impulsos 46, 259
  do desenvolvimento intelectual 53
  do sadismo sexual coercitivo 49, 261
  específicos da personalidade 265
  esquizoafetivo 38
  esquizotípico 38
  explosivo da personalidade 222
  explosivo intermitente 46, 260
  mentais 23
  parafílicos 47
  psicótico 38
    agudo e transitório 38
Tribunal de Rota 3
Turvação da consciência 24
Tutela 169

U

Unidade
  de internação provisória 188
  de internações para cumprimento da medida em privação de liberdade 189
Uso de substâncias psicoativas 50

V

Vampirismo 48, 262
Vara
  cível 14, 76
  criminal 14, 76
  da infância e da adolescência 14, 177, 178
  de execução penal 14
  do trabalho 14, 76, 202
  especial 179
Vigilância 26
Violação sexual mediante fraude 139
Violência 218, 219, 241
  contra a mulher 222, 223
  contra crianças e adolescentes 228
  contra homossexuais 232
  doméstica 11
  física 221
  moral 206
  psicológica 222
  sexual 81, 221
  urbana 2, 239, 253
Vítimas de violência 223
Vitimologia 15
Vontade 45
Voyerismo 48, 261
Vulnerabilidade para transtornos mentais 200

Z

Zoofilia 48, 262